eye

守望者

——

到灯塔去

[英]苏·普里多 著 刘翔 译
Sue Prideaux

我是炸药！
尼采的一生

I am Dynamite!
A life of Friedrich Nietzsche

南京大学出版社

I Am Dynamite!: A Life of Friedrich Nietzsche
Copyright © Sue Prideaux 2018
This edition arranged with Felicity Bryan Associates Ltd.
throught Andrew Nurnberg Associates International Limited

Simplified Chinese Edition Copyright © 2023 by NJUP

All rights reserved

江苏省版权局著作权合同登记　图字：10-2018-551号

图书在版编目(CIP)数据

我是炸药！：尼采的一生 /（英）苏·普里多著；
刘翔译. —南京：南京大学出版社, 2023.1(2023.6重印)
书名原文：I am dynamite!: A life of Friedrich Nietzsche
ISBN 978-7-305-25942-5

Ⅰ. ①我… Ⅱ. ①苏… ②刘… Ⅲ. ①尼采
(Nietzsche, Friedrich Wilhelm 1844-1900)-传记 Ⅳ.
①B516.47

中国版本图书馆 CIP 数据核字(2022)第136706号

出版发行　南京大学出版社
社　　址　南京市汉口路22号　　邮　编　210093
出 版 人　金鑫荣

书　　名	我是炸药！——尼采的一生
著　　者	［英］苏·普里多
译　　者	刘　翔
责任编辑	陈蕴敏
照　　排	南京紫藤制版印务中心
印　　刷	徐州绪权印刷有限公司
开　　本	880 mm×1230 mm　1/32　印张14.75　字数369千
版　　次	2023年1月第1版　2023年6月第3次印刷
ISBN	978-7-305-25942-5
定　　价	100.00元

网　　址：http://www.njupco.com
官方微博：http://weibo.com/njupco
官方微信：njupress
销售咨询：(025)83594756

* 版权所有，侵权必究
* 凡购买南大版图书，如有印装质量问题，请与所购
　图书销售部门联系调换

献给乔治娅、爱丽丝、玛丽、
山姆和乔治
认清你之所是,成为你之所是

目　录

致谢 ……………………………………………………… 1
第一章　音乐之夜 ……………………………………… 1
第二章　我们德国的雅典 ……………………………… 25
第三章　成为你之所是 ………………………………… 43
第四章　纳克索斯岛 …………………………………… 65
第五章　悲剧的诞生 …………………………………… 94
第六章　毒屋 …………………………………………… 119
第七章　观念地震 ……………………………………… 133
第八章　最终的门徒，最初的门徒 …………………… 151
第九章　自由又没那么自由的精灵 …………………… 165
第十章　人性的，太人性的 …………………………… 180
第十一章　漫游者和他的影子 ………………………… 192
第十二章　哲学与爱欲 ………………………………… 210
第十三章　哲学家的门徒 ……………………………… 223
第十四章　我父瓦格纳已死。我子查拉图斯特拉降生。…… 241
第十五章　有坟墓之处始有重生 ……………………… 254
第十六章　他偷袭我！ ………………………………… 271
第十七章　向虚空宣告 ………………………………… 284

第十八章　羊驼之地 …………………………………… 300
第十九章　我是炸药！ ………………………………… 310
第二十章　都灵的黄昏 ………………………………… 328
第二十一章　洞中弥诺陶 ……………………………… 354
第二十二章　精致的房间，茫然的住客 ……………… 370
格言录 …………………………………………………… 409
生平年表 ………………………………………………… 427
参考文献选录 …………………………………………… 435
引文致谢 ………………………………………………… 439
译名对照表 ……………………………………………… 441

致　谢

在写作本书的四年间，许多人以不同的方式帮助了我。我感激我曾与之相见的人，也感激那些素未谋面者。感谢已离世或仍健在的尼采研究者，他们厘清并翻译了文本，在某些情形下，他们还剔除了后来那些无中生有的编辑，令文本回归了尼采赋予它们的原貌，使 Nachlass 即文学遗产得以去伪存真。

感谢我在英国和美国的编辑，米茨·安吉尔（Mitzi Angel）和蒂姆·达根（Tim Duggan），是他们开启了新的思路。感谢奈杰尔·沃伯顿（Nigel Warburton），他对哲学领域的审视不遗余力，并且挥舞着他的重锤，收效巨大。

在瑞士和德国，我感谢魏玛安娜·阿玛利亚女爵图书馆（Herzogin Anna Amalia Bibliothek）的埃德曼·冯·维拉莫维茨-默伦多尔夫（Erdmann von Wilamowitz-Moellendorff），魏玛古典基金会（Klassik Stiftung Weimar）的塔尼娅·费林（Tanja Fehling），锡尔斯-玛利亚（Sils-Maria）"尼采之家"（Nietzsche-Haus）的彼得·安德烈·布洛克教授（Professor Peter André Block）和彼得·维尔沃克博士（Dr Peter Willwock），以及特里布申（Tribschen）理查德·瓦格纳博物馆的卡佳·弗莱舍尔（Katya Fleischer）。

我感谢英国的费莉希蒂·布莱恩（Felicity Bryan）、米歇尔·托珀姆（Michele Topham），以及费莉希蒂·布莱恩联合公司的所有团队。我要特别鸣谢费伯出版社（Faber）的劳拉·哈桑（Laura Hassan）、艾米·弗朗西斯（Emmie Francis）、唐娜·佩恩（Donna Payne）、安妮·欧文（Anne Owen）、安娜·戴维森（Anna Davison）、约翰·格林得罗德（John Grindrod）和索菲·波塔斯（Sophie Portas）。感谢埃莉诺·里斯（Eleanor Rees）的文字编辑工作和雷切尔·索恩（Rachel Thorne）许可审批。感谢路易丝·达菲特（［Louise Duffett］哈里·凯斯勒［Harry Kessler］的亲戚）和伦敦戈多尔芬学院（Godolphin School）的古典文学系。感谢罗杰·洛马克斯（Roger Lomax）对 19 世纪货币流通复杂性的研究，以及劳拉·桑德森（Laura Sanderson）关于格言的搞笑讲解。我感谢安德鲁·纳伯格公司（Andrew Nurnberg）的团队，并一如既往地感谢伦敦图书馆（London Library）无所不知的工作人员。

在美国，除了蒂姆·达根之外，我还要感谢乔治·卢卡斯（George Lucas）、威廉·沃尔夫斯劳（William Wolfslau），以及希拉里·麦克莱伦（Hilary McClellen）对事实的核查。

特别鸣谢吉莉恩·马尔帕斯（Gilian Malpass）、克里斯托弗·辛克莱-史蒂文森（Christopher Sinclair-Stevenson）和已故的汤姆·罗森塔尔（Tom Rosenthal），他们都曾在最初给予我支持与勇气。感谢安东尼·比弗（Antony Beevor）、阿尔忒弥斯·库珀（Artemis Cooper）、露西·休斯-哈利特（Lucy Hughes-Hallett）和莎拉·贝克韦尔（Sarah Bakewell）与我进行的颇有助益的谈话，还要感谢我的家人，感谢他们的机锋、批评、研判，以及对房子里游荡的幽灵的容忍。

第一章
音乐之夜

要摆脱难以负荷的压力,你需要大麻,而我需要瓦格纳。瓦格纳是所有德国事物的解药。

——《看哪这人》,《我为什么这样聪明》第 6 节

1868 年 11 月 9 日,24 岁的尼采答应给他在莱比锡大学的同窗好友埃尔温·罗德(Erwin Rohde)讲述一部喜剧。

他写道:

我这部喜剧的场幕标题如下:

1. 某次晚间聚会,或曰,待聘教授;
2. 一走了之的裁缝;
3. 与神秘人 X 会面。

演员阵容中包括数名老妇人。

周四晚上,罗蒙德(Romundt)带我去了剧院,我却意兴阑珊……我们正襟危坐,像被加冕的奥运选手一般,忍受着一部粗制滥造的《埃塞克斯伯爵》(*Graf Essex*)。可想而知,我对把我劫到这儿来的人抱怨不已……

本学期的第一场古典社团讲座被安排在了晚上,他们曾小

心翼翼地询问我这样安排是否可行。这次讲座需要厉兵秣马，进行大量的学术准备，但很快我也就成竹在胸了。当晚，我很高兴地发现，在扎斯佩尔（Zaspel）的一个房间里乌泱泱地聚集了四十位听众……我仅凭纸上罗列的几个要点侃侃而谈……这份学术职业对我来说并不难。回到家，我发现一张便条，上面简单地写着："如果你想见见理查德·瓦格纳，请于下午三点三刻到剧院咖啡馆来。温迪施（Windisch）"

这个惊喜让我有些恍惚……自然地，我跑出去向我们这位可敬的朋友温迪施打听更多的消息。当时瓦格纳正隐居于莱比锡，新闻界对此一无所知，而他的仆人们则被告诫要像坟墓一样守口如瓶。瓦格纳的妹妹布罗克豪斯教授夫人（Frau Professor Brockhaus）[1]——那位我们都认识的聪明女性，向其兄长引见了她的密友里奇尔教授夫人（Frau Professor Ritschl）。瓦格纳为里奇尔夫人演奏了一首抒情曲，出自他最新的歌剧作品，即数月前首演的《纽伦堡的名歌手》（*Die Meistersinger*），而这位杰出的女士则告诉他，尽管歌剧的乐谱才出版，但她对其中的音乐已经耳熟能详，因为此前她已听过尼采的弹唱。闻言，瓦格纳惊喜至极，马上宣布要与我秘密会面。我受邀于周日傍晚……

随后的几天里，我的情绪起伏不已。相信我，考虑到这位怪人一向是何等的不近人情，这次相见的前奏已近乎神话。我猜届时会有很多人出席，因此决定精心修饰一番。幸运的是，我的裁缝答应我在那个周日的傍晚把新的晚礼服送来。那是一个相当恶劣的雨雪天，一想到要出门我简直不寒而栗。正因如

---

[1] 欧蒂莉叶·布罗克豪斯（Ottilie Brockhaus, 1811—1883），理查德·瓦格纳之妹，教授、印度学研究者，赫尔曼·布罗克豪斯（Hermann Brockhaus）之妻。

第一章 音乐之夜

此,那个下午罗舍尔(Roscher)[1]的来访才让我异常感动,他告诉我一些关于伊利亚学派[大约公元前6世纪的一种早期希腊哲学流派][2]和哲学中的上帝方面的知识。后来,夜幕降临,裁缝始终没来,罗舍尔也该走了。我送他出门,顺道亲自去裁缝那里看看情况。到那儿之后,我发现他的学徒们正在赶制我的晚礼服,他们答应我在三刻钟之内就把衣服送到,这才使我满意地离开。回家的路上,我去了金泽餐厅(Kintschy's)[一家学生们经常光顾的莱比锡餐厅],翻了翻《风言风语》(*Kladderadatsch*)[一本带插画的讽刺杂志],上面有条消息说瓦格纳正在瑞士,这让我不禁一笑,因为我知道自己在这个傍晚就可以见到他,我甚至还知道昨天他收到了那位年轻国王[巴伐利亚国王路德维希二世]的来信,信封上写着:致伟大的德国作曲家理查德·瓦格纳。

我回到家,裁缝仍然没来。于是我惬意地读起一篇研究欧多西娅[3]的论文来,却时不时地被一阵响亮而遥远的铃声干扰。最后,我终于确定,那是有人等在那座年代久远的大铁门前。这道铁门是锁着的,房子的前门也锁着。我隔着花园向那人喊话,让他从后门进来。在瓢泼大雨中要让人听清楚可不是一件容易的事儿,整座房子都被惊动了。终于门开了,一个小老头提着包裹来到我的房间。当时是六点半,因为住得较远,这正是我应该穿戴整齐、准备出发的时候。小老头带着我的晚礼服。我试穿后发现非常合身。不祥的时刻降临了:他呈上了账单。我礼貌地接过来,他却要求货到付款。我备感讶异,解

---

1 威廉·罗舍尔(Wilhelm Roscher,1845—1923),一位同窗。
2 方括号内为原文作者加注。下同。——译注
3 诗人欧多西娅(Eudocia),雅典哲学家莱昂提乌斯(Leontius)之女。她于公元421年放弃异教,嫁给了拜占庭皇帝狄奥多西(Theodosius)。

释道，我可不会付款给他这么个雇员，我只跟裁缝本人直接结算。那人紧紧相逼。时间已刻不容缓。我抓起衣物开始穿戴，那人也抓起那些衣物，阻止我穿上它们。我用力拽，他也用力拽。场景如下：我穿着长衬衫跟一个人拉拉扯扯，同时拼命试图套上我的新裤子。

简直斯文扫地！该死的裁缝！该死的裁缝助手！我发誓要报仇。那个助手带着我的衣物扬长而去，第二幕完。我只穿着长衬衫瘫倒在沙发里，想起我还有一套黑色天鹅绒礼服，不知道穿着它去见理查德是否够得体。

门外依然大雨倾盆。时间已是差一刻八点。我跟温迪施约了七点半在剧院咖啡馆见面。我冲进风雨交加的黑夜：一个一文不名的男人，连件合适的晚礼服也没有，却有一种强烈的虚构感，就连刚才与裁缝之间发生的荒诞一幕也无法抹杀幸运女神慈爱的微笑。

我们走进布罗克豪斯家舒适的客厅，那里只有几位家庭成员、理查德和我们俩。我被介绍给理查德，对他说了几句话以表敬意。他想要巨细靡遗地知道我是如何熟悉他的音乐的。他诅咒他所有歌剧的演出，并取笑那些用毫无激情的声音指导乐队的指挥："先生们，这里要充满激情。我亲爱的朋友们，再激昂一些！"

晚餐前后，瓦格纳演奏了《名歌手》中所有重要片段，并把每一个声部都演奏得热情洋溢。他实在是一个充满活力的人，语速快，思维敏捷，一次私人聚会因他而变得极为欢洽。其间，我跟他进行了一次关于叔本华的长谈。他充满温情地把他所取得的成就归功于叔本华，并说叔本华是唯一懂得音乐奥义的哲学家。你可以想象，听到他这样说，我会何等快慰。

叔本华的作品在当时鲜为人知，不受重视。学界甚至怀疑叔本华被称为哲学家是否够格。然而，尼采最近偶然发现了《作为意志与表象的世界》一书，并对叔本华产生了旋风般的热情。或者，他更愿意将这种偶然归结为命运之手丝丝入扣的安排[1]，也正是它促成了他在布罗克豪斯家的沙龙上与瓦格纳的相识。

命运之链的第一环形成于一个月前，那时候尼采听到了瓦格纳最新的两部歌剧《特里斯坦与伊索尔德》和《纽伦堡的名歌手》的前奏。当天，尼采写道，"我身体里每一根纤维、每一条神经都在颤抖"，他由此开始学习钢琴编曲。第二环，欧蒂莉叶·布罗克豪斯听到了尼采的演奏，并告知其兄长瓦格纳。现在是第三环：瓦格纳对叔本华这位默默无闻的哲学家怀有深厚的情感。而三年前尼采初到莱比锡时，在那种漂泊抑郁的心境下，叔本华的作品曾给予他莫大的慰藉。

> 我［尼采］那时的生活彷徨无助，孤独地承受着痛苦与失望，我的生命中已没有基本准则，没有希望，也没有一丝欢乐的记忆……有一天，我在一家二手书店发现了这本书，信手翻了几页，仿佛有个不知名的魔鬼对我耳语道："把这书带回家吧。"一反平常买书时的犹豫，我立刻买下了它。一到家，我就窝在沙发里打开了这新得的宝贝，开始听任自己受到这本能量充沛而又严肃阴郁的天才之作的影响。我仿佛看见一面镜子，镜中有世界、生命和我的天性，可怖而灿烂；镜中有疾病与健康、流亡与庇护、地狱与天堂。[2]

1　自传片段，记于 1868/1869 年。
2　*Rückblick auf meine zwei Leipziger Jahre*. 转引自 R. J. Hollingdale, *Nietzsche, The Man and his Philosophy*, p. 36.

不过那个晚上，在布罗克豪斯家的沙龙里，没有时间进一步谈论叔本华了，因为那尼采所称的"瓦格纳的语言螺旋"正一刻不停地飞旋着——瓦格纳刻画云彩的天赋，他在空中的回旋、投掷与转动，他的无所不至与无所不在，这一切，都在飞旋着。[1]

那封信中继续写道：

> 后来［晚餐后］他［瓦格纳］为我们朗读了他正在写的回忆录的片段，那是他学生时代在莱比锡的非常愉快的一幕，时至今日他仍会为之大笑不已，而他的写作也充满技巧与智慧。最后，在临别之际，瓦格纳热情地握着我的手，非常友好地邀请我去看望他，跟他谈论音乐和哲学。他还把向他妹妹和亲戚们讲解其音乐的任务托付给了我，这正是我目前郑重其事地在完成的工作。过一阵子，当我能够更为客观地回忆这个夜晚时，我会给你写一封更为详尽的信。那么现在，我要真诚地向你告别了，并衷心地祝愿你健康。F. N.

在尼采离开布罗克豪斯教授那座华丽坚固的街角宅邸，走回莱辛街22号那个空空如也的房间的归途中，他步履轻快，心情愉悦，在每个街角都受到朔风与飘雪的迎候。房间是从自由小报《德意志汇报》（*Deutsche Allgemeine Zeitung*）的编辑卡尔·比德曼（Karl Biedermann）教授那里租来的。尼采将自己的心情形容为一种全然难以言喻的兴奋。学生时代他就已经接触到了瓦格纳的音乐。"如果没有遇到瓦格纳的音乐，我的青春将是无法忍受的"[2]，尼采写道，而作曲家对他施展的魔力将终生萦绕着他。瓦格纳是尼采作品

1　*The Case of Wagner*, Section 10.
2　*Ecce Homo*, 'Why I am so Clever', Section 6.

中出现频率最高的人物，甚至超过基督、苏格拉底或歌德。[1] 他的第一本著作就是献给瓦格纳的。在他的14部书中，有两部的标题中出现了瓦格纳的名字。在他最后一部作品《看哪这人》中，尼采承认，他仍然在每一个艺术领域中徒劳地寻觅着"危险而迷人，像'特里斯坦'那样充满怪异而甜蜜的无限性"[2] 的作品。

早年间，尼采曾有志于成为一名音乐家，但是作为一所推崇语言甚于音乐的学术院校中极为杰出而聪慧的学生，他不大情愿地在18岁时打消了这个念头。与瓦格纳会面时，他还不是一位哲学家，而仅仅是莱比锡大学一名研习古典文献学、古典语言科学和语言学的本科生。

他是一个温厚、文雅、严肃甚至有点拘谨的年轻人，挺敦实，但并不胖。从照片上看，他的衣服不太合身，像是借来的，胳膊肘和膝盖的位置不对，上衣的纽扣也绷得紧紧的。他相貌平平，身材矮小，但一双精光四射的眼睛使他免于庸常。其中一只眼睛的瞳孔较另一只略大。有人说他的虹膜是棕色的，有人却说是灰蓝色。因为高度近视，这双眼睛对世界报以模糊而不确定的凝视，然而一旦聚焦，他的目光却又如此犀利、尖锐、令人不安，它令人无法说出谎言。

如今，我们从照片、雕塑和肖像所知的尼采，他的嘴和大部分下巴都完全湮没在那著名的羊角胡里，然而当年他与同学们的合影表明，在那个美髯公盛行的年代，相对来说，他的胡子其实不算什么。我们可以看到，他的嘴唇饱满而匀称，这一点后来被露·莎乐美（Lou Salomé）所印证，她是少数几个吻过尼采的女性之一；我们还可以看到，他的下巴坚挺而圆润。正如此前的知识分子以飘逸

---

[1] Michael Tanner, *Nietzsche, a Very Short Introduction*, Oxford University Press, 2000, p. 23.
[2] *Ecce Homo*, 'Why I am so Clever', Section 6.

的长发和柔软的丝质领结来宣示浪漫主义一样，尼采则以强调其惊人的前额与头脑、隐藏其感性的嘴唇与坚定的下巴，来宣示其后浪漫主义的理性主义。

作为一名语言学家，尼采越来越不快乐。与瓦格纳会面的11天之后，他在一封信里将自己及其同窗描述为"我们时代的这一伙亢奋的语言学者，终日着眼于他们鼹鼠般的繁殖、松垮的双颊和瞎掉的眼睛，沉迷于捕获蠕虫的快乐，却对生活中那些真正的、迫切的问题视而不见"[1]。而令尼采更为悲观的是这样一个事实：他竟格外擅长此种他所鄙视的"鼹鼠般的繁殖"，以至不久他就要被巴塞尔大学（Basle Unversity）聘为古典语言学教授。他将是巴塞尔有史以来最年轻的教授，不过，在瓦格纳待之以诚并表示愿意将他们的交往继续下去的那个夜晚，这份荣耀尚未降临。这将是一份非同小可的殊荣。

作曲家当时年过半百，享誉欧洲。这位被尊为"大师"的作曲家，其一举一动都被媒体追踪报道，就像那晚早些时候尼采在咖啡馆的《风言风语》上读到的那样。如果瓦格纳访问英国，维多利亚女王（Queen Victoria）与阿尔伯特亲王（Prince Albert）将会屈尊拜访；在巴黎，波琳·梅特涅公主（Princess Pauline Metternich）将会打点一切；巴伐利亚国王路德维希则把瓦格纳称为"我深爱的天使般的朋友"，并计划彻底改造慕尼黑城，以纪念他的音乐。

路德维希在这个奢侈的计划得以实施之前就去世了（很有可能是谋杀，以阻止他疯狂的建筑项目令整个国家破产），但我们仍能看到建筑师的规划：一条全新的大道贯穿城市中心，经由一条庄严的石桥跨越伊萨尔河（River Isar），令人想起瓦格纳《指环》[2]中众神之王沃坦（Wotan）那座通往沃尔哈拉神殿（Valhalla）的彩

---

1 尼采致埃尔温·罗德的信，1868年11月20日。
2 《尼伯龙根指环》的简称。——译注

第一章 音乐之夜

虹桥。道路尽头是一座巨大的歌剧院,像竞技场一样,被分列两侧的翅膀垂直分为两半。对路德维希国王来说,瓦格纳的音乐是"我生命中至高的也是唯一的慰藉",尼采也常常发出这样的感慨。

从早年开始,尼采就对音乐异乎寻常的敏感。他童年时代的家庭日志显示,音乐对他而言比语言更重要:他是那么安静的一个幼童,以至他的父亲——尼采牧师[1]在处理教区事务和撰写布道词时,会允许这孩子留在他那间镶板装饰的书房里。这对父子相伴度过了不少平静到几近单调的时光。当然,像许多两三岁的孩子一样,小弗里德里希也会突然陷入狂暴的愤怒,一边尖叫一边剧烈地挥舞手脚。这个时候能够安抚他的,不是他的母亲、玩具、食物或饮料,而是他的父亲掀开钢琴盖弹奏的音乐。

在这个音乐之国,尼采牧师十分擅长键盘演奏,人们会远道而来专程聆听。他是路德教勒肯(Röcken)教区的牧师。勒肯位于莱比锡南部,J. S. 巴赫正是在莱比锡担任了 27 年音乐总监的职务直到逝世。卡尔·路德维希以演奏巴赫而闻名,更以其难能可贵的即兴创作天赋而著称,这一天赋将由尼采继承。

尼采的祖先是谦和的萨克森人,在瑙姆堡(Naumburg)大教堂地区以做屠夫和佃农为生。卡尔·路德维希的父亲,弗里德里希·奥古斯特·尼采(Friedrich August Nietzsche)领了圣职,提升了家庭的社会阶层;接着他又娶了埃德穆特·克拉斯(Erdmuthe Krase)——一位大执事的女儿,进一步提高了自己的社会地位。埃德穆特是一个彻底的拿破仑拥护者,她在 1813 年 10 月 10 日生下了尼采的父亲,卡尔·路德维希·尼采。这恰恰是在那场"民族大会战"(又称"莱比锡战役")的前几天,紧挨着拿破仑被击败的战场。尼采热衷于告诉人们这个故事。他把拿破仑视

---

[1] 卡尔·路德维希·尼采(Karl Ludwig Nietzsche, 1813—1849);母亲为弗兰齐斯卡·厄勒(Franziska Oehler, 1826—1897)。

为最后一个伟大的悖德者、毫无良心的掌权者、超人与怪兽的混合体，而这个相当牵强的关联为他和他所迷恋的英雄增加了某种先天的精神纽带。尼采一生中未能实现的雄心之一就是前往科西嘉岛。

理所当然地，埃德穆特的儿子卡尔·路德维希注定继承其父的衣钵。他就读于附近的哈雷大学（Halle University），这所大学一向就以神学闻名。在这里，他学习了神学，拉丁语、希腊语和法语，希腊和希伯来史，古典文献学和《圣经》注释。他并不是一个出色的学生，当然也并不愚笨。他很勤奋，还获得过一个辩论奖。大学毕业那年他21岁，在莱比锡以南25英里的大城市阿尔腾堡（Altenburg）做了家庭教师。

卡尔·路德维希是保守派和保皇党。这些特质使他得到了当政的萨克森-阿尔腾堡约瑟夫公爵（Duke Joseph of Saxe-Altenburg）的器重，公爵任命其负责教养他的三个女儿：特蕾泽（Therese）、伊丽莎白（Elisabeth）和亚历珊德拉（Alexandra）。卡尔·路德维希当时不过二十出头，却可敬地恪尽职责，并且能够做到毫无绯闻。

七年的家庭教师生涯之后，他申请了勒肯教区的牧师职位。勒肯位于莱比锡西南15英里处一片肥沃却荒凉的平原上。1842年，他与孀居的母亲埃德穆特搬进了那里的牧师住所。这一牧师住所紧邻萨克森省最古老的教堂之一。这是一座始建于12世纪上半叶的堡垒式教堂，在德皇腓特烈一世（Frederick Barbarossa）时期，教堂高大的矩形塔楼加高了一倍，作为克拉奇骑士团（Knights of Kratzsch）守护这片辽阔平原的瞭望哨。圣器室里矗立着一尊比真人还大的骑士石像，有时，太阳映上石像眼中镶嵌的红宝石玻璃，使它的双眼熠熠生辉，尼采幼年曾为之深感恐惧。

在一次对波布勒斯（Pobles）教区的拜访中，29岁的牧师卡尔·路德维希的目光被波布勒斯牧师17岁的千金吸引住了。弗兰

第一章 音乐之夜

齐斯卡虽然没有受过多少教育，但拥有单纯而深厚的基督教信仰，她所渴望的辉煌命运无非是与她的丈夫携手行过这充满泪水的死亡幽谷。

1843年10月10日，卡尔·路德维希30岁生日那天，他们结了婚。他带着新娘搬进了勒肯的牧师住所。此时，他的母亲埃德穆特——一位戴着旧时代的软帽和假卷发的65岁老妇，对这所房子有着不可动摇的支配权。她溺爱她的儿子，紧攥着钱袋，并且以自己"脆弱的听觉"为由进一步控制了整栋房子，在这里，所有人只能以极其微弱的音量说话。

其他家庭成员还包括牧师的两位体弱又神经质的继姐，也就是尼采的奥古斯塔姑妈和罗莎莉姑妈。奥古斯塔姑妈全身心奉献给了家庭生活，她可不会允许新婚的弗兰齐斯卡在厨房里帮她的忙。"拜托，这个就留给我来做吧。"每当弗兰齐斯卡试图帮忙时，奥古斯塔姑妈总会这么说。罗莎莉姑妈更具有知识分子倾向，她全然投身于慈善事业。这两位姑妈都饱受那个时代普遍存在的神经症状的折磨，而且总是离那些永远治不好她们的医药箱不超过五步之遥。这三驾马车相当有效地令新娘弗兰齐斯卡发现自己在家里百无一用。不过，幸运的是，婚后五个月她就发现自己怀上了弗里德里希。

弗里德里希·威廉·尼采出生于1844年10月15日，由其父亲在勒肯教堂为之施洗，并以当时在位的普鲁士国王弗里德里希·威廉四世（Friedrich Wilhelm Ⅳ of Prussia）的名字命名。两年后，即1846年7月10日，一个女孩出生了，她被叫作特蕾泽·伊丽莎白·亚历珊德拉，这正是她的父亲曾经教导过的三位阿尔腾堡公主的名字。她更广为人知的名字是伊丽莎白。又过了两年，一个男孩在2月里出生并以阿尔腾堡公爵的名字约瑟夫命名。

牧师既虔诚又爱国，但他并未幸免于影响了他母亲和继姐们的精神失常。他会把自己关在书房里长达数小时，拒绝吃喝或交谈。

11

更令人不安的是，他常常陷入神秘的发病状态，讲话时说到一半会突然停下，呆呆地凝视着虚空。弗兰齐斯卡会跑过来把他摇醒，然而，"醒来"之后，他却对这种意识的中断浑然不觉。

为此，弗兰齐斯卡向家庭医生古特雅尔大夫（Dr Gutjahr）咨询，大夫将病情诊断为"神经紧张"并主张牧师多休息，然而症状持续恶化，到后来，牧师不得不辞去了教区职务。这种神秘的发作被诊断为"脑软化"，数月间，他深受虚脱、难忍的头痛和呕吐的折磨，他的视力急剧下降为半盲。到1848年的秋天，35岁、仅仅结婚5年的牧师终日缠绵病榻，他生命的活力实际上已告终结。

弗兰齐斯卡的生命被埃德穆特、两个神经质的大姑和日益衰弱的丈夫榨干了。牧师住宅里，成年人愁眉深锁，私下里打着暗号，尽管如此，弗兰齐斯卡仍然设法保护了她的子女免受这种病态氛围的感染。提及童年时光，弗里德里希和伊丽莎白各自撰写的回忆录里都充满了自由与轻盈，在他们眼中，宏伟的教堂塔楼、农田、果园与花圃都是他们广袤无垠的游乐场。池塘畔有垂柳依依，他们曾钻进绿色的柳树洞中倾听众鸟鸣唱，并看着鱼儿飞快地掠过波光粼粼的水面。他们觉得房子后面长满草的墓地是"友好的"，不过他们从不在那些古老的墓碑间玩耍，因为房顶上那三扇采光窗户看起来好像上帝那俯瞰人间的全知的眼睛。

卡尔·路德维希承受着越来越大的痛苦，他丧失了说话的能力并最终完全失明。1849年7月30日，他去世了，年仅35岁。

13岁的尼采在他童年的回忆录中[1]写道：

> 教区已为他备下了一座石墓穴。哦，我的耳畔将始终萦绕

---

[1] Friedrich Nietzsche, *Jugendschriften*, ed. Hans Joachim Mette et al., 5 vols, Walter de Gruyter and Deutscher Taschenbuch Verlag, 1994, Vol. Ⅰ, pp. 4-5, translation by David Krell and Don Bates in *The Good European*, p. 14.

着那深沉的钟声；我也将永远无法忘记赞美诗《耶和华，我的慰藉》那阴郁澎湃的旋律。教堂的空旷处回荡着管风琴的轰鸣。

那个时期，我曾梦到自己听见了教堂的管风琴声，和我父亲葬礼上的一模一样。我正想探究这音乐背后的起因，一座坟茔猛然裂开，我的父亲穿着亚麻寿衣出现了。他快步走进教堂，片刻后回来，臂弯中抱着一个孩子。坟茔再度裂开，父亲走了进去，墓穴合拢。洪亮的管风琴声瞬间停止，我惊醒过来。次日，小约瑟夫忽然病倒，经历了数小时剧烈的痉挛之后，他死了。我们悲伤得无以复加。我的梦完全应验了。他小小的尸体就安眠于父亲的臂弯当中。[1]

尼采牧师的死因已被广泛地调查。牧师是否死于精神错乱，这对其后人是一个相当重要的问题。1888 年 44 岁的尼采戏剧化地陷入疯狂，这种错乱一直持续到他 1900 年去世，而在发疯前，尼采也遭受着与其父亲相似的症状。关于这个问题的文献与日俱增，不过这当中最早的那本《关于尼采的病理学》（*Über das Pathologisch-ebei Nietzsche*）出版于 1902 年——尼采去世仅仅两年之后。该书作者保罗·尤利乌斯·莫比乌斯博士[2]是一位杰出的神经学先驱，他从 19 世纪 70 年代起就专注于遗传性神经疾病的研究。莫比乌斯

---

[1] *Jugendschriften*, Vol. Ⅰ, pp. 6-7. 翻译同前。尼采对这个预言性的梦境有过两种略为不同的描述，围绕着这种不同，人们有各种揣测（见 David Farrell Krell and Donald L Bates, *The Good European*, pp. 16-17, footnote 2）。据尼采所说，这一经历发生在 1850 年年底，但它肯定发生在 1850 年 3 月。更令人困惑的是小约瑟夫墓碑上的生卒年写道"生于 1848 年 2 月 27 日，卒于 1850 年 1 月 4 日"，而根据教区登记册，约瑟夫是在其两岁生日后几天夭折的，那就该是在 3 月份。这样就与尼采梦境的时间吻合了。

[2] 保罗·尤利乌斯·莫比乌斯（Paul Julius Möbius, 1853—1907），神经学家，在莱比锡执业，发表过大量文章。莫比乌斯综合征即因他得名，这是一种与颅神经麻痹有关的罕见的麻痹类型，莱顿-莫比乌斯综合征，即骨盆区域的肌肉萎缩症，亦因他得名。

被弗洛伊德誉为精神疗法之父，而更重要的是，他直接从尼采牧师的验尸报告入手，报告表明死者患有脑软化（Gehirnerweichung），这个术语在 19 世纪往往用于描述各种退行性脑部疾病。

这种病的现代解释包括：全面退化、脑瘤、脑结核，甚至某些头部损伤所导致的慢性出血。跟他的父亲不同，尼采死后没有进行尸检，所以莫比乌斯及其后的研究者不可能将这两副大脑进行尸检比对，不过，莫比乌斯拓宽了思路，揭示了其家族中母系一方的精神疾患倾向。一位舅舅自杀，他显然宁愿死也不愿意被关在伊伦豪斯（Irrenhaus）——一个疯人院里。在父系方面，尼采的祖母埃德穆特的好几个兄弟姐妹都被描述为"精神异常"：一个自杀，另一个发疯，还有一个兄弟则患上了某种需要精神病治疗的心理疾病。[1]

而在我们完全离开这个猜想领域之前，不得不提及尼采的弟弟的死亡。约瑟夫在中风死亡之前曾罹患癫痫发作。我们可能无法得到明确的结论，但是无疑，尼采的家族确实受到强烈的精神不稳定倾向的影响。

卡尔·路德维希·尼采去世时 35 岁。那时候，弗兰齐斯卡 23 岁，尼采 4 岁，而伊丽莎白年仅 2 岁。他们全家被要求搬离牧师住所，以让位给新任牧师。埃德穆特祖母决定回瑙姆堡去，她有很多亲人在那里。她兄弟曾是大教堂的教士。她在新巷（Neugasse）租了一处平房，新巷是一条谦和而可敬的街，街上住宅是半独立式的。埃德穆特把前厅据为己有，罗莎莉姑妈和奥古斯塔姑妈则被安置在隔壁房间。

弗兰齐斯卡每年有 90 塔勒的寡妇养恤金，外加每个孩子 8 塔勒。此外，阿尔滕堡宫廷还提供了一小笔养恤金，但即便所有这些加起来，也不足以令她自立。她和孩子们搬到了这座房子后面最差

---

[1] Richard Schain, *The Legend of Nietzsche's Syphilis*, pp. 2-4.

第一章 音乐之夜

的两个房间,在那里尼采和他的妹妹共用一间卧室。

"在长久的乡居生涯之后,城市生活对我们而言实在太可怕了,"尼采写道,"我们避开阴郁的街道,寻找开阔的空间,就像鸟儿试图逃离鸟笼一样……巨大的教堂和市场上的建筑物、市政厅和喷泉,我所不习惯的人潮涌动……令我惊讶的是这些人往往互不相识……而其中最令我不安的,则是那铺砌好的长长的街道。"[1]

对于来自小村庄勒肯的孩子们来说,拥有1.5万人口的瑙姆堡的确是一个令人生畏的地方。今时今日,我们所知的瑙姆堡是绘本中的浪漫之地,是中世纪时光之书里的插画,是从萨勒河(River Saale)蜿蜒的河道中升起的苍白的塔楼群像,然而,当尼采一家居住其中时,萨勒河可不是什么摆设式的护城河,而是一处真正的防御设施,布满了防御工事。

在他们搬来瑙姆堡居住的两年前,1848—1849年革命已经使得欧洲陷入了自由主义的痉挛,尼采那位垂死的、奉行君主制的父亲对此深恶痛绝。而另一方面,理查德·瓦格纳全心全意地支持这一革命纪元,他期待它能够带来艺术、社会与宗教的彻底重生。在德累斯顿起义的街垒之上,瓦格纳与俄国无政府主义者巴枯宁并肩作战。他资助叛军,为他们提供手榴弹。东窗事发后,他遭到了流放,这就解释了为什么他与尼采见面时住在瑞士。

19世纪50年代的德国是德意志联邦(1815—1866),这是拿破仑战败后,在维也纳会议上重新绘制欧洲版图时形成的国家联盟。联邦包括由亲王、公爵、主教和选帝侯等统治的39个德国自治州。这些又小又狭隘的碎片化自治州意味着,没有国家军队,没有共同的税收体系,没有总体的经济政策,也没有真正的政治权威。群雄逐鹿,钩心斗角,所有人都鼠目寸光,看不到统一的益处。更为复

---

[1] *Jugendschriften*, Vol. Ⅰ, p. 7.

15

杂的是，联邦还包括了波希米亚的捷克人、荷尔斯泰因（Holstein）的丹麦人，以及蒂罗尔（Tyrol）的意大利人。汉诺威在1837年前一直由英格兰国王统治，荷尔斯泰因由丹麦国王统治，而卢森堡则在荷兰国王的治下。1815年，德意志联邦成立之时，奥地利是联邦的主导成员，但随着时间的更迭和梅特涅势力的衰微，矿产丰富的普鲁士在俾斯麦的统治下变得日益繁荣而好战。

萨克森省的瑙姆堡市就属于普鲁士国王。尼采记忆中这座城市的堡垒特征可不仅仅是由于联邦内部的军事摩擦，还来自它受到法国威胁的那些岁月。入夜，五扇重型城门封死了城池，居民要想进门只能大声摇响铃铛，并向守夜人行贿。尼采和他的妹妹热衷于在周遭"美丽的山峦、河谷、厅堂与城堡"中探险，不过他们必须随时留神倾听守夜的钟声（后来他把这钟声写进了《查拉图斯特拉》："这口钟比任何人见证得都多，它计数着我们祖先痛楚的心跳"[1]），如若不然，他们可能会被关在城外，经历像汉塞尔（Hansel）和格蕾特（Gretel）所遭遇的那样恐怖的夜晚。

瑙姆堡周围笼罩着黑色的图林根森林：这里有古英雄的坟茔、龙穴、石墓和黑暗的深渊，从德国神话的早期就象征着德国潜意识里非理性与不可控的部分。瓦格纳将其用于沃坦那场走向混沌的精神之旅，这次旅程令众神死亡，令旧约毁弃，从而导致了旧秩序的崩解。而尼采则先是将其描述为恶魔，后又描述为酒神。

而没有什么能比瑙姆堡城本身更具阿波罗精神，更加必要与合乎逻辑。萨勒河下游流淌着理性、繁荣和浪漫保守主义的冲动。这里最初是一个贸易中心，是彼此交战的古代部落之间重要的和平场所。年复一年，此地逐渐发展成为中世纪德国手工业和行会贸易的中心。自1028年大教堂奠基以来，教会与邦国在几个世纪间和谐

---

[1] 伊丽莎白·尼采以伊丽莎白·弗尔斯特-尼采所著的《尼采的一生》（Elisabeth Förster-Nietzsche, *The Life of Nietzsche*, Vol. I, p. 27）。

第一章　音乐之夜

理性地共同成长，在新教时代尤其如此。故而，当尼采来到瑙姆堡定居时，它既是宏伟稳固的资产阶级城市，也是清净生活的宗教场所。它以大教堂和与之同等恢宏的市政厅这两大建筑奇迹表明，在物质丰裕而保守的社会里，倘若宗教伦理与公民道德可以通过协作而不分彼此，那么，教会与邦国是能够共同繁荣的。

埃德穆特祖母在瑙姆堡成长的时代，这座小城的宗教圈子一直被朴素的路德教理念所主导，推崇义务、谦逊、单纯与克制；当她重返这座小城时，正值"觉醒运动"高涨，它重视狂热和崇高的启示更甚于理性的信仰。人们宣布自己重生了。他们公开谴责自己是绝望的罪人。这种新潮的行为并不适合尼采家族的女士们，虽然弗里德里希追随其父亲和祖父进入教会的意愿并无丝毫动摇，但他的家庭不可能成为这样一个不受约束的教会圈子的一员。相反，他们在宫廷职能部门官员的妻子和高等法院大法官的妻子中找到了自己的朋友，这是一个有钱有势的地方社会阶层，不受新思想的困扰。

在保守社会缓慢的发展势头下，两位神职人员的遗孀埃德穆特和弗兰齐斯卡生活得虽然并不特别富裕，但已然安顿下来，她们很好地充当了淑女的角色，以对当权的保守派的拥护，换取对方谨慎的资助。尼采全然没有为自命不凡的传统感到恼火，事实上，当他描述瑙姆堡时期童年的自己时，曾懊恼地承认，自己那时的举止总是带着庸人那种一本正经的做派。不过，他对他10岁那年国王对瑙姆堡那一番造访的描述，如果没有显现出早熟的政治思想，那肯定也展示出了早熟的文学天赋：

> 我们的国王即将巡幸瑙姆堡。为此，人们做了大量的准备。所有学生都穿上黑白相间的礼服，从上午11点起就站在市场上等待人民之父的驾临。渐渐地，天空阴云密布，暴雨倾盆而下——国王不会来了！钟敲了12点，国王没有来。许多

17

孩子开始感到饥饿。又下了一场暴雨。所有街道都泥泞不堪，钟敲了午后一点，不耐烦的情绪开始滋长。突然，大约两点钟的时候，铃声响起，天空透过它的泪水向欢快攒动着的人群微笑。接着，我们听到马车的轧轧声。沸腾的欢呼声响彻全城，我们在狂喜中挥舞着帽子，以最大的音量吼叫着。清新的微风吹拂着屋顶上悬挂的无数面旗帜，城里所有的钟都响了起来，乌压压的人群欢呼着，簇拥着国王的马车朝大教堂的方向而去。在那座圣殿的深处，有一群小女孩身着白裙，头戴花环，排列成金字塔的形状。国王在这里下了车……[1]

也是在这一年，即 1854 年，尼采对克里米亚战争产生了浓厚的兴趣。数世纪以来，克里米亚半岛一直伸入黑海，战略意义非凡，始终是俄国和土耳其的必争之地。当时它在俄国的手中，沙皇尼古拉一世的军队正在与奥斯曼帝国及其英法盟友的军队作战。这是第一次有摄影师报道的战争。由于电报的出现，几乎在战事发生时就能收到来自前线的战报。尼采跟他的同学威廉·平德（Wilhelm Pinder）和古斯塔夫·克鲁格（Gustav Krug）狂热地关注着这场战争。他们的零花钱都花在了排兵布阵上：钻研地图，制作战场模型，还造了一个水池来代表塞巴斯托波尔港（harbour of Sebastopol），并且用纸船来建造海军。为了模拟轰炸，他们将蜡和硝石团起来，点燃后扔到模型上。炽热的火球在空中呼啸而过，击中目标并引发大火，令人异常兴奋。然而有一天，古斯塔夫·克鲁格面色凝重地出现在这个玩具战场上，他告诉他们，塞巴斯托波尔已经沦陷；战争结束了。愤怒的男孩们把满腔怒火发泄在他们的克里米亚模型上，这个游戏被放弃了，但不久他们就改打特洛伊战

---

[1] Förster-Nietzsche, *The Life of Nietzsche*, Vol. I, pp. 22-23.

争了。

当时，德国的希腊化情结高涨，许多小自治州都憧憬着与古希腊城邦相似的未来与伟大。"我们变成了热情的小小希腊人，"伊丽莎白写道，"我们开始练习投掷长矛和圆盘（一种木质盘子），练习跳高和赛跑。"尼采写了两个剧本，《奥林匹斯山上的诸神》和《特洛伊之战》，他在家人面前上演了这两个戏，并说服他的玩伴威廉·平德、古斯塔夫·克鲁格和妹妹伊丽莎白出演了其他角色。

尼采5岁时他的母亲就教他读书写字。男孩的教育始于6岁，1850年，他被送进一所供穷人的孩子就读的市立学校。他那位颇具身份意识的妹妹伊丽莎白在为其兄长所写的传记中指出，这是因为埃德穆特祖母有一套理论，即"在8岁或10岁之前，所有的孩子，即使社会地位天差地远，都应该一道接受教育，这样，来自上流社会的孩子就能更好地理解下层社会所特有的心态"[1]。不过，根据他们母亲的说法，这完全是无稽之谈。尼采去那里读书无非是因为他们穷。

尼采的早熟、严肃及其思想和话语的精确性，再加上他那双在聚焦客观物体时不断出现问题的高度近视的眼睛，这一切都使得他很不合群。他被戏称为"小牧师"，还被人取笑。

1853年复活节，8岁的他被转到一所名字十分拗口的学校——"以中学及其他高等学习机构为目标做充分准备的学院"，这是他所在的那个有抱负的阶层的孩子们聚集的私人补习学校。在这里，他在社交方面要自如一些，不过，学校显然夸大了其冗长的学术承诺。10岁那年，他和威廉·平德和古斯塔夫·克鲁格转到了大教堂中学（*Dom Gymnasium*）。在这里，他不得不加倍用功以弥补错失的时间，这使得他每晚的睡眠不超过五六个小时。他对这个时期

1　Förster-Nietzsche, *The Life of Nietzsche*, Vol. Ⅰ, p. 24.

的描述，像其他许多自我剖析的段落一样，总是颇具特征地追溯到其父亲的死亡。当他一遍又一遍地书写他的生活时，不论这是在孩提时代所写的，还是在他神志清醒的最后一年里所写的，他总是一再地回到他父亲的死。

  我们到瑙姆堡后，我的性格开始显露出来。早年间我已经历了相当多的悲伤，因而不像孩子们通常那样无忧无虑，天真不羁。很早我就形成了各种品质：一定的静观与寡言的能力，这使得我总是能与其他孩子保持距离。同学们常常取笑我的严肃。这不仅仅发生在公立学校，后来也发生在学院和我的中学。自孩提时代起，我就寻求孤独，只要能不受干扰地把我交托给我自己，我就能感觉很好。而这一真正的乐趣，通常发生在自然这座露天神庙当中。雷暴常常给我以极为强烈的印象——远远滚来的雷声与猎猎劈下的闪电加深了我对上帝的敬畏。[1]

在大教堂中学的 4 年间，他在自己感兴趣的科目上出类拔萃：德语诗歌、希伯来语、拉丁语，乃至一开始他认为很难的希腊语。数学令他感到厌烦。课余时间，他开始写作一本名为《死亡与毁灭》的小说，创作了很多乐曲，写了至少 46 首诗，并且还学习了击剑这门高贵的艺术——这虽然与他的体格极不相称，但为他的社会地位所必需。

  我写作诗歌和悲剧，写得毛骨悚然却又无聊透顶，我用创作管弦乐谱来折磨自己，我如此沉迷于普遍的知识和普遍的能

---

1 *Jugendschrift*, Vol. I, p. 8, trans. in Krell and Bates, *The Good European*, p. 19.

力，以致陷入了成为十足的糊涂蛋和妄想家的危险当中。[1]

不过，这位 14 岁的少年在总结他迄今为止的人生时低估了自己，因为他在同一篇文章里接着对自己 9 岁时开始进行的诗歌创作展开了尖锐的批判性分析。对自己儿时习作的批评有趣地预示了某种象征主义诗歌的情绪，而当时的他不可能知道它，因为这种诗歌才刚刚由波德莱尔在巴黎开始创作。

> 我试图用更华丽、更具冲击性的语言来表达自己。不幸的是，这种致力于优雅的尝试堕落成了矫揉造作，斑斓的语言堕落成了简洁的晦涩，而我的每首诗都缺少最关键的一样东西——思想。……一首缺乏思想却充斥着短语和隐喻的诗，就像一个玫瑰色的苹果，核心蜷缩着一只蛆。……在任何作品的写作中，都必须最大限度地关注思想本身。人们可以原谅风格上的任何错误，但不能原谅思想上的错误。欠缺原创思想的年轻人，自然会企图用璀璨耀眼的风格来掩饰这种空洞，然而诗歌在这方面不就像是现代音乐吗？正是在这些规则上，未来的诗歌才会很快发展起来。诗人们会用最奇特的意象来表达自己，用晦涩的、极为夸张的却又悦耳的论证来宣扬混乱的想法。简言之，类似于《浮士德》第二章的作品将会被写出，只不过全然不具备那样的思想性。*Dixi*.[2]

他对普遍知识和普遍能力的追求，无疑是以浮士德为榜样，同时也受到了歌德和亚历山大·冯·洪堡（Alexander von Humboldt）这

---

1 '*Aus meinem Leben*'，对 1844—1863 年的简要自述。Keith Ansell Pearson and Duncan Large, *The Nietzsche Reader*, Blackwell, 2006, pp. 18-21.
2 Ibid.

样的博学者的启迪。像他们一样，他也研究了自然史。

"丽兹，"有一天，9岁的尼采对他妹妹说，"别再瞎扯那些关于鹳的鬼话了。人类是一种哺乳动物，他把自己的幼崽活生生地带到这个世上。"[1]

他的自然史书还让他知道了"大羊驼是一种很不寻常的动物，它愿意承受最沉重的负担，但当一只大羊驼不愿意继续时，它就会转过头来，把气味难闻的唾液喷到骑手脸上。如果受到胁迫或虐待，它就会绝食，躺在尘土中死去"。他觉得这一描述完全符合他的妹妹伊丽莎白，在他的余生中，不论是写信还是交谈，他都称她为"大羊驼"，有时也叫她"忠诚的大羊驼"。而就伊丽莎白来讲，她很喜欢这个亲密的昵称，一有机会就引用它的由来，不过，她隐去了吐出恶臭唾液的那个部分。

古斯塔夫·克鲁格的父亲拥有一架"美妙绝伦的三角钢琴"，它令尼采着迷。弗兰齐斯卡给他买了一架钢琴，一边自学一边教尼采弹奏。克鲁格是作曲家费利克斯·门德尔松（Felix Mendelssohn）的密友。不论哪位著名音乐家来到镇上，都会应邀前往克鲁格府上演奏。音乐从窗户飘荡到街头，尼采站在那里，爱听多久就听多久。就这样，当他还是个孩子的时候就熟悉了那个时代的浪漫主义音乐——瓦格纳所反对的那种音乐。这些"穿窗而来的音乐会"使得贝多芬成为尼采的第一位音乐英雄，不过是亨德尔（Handel）激发他写出了第一部音乐作品。9岁时，受亨德尔《哈利路亚大合唱》（"Hallelujah Chorus"）的启迪，他创作了一部清唱剧。"我想，这就像是天使的欢歌，耶稣就是在这样的声音中升天的。我立刻下决心创作类似的作品。"

他童年时创作的大部分音乐都留存了下来，这要归功于他的母

---

[1] Förster-Nietzsche, *The Life of Nietzsche*, Vol. I, p. 40.

亲和妹妹,她们保留着她们所崇拜的男孩笔下的每一枚碎片。这些音乐作品表达的是,渗透在这个情绪浓烈的家庭中炽热的上帝之爱,不可开解的对他父亲的病态怀念,他们相信,父亲的灵魂正看顾着他们。这与他那种"成为我父亲的转世,并成为他那英年早逝的生命的延续"[1] 的期望是密不可分的。

他身边的女性都对他宠爱有加,他是她们的一切。伊丽莎白非常聪明,不过,作为一个女孩,她的教育并不以学识为重,而更多在于修养。她被教会了阅读、写作、一些算术、足以表达礼貌的法语、舞蹈、绘画,以及大量的举止仪态。女性对于优越性别(男性)的每一次臣服都令她和她的母亲为自身的卑微而感到欣慰。作为回报,他成为她们所期许的高高在上的小男子汉。在家里(如果不是在学校的话),他对自己的重要性有很高的觉悟。当伊丽莎白不是"大羊驼"或"忠诚的大羊驼"时,她就是需要他捍卫与守护的"那个小女孩"。当他和他的母亲或妹妹一道散步时,他会走在前面五步,以保护她们免于"危险":泥泞、水坑,以及她们声称自己害怕的"怪物"——好比说马匹和狗。

大教堂中学的记录显示,他是一位勤勉的学子。他的母亲毫不怀疑他有能力实现她的梦想和抱负——追随其父亲进入教会。他对于神学的虔诚使得他在这门学科上取得了优异的成绩。12 岁时,笃信宗教的尼采看到了上帝显灵于其所有荣光当中的异象。这令他决定要把自己的一生奉献给上帝。

他写道:"在一切事物当中,上帝都引领着我,就像父亲引领着他弱小的孩子……我的心早已笃定,要永远献身于对他的服务。愿主赐予我力量和能力,使我能实施我的意愿,并在人生的道路上予我保护。我像孩童般信靠他的恩典:他必保护众人,不叫灾祸降

---

[1] *Ecce Homo*, 'Why I am so Wise', Section 5.

临到我们身上。而他的圣洁必得成就！他所赐予的一切，我都欣然接受：幸福与不幸，贫穷与富有，甚至勇敢地直面死亡。因为有朝一日，死亡将把我们团结在永恒的福佑之中。是的，亲爱的主，让您的脸永远照耀着我们！阿门！"[1] 但即便是在这样一种相当传统的宗教热情的控制下，他私下的想法里也隐藏着某种非同寻常的异端。

基督教信仰的基本教义在于，圣三位一体是由圣父、圣子（耶稣基督）与圣灵建构而成。然而 12 岁的尼采无法忍受这一结构的不合理。他的推理演绎出了一种不同的圣三位一体。

"当我 12 岁时，我为自己创设出一种不可思议的三位一体：圣父、圣子与圣魔。我的推论是，上帝出于对其自身的思考而创造了神格中的第二个人，而为了能够思考其自身，他必须思考其对立面，因此也必须创造出其对立面。——就这样，我开始了哲学思考。"[2]

---

[1] *Aus meinem Leben*.
[2] *Sämtliche Werke, Kritische Studienausgabe*, Vol. Ⅺ, p. 253.
　　1887 年，在其写作生涯的晚期作品《善与恶的彼岸》序言第 3 节中，尼采又一次提及了这篇文章。

第二章

我们德国的雅典

> 对一位老师最糟糕的回报，就是仅仅做一个学生。
>
> ——《看哪这人》，《前言》第 4 节

尼采 11 岁那年，他的祖母去世了。他的母亲终于得以自立门户。1858 年，几经周折之后，弗兰齐斯卡和两个孩子总算在魏恩加滕（Weingarten）的一所拐角房子里安顿下来，这是瑙姆堡一处受人尊敬的、不大起眼的街区。现在尼采有了自己的卧室。他很快就养成了工作到半夜、早上五点起床继续工作的习惯。这是他称之为自我克服（selbstüberwindung）的一生的起点，也是他将进一步形而上学化的重要原则，然而，目前他所克服的是极其糟糕的健康状况。伴随着呕吐和眼痛的剧烈头疼也许会持续整整一个星期，这期间，他不得不躺在拉着窗帘的黑暗房间里。哪怕是最微弱的光线也令他双目疼痛。阅读、写作，甚至持续连贯的思考都成了问题。例如，在 1854 年复活节和 1855 年复活节之间，他缺课六周零五天。而每当恢复健康，他就力推他所谓的"意志的崇高威严"迫使自己在同学中名列前茅。瑙姆堡的大教堂中学并非一潭教育的死水，然而尼采出于极大的野心，却对舒尔普弗尔塔（Schulpforta）这所德意志联邦最重要的古典学校充满了向往。

"普弗尔塔（Pforta），普弗尔塔，我只渴望普弗尔塔。"他在10岁的时候写道。普弗尔塔是内部人员对舒尔普弗尔塔的俚语称呼，而尼采对这一昵称的冒昧使用表达了他深切的热望。

普弗尔塔有200名14到20岁的学生，这里倾向于招收像尼采这样，父亲为普鲁士教会或国家服务而去世的男孩。入学挑选流程与王子的特使并无二致——走遍整片国土，看看谁能穿上灰姑娘的水晶鞋。他们在尼采13岁那年来到了瑙姆堡，尽管他的数学成绩有点悬乎，但他们仍然对他产生了深刻的印象，并在来年秋季为他提供了一个入学名额。

"我，可怜的大羊驼，"伊丽莎白用她一贯的戏剧性腔调写道，"深感命运不公。我什么也不肯吃，就这么倒在尘土中等死。"她的沮丧不是出于嫉妒其兄长一流的教育前景，而是悲叹他每次都得离家数月之久。尼采本人对此也不无忧虑。随着离别之日的临近，他的母亲发现他的枕套都被泪水浸湿了，但在白天，他依然维持着男性气概，强作勇敢。

"那是一个礼拜二的清晨，我乘车驶过瑙姆堡的城门……令人忧心的夜晚的恐怖静静围困着我，而我的未来笼罩在一层不祥的面纱当中。我将第一次长时间离开我父母的家……告别令我深感孤绝，一想到未来我就不禁瑟瑟发抖……从今往后我将无法全然沉浸于我的思想，我的同学将会把我从自己最心爱的事务中拽走——这个想法最令我压抑……每一分钟都变得更加可怕，而当我看见普弗尔塔在远处微光闪烁时，它看起来更像是一座监狱而不是母校。很快，我的心中充满了神圣的感觉，在无声的告解中，我接近了上帝，我的灵魂得到了一种深刻的安宁。主啊，求您赐福予我，在这圣灵的苗圃中护我身心周全。求您差遣您的使者，引领我在我所要去征战的事上取得胜利……我恳求您,主啊!阿门。"[1]

普弗尔塔学校有着监狱式的外观,因为它起源于一个西多会修道院。它位于瑙姆堡以南约 4 英里处、萨勒河支流上一处幽僻的山谷中,四周环绕着 12 英尺高、2.5 英尺厚的院墙,周围是 70 英亩多产的土地,上面散布着修道院常用的附属设施:鱼塘、酿酒坊、葡萄园、草甸、耕地和牧场、谷仓、乳品场、马厩、铁匠铺、石砌回廊和许多宏伟的哥特式建筑。普弗尔塔就像是尼采童年时在勒肯那个家的放大版,它是一个旨在抵御政治冲击的教会堡垒,而其中最为重要的冲击则是 16、17 世纪的宗教战争。当斗争结束时,罗马天主教遭到驱逐,支持马丁·路德的汉诺威选帝侯宣布普弗尔塔为王子学校(*Prinzenschule*)。它是施瓦策德[2]创立于 1528 年的重要拉丁语学校之一。施瓦策德曾协助路德将《旧约》译为德语。他是犹太人出身,有着人文主义的志趣,他将希伯来语教学加入拉丁语和希腊语的教学当中(后两者早已成为高等教育的基础)。这使得学者们能够直接阅读第一手的希伯来文本,而不是那些被政治或神学曲解了的翻译文本。该举措是对几个世纪以来教会审查的大胆突破,为每位学者提供了独立分析的手段。

当尼采进入这个教育体系时,该体系已被威廉·冯·洪堡[3]稍加调整。冯·洪堡是席勒和歌德的朋友,他在巴士底狱暴动后不久到达巴黎,该事件也影响了他的政治思想。"如今,我对巴黎和法国都深感厌倦。"作为一个 22 岁的年轻人,他以惊人成熟的笔调这样写道,同时,他冷静地总结,他所见证的乃是娩出新理性的必要阵痛。"人类承受了一个极端,而必得在另一个极端中寻求救赎。"

---

1 致威廉·平德文,转引自 Krell and Bates, *The Good European*, p. 61.
2 菲利普·梅兰希通·施瓦策德(Philipp Melanchton Schwarzerd, 1497—1560),是协助路德将《旧约》译为德语的主要助手,其希腊笔名梅兰希通更为人所熟知。
3 卡尔·威廉·冯·洪堡(Karl Wilhelm von Humboldt, 1767—1835)。(著名探险家、地理学家和科学家亚历山大·洪堡的兄弟。——译注)

冯·洪堡于 1806 至 1812 年期间负责重组德国教育,他把涉及了当代事件的典范理性与他在担任普鲁士驻罗马教廷大使期间对于古典遗产的第一手经验结合了起来。以古希腊结构为蓝本,他设想了德国联邦的未来:一个在艺术化与知识化的联合体中,由小国构成的多元的、创造性的体系。他的思想在《试图确定国家行为边界的种种思考》(*Ideas Towards an Attempt to Determine the Limits of State Action*)一书当中有所概述,该书也影响了约翰·斯图亚特·密尔(John Stuart Mill)的《论自由》(*On Liberty*)。冯·洪堡的指导方针是:教育和宗教里最大程度的自由,应该存在于哪怕是最小的国家当中。在这个国家当中,个体就是一切,故此,教育就是一切。教育的最终目标是"对人格的全面训练……令个体能力得到最大、最均衡的发展,以使得个体成为完整而连贯的统一体"[1]。这个完整而连贯的统一体结合了两种特有的德国理念:科学与教育。科学意味着学习是一个动态的过程,通过科学研究和独立思考而不断得到更新和丰富,这使得每位学生都在为永无止境的知识发展做出贡献。这与死记硬背的学习截然相反。知识不断进化,而一旦关系到教育,则意味着学习者自身的进化:通过对知识的获取而得到精神成长的过程,这被冯·洪堡描述为学生自身人格与天性的和谐互动,而这在更大的语境中造就了一种内在的自由完满的状态。

随着科学进步对古老确定性的动摇,整体性与社会道德问题旨在解决宗教信仰这一紧迫的时代问题。不论小学生或大学生在达尔文和怀疑之间达到了何种阶段,都无法否认西方知识典籍所赋予的、对生命近乎神圣的认可——数个世纪以来,无论当时人们正信奉着什么样的神祇,真理、美、知识的明晰和意志都有着一以贯之

---

[1] Karl Wilhelm von Humboldt, *Gesammelte Schriften: Ausgabe der Prussischen Akademie der Wissenschaften*. Berlin, Vol. Ⅱ, p. 117.

的版本。

文明根基处的支撑力量乃是语言：没有语言，我们恐怕无从思考，当然也无从交流复杂的思想。冯·洪堡本人就是一位语言学家和语言哲学家。在普弗尔塔，也像洪堡改革下的其他学校和大学一样，最高的学科是古典语言学和古典文字学，是严谨而保守的精确艺术。语言学家是不可思议的微小事物之神，尼采有一次曾将他们称作"狭隘、冷血的微生物学家"[1]，而古典语言学家则是教育系统之神，他们钻研希腊语、希伯来语和拉丁语语言学。

尼采时期的校长将普弗尔塔描述为一个学校城邦：上午是雅典，下午是斯巴达。这是一个半修道院半军事化的机构，对心智和体能的要求都十分严格。尼采在家时非常珍爱他自己的卧室，在那里他可以按照自己的日程安排工作，而现在，他得睡在一间有30个男孩的宿舍里。每天凌晨4点，伴随着宿舍大门的解锁声，这一整天宣告开始，而这门在前一天夜里9点准时上锁（今时今日，我们能想到的类似的情形，是拜罗伊特歌剧院［Bayreuth Opera］的大门在演出开始的同时发出响亮的咔嚓声，把观众禁锢其中，演出结束才将他们释放）。180名男孩获释后便冲向15个脸盆和一个公共水槽，在那里刷牙后向里面吐漱口水。接下来这一整天就像尼采在一封家书中所写的那样展开：

05：25　　晨祷。热牛奶和面包卷。
06：00　　课程。
07：00—08：00　学习。
08：00—10：00　课程。
10：00—11：00　学习。

1　自传片段，记于1868/1869年。

11：00—12：00	课程。
12：00	收拾桌巾，进入食堂。点名。餐前餐后做拉丁文祝祷。40分钟自由活动时间。
01：45—03：50	课程。
03：50	面包卷和黄油，培根或梅子酱。
04：00—05：00	高年级男孩给低年级男孩做希腊语听写或数学测试。
05：00—07：00	学习。
07：00	进入食堂吃晚餐。
07：30—08：30	在花园里玩。
08：30	晚祷。
09：00	睡觉。
凌晨4点	大门解锁。新的一天。

这是欧洲最严格的教学生活，正如德·斯塔尔夫人（Madame de Staël）所称许的那样："德国的所谓学习确实令人钦佩。对他们而言，每天15个小时的孤独和连续多年的工作是一种正常的生存方式。"[1]

起初，尼采难抑思乡之情。"风断断续续地吹过高高的树梢，树枝低吟着，摇摆着。我的心也同样如此。"[2]他向他的导师布登西格教授（Professor Buddensieg）倾诉，教授建议他忘我地工作，如果依然无济于事，那么他就必须将自己交托给上帝的仁慈。

他每周能见母亲和妹妹一次，但那只是在周日下午，从学校往返于教堂之后的一小段迷人的时光。然后，他会沿着一条蜿蜒在高大幽暗的冷杉林之间的小路匆匆赶往阿尔腾堡村——普弗尔塔的男

---

[1] Anne Louise Germaine de Staël, *Germany*, Vol. Ⅰ, *Saxony*.
[2] 尼采致威廉·平德的信，1859年4月。

孩子们把这村子叫作"阿尔姆里希"(Almrich)。像所有专门机构一样,这所学校通过古怪的俚语来增强它于对外界的壁垒。与此同时,弗兰齐斯卡和伊丽莎白则从瑙姆堡出发,匆匆向南走去与他汇合。在他不得不赶回学校之前,一家人会在阿尔腾堡旅馆待上一个钟头,喝点东西。此外,普弗尔塔男孩们的自由活动就只有晚上七点半到八点半这段时间了,他们在花园里用希腊语或拉丁语就某种温和的游戏(比方说保龄球)展开学术辩论,而这可能会演变成用即兴的拉丁语六步格诗进行的语言决斗。

男孩们被鼓励随时用拉丁语或希腊语交谈。尼采通常会更进一步,他让自己用拉丁语思考,他很可能成功了,因为他没有抱怨过失败。他们被禁止读报。政治、外部世界和当下被尽可能地排斥在外。课程主要包括古希腊罗马的文学、历史和哲学,以及歌德、席勒等德国经典著作。虽然在上述课程中表现优异,但尼采的希伯来语不尽如人意——这是他领取圣职所需要的,他却发现希伯来语的语法特别难。同样,他也永远无法熟练掌握英语,尽管他热爱莎士比亚和拜伦,尤其是《曼弗雷德》(*Manfred*)一书,但他读的都是德语译本。男孩们每周有11个小时的拉丁语课、6个小时的希腊语课。他是一名优秀的学生,在学年末,他有时(但并不总是)会拿到班级第一。他的平均成绩常常被数学的低分拖垮,除了有一阵子他对圆的性质相当着迷之外,他对数学一直缺乏兴趣。

有时候,男孩们会被带去乡间郊游。他们会穿着弗里德里希·路德维希·雅恩(Friedrich Ludwig Jahn)——狂热的民族主义者、体操运动之父——设计的运动服。体操运动旨在培养年轻人的军事团队精神,他们的身心协调和健康将为这个新兴的国家奠定良好的基础。雅恩提出了著名的"四个f":*frisch*,*fromm*,*fröhlich*,*frei*(活泼、虔诚、快乐、自由),在其中,精神远征是以军事风格开展的。男孩在军乐队的带领下列队征服群山,歌唱,欢呼,挥舞校旗，为国王（现在已经因中风而疯掉）、普鲁士亲王和学校欢呼三声，然后行军返程。

游泳教学的流程也差不多：

> 昨天进行了游泳旅行。很棒。我们奏响欢快的音乐、列队穿过大门。人人都戴着红色泳帽，形成了一道靓丽的风景线。我们这些年轻的泳者被带到萨勒河下游很远的地方开始游泳，对此，我们惊恐不已。不过，当看到那些年长的泳者从不远处向我们游来，并且听到音乐的时候，我们全都跳进了河里。我们按照从学校出发时的顺序游着。总的来说，情况还算顺利；我尽了最大的努力，但经常有力不从心的感觉。我还仰泳了一会儿。到岸时，给我们分发衣服，都是随着船带过来的。我们赶紧穿戴停当，依次行进，回普弗尔塔去了。这真是棒极了![1]

值得一提的是，因为有这样一个好开端，游泳成为尼采终生的休闲兴趣。而杂技则不然，他总是抱着某种幽默的绝望心情来完成杂技动作。他的同窗好友保罗·多伊森（Paul Deussen）描述了尼采唯一的杂技技巧，他开玩笑地认为这个把戏非常重要。这个动作是这样的——从腿开始，在双杠间把身体推起，然后从另一侧下来。其他同学能在几分钟内完成这项动作，有时甚至不用碰到杠子，对尼采而言却十分艰难，这总是令他面红耳赤，气喘吁吁，汗流浃背。[2]

爱出汗、不擅运动、古怪、过分聪明，尼采并不怎么受欢迎。一个同学曾剪下他的照片做成木偶，让它说蠢话，做蠢事。不过，尼采性格特质中的脆弱总会激发他忠诚的朋友们，使他们肩负起保

---

[1] 日记，1859年8月18日。
[2] Sander L. Gilman (ed.), *Conversations with Nietzsche*, Oxford University Press, 1987, p. 15.

护他免遭无情世界打击的责任。他在普弗尔塔的那个小小的朋友圈子确保了那个嘲讽木偶的消失，木偶的原型却对此毫不知情。

他仍保持着对音乐的热情。他参加了校合唱团，有无穷无尽的机会参与集体欢娱和军乐游行，不过，正是在音乐这门学科当中，比起他其他的学校科目——所有科目都基于某种交付给集体伦理的自我实现——我们可以更容易地发现，尼采成功地坚持了思想的自由，这是他在即将进入普弗尔塔时十分担心可能会丧失的东西。他的老师和同学们都非常欣赏他在钢琴上简明的传统技巧，以及他视奏的熟练程度，这都是相当出色的，然而，真正叫他们叹为观止的是他令人眼花缭乱的即兴键盘演奏。他父亲在世时，人们远道而来聆听其弹奏。如今，尼采的同学们也钦羡于他身上同样的天赋。每当他开始创作一长段热情奔放的旋律时，他们都会簇拥在这个敦实男孩的周围，而尼采则戴着厚厚的眼镜，偏长的头发向后掠，笨拙地坐在钢琴凳上。就连那些厌恶他的同学，也仿佛被舞台魔术所蛊惑，深深折服于他精湛的技艺。暴风雨天气往往能激发他最强的灵感，每当雷声隆隆滚过，他的朋友卡尔·冯·格斯多夫（Carl von Gersdorff）都觉得即使贝多芬也无法达到这样的即兴创作高度。

他仍然充满宗教献身的激情，并且无改追随其父亲领取圣职的初衷。他的坚信礼完成于宗教狂热的旋涡当中。

坚信礼日是1861年大斋期的第四主日，这在他和保罗·多伊森之间建立了新的纽带。多伊森是尼采的同窗好友，曾描述过尼采的杂技。坚信者结对走到圣坛前，双膝跪地领取圣餐。多伊森和尼采并排跪着，心中充满了圣洁、狂喜的情绪，并且宣称自己已经准备好立即为基督而死。

高亢的宗教狂热退去之后，取而代之的是对基督教文本同样公正的审视，尼采曾将这样的审视应用于他的希腊或罗马研究当中。他在两篇题为《命运与历史》《意志自由与命运》的长文中表达了自己的观点,这两篇文章都显示出他对当代美国思想家拉尔夫·沃尔多·爱默生(Ralph Waldo Emerson)的兴趣,爱默生就"自由意志和命运"这一主题写了大量文章。在其最早的一则箴言中,尼采简洁地概括了意志与命运的自由:"绝对的意志自由将使人成为神,而宿命论则会把他变成一架机器。"在《命运与历史》一文中,他更为充分地阐述了相同的观点:"没有命运的自由意志,就像是没有现实的精神、没有恶的善一样不可想象……唯有对立能创造品质……一旦大众最终意识到基督教整个是建立在预设的基础之上:上帝的存在、不朽、《圣经》的权威、灵感及其他教义将会始终存疑,就会发生伟大的革命……我们很难知道人类自身是否只是一个阶段,是普遍生成中的一个时期……人类不是石头以植物或动物为媒介发展而成的吗?……这样的永恒是否永无止境?"

在这一番推论中,达尔文的异端进化论跃然纸上,不过,尼采这些思想的灵感来自他对三位思想家的阅读,在今后的很多年里,这三人都将左右着尼采的写作:爱默生、前苏格拉底时代的希腊哲学家-诗人恩培多克勒(Empedocles),以及德国哲学家-诗人弗里德里希·荷尔德林(Friedrich Hölderlin)。

1861年,也就是他写下《命运与历史》一文的同一年,尼采写了一篇课堂习作,题为《致友人的信,信中我向他推荐了我最喜欢的诗人》。这位最喜欢的诗人就是荷尔德林,当时他被人忽视,几近无闻,尽管今时今日他在德国文学殿堂中享有很高的地位。这篇文章得分很低,尼采的老师建议他"着眼于那些更健康、更明晰、更德国化的诗人"[1]。事实上,荷尔德林不能再德国化了,但他确实由衷地不喜欢极端的民族主义。这也是17岁的尼采所认同的态度,他的文章指出,荷尔德林"告知德国人苦涩的真理,不幸

---

[1] 这位老师有可能是柯贝尔施泰因教授(Professor Koberstein)。

的是，这些真理都过分坚实……荷尔德林对德国的野蛮状况给出了词锋尖锐的抨击。然而，这种厌憎与他对国家最伟大的爱是一致的，荷尔德林确实拥有高强度的爱国之情。他所憎恨者仅在于专家和庸人"[1]。

尼采的老师们不喜欢荷尔德林，因为他们认为他精神和道德上不健康。荷尔德林在其生命的尽头失去理智，精神失常，这使得他成为一个不健康的主题选择。加之尼采乐于质疑理性的权威，他的老师们怀疑这个男孩的身上有一种危险的悲观主义，这与普弗尔塔的三大指导原则——智慧、教化与路德教教义，全然背道而驰。这三大神圣原则本应保护任何一名像尼采这样的年轻普弗尔塔学子，使他们免于受到荷尔德林所探索的那个被上帝遗弃的、惊心动魄的内在领域的莫大诱惑。

> 啊，你们可怜的人，你们感觉到它，你们却不能说起人的规定，你们这样全然为虚无所俘获，那威慑我们的虚无，你们如此彻底地明察到，我们为虚无而生，热爱虚无，相信虚无，为虚无而劳碌终身，以逐渐化入虚无——如果你们当真这么想，拜倒在地，我能做什么呢？我也已有过陷入这种思想的时候，呼喊，残酷的精神，难道你把斧子落在我的根上？而且仍在呼喊。[2]

荷尔德林在其生命的最后几年里，偶尔（尽管是不规律地）也能发表一些惊人的洞见，神谕般的灵光乍现，或是一句特别令人不

---

[1] Nietzsche, "Letter to my friend…", 19 October 1861.
[2] Friedrich Hölderlin, *Hyperion*, trans. James Luchte, from *The Peacock and The Buffalo, The Poetry of Nietzsche*, Continuum Books, 2010, p. 34. （此段译文据《荷尔德林文集》，戴晖译，商务印书馆，1999 年，第 42—43 页。——译注）

安的话。他定居在图宾根的一座塔楼中,在那里,他成为一处旅游景点,浪漫主义时代伟大之旅的一站,没有什么比为了神圣的灵感而居住在满是猫头鹰的废塔中的人形避雷针更受欢迎了。

尼采曾写道,荷尔德林身处"长期疯狂的墓穴",在终局来临前,伴随着黑暗而神秘的葬曲,诗人的心智与不断推进的疯狂暗夜角力,后者如同汹涌大海中的惊涛般不断侵蚀他的意识。尼采关于荷尔德林的写作读来充满暗示,似乎他已大半抱定了放弃自身心智的想法,如果此举能够令启示之门豁然洞开的话。

荷尔德林在普弗尔塔不得人心,不过,尽管老师们提出批评和反对,尼采却并没有放弃对这位诗人的兴趣。

荷尔德林曾写过一出关于诗人哲学家恩培多克勒(约公元前492—前432年)的戏剧,尼采也步其后尘做了同样的事。相传,恩培多克勒纵身跃入埃特纳火山,结束了自己的生命,因为他期许并且确信自己会化身为神,这一期许既令人联想到从洞穴中现身的查拉图斯特拉,也让人想起失去理智的尼采——他相信自己成为酒神狄俄尼索斯。作为神性的通行证,新生的神性和被神触及而导致的疯狂贯穿了尼采、荷尔德林和恩培多克勒的生活及思想。彼时,年仅十七岁的尼采,就读于德国最为推崇奥林匹克理性与清晰文明的学校,却探索着疯癫的解放和非理性的有效性。

"孤独,没有神的存在,这——这正是,正是死亡。"在剧中,荷尔德林让恩培多克勒这样说道,也许我们可以从中追溯到尼采在上帝之死这一巨大悲剧中所要阐述的第一声低语。

恩培多克勒的作品罕有存世。仅存的是两首哲学诗篇的片段:《论自然》(*On Nature*)和《洗心篇*》(*The Purification*)。《论自然》是一首优美的创世诗,令人联想到奥维德(Ovid)的牧歌和《失乐园》(*Paradise Lost*),然而恩培多克勒绝不仅仅是一位令我们联想到奥维德和弥尔顿(Milton)的语言魔术师。他的重要性在于，他是第一位为四元素命名的作家；

> 来吧！我将为原始四元素命名，
> 我们此刻所注视的一切从何而来？
> 大地，汹涌的海，潮湿的空气，
> 还有以太——这把地球捆缚为一体的泰坦。
> 现在你来，听听那分野之火是如何
> 把生命引入胚胎……[1]

恩培多克勒提出了一个普遍的万物轮回，在其中没有创生，也没有毁灭。那里只有一种物质的形式，从总体上是不变和永恒的，而这都归因于始终对立的两股永恒力量的混合与分离：爱与恨。此二者背道而驰的张力创造了原始旋涡的能量，这被恩培多克勒描述为耶罗尼米斯·博斯[2]式的噩梦旋涡，在其中，人体的各部分"头颅、胳膊、眼睛，骇人地漫游在太空之中"寻找着彼此，"以各种形式结合在一起，并令人叹为观止"。今天，这些话被解读为进化论的第一个幽微的起点。

从恩培多克勒残篇的碎片性中，尼采学会了简洁。他还学会了如何用碎片来解放心智，以开启无尽的深思之旅。随着他两次发病之间的创作间隙越来越短，这种能力变得越来越可贵，他面临的问题是，如何在下次发病前迅速而最大限度地表达自己的思想。

坚信礼之后，尼采这一年的另一部作品就是被他愉快地称为"令人厌恶的小说"的《尤福里翁》（*Euphorion*），这是一部调侃性与恶行的作品，充满了少年人那种僭越式的夸张。

"我一边写一边忍不住爆发出魔性的狂笑。"在给友人的一封信

---

1 Empedocles, Fragment 38 and 62.
2 耶罗尼米斯·博斯（Hieronymus Bosch, 1450—1516），荷兰画家。——译注

中他这样夸耀道,他在信末署名"FWvNietzky(别号马克)字母研究者(你没有字母的朋友)"。[1]

在浮士德的传奇里,尤福里翁是浮士德与特洛伊的海伦所生的儿子。在尼采那个时代的德国,拜伦常常被视为现代版的尤福里翁。故而,使用尤福里翁的第一人称写作,是尼采所摆出的浮士德式的姿态,同时也是拜伦式的姿态。

该小说仅存第一页。它以书房中的尤福里翁开篇:

> 天空中的赤色黎明五彩斑斓,烟花嘶嘶作响如此乏味……我的面前有一个墨水瓶,用来浸泡我黑暗的心;一把剪刀,也许可以用来让我惯于割自己的喉;手稿,用来擦拭我自己;还有一把夜壶。
>
> 只有施虐者才会尿在我的坟墓之上——勿忘我……窃以为,在潮湿的泥土中腐烂比在蓝天下生长要来得愉快,做一只挣扎的肥硕蠕虫远比做一个人来得甜蜜,人类——行走的问号……
>
> 对面住着一位修女,我时常去拜访她,愉快地欣赏她出众的仪态……这位修女又瘦又虚弱;我是她的医生,在我的照料下,她很快就长胖了些。她的姻亲兄弟跟她同住,我看他似乎太胖太健壮,就让他瘦了下来——变成了一具尸体。说到这里,尤福里翁稍微往后靠了靠,呻吟了一声,他正受着影响脊髓的病症的折磨。[2]

万幸,手稿仅存的一页到此为止。

还有一段少年时期的写作碎片不可忽视。作为一篇习作,它通

---

[1] 尼采致雷蒙德·格拉尼耶(Raimund Granier)的信,1862 年 7 月 28 日。
[2] Krell and Bates, *The Good European*, p. 26.

第二章 我们德国的雅典

常可以被视为对真实经历的报告，一场幻梦或一次阴森的鬼魂造访，甚或是对他精神错乱的一番预演。这样看来，它理所当然地应该被重视起来，不过，考虑到《尤福里翁》，它也许只是另一次令人毛骨悚然的实验写作的尝试。

"我所恐惧的，"他写道，"不是我椅子背后那可怕的形态，而是它的声音；也不是语言本身，而是那种可怕的、含混而非人的语气。没错，如果它能像人类一样说话就好了。"[1]

在普弗尔塔，人们用羞辱疗法对付尼采可怕的慢性病发作——他的眩晕性头疼、耳鸣、"胃黏膜炎"，还有呕吐和恶心。他被置于黑暗房间的床上，耳垂上绑着水蛭以便从他头部吸血。有时水蛭也被放在他的脖子上。他憎恨这种治疗，认为这对他没有半点好处。1859 到 1864 年间，疾病登记簿上有 20 条记录，每次平均持续一周。

"我得学着习惯它。"他写道。

他戴着一副墨镜，以保护他敏感的双眼免受光线伤害。校医预测他会完全失明，对此他没有多少理由感到乐观。

受到身体限制和悲观预言的刺激，尼采牢牢抓住每一个富有成效的时刻。他对工作的渴望十足惊人。他与儿时好友古斯塔夫·克鲁格和威廉·平德结成了文学兄弟会，这增加了他在学校的工作量。当时那两人仍就读于瑙姆堡的大教堂中学，没能入选普弗尔塔的精英之列。三个男孩把他们的文学社团命名为"日耳曼尼亚"，也许是在向塔西佗致敬。[2] 1860 年的暑假期间，他们在一座俯瞰萨勒河的高塔中举行了成立大会。他们兄弟般地盟誓，祝酒时喝光了

1　自传片段，1868/1869 年。
2　古罗马作家塔西佗（Tacitus，约公元 55—116 年）写下了第一部关于德国的作品《日耳曼尼亚》（*Germania*）。

一瓶廉价红酒，然后把酒瓶扔进了下面的河里。三人都发誓每个月创作一件作品：一首诗或一篇文章，一则音乐作品或一项建筑设计。其他人则会"本着互相纠正的友好精神"对该作品进行批评。

三年间，尼采贡献了约34部作品，从圣诞清唱剧到《〈尼伯龙根〉中克里姆希尔德的角色性格》（"Kriemhid's Character According to the Nibelungen"），再到《关于音乐中的恶魔元素》（"Concer-ning the Demonical Element in Music"）。在其他两位止步很久之后，尼采仍持续创作了不少作品。"究竟要怎样才能激发我们行动的积极性呢？"他在1862年的社团纪要上绝望地写道。

次年，他对一个女孩产生了兴趣。安娜·雷泰尔（Anna Redtel）是一位同学的妹妹。她随哥哥参加了一次山间郊游，在一片空地上翩然起舞，由此引起了尼采的注意。他们一起跳舞。她来自柏林，是一位娇小、空灵的女孩，人人都说她富有魅力、善良、有教养，而且喜好音乐。在她身边，尼采显得高大、可靠、充满活力，尽管有点庄重和拘谨。她弹得一手好钢琴，在琴凳上，当他俩一起二重奏时，两人的亲密日益升温。他为她献诗，并为她写了一首狂想曲。当安娜即将返回柏林的时候，他给了她一个文件夹，里面是他自己创作的一些钢琴曲。她写来一张优雅的致谢短简，就这样，他温柔的"爱的初体验"画上了句点。

1864年是他在学校的最后一年。课外活动减少。为了通过大学入学考试，他必须专注于创作一部意义重大的原创作品——毕业论文。

> 就这样，在我舒尔普弗尔塔生涯的最后几年里，我独立完成了两篇语言学论文。一篇旨在从源头处（约旦人、埃德达人[Edda]等）的诸多影响对东哥特国王埃尔马纳里希（Er-manarich）的传奇做一番综述；另一篇则试图为希腊僭主的特

殊类型——麦加拉人（Megarian）做个侧写……写着写着，它就变成了一幅"麦加拉的忒奥格尼斯"（Megarian Theognis）的肖像画。[1]

6世纪的希腊诗人，麦加拉的忒奥格尼斯存世的诗篇不足1400行。这使得忒奥格尼斯与尼采的其他主题——恩培多克勒和第欧根尼·拉尔修（Diogenes Laertius）有了共同之处。这给了尼采极大的自由。"我进行了大量的推测和猜想，"尼采在谈及他关于忒奥格尼斯的研究时写道，"不过，我打算以恰切的语言学的彻底性，以及尽可能科学的方式来完成这项工作。"语言学的科学性和彻底性在 De Theognide Megarensi（《论麦加拉的忒奥格尼斯》[On Theognis of Megara]）中的确行之有效。暑假开始刚刚一礼拜，他就完成了这篇论文。论文有42页的篇幅，用拉丁文写就，精彩得令普弗尔塔的语言学老师们大感震惊。他本该把暑假剩下的时间都花在数学上，他却不愿费这个事。当他回到学校时，恼羞成怒的数学老师布赫宾德教授（Professor Buchbinder）希望他能被高中毕业考试拒之门外。

"他从未在数学上表现出一点点寻常的勤勉，可以说，他的书面和口头作业总是一味地在退步，因此，在这个科目上他甚至不能说令人满意。"布赫宾德骂道，但这一番抱怨被其同事们平息了，他们问他："难道你希望我们扼杀普弗尔塔有史以来最具天赋的学生吗？"[2]

"愉快通过！"9月4日这天，尼采喊道，"啊，灿烂的自由岁月到来了！"他遵循学校惯有的尊贵派头离开了普弗尔塔——坐在一

1　自传片段，1868/1869年。
2　伊丽莎白·尼采以伊丽莎白·弗尔斯特-尼采之名所著《尼采的一生》（*The Life of Nietzsche*, Vol. I, p. 117）。

辆饰以花环的马拉车上向外招手，随侍着制服鲜亮的马车夫。

校医的离校报告这样写道："尼采其人，稳健，精悍，眼神有明显呆滞，近视，伴有间歇性头痛。其父由年纪较长的双亲所生，后因脑软化症死于盛年。尼采出生时，其父已患病。目前暂无不良症状，但应将前因纳入参考。"

尼采对普弗尔塔的临别评价极尽溢美之词："我生活在对某些艺术的秘密顶礼当中。我从整齐划一的法则中拯救出我的个人倾向和奋斗；通过沉浸在对普遍知识和愉悦的过度兴奋的激情里，我试图打破规则所制订的僵化和时刻表。……我所需要的是某种能够平衡我自身多变不安倾向的东西，是一门可以通过冷静的公正、冷酷的逻辑、规律的工作去追寻的科学，而它的结果无法触动我分毫……这么一位出身高贵的学生，被教导得多么好，却被教化得多么差啊。"[1]

---

[1] 自传片段，1868/1869 年。

第三章

成为你之所是

> 你听从良知的原因可能有一百种……但当你感觉某种东西是对的时,其原因也许是你自己从未深思熟虑,盲目接受自童年起被人称为"对"的事物。
>
> ——《快乐的科学》,第335节

1864年被尼采称为他的蹉跎之年。这年10月,他被波恩大学录取了。作为一名孝顺的儿子,他进了神学院,尽管他对古典语言学抱有更大的兴趣。他之所以选择波恩是由于两位著名的古典语言学家——阿尔布雷希特·里奇尔和奥托·雅恩(Otto Jahn)。他觉得神学课程枯燥乏味,又思念着母亲和妹妹。波恩距离瑙姆堡大约三百英里,这是有生以来头一次她们不在步行可达的范围之内。即便思念她们,他还是将这距离派上了好的(尽管是不诚实的)用场。她们仍相信他打算进入教会,而他也不去纠正她们的想法。

他意识到他的生活一直以来都是狭隘的。修正他对世界的无知的办法,是加入 Burschenschaft,一个学生兄弟会。这是一次后来被视为严重污点的举动,因为该社团后来演变成了希特勒青年团。但在创办之时的1815年,它的初衷是在整个联邦中向德国的学生一代传达共享、自由的文化价值,然而联邦政府对兄弟会的知识活动保持着严密的监控,以防它们演变成政治性的、颠覆性的社团,故此,兄弟会除了爬山、唱歌、决斗跟喝啤酒之外,什么也没能做。尼采加入了排外的法兰克尼亚(Franconia)兄弟会,满心期待着"学术探讨与议会辩论",却发现自己反而举起了酒杯,高唱兄弟会的祝酒歌。他努力想要融入其中,却陷入一种被他描述为迷乱运动的奇怪纷杂和极度的亢奋当中去了。

"在最谦恭、最周到的鞠躬之后,我向你们介绍我自己为德国学生联合会'法兰克尼亚'的一员。"他在给他亲爱的母亲和大羊驼的信中这样写道。就连她们也一定已然厌倦了那些关于法兰克尼亚的信,信中连篇累牍地描述着他们的外出活动,总是以游行开始,一路写到他们的绶带、帽子和激昂的歌声。他们跟在一队轻骑兵后面行进("引发了极大的关注"),结果往往是,他们在一家小客栈或某位农民的茅舍里变得异常快乐,并屈尊接受了主人的款待与烈酒。这期间出现了一位不大可能的新朋友:加斯曼(Gassmann),《啤酒杂志》(*Beer Journal*)的编辑。

决斗伤疤是一种必不可少的荣誉徽章,而尼采获得它的方式非同寻常。当他感到自己的剑术已经足以应付裕如的时候,就与某位 D 先生进行了一次愉快的散步,这位先生是与法兰克尼亚相对立的另一个协会的成员。尼采被 D 先生这位令人愉快的对手打动了。他说:"你实在深得我心,咱们能来一场决斗吗?让我们免去那些通常的预演吧。"这几乎是不符合决斗规则的,然而 D 先生仍以最亲切的方式表示了赞同。保罗·多伊森充当了见证者,他声称,寒光闪闪的刀锋在两位决斗者毫无防护的头部舞动了大约三分钟,直到 D 先生的刀刃击中了尼采的鼻梁。鲜血涌出,荣誉达成。多伊森帮他的朋友包扎后,把他塞进了一辆马车,带他回家并安顿在床上。

几天之后，他就完全复原了。[1]

那道伤疤如此之小，从照片上你看不出它来。不过，它对尼采而言意味着一种巨大的满足。他完全不知道 D 先生的朋友们听到这个故事时笑成什么样。

法兰克尼亚社团经常光顾科隆的妓院。1865 年 2 月尼采前往这座城市，请了一位导游带他参观大教堂及其他著名景点。尼采要求导游带他去餐馆，却被带去了妓院，也许导游认为尼采对自己真正想去的地方羞于启齿吧。"突然间，我发现自己被五六个身着金丝和薄纱的生物包围着，她们满怀期待地盯视着我。一时间，我呆若木鸡地站在她们面前，然后，仿佛是受到本能的驱使，我走向了钢琴——周遭唯一有灵魂的事物，弹奏了一两个和弦。音乐激活了我的四肢，我马上就到了户外。"[2]

这就是我们对该事件的全部了解，但它回荡在有关尼采的文学与传奇当中。有人认为，他不仅仅是在钢琴上弹了几个和弦便罢，而是按照通常目的流连忘返并因此染上了梅毒，为他后来的精神和身体健康问题埋下了伏笔。原因之一是：1889 年，在他失去理智并被关进精神病院之后，他曾说自己"感染了两次"。医生们以为他说的是梅毒。但如果他们看过他的医疗记录就会发现，他曾患过两次淋病，这是他在神志清醒时向医生们承认过的事实。

托马斯·曼在其鸿篇巨作《浮士德博士》中将妓院事件描述为关键，小说中，曼重述了浮士德的传说，重新塑造了尼采的形象，并将其作为主角。曼将妓院之夜描述为尼采/浮士德为他所欲求的女人而向魔鬼出卖灵魂的一夜。她成为他的执念、他的魔魅。在早期的浮士德版本里，通常由特洛伊的海伦来扮演这个角色，曼却令人费解地将海伦置换成了安徒生笔下的小美人鱼——这个可怜的生

1　Förster-Nietzsch, *The Life of Nietzsch*, Vol. I. p. 144.
2　Ibid. p. 143-144.

物为了完成对人类的爱情，必须受尽万般折磨：作为将鱼尾变成人类双腿的代价，她的舌头已被割去，而她每走一步都像是走在刀锋之上。也许这个故事向我们讲述了更多的曼，而不是尼采。

尼采在波恩度过的两个学期中，音乐和音乐创作一直是他的激情所在。他创作了一整部对奥芬巴赫（Offenbach）《地狱中的俄耳甫斯》(*Orpheus in the Underworld*) 的戏仿之作，此举为他在法兰克尼亚兄弟会中赢得了"格鲁克"（Gluck）的昵称。他到罗伯特·舒曼（Robert Schumann）的墓前敬献了花圈，随后由于购置钢琴而债台高筑，以致无法负担圣诞节回家看望母亲和妹妹的旅费。他注意到自己的钱总是迅速地流逝，"大概因为它是圆的吧"[1]，他给家里寄去了包括八个音乐作品的册子（颇具舒伯特风格），奢侈地以淡紫色的摩洛哥纸装订，同时附上了对他"亲爱的大羊驼"如何弹奏和演唱它们的令人厌倦的详细指导：要严肃，要哀婉，要充满活力，要稍加夸张，或是略带激情。即便不在场，他也没有放弃对他所钟爱的女性的控制。

妓院事件后的复活节，尼采回到了家中，但拒绝前往教堂领受圣餐。对真正的基督徒而言，复活节是义务之所在。这一行为对其母亲和大羊驼而言乃是根本的灾难，而不仅仅是轻巧的姿态，因为尼采的叛教否定了她们人生在世的唯一真正目标：与心爱的尼采牧师在天国的重聚。

那时候的尼采尚未完全丧失信仰，但他已抱有深深的怀疑。他书房里的钢琴上，有一个配有其亡父照片的神龛，正摆放在耶稣被解下十字架的油画下方，就是在这里，他阅读着大卫·施特劳斯（David Strauss）的《耶稣传：批判性考察》(*The Life of Jesus Critically Examined*) 一书，并罗列了一个包括 27 本科学书籍的备

1　Gilman (ed.), *Conversation with Nietzsche*, p. 20.

读书单。

与他的同代人一道，他在科学与信仰之间动荡的土地上徘徊，这是一个亟待解决的问题。这似乎是从对上帝的盲目信仰，转向了对科学家的同样盲目的信仰。科学家们声称他们已然在某种所谓"生物力"的东西中发现了物质的神秘本质，这种力量解释了自然界惊人的多样性。

当时的一部百科全书对宇宙形成的解释，与恩培多克勒的说法不谋而合。

"一场由各种微粒组成的永恒的雨，它们以多种运动方式落下，下落中，它们自我消耗，并形成一个旋涡"，这存在于以太当中，而以太是"一种有弹性的固体介质，充满所有空间，光和热通过它以波的形式传递"。光"不能用其他任何方式来解释"，尽管"地球如何以每天近百万英里的速度在以太中运动"仍然是一个谜。"不过，我们不妨考虑一下鞋匠的鞋蜡，它很脆，却能在锤子的击打下碎掉，并像液体般流入容器的裂缝，而子弹能缓缓地沉没其中，软木塞能缓缓地漂浮其上，这样一来，地球穿过以太的运动就显得不那么令人费解了。"[1]

以鞋匠的蜡来解释宇宙，显然，对科学的信仰正变得跟对上帝的信仰一样不理性。施特劳斯的书"科学地"审视了耶稣的一生。尼采把施特劳斯比作一头年轻的语言学雄狮，剥下了神学的熊皮。如果基督教意味着对某一历史事件或某位历史人物的信仰，那他什么都不信。

大羊驼要求得到一个清楚的解释。尼采便在给她的信中写道："每一种真正的信仰都是牢不可破的；它能够实现信仰者从中所期许的东西，但它并不支撑哪怕是一点点客观真理的建立……正是在

---

[1] Chambers, *Encyclopedia*, 1895, Vol. IV, p. 433.

这里，人们分道扬镳了——如果你想获得内心的宁静与幸福，那就去信仰；如果你想要成为真理的门徒，那就去探索。"[1]

在波恩大学的两个学期，尼采一事无成。他负债累累，睡得很晚。他的一连串毛病中又加上了手臂风湿。他变得刻薄又暴躁，为自己花在法兰克尼亚社团那些"啤酒唯物主义"和"盲目的欢乐"上的时间和金钱深感后悔。幸运的是，两位语言学教授雅恩和里奇尔的争吵愈演愈烈，以至里奇尔离开了波恩前往莱比锡大学任教。尼采追随他去了。

新生活很适合他。每天清晨五点他便起床准备讲座。他创立了古典社团，这比法兰克尼亚兄弟会与他更相称。他把当地的一家咖啡馆变成了"某种语言学的证券交易所"，还买了一个橱柜用以存放期刊和论文。他加入了蓬勃发展的语言学协会，并用拉丁文就各种晦涩的经典问题发表论文；"近来我找到了证据，欧多西娅的紫罗兰（Violarium）之所以无法回溯到苏达斯[2]那里，是因为它来自苏达斯的主要源头，一本赫西基奥斯·梅里修斯（Hesychius Milesius）的经典（当然，早已散佚不知所终）……"[3]

他天生能令乏味的主题枯木逢春，这在语言学领域是一种罕见的才能。他的演讲听众很多。他很受欢迎。

"他完全摆脱了庸俗的学究气，"他的一位同学回忆道，"他的演讲给我留下了一种惊人的早熟与自信的印象。"[4] 尼采将荷马与赫西俄德两相对立，并对《奥德赛》和《伊利亚特》是由几位诗人共同创作的民间诗歌这一公认观点发起挑战，认为如此伟大的文学

---

[1] 尼采致伊丽莎白·尼采的信，1865年6月11日。
[2] 苏达斯（Suidas），古希腊辞书家。——译注
[3] 尼采致卡尔·冯·格斯多夫的信，瑙姆堡，1866年4月7日。
[4] 海因里希·施蒂伦伯格（Heinrich Stürenberg），莱比锡大学同学，见 Gilman (ed.), *Conversations with Nietzsche*, p. 29.

作品不可能不是由一位杰出的创作者所推动的,否则就太不可思议了,此举令全体教员大为振奋。里奇尔赞扬了他对忒奥格尼斯的研究,同时,他还因一篇关于第欧根尼·拉尔修的文章而获奖。他在文章开篇引用了品达(Pindar)的《皮西安颂歌》(*Pythian Odes*)中的一行诗句,而这行诗也是他终生所爱;"认清你之所是,成为你之所是。"[1]

尼采开始走上"成为"之路,俾斯麦的领土野心却在他的命运里横生枝节。俾斯麦的扩张主义政策引发了一系列小规模战争,以牺牲联邦为代价,旨在把普鲁士推向德国的前沿,同时也令德国最终站到了欧洲的前沿。1866年,普鲁士与奥地利和巴伐利亚进行了一场短兵相接的战争并取得了胜利。普鲁士军队入侵萨克森、汉诺威和黑森州,并宣布德意志联邦不复存在。次年,即1867年,这些问题仍然轰轰烈烈地继续着,尼采被征召为驻扎于瑙姆堡的野战炮兵部队的一名列兵。他曾上过一些骑术课,但他对马匹的经验并不丰富。

> 如果恶魔在某个清晨,比方说五六点钟之间,引领你来到瑙姆堡,并好心地将你指引到我的附近,那么,请目不转睛地盯着呈现在你眼前的景象。突然间,你闻到了马厩的味道。灯笼半明半暗,人影时隐时现。你的周遭萦绕着刮擦声、马嘶声、刷子声和敲击声。在这一切当中,有一个身穿马夫衣服的人,正拼尽全力尝试着徒手把某种不可言说之物搬走……这不是别人,正是我。数小时后,你看到两匹马在围场里飞奔,背上都有骑手,其中一位很像你的朋友。他骑着他那匹暴躁而热情的巴尔杜因(Balduin),并期待着有朝一日能骑得好些……

---

[1] *Pythian Odes*, 2: 73.

一天中的其他时候,他都勤勉而专注地站在由马匹拉着的大炮旁,拉出弹壳,用布擦拭弹膛,或是根据英寸与角度进行瞄准,凡此种种,不一而足。不过大多数情况下,他要学的东西还有很多……有时我藏身马腹之下,咕哝着:"叔本华救我!"[1]

炮兵们被训练跳上奔马,英勇地跃上马鞍。由于近视,尼采对距离的判断力很差。3月,他误判了一次跳跃,胸部撞到了马鞍坚硬的鞍桥上。他坚韧地继续训练,然而当晚他就倒下了,被安置在床上,胸部两处重创。服用吗啡10天后,病情没有任何好转,军医打开了他的胸腔;两个月后,他的伤口仍在化脓,无法愈合。令他惊讶的是,一小根骨头暴露在了视野中。人们要求他用甘菊茶和硝酸银溶液冲洗脓腔内部,并且每周洗三次热水澡。但这并没有达到预期的治疗效果。医生谈及要做手术切除部分被感染的胸骨。这样一个极端的解决方案需要参考意见,于是他们咨询了哈勒著名的福尔克曼医生(Dr Volkmann)。他建议在维特金德(Wittekind)的盐水浴场采取盐水治疗。令人开心的是,这个疗法很管用。伤口愈合了,但留下了深深的疤痕,而他得以离开这个压抑的地方。

10月,他被宣告暂不适宜服兵役,因病退役直到第二年春天,届时他得回来进行为期一个月的运枪练习——一项对伤口愈合有百害而无一利的活动。10月15日,尼采庆祝了自己的24岁生日,三周后,他迎来了与理查德·瓦格纳辉煌的初见,此后不久,尼采收到了巴塞尔大学语言学教授职位的邀请。

这无疑是个惊人的提议;尼采还只不过是个学生。他曾在波恩大学和莱比锡大学各待过两个学期,但都没有获得学位,不过,他杰出的老师里奇尔推荐自己这位才华出众的高足担任这个职位。

---

[1] 尼采致埃尔温·罗德的信,瑙姆堡,1867年11月3日。

1869年2月13日，尼采获得了教职，而为了令他得以克当，3月23日，莱比锡未经考试即授予他博士学位。同年4月，他就任为巴塞尔大学古典语言学教授，薪金为3000瑞士法郎。

作为巴塞尔大学有史以来任命的最年轻的教授，尼采欣喜若狂，深感自豪。他花了一部分钱在衣物上，煞费苦心地摈弃年轻的时尚，只选择那些能够让他看起来更为年长的款式。

他对瑞士人不以为意，怀疑他们是"贵族庸众"的一支。而巴塞尔是一个以缎带贸易起家的富裕而保守的社会，拥有无可挑剔的会所和无懈可击的城邦长老。巴塞尔大学很小，只有120名学生，他们当中大部分都研究神学。

校方坚持让尼采放弃普鲁士国籍。他们不希望他被征召回去服兵役。他们建议他成为瑞士公民，然而，尽管他放弃了普鲁士国籍，却从未申请瑞士国籍。结果，终其一生，尼采都是一个无国籍的人，当然对他而言，这也比加入庸众的行列要好得多。

"我宁愿做巴塞尔的教授，也不愿做上帝。"[1] 他说，也正是在这里，他意识到自己有多么喜欢教书。除了在大学任教，他还与当地的帕达戈贡中学（Pädagogium）签约，在那里教学。他教授希腊文学史、古希腊宗教、柏拉图和前柏拉图哲学，以及希腊罗马修辞学。他指导学生们涉猎欧里庇得斯的《酒神》，并写作有关酒神崇拜的文章。

他的学生们"似乎对他有着某个一致的印象——他们坐在他的脚边，而他，与其说是一个教育者，不如说是一个活生生的监督官［与国王同享大权的古斯巴达执政官之一］，他穿越时空而来，向他们讲述荷马、索福克勒斯、柏拉图和他们的神祇。似乎他所说的一切都出自那些不证自明而价值自洽的个体经验。——以上就是他给

---

[1] 尼采致雅各布·布克哈特（Jacob Burckhardt）的信，1889年1月6日。

人的印象"[1]。

然而这一切并非全无代价。一个学生描述了尼采糟糕的日子,就连目睹他挣扎着讲演也令人备感痛苦。在讲台上,尽管戴着厚厚的眼镜,他的脸也几乎要碰到了笔记本,他非常慢、非常艰难地吐词,中间有长时间的停顿。人们怀着难以承受的紧张见证他能否完成这项教学任务。[2]

莱茵河的能量极大地激发了他的心灵。当学生们走进他的教室时,常常看见他站在敞开的窗边,沉迷于河流持续的轰鸣。河水冲刷中世纪高墙的回声伴随着他穿过小镇,在这里,他塑造了一个时髦的形象:略低于中等的身高(他一再声称自己和歌德一样高),身型敦实,衣着考究,最惹眼的是他那浓密的胡须,以及深邃近乎忧郁的双眼。他的灰色礼帽一定是他扮老策略的一部分,因为除了一位来自巴登的年迈的国务参赞所戴的礼帽外,这是巴塞尔唯一一顶礼帽。在健康状况不佳的日子里,尼采会把这顶礼帽换成厚厚的绿色眼罩,以使他敏感的眼睛免受光线的伤害。

就在尼采定居巴塞尔担任教授的同时,瓦格纳恰好在卢塞恩湖畔特里布申的别墅定居下来。卢塞恩距巴塞尔只有很短的火车车程,尼采迫不及待地想要响应他的邀请,以便继续关于叔本华的讨论,并更多地聆听瓦格纳那部叔本华主义的歌剧《特里斯坦与伊索尔德》。

叔本华的哲学主要见诸《作为意志与表象的世界》(*Die Welt als Wille und Vorstellung*,1818)一书,在其中,他发展了康德与柏拉图的早期思想。

我们生活在物质世界当中。我们所见、所触、所感或所经验的

---

[1] Carl Bernoulli, 转引自 R. J. Hollingdale, *Nietzsche, the Man and his Philosophy*, p. 48.
[2] *Conversations with Nietzsche*, p. 62.

一切都是表象（*Vorstellung*），然而表象背后才是客体的真正本质——意志（*Wille*）。我们对自身的认知，既是以感性的方式认识外部事物，也是以截然不同的"意志"的方式从内部认识自己。

在寻求与意志的统一、寻求完美状态的过程当中，表象始终处于无尽渴望和永恒生成的状态。也许，表象偶尔会与意志一致，但这只会导致进一步的不满和渴望。人类天才（罕见的存在），可能在意志与表象的结合中达致完满，不过，对人类种群的其余部分而言，这是一种不可能在生命中实现的状态，只能在死亡中实现。

所有生命都在渴望某种不可能的状态，因而所有生命都受尽磨难。康德从基督教的立场出发写作，这使得经验世界中永恒的不完美、永恒的渴望都变得可堪忍受，只因你如果足够努力，便可期许某种圆满的结局。经由基督，救赎永远是可能的。

然而叔本华深受佛教和印度教哲学的影响，它们厌世地强调着磨难、定数和命运，强调欲望的满足仅仅催生新的欲望这一事实。意志在本体（形而上学）层面的流动，消弭于对虚无的渴望。

叔本华被认为是一位悲观主义哲学家，不过，对于尼采这样一位发觉基督教越来越不可能的年轻人而言，叔本华提供了一个有别于康德的可行选择。康德的影响主导着德国哲学体系的确立，尤其因为基督教是德国社会结构至关重要的组成部分，服务于保守的民族主义政治。这使得尼采和瓦格纳都处于局外人的立场上，当然他们对此毫不介怀。

尼采对叔本华的阅读并非不加批判。他同时还研究了F. A. 朗格（F. A. Lange）的《唯物史观及其当代意义批判》（*History of Materialism and Critique of its Meaning in the Present*，1866），并做了笔记。

1. 感官世界是我们的器官的产物。
2. 我们可见的（物理）器官，正如现象世界的其余部分一样，只是某个未知客体的图像。

3. 因此，我们对真实的器官也就像对真正的外部事物一样一无所知。而我们的面前不断出现此二者的产物。

因此，事物的真实本质，那自在之物——对我们而言不仅仅是未知的：这一概念，不多不少恰是由我们的器官组织所决定的最终产物的对立面，而我们不知道该对立面在我们的经验之外是否有任何意义。[1]

在这自由落体式的无知当中，叔本华触动了尼采内心深处的情感需求，给予他慰藉。"所有生命都处于痛苦当中"这一命题，对他比对大多数人而言更加感同身受，他那可怜的身体长期处于慢性病状态，饱受疼痛之苦。自然地，它渴望着某种理想状态。同样，尼采处于一种对其"真实存在"的渴望之中，这种渴望使得存在变得易于理解，从而变得合理。这一状态使得他对自己的"真实存在"尤为困惑。叔本华告诉他，我们无法认知到我们真实存在的同一性，因为我们的智力正不断地将世界碎片化——而倘若我们的智力本身只是一小部分，是我们的表象的碎片，又怎么可能不是这样呢？

尼采以最私人的方式感受到了这一切："最可厌的是，我总是不得不扮作某个角色——老师、语言学者、人类。"[2] 在成为巴塞尔大学教授的一个月后他写道。而他的这种感觉并不令人惊讶：他很年轻，却为了强调其智慧而扮作老者；他不过本科毕业，却要扮作教授；他是一个愤怒的儿子，却要扮作他那令人恼火的母亲的乖宝贝；他正逐渐失去对基督教的信仰，却为了纪念他已故的基督徒父亲而扮作恭顺的孝子。而仿佛这一切扮演还不够似的，他的无国

---

[1] 尼采致卡尔·冯·格斯多夫的信，1866年8月。
[2] 尼采致埃尔温·罗德的信，1870年2月。

籍问题又来雪上加霜，所有这些扮演都存在于这一正式身份中。全然支离破碎，他明白自己处于叔本华式的挣扎与痛苦当中：一个远远不了解自己真实意志的人，更别提去实现它了。

相比之下，瓦格纳——至少他本人认为，践行叔本华主义的思想道路已有很长时间，可以说已臻化境。他十分自信于自己的意志与表象已全然同一，以至他和他的情妇科西玛（Cosima）戏谑地用起了叔本华式的爱称。他是 Will（意志），而她是 Vorstell（表象）。

对叔本华而言，音乐是唯一能够揭示存在本质真相的艺术。绘画、雕塑等其他艺术只能是表象的表象。这使得它们与终极现实——意志之间，隔之又隔。而音乐是无形的，在非表象的意义上，它有能力直抵意志，绕开智力。

自 1854 年发现叔本华以来，瓦格纳一直在研究如何创作出叔本华所谓的"悬置"。一段叔本华式的音乐必须如同生命一样：从无序走向无序，只有在死亡的一刻（在音乐中，即作品的最后一个音符）方得解决。

耳朵，仿佛颤抖的灵魂，无休止地渴望着最终的解决。人是人类形式的不和谐，因而，音乐的不和谐必然是表象个体存在之痛苦的最有效的艺术手段。

前辈作曲家都拘泥于对音乐形式的恪守和对传统规则的因循。好比说，交响乐或协奏曲那种公式化的正式结构。聆听他们的音乐令你意识到其对于音乐的历史性延续和发展所做出的个人贡献。如果你熟悉这一套话语，你就能很容易地把他们放在历史脉络上。

但叔本华对这种历史观念提出了挑战，认为"时间"只是我们思想的一种形式。这将瓦格纳从可识别的表象中解放了出来。尼采把瓦格纳的"未来音乐"（Zukunftsmusik）描述为所有艺术的胜利之巅，因为它不像其他艺术那样关注现象世界的形象，而是直接从存在的深层根源——它最完美的呈现中——说出意志的语言。瓦格纳对他施展了无以复加的强大魔咒，在聆听瓦格纳的音乐时，尼采的头脑已无法保持冷静，他的每一条纤维每一根神经都震颤不已。他从未体验过如此持久的狂喜。他所经历的想必就是直面意志的感受吧？他迫不及待要与大师重聚。

尼采在巴塞尔待了三个礼拜之后，感觉自己对大学里的事务已然得心应手，可以去拜访瓦格纳了。尽管瓦格纳的年龄是他的两倍开外，还是一位世界名人，并且人家对他的非正式邀请已经是六个月前的事，1869年5月16日星期天，尼采仍然搭上了开往卢塞恩的火车，下车后沿着卢塞恩湖边的小径向瓦格纳的宅邸走去。

特里布申别墅建于1627年，无论过去还是当下，它都是一座城墙浑厚而气势雄伟的古老庄园，几乎像是瞭望塔。陡峭的金字塔式红色屋顶下，排布着不计其数的对称窗户。它坐落在一块探向湖中的三角形岩石的高处，如同强盗的堡垒般，掌控所有要道。尼采既已到访，便不可能悄无声息地溜走，而必须像所有来访者一样，在空窗的环视下深感窘迫。宅邸中传来一遍又一遍的钢琴声，重复着一段痛苦而折磨灵魂的和弦：齐格弗里德和弦。他揿响了门铃。

一个仆人出现了。尼采递出他的名刺，等待着，感到越来越尴尬。正当他举步离开时，仆人匆匆追来，问他是不是大师在莱比锡见过的那位尼采先生？的确是的。仆人去而复来，对他说，大师正在创作，不能被打扰，请问教授先生可以午餐时再来吗？不巧得很，他午餐已经有安排了。仆人又一次去而复来，问道，请问尼采先生可以明天再来吗？

次日是星期一，尼采没有课。这一次，当尼采踏上这条令人望而生畏的小径时，大师亲自出来迎接了他。

瓦格纳崇尚名声，也崇尚服饰。他深知形象作为思想载体的价值。今天，为了向这位以理解和延续古典为己任的语言学家致意，他身着"文艺复兴时期画家的装束":黑色天鹅绒外套、及膝马裤、丝袜、袢扣鞋、天蓝领巾和伦勃朗式的贝雷帽。他热情而真挚地欢迎尼采,领着他穿过一连串流光溢彩的房间,它们都是按照作曲家与他的皇家赞助人路德维希国王所共有的奢华品位来布置的。

很多访客评价特里布申宅邸里有太多的粉色,而且装饰了过多的丘比特,然而这样的内部环境对尼采来说是新奇而令人沉醉的,他迄今为止的生活都是在克己忘我的新教房间中度过。特里布申的墙上垂覆着红色和金色的锦缎,或是软木皮革,或是某种特殊色调的紫色天鹅绒,精挑细选出来,用以最好地衬托瓦格纳和路德维希国王那耀眼的白色大理石半身像。有一块地毯由火烈鸟的胸羽织就,四周界以孔雀尾羽。高高的底座上放着一只脆弱得令人发指的红宝石波希米亚玻璃杯,上有精致的花饰,是国王赠予瓦格纳的礼物。荣耀的纪念品就像狩猎的战利品般挂在墙上:褪色的月桂冠冕,亲笔签名的节目单,油画上描绘着金发碧眼、肌肉虬结的齐格弗里德战胜巨龙,戴着护胸甲的女武神如同雷雨云般划破长空,岩石上的布伦希尔德在狂喜中醒来。各类摆设和珍玩困居于玻璃橱窗之后,仿佛被钉牢的蝴蝶。窗间因粉色薄纱和光亮软缎的飘摆而备显安静。空气中弥漫着浓郁的玫瑰、晚香玉、水仙、紫丁香与百合的芬芳。波斯玫瑰、美洲栀子和佛罗伦萨鸢尾的香精油,不论多么醉人,不论多么昂贵,应有尽有。

"整体艺术"(*Gesamtkunstwerk*)的诞生本身就是涵盖了瓦格纳每一种生理感官的整体艺术,因为,在他看来:"……如果我不得不再次投身于艺术想象的浪潮当中,以便在某个想象世界中寻求满足,那么至少,我必须帮助我的想象力,找到激发创造力的方法。我不能活得像狗一样。我不能睡在稻草上,也不能喝普通的杜松子酒:我的感官享受极为易怒、激烈并且相当贪婪,同时又是异常温柔而微妙的,如果我要完成'在脑海中创造不存在的世界'这样一项残酷而艰巨的任务,那么无论如何,我的感官享受都必须得到餍足。"[1]

尼采曾听见窗口中飘出齐格弗里德和弦的那个房间,就是瓦格纳的作曲间"绿室",在特里布申浓郁的歌剧氛围当中,这不啻一个小得令人吃惊的、男性化并具有工业风格的空间。两面书墙提醒着人们,瓦格纳不止创作音乐,也同样著述颇丰,他写作的书籍、手册、剧本跟他的音乐作品一样多。那架钢琴则是特制的,有放钢笔的抽屉和一个桌子一样的平面,用以晾干纸张上的最新作品的墨迹。访客们对这些手稿垂涎不已,而瓦格纳也深知把签名后的手稿送给自己所中意的权贵们的价值。钢琴上方悬挂着国王的巨幅肖像。出于某种原因,在特里布申直呼路德维希国王的名字是不礼貌的,他被称作"皇家友人"。他曾独自微服私访特里布申,甚至在那里过夜,自那以后,他的卧室就一直保持原样等待他再次临幸。特里布申是路德维希的朗布依埃城堡,相当于玛丽·安托瓦内特(Marie Antoinette)的小奶牛。而此地对于尼采而言也充当着差不多的角色。除了国王之外,他是唯一一位在这所宅邸里有自己房间的人。接下来的三年间,他到访特里布申 23 次,在他的心目中,这里是永远的福地。

出资人路德维希国王给了瓦格纳自由裁量权,让他在能令其放飞想象力的任何地方定居而不必拘泥于现实因素,只要他把全部精力集中在完成国王所热衷的《尼伯龙根指环》组剧上。瓦格纳在这个风景如画的地方定居下来,充分利用了康德的崇高原则:"这是心灵在领会巨大与无限时所经历的极度张力的一种功能,它超越一切感官标准,并唤起了某种令人愉悦的战栗,某种带有些许恐怖的宁静,超然于参考尺度之上,却成就了一种仅与其自身相当的伟

---

[1] 瓦格纳致李斯特的信,1854 年 1 月 15 日,转引自 Barry Millington, *Richard Wagner, The Sorcerer of Bayreuth*, Thames & Hudson, 2013, p. 144.

大……其结果是，将心灵重新抛向它自己——如此一来，我们很快就察觉到，崇高并非向外求诸自然界的事物，而必须求诸我们自身的观念。"[1]

根据这一原则，特里布申每扇窗间超然出尘的风景都可以在瓦格纳和尼采心中触发崇高的灵感，无论他们看向何处。从红日渐沉的西窗，看得见皮拉图斯山（Mont Pilatus）的终年积雪。最初的前基督时期，这里是龙和妖怪传说的发源地"雾之国"，后来在基督时代，这座山被重新冠以彼拉多（[Pilate]下令将耶稣钉死在十字架上的古罗马总督）的名字，他在耶稣受难后被逐出加利利，逃亡到了卢塞恩。在这里，他悔恨万分，攀上了7000英尺高的皮拉图斯峰顶，纵身跃入峰下那深沉如墨的小湖。在全然的静默当中，他的灵魂困居于此。当地导游会告诉你，这湖里的水是死水，并指出，就算最狂的风也无法令它激起微澜，湖面永远静定无波。黑松环绕着这个被诅咒的所在。数个世纪以来，没有一个樵夫敢于冒险去到那里，生怕激怒带来灾难的恶灵，因此，松树得以在山峰之上生长，紧紧地簇拥着那一小片水域，并且顺便挡住了风，令水面始终平静。14世纪，一位勇敢的牧师涉入彼拉多自杀的幽暗湖泊，进行了驱魔仪式。尽管如此，当地居民仍然保持警惕，将山间的雷暴和卢塞恩湖上突如其来的暴雨都归咎于彼拉多的鬼魂作祟。直到18世纪80年代之后的浪漫主义者，那些苍白的年轻人，沉溺于诗意的隐喻，视康德式的崇高和"心灵之诗"高于一切，他们冒险来到这座不祥的山上，在那里，彼拉多的水池无疑成为许多少年维特为无望之爱而自杀的终极地点。

有时候，瓦格纳会邀请尼采跟他一道在皮拉图斯山上进行一整天神清气爽的远足，一些心思活络的农民早已在这里建了一个客

---

[1] Immanuel Kant, *Critique of Judgment*, 1790, trans. James Creed Meredith, Oxford University Press, 1928, p. 28.

栈，并出租用于登高的小马。瓦格纳和尼采对这种服务嗤之以鼻，他们徒步征服了岩石峭壁，一路高歌，谈论哲学。

倘若尼采透过特里布申朝向湖面的窗户看出去，他的目光会扫过"强盗公园"，那是一片布满草和巨石的岬角，倾斜地延伸到湖边，其上散布着瓦格纳那匹名叫弗里茨的马，他的鸡、孔雀和绵羊。瓦格纳和尼采都喜欢从浴梯处开始游泳，这道扶梯划开了绵延的雪山那苍白的倒影。里基山脉海拔 6000 英尺，比皮拉图斯山脉略低，但同样因为曾入过透纳的画，以及被称作"里基幽灵"的奇妙光效而闻名。在既明亮又有雾气的特定条件下，你可以清楚地看到那个幽灵。它是一个巨大的人形，仿佛一个巨人的剪影悬在你头顶那虚无缥缈的天空之中。那巨人被彩虹光轮环绕，而事实上它并非什么幽灵，而是投射在雾气中的你自己的形象，当你惊奇地伸出双臂时，你不难发现，你的动作在雾中被放大后反射出来，就像是在放大镜里一样。瓦格纳过去常常对着他那天堂之镜中的形象舞蹈雀跃，直到雾气散去，木偶戏才告完结。[1]

在瓦格纳的游泳扶梯右侧的湖边，有一间以木瓦覆顶的小木屋，里面泊着小船。每当瓦格纳的情绪需要宣泄时，他就会让他忠诚的仆人雅各布划着船，带他穿过湖面上成群的罗恩格林白天鹅，一直划到遥远的回音区。在那里，威廉·退尔（William Tell）奚落着他邪恶的对手兰德沃格特·盖斯勒（Landvogt Gessler），辱骂之声响彻群山，极尽嘲讽。瓦格纳喜欢用他粗犷的萨克森口音大吼脏话，而当回声把这些污言秽语回敬给他的时候，他便笑得前仰后合。

---

[1] 很可能正是"里基幽灵"为瓦格纳的《指环》提供了某些超自然的元素：通往众神之家瓦尔哈拉的彩虹桥，窗前的迷雾中耸立着两个巨人庞大而充满威胁性的身影。而《莱茵的黄金》中具体的舞台调度这样写道："云层骤然散开，多奈和弗罗出现了，一座光芒四射的虹桥从他们脚下穿过山谷通往城堡。在晚霞的映照下，城堡熠熠生辉。"

如果雅各布载着他划船归来之后，他仍然情绪激动，瓦格纳就会爬上一棵松树继续大叫。有一次，他不知怎么攀上了房子光滑的外墙，在阳台上大喊，不过那是一次例外，因为他并不是对敌人感到愤怒，而是为自己做了某件事而羞愤不已。[1]

尼采到访之时，正赶上瓦格纳家里一团乱麻。瓦格纳的生日就在即将到来的那个周末，国王路德维希想要跟他共度这重要的日子，而他拿不定主意究竟是跟国王还是跟情妇科西玛共度这一天，十分纠结。尽管科西玛跟瓦格纳在一起的时间已经久到为他育有两女，现在又第三次怀上了他的孩子，但科西玛直到最近才离开她的丈夫，来到特里布申与瓦格纳生活在一起。出于种种原因，瓦格纳对国王隐瞒着科西玛的存在。作为一名热忱的罗马天主教徒，国王不赞成通奸。他脸色苍白，对瓦格纳的崇拜超过世上任何人。显然，除了他们曾各自跪倒在地啜泣热泪向对方致敬以外，这从来都不是一种肉体关系，却是极为浪漫的一种关系，至少对路德维希来讲是这样的。

路德维希嫉妒心重，占有欲强；他认为这位天才没有理由不把他放在首要并且唯一的位置——毕竟是他一手擢升这天才为万众崇拜的偶像，并给予其超出理性的财政支持，以致他的大臣和臣民都陷入了焦虑和怀疑，认为瓦格纳的未来音乐在掏空国库的同时，还欺骗了他们可爱、英俊而天真的年轻国王，并给他穿上了可笑的"皇帝的新装"。

瓦格纳和他的情妇已然处于一个复杂的情感罗网的中心，其中包含了被压抑的同性和异性之爱、渴望和社会张力，而尼采即将被裹挟其中。科西玛是作曲家弗朗茨·李斯特（Franz Lizst）与玛

---

[1] Judith Gautier, *Wagner at Home*, trans. Effie Dunreith Massie, John Lane, 1911, p. 97.

丽·达古伯爵夫人（Comtesse Marie d'Agoult）的三个私生女儿中的老二。瓦格纳本人的父亲的身份无疑是模糊的，而当他需要一个父亲形象时，李斯特在音乐上和实际上都填补了这一空白。1849年，李斯特为瓦格纳提供了逃离德累斯顿的资金，并帮助他获得了一本假护照。从那时起，他就开始长期资助瓦格纳革命性的新音乐。对瓦格纳而言，李斯特既是音乐之父，也是金钱之父。

瓦格纳是更好的指挥家，李斯特则显然是更好的钢琴家，他有效地开启了国际音乐会演奏家的事业。从巴黎到君士坦丁堡，以及其间的大部分地区，李斯特被奉为键盘上的半神。海涅为他所引发的集体歇斯底里症创造了"李斯特狂热"（Lisztomania）一词。他所到之处，女人们倒伏、摇摆如同麦浪。她们从烟灰缸里偷走他的雪茄烟头，当作圣物保存起来。她们窃取装饰在他演奏会舞台上的鲜花。尽管瓦格纳强烈的异性恋倾向是毋庸置疑的（几乎每部歌剧都会带来一个新的年轻情妇，这让他的两任妻子都大为恼火），但每当他跪下来亲吻李斯特的手时，他都会失声痛哭。在情绪和情感方面，瓦格纳遵循着那个时代男人之间的英雄崇拜和毫无羞耻的感情惯例。

科西玛并非李斯特最钟爱的女儿。科西玛好像一只个性鲜明的笨小鸭，是长着一张长脸的性格美人，外貌很像她的父亲。她继承了他惊人的魅力、他的身高、他独特的鹰钩鼻和苍白的外表，这些使一个男人显得英俊的元素赋予她某种女神般难以接近的气质，这对于某些身材矮小的知识分子（包括瓦格纳和尼采）而言是不可抗拒的。

那个周一与尼采共进午餐的时候，科西玛仍然是汉斯·冯·比洛（Hans von Bülow）的妻子。冯·比洛曾是李斯特最有前途的学生之一。现在他是瓦格纳的首席指挥。同时，在这段音乐与情欲的错综复杂的关系中，他还是路德维希国王的宫廷乐队长。

第三章　成为你之所是

科西玛十几岁时就嫁与冯·比洛为妻，她被冯·比洛在柏林指挥的一场音乐会给迷住了。该次音乐会的节目包括首次上演的瓦格纳《唐豪瑟》（Tannhäuser）中的维纳斯堡音乐。当晚，冯·比洛就向她求婚。他俩都爱上了瓦格纳，被他辉煌的音乐所眩惑；这不禁令人猜想，他追求的究竟是谁，而她接受的又是谁。相当多的关于冯·比洛的描述都对其性取向提出了质疑。在与科西玛订婚时，他写给她父亲李斯特的那封不同寻常的信似乎证实了这一点：

> 我对她的感情比爱更甚，想到正在离您越来越近，成全了这世间所能赐予我的全部梦想，我将您视为此刻与将来生命的首要缔造者和塑造者。对我而言，科西玛超乎所有女性，不仅因为她继承了您的姓氏，还因为她与您长得非常相像……[1]

婚后一年，科西玛就陷入了绝望。她已犯下弥天大错。她请求其丈夫的密友卡尔·里特尔（Karl Ritter）杀了她。里特尔拒绝了，她威胁说要把自己淹死在湖里，而他说假使她真这么做的话，那么他也要这么做，这样才打消了她的念头。婚姻持续期间，她不断地尝试让自己染上不治之症。[2] 科西玛和冯·比洛都是瓦格纳音乐的狂热崇拜者。一天晚上，瓦格纳注意到"她处于一种莫名的兴奋状态，这种状态表现为对我的极度热情和温柔"[3]。

当时，瓦格纳仍与他的第一任妻子明娜（Minna）保持着婚姻关系，不过在她去世后，情况就发生了变化。在此期间，科西玛为冯·比洛生下了两个女儿，但这并不妨碍她为瓦格纳也生了两个，

---

[1] Alan Walker, *Hans von Bülow, A Life and Times*, Oxford University Press, 2010, p. 98.
[2] 理查德·瓦格纳致伊丽莎·维勒（Eliza Wille）的信，1864年9月9日。
[3] 瓦格纳致玛蒂尔德·韦森东克（Mathilde Wesendonck）的信，1858年9月4日，转引自 Alan Walker, *Hans von Bülow, A Life and Times*, p. 110.

63

在维系着假婚姻的同时，又第三次为瓦格纳怀孕。

当尼采来到特里布申吃午饭时，科西玛已怀孕八个月，这是她和瓦格纳的第三个孩子，不谙世事的尼采似乎完全没有留意到这个事实，而是一头扎进了大家庭的社交活动当中。这个家庭包括：科西玛的四个女儿、一个女家庭教师、一个保姆、一个管家、一个厨师和两三个仆人，年轻的汉斯·里特尔当时是瓦格纳的秘书、抄谱员，以及负责组织音乐会和娱乐项目的"欢乐主管"；瓦格纳的纽芬兰大黑狗"鲁斯"，如今被葬在拜罗伊特他主人的身边；科西玛那只被她叫作"科斯"（Koss）的灰狐梗犬，这样就没有人能简称她为"科斯"（Cos）了；那匹名叫弗里茨的马、绵羊、母鸡、猫，一对锦鸡，以及一对被称为"沃坦"和"弗丽卡"的正在繁殖的孔雀，沃坦在德国神话中是众神之父，也是瓦格纳《指环》中所有麻烦的根源，而弗丽卡则是沃坦那占有欲强得惊人的妻子，从某种意义上讲跟科西玛不无相似。

第四章
纳克索斯岛

> 科西玛·瓦格纳夫人是迄今为止存在过的最高贵的女性,并且,就我而言,我一直把她与瓦格纳的婚姻理解为通奸。
>
> ——《看哪这人》草稿

遗憾的是,尼采与瓦格纳午餐时的谈话内容没有记录。从科西玛不温不火的日记中,我们所知甚微:"午餐时有一位 R 在布罗克豪斯的家中见过一次的语言学家,他对 R 的作品了如指掌,甚至在他的讲座中引用了《歌剧与戏剧》。一次愉快的来访。"[1] 瓦格纳对这位客人的热情似乎更高些。送别访客时,他给了尼采一张签名照,并邀他再来。三天后,他吩咐科西玛写信邀请尼采来度周末,以庆祝大师 5 月 22 日的生日。尼采谢绝了,说他正忙于准备 28 号就要举行的关于荷马的就职演说。对此,瓦格纳的回应是,敦请尼采可以在任何一个周末来访:"一定要来——只需要提前给我一个信儿。"

作曲家紧紧地纠缠着语言学家,就像藤壶附着于"飞翔的荷兰人"的船体之上。尼采对瓦格纳充满热情并不出奇,瓦格纳对尼采

---

[1] 科西玛·瓦格纳的《日记》(*Diary*),1869 年 5 月 17 日。

的热情却实在令人惊讶。瓦格纳的天才具备某种摧枯拉朽的力量。对他着迷的人只有两种可能，要么被吸纳到那个迷人的圈子里，要么被留在外面的黑暗中，没有中间地带。一位信徒称自己非常满足于成为瓦格纳个人历史的一个注脚、一名杂役、有理智的家具的一角，但瓦格纳从尼采教授身上看到了更多的潜质，远不止于家具的一角，而是拥有知识影响力的冉冉升起的人物，深深地热爱瓦格纳的音乐，并且是一位杰出的古典学家和语言学家。

尽管瓦格纳常常被尊称为瓦格纳教授，但他并非教授。他的教育经历千疮百孔。他既没有读过拉丁文也没有读过希腊语，可是他伟大的未来作品《指环》被认为是对希腊四联剧的复兴，就像在埃斯库罗斯和欧里庇得斯时代的希腊节庆上所演出的那样。一个只能从翻译中阅读古典作品的古典戏剧再创造者，也许会从尼采的知识认可中受益良多。

再者，瓦格纳目前即将完成《指环》组剧的四部歌剧，他意识到这需要路德维希国王和尼采这样的后起之秀的拥护。《指环》对于老思想来说太过前卫。目光远大的年轻人必须为这部革命性的戏剧作品筹集经费，它需要巨额资金和强大的推动力才能登上舞台。这部作品由超过 4 天、长达 14 个小时的音乐演出组成，需要建造一种全新的演出空间：一座类似于希腊圆形剧场的歌剧院，但为了适应寒冷的气候，要有屋顶。德国到处都是巴洛克和洛可可风格的剧院，但它们的音响效果都不理想，而且剧场空间也过分狭小，无法容纳《指环》所需要的那种数百人阵容的管弦乐队。即使是今天，伦敦考文特花园歌剧院的乐池也太小，以至竖琴和鼓不得不被安置在两侧的包厢中。

尼采接受了那个开放式邀请，并于演说结束后第一时间回到了特里布申。他于 6 月 5 日星期六抵达，显然对科西玛的孕晚期状况一无所知。她那天的日记记录道，他们度过了一个"还过得去"的夜晚。11点左右，她道了晚安上楼就寝，接着，分娩的阵痛开始了。

凌晨3点，助产士到来。凌晨4点，科西玛"在狂暴的疼痛中哭喊着"为瓦格纳生下了他的第一个儿子，这孩子响亮的啼哭传到了正在橙色沙龙房间中紧张等待的瓦格纳那里。男孩诞生的同时，黎明耀眼的光芒以"前所未见"的华美色彩闪耀在里基山巅。瓦格纳泪如泉涌。湖对岸传来了卢塞恩周日的晨钟。科西玛将这钟声视为吉兆，视为对瓦格纳的儿子、继承人和"这位父亲所有子女的未来代表"的致意——迄今为止他所有的孩子仅仅是四个女儿：科西玛和冯·比洛的两个女儿丹妮埃拉（Daniela）和布兰丁（Blandine），以及伊索尔德（Isolde）和伊娃（Eva），世人曾以为她俩是冯·比洛的孩子，但事实上她们的父亲是瓦格纳，那时科西玛仍跟冯·比洛生活在一起。

整个上午，瓦格纳都在科西玛的床畔，握着她的手。午餐时他出现了，并告诉尼采——家中唯一的客人这个天大的好消息：齐格弗里德（Siegfried）降生了！惊人的是，尼采对昨晚发生的事仍然一无所知。特里布申虽是一所大宅邸，但并不庞杂，房间垂直分布着。随着助产士进出穿梭，噪声就在楼梯间上下回荡。此外，据科西玛自己说，她的分娩动静之大，绝不亚于齐格弗里德降生时响亮的啼哭。但尼采没有察觉到任何古怪或不寻常。

不管怎么说，现在瓦格纳把尼采视为众神派来的幸运使者。没有什么所谓巧合，是命运选择了这位聪明的青年教授作为齐格弗里德的守护神。瓦格纳幻想，当这个男孩踏入世界的时刻，他将得到尼采的教导，而瓦格纳自己和科西玛则远远地注视着他；就像众神之父沃坦注视着成长中的齐格弗里德——《指环》中年轻的英雄战士，前去拯救世界。

尼采很知趣地在午餐后离开了，但特里布申的意志紧追不舍，紧接着的第二天，科西玛就写信感谢他送来了一本书，并随信附上了瓦格纳的两篇文章，邀请他下次到访时带回去。8天后，她去信给冯·比洛要求离婚。在与她的父亲——好色成性的李斯特神父——进行了多番通信之后，他最终答允了这一要求。李斯特是一位虔诚但又极不正统的罗马天主教徒，他反对女儿效法他的性自由。也许，李斯特还对年龄有一点介怀：科西玛当时36岁，而56岁的瓦格纳只比他本人小两岁。至于冯·比洛，他赞同那个早已被公认的特里布申神话，在其中，科西玛是无与伦比的阿里阿德涅，冯·比洛则是忒修斯——说到底他不过是一个指挥家、钢琴家——而音乐天才瓦格纳则是狄俄尼索斯："这绝妙的男人必须被奉若神明"，他的音乐"是对这个肮脏世界的救赎"。[1] 一个凡夫俗子把自己的女人让渡给神，这完全是天经地义的事。瓦格纳对此表示同意。

尼采后来也将会认同这一宇宙秩序，把瓦格纳排挤出去，由他本人取代神的位置，不过那都是未来的事了。现在，在齐格弗里德出生后的几个星期里，他在巴塞尔继续他的教学任务，之后回到特里布申迷宫当中，那里有端庄的科西玛，以及令他刺激、振奋和意兴盎然的一切。

恩格斯曾悲观地把巴塞尔描述为一个蛮荒小镇，充斥着罩袍外套、三角帽、庸人、贵族和卫理公会教徒。[2] 可想而知，它完全无法与特里布申那些奢华的新奇事物相媲美。尼采的就职演说非常成功，他还将做几场有趣却受众寥寥的讲座，关于埃斯库罗斯和希腊抒情诗人。然而，从他的同事雅各布·布克哈特（Jacob Burckhardt）教授和他关于历史研究的讲座中，还是可以发现巴塞尔的一些有趣

---

[1] 汉斯·冯·比洛，转引自 *Nietzsche and Wagner, A Lesson in Subjugation*, by Joachim Köhler, Yale University Press, 1998, p. 28.

[2] Lionel Gossman, *Basel in the Age of Burckhardt*, Chicago University Press, 2002, p. 15.

之处。

在接下来的几年中，布克哈特和瓦格纳二人将会对尼采的思想产生重大影响，当时尼采正试图把自己的观点整理成他的处女作《从音乐的精神看悲剧的诞生》。他们两人都与尼采的父亲年纪相仿，如果他还在世的话。此外，他们之间也就没有任何其他的相似之处了。

布克哈特剪得短短的头上从来不戴天鹅绒贝雷帽，脑子里也没有民族主义思想。据说他无法容忍别人在他面前提到瓦格纳的名字。他骨瘦如柴，粗犷无礼，却又才华横溢，是一个神经兮兮的注重隐私的人，衣着低调，极不喜欢任何形式的浮华、自负或名望。他住在一家面包店楼上的两个房间里，最令他开心的事情就是被误认为是那个面包师。

作为一名披着布尔乔亚外衣的革命者，布克哈特那些惊人的思想建立在充分的学术研究的基础上，并以朴实无华的方式表达出来，这为他在巴塞尔所钟爱的那种冷静节制的氛围下赢得了尊重。他那电报式的简洁风格与瓦格纳形成了鲜明对比，后者是一位暴风骤雨般的、时髦的崇高艺术家，当他浪迹欧洲、谄媚权贵并且在特里布申岩石岬角上的堡垒中引发国际文化剧变时，遭到了人们莫大的质疑。

手指上墨迹斑斑的布克哈特身穿黑西装、头戴黑软帽穿过巴塞尔老城，乃是人们喜闻乐见而又平平无奇的保证之一，说明这座城市一切正常，按部就班。如果他的腋下夹着一个蓝色的大公文包，那就更有趣了：这意味着他正在去传道授业的路上。他的讲座颇受欢迎。布克哈特讲课没有讲稿，用的是非正式的日常语言。他说出这些话时，仿佛只是在大声地思考，不过据说，甚至连他的停顿和即兴的题外话，都是在面包店楼上他的房间里精心演练过的。

布克哈特和尼采养成了一种愉快的习惯，他们会相约步行至离城大概三英里的一家旅馆去吃一餐饭,喝一点酒。他们边走边谈,说古论今,聊着他们称之为"我们的哲学家"的叔本华。叔本华的悲观主义与布克哈特的观点不谋而合,即认为欧洲文明正以资本主义、科学主义和国家集权的形式沦为一种新的野蛮主义。在德国与意大利统一的时代,布克哈特谴责现代单一国家"像神一样被崇拜,像苏丹一样统治"。他意识到,这样的结构只会导致他所谓的"极端简化者",即拥有工业主义、科学和技术所提供的所有潜在的可怕武器的煽动家。

布克哈特什么也不相信,但这并不妨碍他按照伦理道德行事。他由衷地厌恶法国大革命、美国、大众民主、统一性、工业主义、军国主义和铁路。作为卡尔·马克思的同岁人,布克哈特也是一位反资本主义者,激烈地反对他所谓"整个的钱权骗局"[1],然而他同时是一位反民粹主义者、一位保守的悲观主义者,他坚信大众应该从他们自己身上得到拯救,尤其是从他们追求平庸、贬低品位的倾向当中被拯救,他把一切都归结为他和尼采所一致同意的大众文化的粗俗与混乱。

布克哈特和尼采都被法德战争将至的阴影所困扰。拿破仑曾是法国的"极端简化者",而如今,俾斯麦穿上了拿破仑的长筒靴,一变而为德国的"极端简化者"。拿破仑曾把他对欧洲的军事征服当作文化帝国主义的武器,而在布克哈特看来,很显然俾斯麦也打算如法炮制。布克哈特相信,所有暴君都受到希罗特拉图斯(Herostratus)冲动的危险驱使,他指的是纵火烧毁阿耳忒弥斯神庙的那个以弗所人希罗特拉图斯,后者正是出于青史留名的渴望,而摧毁了标志性的文化符号。

始终信奉意识形态结构的瓦格纳,相当欣赏俾斯麦和德国民族

---

[1] Jacob Burckhardt, *The Civilisation of the Renaissance in Italy*, Penguin, 1990, p. 4.

主义，而致力于欧洲主义的布克哈特则认为，任何一个国家的过度崛起都将危及文化整体。瓦格纳将犹太人和犹太文化视为不属于任何欧洲国家的外来元素，并认为它们只会稀释珍贵的本土元素。布克哈特则把犹太文化看作"欧洲面包"的某种普遍发酵剂。

尼采相信，没有什么比一个人对于历史和哲学的运用更能使他区别于时代的一般模式。[1] 布克哈特的观点很有意思，他认为"历史是协调的，因而是非哲学的；与此同时，哲学是从属的，因而是非历史的"。他认为历史哲学是无稽之谈，是自相矛盾的，这是他区别于同时代人的主要观点之一。另一个观点则涉及他对大国抹杀个体的厌恶。随着其他主要的历史学家如利奥波德·冯·兰克（Leopold von Ranke）越来越关注政治和经济的客观力量，相应地，布克哈特也日益相信主观力量和个体对于历史的推动作用：他坚信文化和个体观念的力量。他还质疑那种时髦的观点，即将历史视为从文件中搜集事实，从而提供某种"客观"描述的过程。他对"客观性"这一概念提出了质疑，因为："对每一双眼睛而言，不同文明的轮廓都会呈现出不同的图景，而另一方面，为此所做的同样的研究不仅可能很容易得到截然不同的对待和应用，而且很可能导致本质上大相径庭的结论。"[2]

对布克哈特和尼采而言，世界的希腊化是最重要的事件。现时代的目标并非像亚历山大大帝那样采取快刀斩乱麻的方式斩断希腊文化的戈耳狄俄斯之结（Gordian knot），然后任由其残破的末端四散飘动，而毋宁是将它绑束起来：把苍白的希腊主义轮廓编织进现代文化当中。然而，尽管歌德、席勒和温克尔曼（Winckelmann）等前辈学者已通过将希腊描述为理想化的异次元，实现了这种新古

---

[1] *Untimely Meditations*, 'Richard Wagner in Bayreuth', Section 3.
[2] Burckhardt, *The Civilisation of the Renaissance in Italy*, Penguin, 1990, introduction by Peter Burke, p. 5.

典主义编织，即它平静、清澈，比例完美，并且本质上是可以模仿的，只要你熟知古典，但布克哈特写了一系列著作来修正这个玫瑰色的、扁平的、理想化的古典世界及其第一个模仿者——文艺复兴。

罗马衰亡时期的狂暴嗜血众所周知，然而布克哈特在他关于古代世界和文艺复兴的系列著作和讲座中证明了，极端的野蛮并不是文明滑向衰落过程中的文化插曲，而是创造力结构中不可或缺的一个部分。布克哈特常常被称作艺术史之父，伯纳德·贝伦森（Bernard Berenson）和肯尼斯·克拉克（Kenneth Clark）都是他杰出子嗣的代表，但是，布克哈特不像他的追随者们那样，把文艺复兴的意大利描绘成为知识分子理想化的世外桃源，他的《意大利的文艺复兴》一书中讲述了意大利城邦小宫廷中令人毛骨悚然的故事，这些关于酷刑与野蛮的故事，其残暴程度不逊于卡利古拉或李尔王的女儿们。布克哈特的历史并没有否认酒神精神那种严厉、冷酷的潜意识冲动，从这种冲动中产生了创造其对立面的绝对必要性：明晰、美、和谐、秩序与比例。

布克哈特有着神经质的低调，同时也有着神经质的谦逊，尼采很失望他们长时间的散步和交谈没能发展成为温暖而亲密的友谊，就像他和瓦格纳那样；然而，瓦格纳没有办法建立一种不涉及强烈激情的关系——无论是积极的还是消极的，布克哈特本质上却是一个拒绝温情的人，一个复杂的人，对他来说，为了体悟至高的伦理真理，不受感情影响的漠然与自由十分必要。

尼采在与布克哈特的激烈辩论和瓦格纳雨点般密集的邀请之间，度过了一个令人陶醉的夏天。在特里布申，他、瓦格纳和科西玛构成了一组巧妙、高度严肃而又彼此仰慕的平衡三角。

在瓦格纳的宅邸里，日子以最迷人的方式一天天过去。我

第四章 纳克索斯岛

们刚刚走进花园,就听到一只巨大黑狗的吠叫,伴着孩子们的笑声从台阶上传来,而在窗前,这位诗人音乐家则挥动着他的黑色天鹅绒贝雷帽以示欢迎……不,我不记得看到他坐下来过,哪怕只有一次,除了在钢琴或桌子旁。他总是在偌大的房间里踱来踱去,挪一挪这把或那把椅子,在衣袋里翻找放错地方的鼻烟盒或眼镜(眼镜有时会被挂在枝形吊灯的垂饰上,却从未在他的鼻子上出现过),抓住像黑鸡冠一样垂覆在他左眼上的天鹅绒贝雷帽,在紧握的双拳之间揉搓,然后把它塞进马甲,最后又把它拿出来戴在头上——与此同时,一直说话,说话,说话……他会爆发出极大的激情:崇高的隐喻、双关语、野蛮,观察之流源源不断,时而骄傲,时而温柔,时而狂暴,时而滑稽。有时他笑得合不拢嘴,有时他情绪激动得热泪盈眶,有时他陷入预言的狂怒,各种各样的主题都涌入他非凡的即兴创作当中。我们被这一切弄得晕头转向,跟他一起又哭又笑,分享他的狂喜,目睹他的幻觉;我们感觉自己就像被暴风雨卷起的一团沙尘,但也被他那飞扬跋扈的话语所照亮,既感恐惧,又觉欢喜。[1]

瓦格纳告诉尼采,"除了那个独一无二者(科西玛)之外,我身边现在没有一个人能像你我这般推心置腹"[2],这是无与伦比的尊荣;而当冷冰冰的科西玛说,她将他看作他们最重要的朋友之一时,这是一个很高的赞许。

这段日子对科西玛来说非常艰难。她的丈夫并没有立即同意跟她离婚,她公开生活在罪孽当中,身边的婴儿则印证着这一罪孽,

---

[1] Mendès, 'Personal Recollections', in Grey (ed.), *Richard Wagner and His World*, pp. 233-244.
[2] 瓦格纳致尼采的信,1870年2月7日。

她的状态过度紧张而病态。瓦格纳的目光已经转向了美丽的朱迪特·戈蒂埃（Judith Gautier），这女子比她要年轻七岁。婴儿齐格弗里德的存活对于科西玛地位的保障是绝对必要的。这个婴儿每一次最轻微的头疼脑热都令她异常恐惧，使她陷入对死亡的病态沉思。

第一个夏季，尼采六次到访特里布申。他们为他提供了专门的房间，一间楼上的书房。它被他们命名为"思考室"，如果尼采不经常前去使用它，瓦格纳就会大光其火。

还有什么比坐在那里一边工作，一边听瓦格纳创作着《齐格弗里德》第三幕更能激发灵感的呢？还有什么能比不经意间听到楼梯间弥漫的香气中那奇怪的时断时续的作曲过程更令人备感荣幸的呢？大师在房中踱步，脚步时而平静时而焦虑，他粗糙的嗓子唱了一小段，接着是一阵短暂的沉默，那是他飞快地冲到钢琴前试图弹出那些音符。当他将它们写下来的时候，又是一片寂静。傍晚时分，有片刻的平静，科西玛会坐在摇篮旁，记录着当天发生的一切。白天，如果没有工作要做，她和尼采会跟孩子们在树林里野餐，看着阳光在湖面上嬉戏。他们为这一幕起了个秘密的名字："星之舞"。

特里布申还为他提供了日常家庭生活中从未体验过的其他乐趣。在家里，他的母亲和妹妹把他当成半神来侍奉，而瓦格纳和科西玛则会毫不犹豫地差他去跑腿，或是去做些最平常的采买。他以被安排这类小任务为荣。

某次，就在他结束了周日对特里布申的例行拜访归来之时，他随口问他的一个学生，在巴塞尔哪里能找到一家不错的丝绸店。最终尼采不得不向他的学生承认，他答应帮忙买一条丝质内裤。出于不足为外人道的原因，瓦格纳穿的是量身定制的丝绸内裤。这一重要使命让尼采充满了焦虑。他被领到那令人望而生畏的店铺跟前，很有男子气概地端了端肩膀，在进门之前仔细观察了一番。"一旦你选择了一个神，你就得为他穿上衣服。"[1]

尼采独自去爬皮拉图斯山，带着文章《论国家与宗教》（"On the State and Religion"）作为阅读材料，在文中，瓦格纳提议用文化教育取代宗教教育，这一异端提议激怒了彼拉多忏悔的鬼魂，以致一场极其猛烈的雷暴撼动了整座山峰。蛇形闪电划破长空。惊雷隆隆滚过大地。山下的特里布申别墅里，瓦格纳那些迷信的仆人连连摇头，不知道教授到底在山上做了什么，想了什么，才会激起如此盛怒。

尼采和瓦格纳一道攀登里基山和皮拉图斯山时，常常讨论希腊戏剧中音乐的发展。不久，尼采将会在他的第一部著作《从音乐的精神看悲剧的诞生》中写到这一点，不过在1870年最初的几个月里，他先就这一主题进行了两次公开讲座。他风趣地向瓦格纳报告说，听众大多是中年母亲，抱着开阔眼界的期许而来，却似乎被主题的复杂性所困惑。这不足为奇，因为尼采是在对瓦格纳已经发展了二十多年的思想进行扩充，而这也是瓦格纳写就四部歌剧构成《尼伯龙根指环》的时间跨度。

瓦格纳开始《指环》的创作时只是一位30多岁、充满激情的青年革命家，作品完成时他61岁，早已蜚声国际，并成为国王的朋友。然而《指环》背后的理念从未偏离其诞生之初的革命精神。1848年被称为"革命之年"，当欧洲人民走上街头，要求选举改革、社会公平和结束专制时，瓦格纳已经为这场席卷欧陆的大火做好了准备。瓦格纳在德累斯顿起义中设置路障，表现积极，但起义很快就被镇压了。警方对瓦格纳发出了逮捕令，据说他乔装成女人

---

[1] 'Zwei Nietzsche Anekdoten', *Frankfurter Zeitung*, 9 March 1904, 转引自 Millington, *Richard Wagner*, p. 153.

逃到了瑞士,在那里开始了《指环》的创作。当时,瓦格纳还没有接触到叔本华的哲学,但他认同路德维希·费尔巴哈(Ludwig Feuerbach)的哲学,费尔巴哈启发了青年德国运动,号召德国的统一,废除审查制度,实行宪政,解放妇女,并在一定程度上实现她们的性解放。在《基督教的本质》中费尔巴哈提出,人是万物的尺度。上帝这一观念是人的发明,是历史上统治阶级为了征服大众而陈陈相因的谎言。

今天的人们似乎很难把瓦格纳看作一个政治进步主义者,也很难将《指环》视为把艺术从教会和宫廷的束缚中解放出来、把歌剧归还给人民的创作,但这恰恰就是它的本质。瓦格纳在其政治流亡之初写的三篇文章中充分解释了这一点,那段时间里,他观察了长达五年的音乐(相对而言的)沉寂,同时也为未来的艺术作品构思着自己的观念。前两篇文章《艺术与革命》和《未来的艺术作品》写于1849年,就在他因革命活动而从德国被流放后不久。

当瓦格纳开始音乐生涯时,除非你是像李斯特那样的演奏高手(很显然瓦格纳并不是,"我弹起钢琴来就像老鼠吹奏长笛"),否则唯一的出路就是成为构成联邦的众多小宫廷中的一位宫廷音乐总监(Kapellmeister)。瓦格纳就这样成为弗里德里希·奥古斯特二世(Friedrich August Ⅱ)统治下的萨克森宫廷的音乐总监,这位君主在他的同行们看来,是一位相当文明的专制者。然而,对于一位积极进取的年轻音乐总监来说,宫廷服务的束缚不可避免地意味着音乐受到限制。德国宫廷里的王子们鲜有前瞻的品位,而且常常心血来潮,比方说,缩短演出时间仅仅因为王子犯了牙疼。

瓦格纳在宫廷中的经历令他愤慨。上流社会对他的音乐作品所给予的关注,不会比对席间刀叉轻轻碰撞的脆响更多,而他们真正在意的无非是在优雅的晚餐中调情与闲聊,以及穿梭于各个包厢之间。

第四章 纳克索斯岛

音乐的伟大必须得到承认和复兴！剧场必须像古希腊和古罗马时代那样成为公共生活的焦点。伟大的柏拉图曾写道："节奏与和谐是如何进入灵魂深处，并就此牢附其上。"瓦格纳将会把它复兴到不仅仅是绯闻八卦和觥筹交错的伴奏。

他的未来新音乐将触及灵魂，但不一定指向上帝，因为瓦格纳也对其存在产生了怀疑。未来歌剧将会在更大的文化图景中重获定位；它将在公共生活中占据重要的位置。古代雅典的剧场只在特殊的节日里开放，那个时候，艺术的享受同时也是一种宗教庆典。戏剧被呈现在城镇和乡村中聚集的人们面前，他们对即将开场的作品的崇高性满怀期待，这样一来，埃斯库罗斯（Aeschylus）和索福克勒斯便得以创作出最为深刻的诗歌，并坚信它们能够为观众所欣赏。

《指环》组剧采用（想象中的）希腊音乐剧形式，一种类似于《俄瑞斯忒亚》的悲剧组剧，却具体取材于德国神话与传说，因此，它旨在代表并实际上塑造了后拿破仑时期的泛德国精神。通过他的新歌剧形式，瓦格纳想象自己正在净化德国文化中的异质元素，尤其是法国的和犹太的那些事物。法国事物不受欢迎的原因在于，法国人基本上都是轻浮的，他们偏爱优雅更甚于崇高。此外，它们还时刻提示着德国曾遭受的来自拿破仑的国耻。法国事物还令瓦格纳想到了他自己的屈辱：1861 年，巴黎对他的歌剧《唐豪瑟》那毫不掩饰的敌意，使得瓦格纳的余生都成为一个仇法者。

所有犹太事物也都必须被扫荡干净。反犹主义与瓦格纳的民族主义进程密不可分，他的文章《音乐中的犹太主义》在今时今日读来简直可怕。这与瓦格纳制定德国音乐确实性的观念息息相关。他深信 19 世纪的艺术与文明已经被资本主义腐蚀和贬低。遍及欧洲的犹太银行家和商人正是资本主义的缩影。他随随便便地忽略了这样一个事实：恰恰是由于法律禁止犹太人从事其他行业和职业，他们才被排挤到了金融业当中。瓦格纳的反犹主义跟他的仇法症候一样，是由个人原因引发的：他嫉妒那些成功的犹太作曲家，如梅耶贝尔（Meyerbeer）和门德尔松，他们取得了比他大得多的成就。

《指环》组剧由四部歌剧构成，它们可以按任何顺序演出，四部歌剧的叙述就像戒指般连续并且周而复始。这些歌剧的故事情节以伟大的德国尼伯龙根神话为基础，在其中，古代北欧诸神的行为完全不像犹太-基督教的神，却非常像希腊的神祇。他们反复无常，不公正，好色，诡诈，与人别无二致。他们的传奇被瓦格纳连缀起来之后，具备了肥皂剧的全部吸引力。

中世纪佚名史诗《尼伯龙根之歌》创作于公元1200年前后，在德国国家认同的斗争中，它已然是一个强有力的象征，并被视为一部阐明了德国民族精神独特性的文本。瓦格纳的《指环》弥漫着民族主义的意识形态，这是一件已被勒石铭刻长达150年的艺术作品，而在这些年里，身着全套晚礼服前往拜罗伊特朝拜已然成为一种神圣不变的资本主义仪式，有时甚至是政治仪式。我们必须承认，瓦格纳以超乎寻常的方式构思了自己的鸿篇巨制。其目标并非成为一个庞然大物，而是成为未来艺术的灵感跳板。就像古希腊早期的节日一样，它是在普通百姓的节日里演出的。他把《指环》本身想象成一件转瞬即逝的过渡性艺术作品。"第三场演出之后，剧院将被拆除，而我的乐谱将被焚毁。我将对那些喜爱这部作品的人说：'现在你自己去做做看。'"[1] 这是对于耗费掉其生命、思绪和存在长达数十年之久的事物的何其恢宏的感情。

尼采和大师一起在特里布申周围的山间漫步时，提出了"《指环》节"的想法作为对安特斯节（Anthesteria）的某种复兴，后者是每年为纪念狄俄尼索斯而举行的为期四天的节日。他们的下方是

---

[1] 1850年9月29日信，转引自 Millington, *Richard Wagner*, p. 221.

卢塞恩湖的水面,科西玛和孩子们在天鹅群中游泳。据一个全由作家构成的、专程从巴黎前往特里布申朝圣的、重要的夏季游客团体声称,科西玛的白色长袍飘飘欲仙,优雅一如天鹅。

1861年《唐豪瑟》在巴黎的公演是一场声名狼藉的惨败,不过它也对法国先锋艺术产生了巨大影响。象征主义者和颓废主义运动相当关注波德莱尔的《瓦格纳与〈唐豪瑟〉在巴黎》[1]一文。这篇文章提请人们注意歌剧对于性与灵性相反相成的观念的开放性探索,以及瓦格纳在"整体艺术"中不可思议的技术成就,即语词和音乐之间的交互通感。

如今,三位热情的巴黎瓦格纳主义者来到了特里布申,他们分别是:颓废诗人、剧作家、小说家和文学期刊《幻想狂欢》(*La revue fantaisiste*)的创始人卡蒂勒·孟戴斯(Catulle Mendès),他的妻子朱迪特·戈蒂埃,以及帕纳西亚运动(Parnassian movement)的创始人维里耶·德利尔-亚当(Villiers de l'Isle-Adam),该运动摈弃浪漫主义,致力于对新古典主义的复兴。帕纳西亚主义(Parnassianism)并没能走得太远,因为更为成功的象征主义运动令它黯然失色了。

身材瘦削的维里耶·德利尔-亚当穿着一件有衬垫的"哈姆雷特"紧身裤出现在特里布申,因为他想展示其美丽的双腿。而卡蒂勒·孟戴斯无须打扮就能令人印象深刻;他常常被称为他那个时代最英俊的男人。他的外表被比作金发的基督,他的性格却残酷、乖戾而具有毁灭性;莫泊桑称他为"尿中百合"。[2]

卡蒂勒·孟戴斯的妻子朱迪特·戈蒂埃二十来岁,是诗人兼评论家泰奥菲勒·戈蒂埃(Théophile Gautier)的女儿。她以一位"女帕纳西亚人"的独特形象在特里布申登场,抛开了紧身胸衣和

---

[1] 最初发表于 *Revue européenne*, 1 April 1861.
[2] Joanna Richardson, *Judith Gautier, a Biography*, Quartet, 1986, p. 39.

衬裙，代之以复古式样的宽松衣饰，这使得她丰满的身躯了无约束。也正是朱迪特提议了这次拜访。因为酗酒，她的丈夫卡蒂勒越来越难以养家糊口，而朱迪特则成为一名记者和作家，写作富有争议的浪漫小说，故事发生在她从未去过的神秘东方国度。此次前来特里布申，朱迪特希望能就此写作一篇关于瓦格纳家居生活的精彩文章在法国刊出。

朱迪特是本能和酒神式的性感女神：高大，忧郁，苍白具有强烈的戏剧性，具备"东方女性般丰盈的身段和漠然的态度。她就应该躺在虎皮上抽着长长的水烟筒"，普罗旺斯诗人泰奥多尔·奥巴内尔（Théodore Aubanel）这样说道，他还认为她的诗有着"恶魔般的朦胧"，不过她这个人"妙不可言"，并且她编造的东方主义实在不可抗拒。她特别钟情于年长她很多的男性。她曾是维克多·雨果的情妇，雨果比瓦格纳年长十一岁。朱迪特深知，当她垂下长长的睫毛和慵懒的眼睑，深情地呼出一股带有浓郁特里布申香氛的气息，并且抚摸着瓦格纳喜爱的那些柔软、光滑的织物时，会产生怎样的效果。

卡蒂勒·孟戴斯声称："我们早上去拜访时，不止一次撞见他（瓦格纳）穿着一身据说是他亲手设计的奇装异服：金色缎面的晨衣和拖鞋，上面织有珠光色泽的花朵（因为他对发光的织物情有独钟，它们喷薄如同火焰，动荡如同波光）。在沙龙和他的书房里，到处充斥着天鹅绒和丝绸，或散落堆聚，或倾泻而入，跟家具并无特别关联——仅仅是为了它们的美，为了它们那闪耀的暖意足以眩惑那位诗人。"[1]

朱迪特回到巴黎后，瓦格纳给她写信，称她为"心爱的荡漾"（beloved amplitude）。信中常常附有购物清单，上面是他们共同喜

---

[1] Mendès, 'Personal Recollections', in Grey (ed.), *Richard Wagner and His World*, pp. 231-234.

第四章　纳克索斯岛

爱的柔软织物和浓烈香料。她把信寄到另一个地址，以免被科西玛发现。对朱迪特而言，瓦格纳及其音乐的魅力是一种宗教、一种优雅的迷狂状态，对科西玛而言同样如此。两人都用自我贬低的泪水和夸张的颂词来表达对大师的崇拜——"他所创造的声音是我生命的太阳！"，诸如此类。然而，这两位追随者又有着天壤之别。始终穿着紧身胸衣的科西玛，被哈里·凯斯勒伯爵（Count Harry Kessler）形容为"全身都是骨头和意志力……仿如多纳泰罗（Donatello）雕出的施洗约翰"，而她的牙医则把科西玛描述为一位对于阻挡在她和她的目标之间的障碍不屑一顾的女性，相当惊人。[1]与朱迪特那自由奔放的酒神主义恰恰相反，科西玛对瓦格纳的控制是阿波罗式的，严格的知识分子式的，往往是训诫式的。这年夏天，科西玛的日记中记录了一个激烈的方案：他们互相大声朗诵莎士比亚的大部分戏剧，并且演奏贝多芬和海顿的钢琴二重奏。她是一位娴熟的钢琴家，也是一位严厉的批评家。瓦格纳像孩子一样害怕她的责难。当科西玛拒绝和他做爱时，他更是痛苦难耐。

尽管如此，瓦格纳和朱迪特还没有成为情人，科西玛的直觉使得实际的不端行为无法发生。与此同时，她与尼采之间理智、纯洁并且完全正确的关系正变得日益紧密和牢固。遗憾的是，她烧毁了自己和尼采之间的通信，所以我们只能依靠她的日记，它们并非作为私密日志被她写下，而是作为某种未来的公开文件，用以启迪和教导她的子女及其后代。在朱迪特·戈蒂埃拜访期间，日记中仅仅将尼采描述为一位合宜、有教养并且令人愉快的男士。朱迪特·戈蒂埃和她的伙伴们则被称为"孟戴斯那些人"。

一回到巴黎，朱迪特就写了一篇关于瓦格纳家庭生活的文章，这篇文章可不会给《你好》（Hello）杂志丢脸。文中，朱迪特漫不

---

[1] Newell Sill Jenkins, 'Reminiscences of Newell Sill Jenkins', privately printed 1924, in Grey (ed.), *Richard Wagner and His World*.

经心地暴露了瓦格纳一家私生活中的日常细节，其对隐私的侵犯和行文的粗鄙都令科西玛深感震惊。

在作曲的间歇，瓦格纳会带着狗去爬山，或是去卢塞恩一家他最喜欢的古董店。当大师不在家时，尼采被允许弹奏大师的钢琴。即便是在这样隆重的场合，他仍然弹得很好，而且比瓦格纳更加纵情投入，因为瓦格纳的思虑总是太过集中于技法层面。弹奏时，尼采会让自己进入一种恍惚的状态，这在科西玛（毕竟是李斯特的女儿）身上唤起了某种幻的陶醉。

他弹奏得越久，越疯狂，她就越感到自己被"一种恐惧和颤抖的感觉"紧紧攥住，没有什么比这更能释放她内心的恶魔了。对科西玛而言，就像对尼采一样，音乐通向神圣迷狂的领域。她说，相形之下，日常生活突然变得无法忍受。瓦格纳不在时，他们屡次尝试用尼采疯狂的钢琴演奏来开启冥界，作为召唤神秘力量的序曲。[1]

1869年的圣诞节，尼采被邀请前往特里布申度假。他是唯一的外人，也是唯一的客人。他从来未曾经历过这样的圣诞节。

瓦格纳和科西玛精心安排了一场圣诞仪式。科西玛是一位虔诚的罗马天主教徒，而瓦格纳则是坚定的无神论者，但为了孩子们的欢乐，他们年复一年地合作着。在平安夜，他们遵循古老的德国传统，其中包括圣尼古拉斯，那个带来礼物的人，还有克内希特·鲁普雷希特（Knecht Ruprecht），他威胁说会殴打或绑架那些淘气不听话的孩子。

尼采帮着科西玛布置举行仪式的剧场，还一起装饰了圣诞树。一切就绪之后，保姆赫尔米内（Hermine）跑向孩子们，告诉他们，她能听到这样的咆哮！然后瓦格纳就出现了，他扮作克内希

---

[1] Köhler, *Nietzsche and Wagner*, pp. 55-56.

特·鲁普雷希特,高声咆哮着,发出可怕的警报。渐渐地,孩子们被科西玛花了12月的大部分时间才给镀上金的坚果礼物安抚住了。圣子耶稣出现,分散了孩子们对于他们父亲失踪一事的注意力。当圣子耶稣招呼他们走下黑暗的楼梯来到走廊时,沉默徐徐降临,气氛变得神秘起来。全家人默默地列队尾随其后。最后,他们来到了那棵被蜡烛照得耀眼的圣诞树前彼此交换礼物,然后科西玛带领孩子们进行祷告。

接下来的一周,似乎是尼采和科西玛之间无比愉快而亲密的一周。平安夜之后,她的日记就是一片空白,直到1月4日才恢复。值得注意的是,她已经有整整一个礼拜没有在上面写点什么了,而那位大部分时间与她共同度过的尼采教授,刚刚于前一天跟他们道别。

1870年7月18日,科西玛与冯·比洛的婚姻终告解除。尼采受邀于8月25日在卢塞恩的新教教堂见证她与瓦格纳的婚礼,但他未能出席。当时,法国与普鲁士之间爆发了战争,正如尼采和布克哈特曾经担心过的那样。

1870年7月19日,拿破仑三世治下的法国向俾斯麦领导的普鲁士宣战,当时尼采正在巴塞尔,因脚踝扭伤而卧床休养,他的妹妹伊丽莎白照料着他。自然的做法是把她送回瑙姆堡的母亲身边,但在宣战后的混乱中,此举既不安全,也不可能。

"7月19日,宣战了,"伊丽莎白写道,"从那时起,巴塞尔就弥漫着最令人难以置信的混乱。德国和法国的旅客从四面八方蜂拥而至,准备回国加入他们的军团。整整一个礼拜,涌入巴塞尔的人潮似乎连一夜栖身之所都没有。火车站整夜整夜挤满了人,那些连糟糕的空气都无法忍受的人,却还要整晚忍受着苍蝇的骚扰。[1]

---

[1] Förster-Nietzsche, *The Life of Nietzsche*, Vol. I, pp. 230-231.

尼采陪着伊丽莎白对特里布申进行了一次短暂的拜访，然后他们就往埃克森斯坦山去了。他们旅居在山中的一间大旅馆里。考虑到自己的未来，他写了《酒神式态度》（["The Dionysian World-view"]"*Die dionysische Weltanschauung*"）一文，将叔本华哲学与希腊悲剧精神相结合，还为写给巴塞尔教育委员会主席的一封信拟出了几个草稿：

> 鉴于德国目前的局势，我请求您能够准许我履行对于祖国的职责，对此，您该不会感到突兀吧。正是出于这个目的，我恳请您好心斡旋，以促使尊敬的巴塞尔教育委员会能够在夏季学期的最后几周里，给我一个假期。我的健康状况已大为改善，足以毫无顾虑地帮助我的同胞，无论是作为一名士兵，还是作为一名救护人员……在德国大声疾呼要求每个人都应尽到德国人的义务之时，我承认，只有在痛苦的强制下，我才能允许自己受到巴塞尔大学义务的约束……我也想看看，倘若瑞士人处于类似境遇中，谁会同意留下……

定稿中删去了最后这句话。[1]

8月9日，他致信科西玛，告知他奔赴战场的意愿。在同一天，她回信道，她认为现在投身其中还为时过早。无论如何，对军队而言，赠送一百支雪茄远比一个外行的在场更加有用。在尼采和瓦格纳眼中，这样一种轻率是她超凡脱俗的典型特征，而也正是这种特征使得他们全都无条件地拜倒在她的石榴裙下。

大学当局允准了他的离开，但附有一个条件：由于他不管怎么

---

[1] 尼采致威廉·菲舍尔-比尔芬格（Wilhelm Vischer-Bilfinger）的信，巴塞尔，很可能写于1871年1月。

第四章 纳克索斯岛

说都是一位瑞士公民,因而他不应该回到他从前的军团,而应该担任救护人员这一非战斗角色。

8月12日,尼采前往埃朗根市(Erlangen)的一所大医院接受医护人员的培训。两周的训练课程尚未结束,他就不得不应付一车厢的重伤员:死去和垂死的孩子,以及成年人。

8月29日,科西玛与瓦格纳的婚礼之后四天,尼采行军11个小时前往沃尔特战场照料伤员,德国人在这里以可怕的代价赢得了巨大的胜利。有接近一万名德国人死在了战场上,身边是八千具法国人的尸体。

他在给母亲的信中提到了那片满目疮痍的战场:

> 到处散落着无数令人悲伤的遗体,散发着尸臭。我们跟着南方军队,今天去哈格瑙(Hagenau),明天去南锡(Nancy),诸如此类……接下来的几周里,我都无法收到信件,因为我们一直在转移,邮件的传递极其缓慢。这里也没有进一步的军事消息——报纸已经没有在印刷的了。敌方民众似乎已经习惯了这种新的状态。不过,令他们深受威胁的是,他们稍有不慎就会被处以死刑。
>
> 我们经过的所有村庄都有一家又一家的医院。你很快就会再次收到我的来信。别为我担心。[1]

9月2日,尼采在从摩泽尔河畔阿尔斯(Ars-sur-Moselle)开往卡尔斯鲁厄(Karlsruhe)的医疗专列上照料伤员。这次旅程持续了三天两夜。他在9月11日写给瓦格纳的信中描述了这一经历。

---

[1] 尼采致弗兰齐斯卡·尼采的信,发自苏尔茨(Sulz),靠近魏森堡(Weissenburg),在沃尔特(Wörth)附近。

亲爱而敬爱的大师：

这样一来，您的家就完整了，并且在暴风雨的中心坚若磐石。尽管关山相隔，我仍然惦记着这件大事，并为您祝福着。收到您的妻子——我所深深爱着的人——写来的信，令我深感愉悦，我们终于可以欢庆这些节日了（您的婚礼和齐格弗里德的洗礼），比我们最近一次在一起时所预想的更早。

您明白是怎样的洪流把我从你身边带走，并使得我无从见证如此神圣而盼望已久的仪式。我作为辅助人员的工作已暂告一段落，很不幸，是因病。诸多任务和职责将我带到了梅斯（Metz），当时正处于围攻之中，最终有47000名普鲁士士兵和38000名法国士兵阵亡。在摩泽尔河畔阿尔斯，我们负责伤亡人员，并与他们一道返回德国。我负责一节惨不忍睹的运牲车厢，里面有六位伤患。在整个旅途中，我独自一人照顾、包扎并且护理他们——我还诊断出两例坏疽。我刚在卡尔斯鲁厄的一家医院交接完车辆，就出现了严重的症状。好容易我才挨到了埃朗根，向我所在的小组做了各种各样的汇报。然后我上了床，并一直待在床上。一位好大夫把我的病诊断为重度痢疾，还有白喉。就这样，在我试图为整个世界工作的短短四周之后，我又一次被抛回给了自己——何其悲惨的情况啊！

在埃朗根的第一周至关重要，尼采一直处于濒死的危险当中。他接受了硝酸银、鸦片和单宁酸的灌肠治疗，这在当时是常规疗法，却会终生损坏患者的肠道。一星期后，他脱离了生命危险，被送回他母亲和伊丽莎白身边，她们仍然住在尼采儿时瑙姆堡的家中。在剧烈的疼痛和持续的呕吐中，他开始了伴随其一生的不幸恶习——自行服用药物，暂时缓解症状，却长期地损害着他的体质。有人认为，尼采在火车上护理伤员期间，感染了梅毒、白喉和痢疾。不过，这就像尼采是否患有梅毒这个问题一样，无论如何都无法证实。

疗养期间，他全身心地投入下学期的讲座和研讨会的准备工作当中，并与朋友们通信以保持联系，在信中，他从未提及那些日夜萦绕在他心头的可怖的战场记忆。尼采强忍着坏死的肠道、黄疸、失眠、呕吐、痔疮、口腔中持续不断的血腥味，以及植根于他脑海的战场上的心理恐惧。尼采与瓦格纳和科西玛截然不同，他们几乎每天清晨都会彼此讲述自己的梦境，之后再由科西玛虔诚地记录在日记中，而尼采没有把他的梦境吐露给后人。尽管如此，他却允许自己对军国主义、庸俗主义，特别是俾斯麦治下的普鲁士，表现出强烈的厌恶。

> 我们信仰［文化］的敌人正在从这场战争的血腥土壤中生长出来！我已做好最坏的准备，同时也相信，在莫大的苦难和恐惧中，夜间绽放的知识之花将在各处盛开。[1]

"致命的、反文化的普鲁士"乃是罪魁祸首：俾斯麦非但没有复兴古希腊的创造性精神，反而把普鲁士变成了罗马——庸俗、野蛮、唯物质主义、大肆屠杀和无休止的暴行的发动机。

尼采对普鲁士人的嗜血和冷酷的暴行义愤填膺，他们在巴黎围城中故意饿死法国人，这次围城从他病倒的那个9月，一直持续到次年1月。

尼采对战争野蛮性的恐惧并不局限于普鲁士。新的法国政府一成立，巴黎公社就奋起反抗，对自己的人民就像普鲁士人一样恶劣。它开始不分青红皂白地进行血腥屠戮：神职人员、囚犯和路人

---

[1] 尼采致卡尔·冯·格斯多夫的信，巴塞尔，1870年12月12日。

都惨遭杀害。战争也发生在文化层面。纪念碑被打碎，被掀翻。包括杜乐丽宫（the Tuileries）在内的巴黎博物馆和宫殿，都在一场复仇心切而不得要领的英勇破坏狂潮中惨遭洗劫和焚毁。巴塞尔的报纸谬称卢浮宫也被毁掉了。得知如此骇人听闻的蓄意的文化灭绝惨讯，布克哈特和尼采当即冲到街上去寻找对方。一见面他们就拥抱在一起，伤心欲绝，无语凝噎。

"听闻巴黎大火的消息，有好些天，我都感觉自己被恐惧和怀疑所湮没。"尼采写道，"如果最辉煌的艺术作品，甚至整个艺术时期，能在一日之间被全然抹杀，那么所有学术、科学、哲学和艺术的存在就都像是一种虚妄；我坚持认为，艺术的形而上价值尽管并不为了穷人而存在，但它有更高的使命要完成。然而，即使是在最痛苦的时候，我也无法向这些亵渎者投掷石块，他们不过是普遍罪恶的载体，而这种罪恶带给我很多值得思考的东西。"[1]

圣诞季来临，他又一次应邀前往特里布申。在此间主人的眼中，他已英勇地成长为一位哲人战士，然而他的战场经历已然在他和他们之间拉开了一道巨大的鸿沟。该鸿沟证实了尼采是一个坚定的欧洲人，而瓦格纳和科西玛则被报复性的、庆祝性的民族主义点燃了。瓦格纳甚至拒绝阅读以法文写给他的信件。

圣诞节清晨，动人的音乐回荡在弥漫着香味的宅邸中。瓦格纳悄悄把汉斯·里特尔和一支十五人的管弦乐队带到了楼梯间。他们演奏了《齐格弗里德牧歌》，当时还未命名，被科西玛的女儿们戏称为"楼梯间音乐"。

"现在我已死而无憾。"科西玛听后对瓦格纳喊道。

"为我而死比为我而活容易。"他回答。[2]

这种交流是典型的玄之又玄的对话，特里布申的谈话令人精疲

---

[1] 尼采致卡尔·冯·格斯多夫的信，1871年6月21日。
[2] Cosima Wagner, *Diary*, 25 Sunday December, 1870.

力竭并且无休无止地进行着,常常夹杂着呜咽和泪水。对科西玛而言,圣诞节插曲持续着如此高的强度,她写道,这就像《齐格弗里德牧歌》把她的生活带入了成真的梦境。她感到某种界限的欣快消融、某种对肉身存在的无知无觉、某种至高的幸福、某种无上的极乐,仿佛她已然达成了叔本华的目标——意志与表象之间的边界业已消弭。

科西玛对尼采送的生日礼物颇感满意,那是《悲剧概念之诞生》的手稿——《悲剧的诞生》的一份早期草稿。夜间,瓦格纳朗读了其中的段落,他和科西玛都称许它为最有价值、最卓越的作品。

这一年的圣诞节,为了纪念那些仍在经历战争苦难的人,瓦格纳和科西玛原本不打算收取礼物。不过,尼采没有得到预警,所以他还是带着给科西玛的论文和给孩子们的小玩意儿出现了。至于瓦格纳,尼采为他精心挑选了丢勒那幅伟大版画《骑士、死神与魔鬼》的一件复制品。该作品自1513年问世以来,就一直被视为民族主义的聚焦点,是德国信仰和逆境中德国人勇气的重大象征。瓦格纳欣然接受了这件礼物。对他而言,这位日耳曼骑士具备双重象征意义:既是《指环》剧情中的英雄齐格弗里德骑着马去拯救世界,也代表着瓦格纳自己。瓦格纳驾驭着未来音乐驰骋于音乐的竞技场上:德国文化精神已被庸俗主义和多元文化所窒息,而那位骑士将令其重新振作,有朝一日,他将会像齐格弗里德一样被召唤,去消灭外来文化的恶龙。这的确是一件经过深思熟虑的礼物。

尼采又一次作为唯一的客人在这里待了八天。一晚,他诵读了他那篇关于酒神态度的论文,他们随后进行了讨论。另一晚,瓦格纳朗诵了《名歌手》的剧本。科西玛记录道,她和尼采享受着汉斯·里特尔单独为他们二人演奏《特里斯坦》中的乐段所带来的崇高体验。他们对比讨论了E. T. A. 霍夫曼(E. T. A. Hoffmann)和埃德加·爱伦·坡（Edgar Allan Poe）的优劣，并一致同意把现实世界视为幽灵这一观念的深刻性，这正是叔本华所注重的哲学能力的标志。有一天，天气异常寒冷，尼采体验到了他所不习惯的家庭幸福——他的思考室（the Denkstube）被全家人入侵了，很温馨。因为那是整座房子里最温暖的房间。为了不打扰工作中的教授，他们刻意压低声音阅读和交谈。

1871年元旦，他离开他们返回巴塞尔。尼采终于下定决心，他将根据自己对语言学的厌恶和对哲学与日俱增的喜好来行事。一月，他给大学董事会主席[1]写了另一封长信，提出一个非正统的建议：让他转任刚刚出缺的巴塞尔大学哲学教席。并进一步建议，由他的朋友埃尔温·罗德接替他的语言学教席。罗德曾与尼采一道在波恩和莱比锡大学的里奇尔教授门下求学。然而，由于尼采并不具备哲学资质，而罗德只不过是基尔大学（Kiel University）的一名客座讲师（Privatdozent），校方认为尼采的提议简直匪夷所思。

一想到要回去教语言学，他精神上的某种嗜睡症就被诱发了。整个一月，他的健康状况都很糟糕。医生们坚称，他需要在温暖的气候下静养。他的妹妹被请了来。在她的悉心照料下他大大恢复元气，随后，他俩在意大利阿尔卑斯山开始了一段疗养之旅。

"第一天，"伊丽莎白写道，"我们仅仅抵达了弗吕埃伦（Flüelen），因为驿站马车的运行被大雪中断了整整两个礼拜，要到次日清晨才能恢复正常服务。在下榻的旅馆里，我们偶遇了马志尼，他化名为布朗先生与一个年轻人结伴旅行。"朱塞佩·马志尼（Giuseppe Mazzini）是加里波第（Garibaldi）的亲信。他在自己的国家被判处死刑，而在流亡生涯中，他花了大量时间筹谋在意大利建立一个统一的共和国。跟当时许许多多国际共和主义者和无政府主义者一

---

[1] 威廉·菲舍尔-比尔芬格（1808—1874），著名考古学家，巴塞尔大学教授、理事。

样,马志尼在伦敦找到了避难所,在那里他谋划了所有居住在那里的政治流亡者对意大利的入侵和征服。向来活跃的革命者简·卡莱尔(Jane Carlyle)急忙打起退堂鼓来,因为她有晕船的倾向,此外没有其他人反对。计划是从英国乘气球出发,那阵子有一种实用的驾驶气球的方法刚刚被发明出来。马志尼不无道理地认为,这样一场战役会让意大利波旁王朝的暴君们陷入恐慌。[1]

"这位高贵的逃亡者,"伊丽莎白接着写道,"年事已高,满腹忧愤,只能以化名秘密潜回他深爱如斯的祖国,这位极其激动人心的人物令我震撼。整个穿越圣戈哈德(St Gotthard)的旅程,都是在如此美好的天气中进行的,坐着仅能容纳两人的小雪橇,一路上见过阴郁的景象,也见过金色、蓝色和白色的冬日风光,都给我们留下了难以言喻的美丽印象。马志尼睿智的陪伴——他在每个车站都会亲切地与我们为伴——以及,当我们从圣戈哈德那令人目眩的高峰出发,沿着之字形路径,仿佛长了翅膀一般下行前往特雷莫拉(Tremola)山谷的时候,发生的一场令人胆战心惊的事故(一架小雪橇就在我们眼前连人带马坠入超过200英尺的深渊,万幸雪质松软,没人受伤),所有这一切加在一起,赋予这趟旅程某种难以磨灭的独特魅力。马志尼用他的外国口音反复向陪同他的年轻人引用的歌德的这句话,从此成为我和我哥哥一生中最爱的格言:*Sich des Halben zu entwöhnen und im Ganzen, Vollen, Schönen resolut zu leben*.[弃绝中道,坚定地生活在整体、全部和美之中。]马志尼的临别语十分动人。他问我们要去哪里。我回答:'去卢加诺,从各方面看,那里都是天堂。'他微笑着叹了一口气,说道:'对年轻人来说,天堂无处不在。'"[2]

---

1 Malwida von Meysenbug, *Rebel in a Crinoline*, George Allen & Unwin, 1937, pp. 194-195.
2 Förster-Nietzsche, *The Life Nietzsche*, Vol. Ⅰ, pp. 243-244.

2月12日，他们抵达卢加诺，在这里，他们入住了那个时代布尔乔亚式的大饭店，如同陷入一场宁静的、魔山般的白日梦。伊丽莎白记下了这里每一位小有名气的人物，在她眼中，最杰出的莫过于冯·毛奇伯爵（Count von Moltke），伟大的陆军元帅的兄弟。饭店里有客厅游戏、戏剧表演、音乐会，以及前往附近名胜布雷山（Mount Bré）的愉快远足。作为一名27岁的单身汉和教授，尼采备受追捧和崇拜。他颇为有型地登上了布雷山，站得比其他人都要更高一些，从口袋里掏出一本《浮士德》读了起来："那时我们都在极目饱览那壮丽的春光，并就此沉醉于世界无与伦比的丰饶。最后，他放下了书本，用他悦耳的声音开始讲述他刚才所读的内容，谈论我们周遭的事物，就好像我们终于摆脱了北方的狭隘、空洞和卑小，已然配得上更为高远的情感和目标，并以更大的勇气、更轻的翅膀，以及我们全部的能量攀上顶峰，与太阳相会。"[1]

不幸的是，冯·毛奇游湖时感染了风寒。"[他]因病亡故，我们大家都深为沮丧，"伊丽莎白写道，不过这并没有影响她的兴致，"在卢加诺的这三个礼拜，天清气朗，万里无云，多么开心的日子啊。我们的周围弥漫着紫罗兰的花香、阳光和春山中怡人的空气。——我还能回想起我们是如何玩笑取乐并纵声大笑；我们恣意纵情，甚至加入嘉年华的放荡乐趣当中。四月斋中期，一位意大利贵族邀请我们前往蓬特特雷萨（Ponte Tresa）。当我此刻回想起我们这群来自公园酒店（Hôtel du Parc）[2] 的德国人跟意大利人一起在露天市场上共舞的情景时（在我的脑海中，弗里茨仍然清晰地浮现在我的眼前，欢快地跳着一轮圆舞），这一切都像是一场真正的狂欢之梦向我袭来。"

---

[1] Förster-Nietzsche, *The Life Nietzsche*, Vol. Ⅰ, p. 246.
[2] 湖畔的一家大型酒店，现已被拆分成了公寓楼，名为"大皇宫府邸"（Residenza Grand Palace）。

当伊丽莎白记录着这些欢乐的农夫之舞时,她的兄长正在写作他的第一部著作《从音乐的精神看悲剧的诞生》,书中描述了他多年来以非语言学方式所思考的希腊悲剧的起源和目的,及其对于文化的现在和未来的重要性的结论。

第五章
悲剧的诞生

> 凡是我们称为"高级文化"的一切,几乎皆是以残酷的精神化和深入化为基础的。正是残酷构成了悲剧痛楚的快感。
> ——《善与恶的彼岸》,《我们的美德》第 229 节

尼采的第一部著作《从音乐的精神看悲剧的诞生》所产生的影响,已被证明远远超过了驱使尼采进行写作的那些狭隘而有时限的考量。该书一部分肇始于一位年轻人对于他所处时代的文化堕落所进行的激烈抨击,另一部分发端于一则文化复兴的宣言,出自理查德·瓦格纳对于刚刚实现新统一的德国的愿景。它作为一种革命性的洞察,在理性与本能、生活与艺术、文化世界与人类对它的反应之间难以捉摸的交互作用当中经久不衰。

该书那著名的开篇告诉我们,正如生育取决于性别的二元性,古往今来艺术与文化的不断发展也取决于日神和酒神的二元性。恰如两性一样,他们也进行着旷日持久的斗争,间中偶有暂时的和谐。

他把日神与造型艺术两相参照,尤其是雕塑,也包括绘画、建筑和梦境——在前弗洛伊德时代,梦还不意味着罪恶潜意识的混乱爆发,而仍具备预言、启蒙和揭示的古老意义。太阳神阿波罗的

特质或多或少可以归结为表面的、可描述的：套用叔本华的术语，大致相当于"表象"。阿波罗的世界由道德、理性个体和"个人原则"构成，借由它们的姿态和表情，所有欢愉、智慧和美丽的"表象"都在对我们说话。[1]

属于酒神狄俄尼索斯的艺术则是音乐和悲剧。狄俄尼索斯是宙斯之子，曾两次出生，在古希腊，他被视为半人半兽。他代表着魔魅世界，以及超乎存在界限的非凡经验。作为神，他掌管着酒与醉、纵饮与药物、仪式的疯癫与迷狂，也掌管着虚构世界中的戏剧、面具、扮演与幻想，而他的艺术足以颠覆其追随者正常或个体的身份，因为他们正被这些艺术所改变着。

音乐和悲剧都能够抹杀个体精神，唤醒冲动，因为它们对形式的强化会导致主观意识的萎缩，以至全然忘我，而与此同时，精神则被神秘地送达某种或极乐或恐怖的超然之境。在阿提卡悲剧中，狄俄尼索斯又被称为"食生肉者"。唯有通过音乐的精神，我们才能理解包含在自我毁灭中的那种迷狂。想想今天摇滚音乐节的观众，或是尼采如何描述自己听到《特里斯坦》时的反应：那仿佛是将耳朵紧贴在宇宙意志的心脏之上，感受着对于生命那势如奔雷的狂暴欲望。借由他的同代人所熟知的参照物，尼采向他们阐明了这一点：在中世纪德国漫游的载歌载舞的狂热群众，即所谓的圣约翰（St John）和圣维图斯（St Vitus）歌舞者。（瓦格纳在《纽伦堡的名歌手》中曾略微提及他们。）在他们身上，尼采认出了希腊人酒神歌队的影子。陶醉、音乐、歌唱和舞蹈，在这一切行动中，个体性原则已然丧失。这正是酒神对于生命之苦的回应。

希腊人的悲观主义从何而来？他们对于悲剧神话，对于恐怖、邪恶、残忍、肉食者、纵欲、神秘、破坏性的吸引力又是从何而

---

[1] *The Birth of Tragedy*, Section 1.

来？他告诉我们，希腊悲剧的天赋在于，借由希腊意志的奇迹，日神精神与酒神精神彼此结合了。前苏格拉底时代的希腊剧作家，既是日神式的幻梦艺术家，又是酒神式的迷狂艺术家，而这样的结合往往通过歌队来实现。

歌队代表着悲剧的起源，同时它也是酒神状态的表征。歌队的引入是对自然主义的否定。尼采对他所处的时代发出了警告："……随着我们目前对自然和真实的尊崇，我们已经站在了所有理想主义的对立面，并已进入了蜡像的范畴。"[1]

要理解古希腊悲剧中的死亡，我们只需要考虑苏格拉底的格言：美德即知识，所有罪恶皆源于无知，而有德者就是幸福者。

悲剧就绝灭于这一套基本上乐观而理性的公式当中。在后苏格拉底戏剧中，有德性的英雄必须是辩证的。在美德与知识之间，在信仰与道德之间，务必存在某种必要而可见的关联。苏格拉底将埃斯库罗斯的先验正义归结为"诗性正义的平庸而鲁莽的原则"。

苏格拉底是"科学的秘法师"，他眼中从未闪现过哪怕一丝迷人的疯狂之光。苏格拉底煽动了"对于知识的不可思议的普遍贪婪，这种贪婪蔓延到大部分文明世界，并将自身呈现为任何具备更高能力者的真正使命。（苏格拉底）把科学引领到了公海之上，从此之后，科学再也无法被完全地驾驭了……而由于这种普遍性，一个共同的思想网络破天荒地展布于整个星球，其前景甚至涵盖了整个太阳系的法则"[2]。

人们固守着苏格拉底式的错觉，认为理解的愉悦足以治愈存在的永恒创伤。"倘使一个人曾体验过苏格拉底式洞见所带来的强烈快感，并感到它在试图囊括整个表象世界的过程中不断扩张，那

---

1 *The Birth of Tragedy*, Section 7.

2 Ibid., Section 15.

么，他将永远感到，再没有比这更激励人生的东西了。"[1]

但这样的观念忽略了一个事实：世界并不仅仅是现象的副本。这里还存在着酒神精神，还存在着意志。因而，"在苏格拉底文化的晚期，人类…处于永恒的饥饿当中"。由于已被降格为理性的人，亚历山大式的人基本沦为"图书管理员和校对者，为书本上的灰尘和（印刷）错误而悲惨地牺牲了自己的视力"[2]。

我们逃向科学和科学证明也许是一种恐惧，一种对悲观主义的逃避，一种微妙的对抗真理的最后手段？从道德上讲，这是不是某种懦弱和虚伪呢？

必须直面科学的问题。尼采注意到，在希腊，科学是一个后苏格拉底时代的问题，而在后达尔文主义的欧洲，它仍然成其为问题。由于相信自然的可解释性，并且将知识视作万灵药，科学湮灭了神话。而结果是："我们陷入了某种对存在的衰老而毫无建树的爱当中。"

现如今，文化史无前例地式微。当蛰伏于理论文化子宫中的灾难逐渐开始恐吓现代人的时候，文化唯一的救赎就是砸开已被施咒的通往希腊魔山的大门。[3]

谁持有魔山的钥匙？谁的力量足以砸开这扇门？叔本华，当然，还有瓦格纳。一言以蔽之，歌剧以它对语言和音乐的结合，呈现了一种新的悲剧艺术形式，在其中，酒神精神和日神精神得以重聚。

瓦格纳的未来音乐基于悲剧神话（德国的而非希腊的）与不和谐的必要复兴之上。他对于不和谐音乐的运用反映并且承认了人类灵魂中的不和谐，以及人类内心意志与表象之间、日神精神与酒神

---

[1] *The Birth of Tragedy*, Section 15.
[2] Ibid., Section 18.
[3] Ibid., Section 20.

精神之间的张力。

尼采问道，谁在听到《特里斯坦与伊索尔德》的第三幕"这牧羊人的形而上之舞"时不曾在一阵痉挛中展开灵魂所有的翅膀呢？怎么可能会有人"不被立即击倒呢"[1]？从神话的角度来说，这是一种酒神式体验（如果确曾有过的话），同时也是一种全然的德国式体验。

在某个迄今仍无法涉足的深渊当中，德意志精神尚在休憩入梦，其力量是酒神式的，并且未曾遭到破坏，仿佛陷入沉睡的骑士，而从这深渊里，酒神的声音升腾到了我们的耳畔。

在《特里斯坦》中（这里事情变得复杂了），酒神精神实际上服务于日神精神。悲剧的最高目标乃是，让狄俄尼索斯说出阿波罗的话语，而阿波罗说着狄俄尼索斯的词汇。这就是悲剧的最高目标，同时也是所有艺术的最高目标。

在大量引用《特里斯坦》的剧本之后，该书以一位现代人和一位古希腊人想象中的会面作为结尾，他们一道走向悲剧，向两位神祇献祭。尽管《悲剧的诞生》这本书更多的是关于文化，而并非关于人们应该如何生活，但它确实向我们介绍了尼采在其哲学发展过程中将向哪些观念回归。《悲剧的诞生》一书中，日神精神和酒神精神所表达的人性的二元性概念，以及直面科学提供的确定性幻觉的关键需求，将占据他余生的思想活动。

完成该书的初稿之后，他逃离卢加诺初融的冰雪，前往特里布申，在4月3日的早餐时分突然出现在科西玛的面前，给了她一个惊喜。她注意到他看上去相当憔悴，于是劝他在这里住上五天。他朗读了他的手稿，当时的标题为《希腊悲剧的起源与目的》。科西

---

[1] *The Birth of Tragedy*, Section 21.

玛和瓦格纳都很愉快。这篇文章的大部分内容是他们过去几年来思想交流的结晶。更何况，通过瓦格纳的音乐来进行民族文化复兴的提议怎能不让他们着迷呢？

突然之间，特里布申的每一个人或每一件事物都变成了日神式的或酒神式的。瓦格纳对科西玛有了一个新的爱称：她现如今是他的"阿波罗精神"。他在三角恋中早已是狄俄尼索斯了，然而尼采的书又为这个角色增加了一点新的理解。瓦格纳往其正在写作的《论歌剧的命运》一文中加入了"日神的"和"酒神的"这两个术语，并计划在三周后于柏林科学学院发表这篇演讲。随后，他与俾斯麦有一个私人约谈。德意志帝国的文化方向正在成型。

尽管这对尼采来说无疑是一种恭维，他却发现自己比瓦格纳更像一个布克哈特主义者，更像一个欧洲人。他不能容忍瓦格纳对普鲁士围城时巴黎所遭受的困苦所表现出的欣喜。瓦格纳把巴黎称为"世界的情妇"，并高兴地搓着手说，她终于遭受了报应，因为她那情妇般的轻佻，她对优雅远胜于严肃的偏爱，她"文化上的法-犹杂烩"。

"理查德想要写信给俾斯麦，请求他把巴黎全部打下来。"[1] 科西玛写道，而尼采则有不同的看法：他对巴黎的无辜者深感同情，对自己的国家强行施加这样的苦难感到恐惧。

在尼采听来，特里布申的背景音即使不是全然令人生厌的，也是令人不安的。孩子们唱着瓦格纳为赞美新皇而做的朗朗上口的新《皇帝进行曲》（*Kaisermarsch*），而大师则朗诵着他为颂扬围攻巴黎的普鲁士军队而写的新诗。尼采视为野蛮的文化抹杀浪潮的事物，恰恰被瓦格纳视为文化复兴的浪潮。瓦格纳认为，如果你已丧失了作画的能力，那你就不配拥有画作。抛开瓦格纳丑陋的民族主

1　Cosima Wagner, *Diary*, 18 August 1870.

义不谈,与尼采仅仅是历史性的、仅仅采取日神式倾向来保存文化大厦的观念相比,瓦格纳所持的无疑是真正酒神式的、真正有创造性的原创观点。

我们知道,尼采在特里布申期间曾在瓦格纳的建议下对《悲剧的诞生》进行了修订,但我们不知道具体修订了什么。在他"用一条青蛇逗乐了孩子们"[1]之后,他就前往巴塞尔对文本做进一步修改,他更改了题目,并加上了一长段致瓦格纳的献词。

在巴塞尔,只有坏消息在等着他。某个合适的人选已经填补了哲学系教席的空缺。尼采这才意识到自己曾提出抢椅子游戏的建议是多么幼稚而不妥。

"我简直在犯傻!而我对自己的计划曾是多么有把握啊!我不能躲在病榻的后面了;很显然那是个产生于辗转难眠的发烧之夜的想法,而它令我以为找到了治疗疾病和神经的对策。"[2] 相反,他还得继续做那群扭扭捏捏的语言学者中的一员,钻研古人语法中的细枝末节,而无法直面生活中那些引人注目的问题。他在语言学上的职责严重地干扰着他完成更伟大的使命。他必须寄希望于那本书的出版,以期作为一名哲学家而得到认可。然后,他也许就可以转行。

与此同时,他的焦虑和健康情况使得巴塞尔校方体贴地减轻了他的教学负担。他的妹妹伊丽莎白搬到巴塞尔来照顾他。对伊丽莎白而言,从瑙姆堡搬过来并非难事,她在那里过着老处女般拘束的生活,住在他们母亲的房子里,投身于慈善事业。

4月末,尼采把《悲剧的诞生》的开篇部分寄给了莱比锡的一位出版商。数月间杳无音讯,连一封回执都未曾收到。瓦格纳与科西玛的缺席加剧了他身为作者的不安。这两位神祇离开了福地[3],

---

[1] Cosima Wagner, *Diary*, 8 April 1871.
[2] 尼采致埃尔温·罗德的信,1871年。
[3] 指特里布申。——译注

正奔走于德国试图寻找一处地方来建造上演《指环》的节日剧场。因此就算插翅飞往特里布申，也不可能获得智力支持。此外，即便在场，瓦格纳也无力对任何人给出支持，因为他也处于持续的紧张与不安当中。尽管瓦格纳竭力阻止，路德维希国王还是上演了一出灾难性的《莱茵的黄金》，这是《指环》组剧中的第一部歌剧。迫不及待想在舞台上看到它的国王，支持了一场很不成熟并且极欠考虑的演出。它实现了瓦格纳最糟糕的那些预言，而这部无望的作品所带来的后果则包括，国王切断了与瓦格纳的直接联系，他目前不知道路德维希是否还会继续资助《指环》这一项目。这使得他们穿越德国的旅行变得异常沮丧，瓦格纳和科西玛那时已认定拜罗伊特是建造他们那座歌剧院的最佳地点，只要有钱。

拜罗伊特是巴伐利亚北部一个中等规模的城镇，有一条铁路可以把观众送到此处。这座小镇具有奇幻而神秘的德国风貌，位于一片广袤平原的制高点，平原上庄稼茂盛，牲畜成群。一座历史悠久的巴洛克式宫殿坐落在风景优美的公园里，它彰显了日神式智慧的胜利，而与此同时，一座矗立在平原上的巨大草山则呼唤着一座酒神式的歌剧院来为之加冕。

圣神降临周时，瓦格纳与科西玛满怀希望地回到了特里布申。他们召唤来尼采与他们共度。降灵节对他们三人而言都饱含情愫，它始终伴随着齐格弗里德诞生的神圣记忆，也正是这一刻奠定了他们神秘的三人联盟。

现如今，仅仅两年后，失利便已迫在眉睫。假使文化项目取得成功——尼采必须希望如此——那么瓦格纳和科西玛就将永远离开特里布申，前往拜罗伊特。他在这片福地的日子也就屈指可数了。究竟是哪一日的"星之舞"涟漪注定将只能定格于记忆中呢？出版商迟迟未能决定是否出版《悲剧的诞生》，这加剧了他的不确定感和情绪上的脆弱。6月，尼采再也无法忍受这种紧张的气氛。他要回了手稿，并在没有告知瓦格纳的情况下，把它寄给了瓦格纳的出版商恩斯特·威廉·弗里奇（Ernst Wilhelm Fritzsch）。

9月初，科西玛写信给尼采，请他推荐一名人选陪同哈茨费尔特-特拉琴贝格（Princess Hatzfeldt-Trachenberg）公主的儿子前往意大利、希腊、东方和美洲进行一次壮游。尼采有充分的理由毛遂自荐：此行将帮他消磨掉冗长而紧张的夏季；这也许能够改善他的健康（他的医生总是建议去更温暖的气候中居住）；这也将是对语言学教席的一种巧妙的逃避；这还意味着他将终于可以亲眼看到罗马和古典世界。此事令他兴奋异常，以至事情还没有定下来，他就跟大学的同事们喋喋不休地谈论起了这次远游。况且——这似乎也是科西玛想要的，不然她为什么要向他提及此事呢？然而他实在是无可救药地误解了科西玛，当她能够命令时，她可从不暗示。想到他要放弃教授这个严肃的角色，代之以小王子的向导这样一份轻浮的工作，科西玛深以为耻。当她在信中写明这一点时，尼采为在她和大学眼中出丑而羞愧难当。好在大学对此事有不同的看法。当他宣布要留下来时，他们给他加薪500法郎，达到了相当可观的3500法郎。

10月，他庆祝了自己的27岁生日。一个月后，他写了一封颠三倒四的信给他在舒尔普弗尔塔的老同学卡尔·冯·格斯多夫，告诉对方"优秀的弗里奇"已经接受了那本书，并答应在圣诞节前出版。

尼采兴高采烈地告诉冯·格斯多夫：

> 设计方案已经确定了，将以瓦格纳《歌剧的目标》为蓝本——跟我一起庆祝吧！这意味着将会为一帧美丽的插画留出一处显著的位置：把这个消息告诉你的艺术家朋友，代我向他致意。取出瓦格纳那本小册子，翻到扉页，计算一下我们也许会在扉页上给小插画留出的尺寸，读出：

第五章 悲剧的诞生

从音乐的精神看悲剧的诞生

作者

弗里德里希·尼采博士

古典语言学教授

莱比锡弗里奇

此刻,我有极大的信心认为该书将销量巨大,而设计插画的那位先生可以准备好迎接自己的一点点不朽。

再说点别的消息。想象一下,我亲爱的朋友,休假期间我们重逢的温暖时光以钢琴二重奏的长曲形式在我心中结出了硕果,一切都呼应着美丽的秋日、和煦的阳光。因为它关于青春记忆,所以这曲子被命名为《伴着进行曲、乡土舞和午夜钟声的除夕回声》。这是个逗趣的标题……圣诞节时这首曲子将是给瓦格纳太太的礼物和惊喜……我已有六年没作曲了,这个秋天又给了我灵感。如果演奏得当,这曲子的时长为20分钟。[1]

他的狂喜并没能持续多久。那个原本要因那帧插画而永垂不朽的木刻艺术家搞砸了,不得不另找一位艺术家。善良的弗里奇把书的尺寸设计得比瓦格纳那本《歌剧的目标》要小,这本140页的书比尼采预期的更薄,看起来不那么重要,更像是一本小册子而不是一本书。而且,瓦格纳对他没有事先征得同意就去找自己的出版商感到生气。这让人觉得他俩沆瀣一气,弄得好像尼采是瓦格纳驯顺的宣传员似的。

他拒绝了在特里布申过圣诞节的邀请,理由是他需要构思关于教育机构未来的系列讲座,尽管他完全可以在特里布申那间思考室中完成此事。事实上,正如他私下向埃尔温·罗德坦陈的那样,他

---

[1] 尼采致卡尔·冯·格斯多夫的信,1871年11月8日。

需要时间来梳理自己的情绪,以等待瓦格纳对他寄去的那首乐曲做出裁定。"我很兴奋,我将听到关于我的音乐作品的评价。"[1]

尼采自认为是一个颇有天赋的作曲家,他热切地期盼着瓦格纳的赞许。而最终,当汉斯·里特尔和科西玛坐在特里布申的钢琴前为瓦格纳演奏这曲二重奏时,这位大师却在 20 分钟的演奏过程中坐立难安。这是尼采在这一时期典型的钢琴作品,是巴赫、舒伯特、李斯特和瓦格纳的大杂烩。琐碎,过度情绪化,有欠完善,他的曲作总能激起这样一种想法:如果他活得久一些,也许会成为一位成功的无声电影配乐作曲家。不管瓦格纳和科西玛私下里笑得多欢,他们都藏起了自己对这首曲子的小小观感。她感谢尼采为礼物附上的那封"美丽的信",却没有提及音乐本身。

圣诞节期间,尼采独自一人在巴塞尔,一位房屋油漆工帮着他打开了他母亲寄来的大板条箱。弗兰齐斯卡现在相当富裕,她继承了姑妈们去世后留下的遗产,这使得她有了足够的钱购置下瑙姆堡那一整座房子,并把其中的一部分出租给房客。

这个圣诞节,本着传教士精神,弗兰齐斯卡决定给她在宗教信仰上举棋不定的儿子送去一幅圣母玛利亚的大型意大利油画。在圣诞节漫长的孤独中,尼采有足够的时间为此写一封感谢信,信中描述了他如何非常传统地布置他的住处:"圣母像自然会被安排在沙发上方;而钢琴上方则是霍尔拜因的一幅画作,大伊拉斯谟、里奇尔老爹和叔本华的画像被布置在火炉旁的书桌上。总之,我衷心地感谢您……这样一幅画似乎把我带到了意大利,而我几乎相信您把它寄来是为了引诱我去意大利。而我对此种日神式的影响所能给予的唯一回应,就是通过酒神的影响,亦即,通过除夕的音乐,以及在新年时即将出版的我的书而做出,它是日神精神和酒神精神的双

---

[1] 尼采致埃尔温·罗德的信,1871 年 12 月 21 日。

第五章　悲剧的诞生

重效应。"

信中，尼采还感谢了她送来的梳子、毛刷和衣刷，"只是有点过分柔软了"，还有漂亮的袜子和大量包装精致的美味姜饼。[1] 与此同时，尼采还以恶作剧的口吻给儿时玩伴古斯塔夫·克鲁格写了一封信，让他期待新年时《悲剧的诞生》的出版，并警告他——就好像17岁那年尼采把自己那本"令人厌恶的淫秽小说"《尤福里翁》寄给他时所发出的警告一样："啊！此书下流又无礼，务必躲在你的房间里悄悄地看。"[2]

读到这个圣诞期间他写的信，人们不能不为他周遭环绕着的不确定性而心生怜悯。没有一个人是直截了当的。每个人，包括他自己，都在装模作样；每个人都戴着面具，见人说人话，见鬼说鬼话。此时的他忘记了自己在学生时代曾援引过的品达的座右铭："成为你之所是！"

那本书总算是出版了。1872年1月2日，他把这本书寄给了瓦格纳，并附上了一封信，信中将该书描述为：

> 被命运的力量所推迟，而倘若没有命运的驱动，永恒的盟誓将不可能成立……在每一页上，您都会发现，我只是在试图感谢您给予我的一切；唯一需要怀疑的是，我是否始终正确地接收到了您所给予的东西。
> 　　　　　　带着对您的爱的最热烈的谢意，
> 　现在是、过去是、将来也是您忠诚的弗里德里希·尼采

这是他所写过的最露骨、最公开表露深情的信件。幸运的是，

1　尼采致弗兰齐斯和伊丽莎白的信，巴塞尔，1871年12月27日。
2　尼采致古斯塔夫·克鲁格的信，巴塞尔，1871年12月31日。

一收到那本书，瓦格纳就立刻回信了：

> 亲爱的朋友！
>   我从未阅读过比你这本书更美的东西。一切都是绝佳的！……我告诉科西玛，除她之外，在我的心里紧接着就是你了，然后隔了好远，是伦巴赫（Lenbach），他为我画了一幅极为栩栩如生的肖像！再会吧！赶紧到我们这儿来，来一场酒神式的欢庆！

科西玛写了一封热情洋溢的信，毫无保留地赞美了这本书。她认为其行文深刻，富有诗性而优美。她告诉他，此书为她内心生活中的所有问题都提供了答案。她表达的感受是由衷的：在她的私人日记中，她称这本书"相当精彩"，并描述了自己和瓦格纳在争夺对它的实际占有权时，险些将其撕成两半。

尼采也寄了一册给李斯特，后者友好地回应道，在此书之外，他还从未找到过对于艺术更好的定义。更多的溢美之词如雪片般飞来，这些信件来自地位显赫的女士和先生、男爵和男爵夫人，他们不一定理解这本书，却写了各种陈词滥调来表明自己属于瓦格纳和路德维希国王那个与世界为敌的阵营。然而，该书没有得到任何来自专业哲学家或语言学家的只言片语，媒体上也没有任何评论。他紧张地等待着。此书周遭弥漫着最令人压抑不安的公众沉默。"就好像，我犯了罪似的。"他说。

不过，那项有关教育的讲座任务着实分散了他的注意力，正是这门课程使得他无法在特里布申过圣诞节。巴塞尔学术协会有着举办公开讲座的伟大传统。每年冬天都有一个包含三四十场讲座的项目向公众开放。1月16日那天，大约有三百人来听了尼采的第一场讲座，他们对他称道不已，并持续关注着接下来的讲座。

第五章 悲剧的诞生

《论我们教育机构的未来》("On the Future of Our Educational Institutions")系列讲座,以新成立的德意志帝国的教育这一关键领域的发展方向为主题。《悲剧的诞生》一书中涉及的方方面面在课程中也被再次使用。在批判了当代文化的贫瘠之后,尼采建议以过往"德意志精神"的重生取而代之。

尼采的讲座采取了柏拉图式的师生对话形式,借由他们之口说出当前的政治观点,并使得观众与他们产生共鸣,用马克思主义理论,反对古希腊贵族激进主义的回潮。

对话中的学生主张最大可能的教育扩张,教育之网应该撒得越广越好。应当把实用性作为教育的对象和目的。最大限度地实现金钱收益就等于人人享有幸福。

对话中的哲学家则主张回归教育,这既是出于教育自身的缘故,也是出于对最高伦理道德的维护。教育的扩张对教学本身是一种削弱。两难困境在于,智力与财力的结合要求一种快速的教育,这样才能全速生产出某种赚钱的生物。人类仅仅被允许拥有与获取收益相一致的精确数量的文化。

他揭示出一个不可告人的事实:国家需要的并非才华横溢的个体,而是机器中的齿轮,是受过教育的专家,其受教育程度恰好足够他们不加批判并且卑躬屈膝地做出贡献,而这一切的必然结果则是永久性的知识平庸化。在他对报纸进入文化领域的强烈反对当中,在他对于最伟大的学者都必须利用报纸的愤慨当中,我们能听到他与布克哈特那些漫谈的回声:"这样一种层层黏合的交流,将所有形式的生命、所有阶层和所有科学的缝隙接合在一起,其牢固和可靠程度恰恰相当于印刷它的纸张。"。[1]

系列讲座原计划为六次,但是做完第五次讲座之后,他的身体

---

[1] 《论我们教育机构的未来》,第一次讲座,1872年1月16日。

就垮掉了。这一情况，再加上他的最后一场讲座未能从理论转向具体的教育改革建议从而结束整个论证，这意味着该系列讲座从未完成。五场讲座都很受欢迎，听众很多。他收到了一份工作邀请，为他提供了北部城市格赖夫斯瓦尔德（Greifswald）的古典语言学教授的职位，然而他最不想要的就是又一个语言学教席。他想要的是转到哲学教席上去。

狂热的巴塞尔学子们误解了他对格赖夫斯瓦尔德的拒绝。他们认为这彰显了他对巴塞尔至死不渝的忠诚，于是他们拜访了他，提议为他举行一次火炬游行。他谢绝了。几天后，巴塞尔大学将他的薪水提高到了4000瑞士法郎，以表彰他的"杰出贡献"。

尼采第一场讲座后的八天，瓦格纳在极度沮丧中拜访了他。他思索着要怎样才能阻止尼采的书被"沉默扼杀"[1]。但更深层次的是瓦格纳对自己和他毕生事业的思虑。他的梦想似乎要再次化为泡影。拜罗伊特市议会为他提供了建造歌剧院的场地，随后却发现市议会并没有这片土地的所有权，而拥有这片土地的人拒绝将地皮出售给他们。此后，事情急转直下：路德维希国王的秘书核计了账目。瓦格纳在财务方面甚至比他唱歌跑调还要离谱，建筑费用不知怎么惊人地从30万塔勒猛增到了90万。这笔钱原本是要通过狂热粉丝成立付费的瓦格纳协会来筹集的。这样的协会已经出现在了德国和海外，甚至远在埃及，满怀与欧洲一体化热情的赫迪夫（[Khedive] 他最近邀请了亨里克·易卜生 [Henrik Ibsen] 与其他人一道参加了苏伊士运河的开幕典礼）也捐款了。负责协调多个瓦格纳协会基金的是两位听起来相当不错的头面人物，来自魏玛的洛恩男爵（Baron Loën）和来自德绍的科恩男爵（Baron Cohen），可他们只募集到了一万二千塔勒——至少他们是这么说的，但瓦格纳

---

[1] Cosima Wagner, *Diary*, 16 January 1872.

确信，科恩男爵（他管他叫"宫廷里的犹太人"）正出于某种卑鄙的、闪米特人的意图在破坏整个事业。

瓦格纳陷入了绝望；他几乎准备放弃整个项目。他夜不能寐。消化系统也混乱不堪。他一直忧心于路德维希国王的崩逝或发疯。这样一来，经费就会全然枯竭，而指环计划和德国的文化复兴也会随之消亡。瓦格纳把尼采作为他最后的、绝望的筹款之旅的第一站。

眼见大师狼狈至此，尼采冲动地提出要抛开一切，开始周游德国，发表巡回演说以筹集资金。瓦格纳劝阻了他。尼采的工作是留在巴塞尔，通过完成他的系列讲座来巩固声誉，他真正的鸿鹄之志应该是促成俾斯麦教育政策的改变。以这一系列成功的讲座为基础，尼采打算将其辑录成书，他正在秘密准备一份备忘录寄给俾斯麦，指出这位总理在教育领域的缺陷，并建议将改革作为文化复兴的模式，"为了表明，错过建立一个真正的德国教育机构的伟大时机是何其可耻。这样的机构原本可以令德国精神得以再生，而卓越文化的标准得以复苏"[1]。到头来，这本书始终未能出版，而备忘录也未能寄出。从一开始，这就是一个考虑不周的计划：俾斯麦从来不会对一根摇摆的手指做出积极反应。

瓦格纳继续前往柏林，除夕之夜留下科西玛独自一人，用尼采的书和瓦格纳从莱比锡寄来的一桶鱼子酱聊作慰藉。[2] 假使当初尼采循着他那堂吉诃德式的冲动，放弃大学，为了瓦格纳而周游德意志帝国的话，一个月之内他就会发现自己成了多余的人。瓦格纳这趟旅行在经济上取得了巨大的成功。对法战争的胜利创造出一种民族主义情绪，使得他和他的行动计划极具吸引力。他在柏林和魏玛受到热烈欢迎。拜罗伊特为他提供了一块更好的土地，还有歌剧院附近的另一大块地皮，他和科西玛可以在那里建造一座漂亮的别墅

---

1 尼采致埃尔温·罗德的信，巴塞尔，1872 年 1 月 28 日。
2 Cosima Wagner, *Diary*, 31 January 1872.

作为他们的家。

3月下旬，积雪消融。瓦格纳胜利而归，尼采应邀前往特里布申与他们共度复活节假期。这次他仍然是唯一的客人。他在圣星期四这天抵达，口袋里装着沉甸甸的一百法郎。这是某种复活节的背叛，有点像犹大的三十枚银币。这笔钱是汉斯·冯·比洛给他的，这是一位情绪控制专家，总能找到巧妙的方法来折磨科西玛和那些爱她的人。正好在复活节前，冯·比洛曾到巴塞尔拜访尼采。他把《悲剧的诞生》夸得天花乱坠，然后丢给尼采一个尴尬的任务：把一笔钱作为复活节礼物送给他的女儿丹妮埃拉，她和科西玛、瓦格纳一起住在特里布申。

复活节那个周末的天气正如他们的情绪一样起伏不定，其时，他们正站在支离破碎的离别当口，沉浸于难以言表的遗憾当中。他们正在离开这片福地。如果说离开特里布申事实上并不意味着沃坦所称的"终结"，即诸神的黄昏，那么这无疑标志着一个庄严的、彼此激发创造力的魔法时代的结束，这个时代见证了一个孩子和四部杰作的诞生：《齐格弗里德》《诸神的黄昏》《齐格弗里德田园诗》和《悲剧的诞生》。他们都知道，他们已经走到了田园诗的尽头。

瓦格纳带尼采去散步，这将是他们最后一次穿行在特里布申的风景当中。夜间，尼采为他们朗读了他的第五场讲座。次日，当瓦格纳工作时，尼采和科西玛出发沿"强盗之路"散步。在这样的散步中，科西玛习惯于穿着镶有大量蕾丝花边的粉色羊绒衫，为了保护她白皙的肤色，她还会戴上一顶饰有粉红玫瑰的托斯卡纳大檐帽。在她身后踱着那头硕大、漆黑的纽芬兰犬鲁斯，它威严而沉重，令人不可避免地想起《浮士德》传说中那熟悉的幽灵。当他们漫步于银色湖泊的岸边时，他们谈到了人类生命的悲剧，谈到了希腊人和德国人，谈到了计划和愿望。一阵冷风仿佛巨大的羽翼般掠过，昭示着一场不期而至的暴风雨的来临，他们被赶回室内，在炉火旁阅读童话。

复活节星期日那天，尼采帮着她把鸡蛋藏在花园里，让孩子们去找。孩子们穿着白色的复活节礼服，看上去就像一群小天鹅沿着湖岸奔跑，在翠绿的芦苇间寻找隐藏的彩蛋，每找到一枚就发出一阵小小的欢叫。孩子们把装饰过的蛋捧在手指相扣搭成的窝里，抱回给了科西玛。

下午，尼采和科西玛在钢琴前弹起了二重奏。一道彩虹出现在天空之中。作为希冀和热望的普遍象征，彩虹对他们二人来说有着更为深刻的个人意义，因为在《指环》中，瓦格纳将彩虹作为连接凡间与神界的桥梁。只有跨过彩虹之桥，才能从一个世界过渡到另一个世界。

午餐时，他们三人谈到了神与人之间某种与众不同的联系：时髦的唯灵论消遣。科西玛私下里是超自然现象的忠实信徒。她在日记中写道，夜里躺在床上，听到老房子里的嘎吱声和敲击声，并把它们解读为来自灵界的信号：来自她过去认识的逝者或是她爱过的那些死去的狗的讯息。但在瓦格纳面前，她装成一个更坚定的怀疑论者，以免在他眼里显得愚蠢。瓦格纳本人对木片膨胀和收缩所发出的信号不感兴趣，但当诸神试图用更为宏大的方式来引起他的注意时——比方说彩虹、霹雳、月亮奋力挣扎着摆脱带状飞云的阴影，或是当北极光在特里布申上空铺展开它们的光幕——他也一点不会错过。午餐期间，瓦格纳对灵异现象进行了理性驳斥，而科西玛则宣布这一切都是骗局。不过，到了晚上他们仍然都试了一次通灵桌。结果一败涂地。

星期一早上，尼采不得不回大学履职。在教授走后，他们都很消沉，身体不适，情绪沮丧。就连不可一世的瓦格纳也表示自己正被厌恶、悲伤、忧虑和恐惧所控制，害怕自己无法胜任眼前艰巨的任务。科西玛则回到了床上。

　　由于一连串误会，抑或是命运的安排，尼采在大师最终前往拜罗伊特三天后才出现在特里布申向他告别。尼采发现科西玛正在收拾这座房子，而它已不再是那个曾改变他整个生活观念的所在。房间已经失去了它们浓郁的魅力：那样的氛围，一度令人迷醉，此时却散发着山间的清新和淡淡的湖水气息。他们隐秘世界中的胭脂色空气在阳光下变得明亮。一度被透过玫瑰色薄纱进入的昏暗光线所模糊的流动空间，如今变得刺眼、光滑而实在。那些给人以幻想狂喜的窗户，窗帘被抓在镀金小天使们胖乎乎的手中，饰以精致的粉色丝质玫瑰花环，如今看来不过是平淡无奇的长方形玻璃。瓦格纳的末日视角曾将每一间居室都化为舞台布景，如今取而代之的仅仅是一些外观清爽的空间，其中毫无神秘可言。富丽堂皇的紫色天鹅绒和印花皮革墙面上，曾悬挂过他们信仰的偶像，如今只剩下丑陋的鼠灰色斑块。模糊的 U 形意味着月桂花环。空白的长方形祭奠着各式各样的图画：戴着胸甲的女武神、看起来年轻而高贵的路德维希国王、长有鳞片的盘龙，以及杰内利（Genelli）画的那幅《酒神与阿波罗的缪斯嬉戏》——尼采在把自身思想发展为《悲剧的诞生》一书的过程中，常常想到这幅画。

　　尼采应付不了这样的情绪。恰如他过去在妓院里发现自己被恐惧和痛苦压倒时一样，他逃向了钢琴。他在键盘上即兴弹奏，而科西玛则神色凝重地穿梭于各个房间，监督仆人们收整好特里布申的财物。随意挥洒间，他倾吐着对她和她丈夫那深切的爱意，倾吐着三年中他们共同创造及分享的荣光，倾吐着动人心魄的回忆和对未来的永恒向往。

　　他失去的远不止这些，而一切都在不可挽回地悄然流逝。他说，那感觉就像是行走在未来的废墟当中。科西玛谈及"永恒时代的落幕"。仆人们都涕泪纵横；狗失魂落魄地跟着人走来走去，不肯进食。尼采离开了琴凳，帮助科西玛整理和打包那些不能托付给仆人来弄的珍贵物品——信件、书籍、手稿，以及最重要的东西，即乐谱。

"泪水沉重地悬在空中。啊！这太绝望了！在与特里布申过从甚密的这三年间，我曾到访过23次——这对我的意义何其重大！如果没有这些拜访，如今的我会是什么样？"[1] 在《看哪这人》中，他补充道："我可以轻易放弃我其余的人际关系，却无论如何无法放弃我生命中属于特里布申的那些日子。充满信任、欢愉和崇高时刻的岁月，刻骨铭心……我不清楚别人在瓦格纳的陪伴下会经历什么，但我们的天空中从未有过阴云。"

据说，此后每当他提起特里布申，声音中总会有片刻停顿。

一回到巴塞尔，他就因颈部带状疱疹病倒了，无法撰写第六篇（亦即最后一篇）讲稿。没有新书可供弗里奇出版，而沉默之雾继续笼罩着《悲剧的诞生》。

尼采给他敬爱的老师里奇尔教授写了一封信。他追随这位古典语言学家从波恩大学到莱比锡大学，此刻这位教授的肖像正悬挂在火炉旁的书桌上方。"我说我备感讶异您一定不会见怪吧，我竟没收到您关于我最近出版的那本书的只言片语。"[2] 在这封误判形势的信件的开头，他继续使用了如此幼稚的语气。

里奇尔没有写信，是因为他无法苟同。他认为尼采的这封信暴露了其狂妄。在他看来《悲剧的诞生》不过是巧妙的哗众取宠。在书页的空白处，他写满了诸如"自大狂！""轻佻！""放荡！"之类的感叹。不过，他还是字斟句酌地拼凑了一个回复，不让尼采感到被冒犯地暗示道，这本书与其说是学术的，不如说是业余的；并

1　尼采致卡尔·冯·格斯多夫的信，1872年5月1日。
2　尼采致弗里德里希·里奇尔的信，1872年1月30日。

且，他也不同意将生活的个性化视为某种退步，否则的话就似乎是将自我意识消解为自我遗忘。

另一位父亲般的人物是布克哈特，他的意见也至关重要，可是他的回应同样委婉而含混。如此委婉含混，以至尼采显然相信布克哈特为这本书而震撼、着迷，但事实是，该书的论点、它的不节制、它尖锐的语气，以及它所呈现的状况——从前那位严肃的后苏格拉底学者不过是一个不分青红皂白的事实搜集者——这一切都令布克哈特感到被冒犯。

仍是一片沉寂！"人们已经持续沉默了10个月，因为所有人都认为他们超越了我的书，它不值一提。"[1]

瓦格纳一家离开特里布申还不到一个月，尼采就收到了邀请，要他跟他们一道参加拜罗伊特歌剧院的奠基仪式。事情的进展突飞猛进。科西玛已将特里布申抛诸脑后。在拜罗伊特，她的事业空前繁荣。"似乎我们此前的全部生活不过是在为这一切做准备。"她写道。瓦格纳跪在她的脚边，为她的感情加冕，同时赐予她一个新的名字：拜罗伊特女侯爵。

科西玛向来趋炎附势。他们下榻于幻想曲酒店（Hotel Fantasie），该酒店属于符腾堡亚历山大公爵（Duke Alexander of Württemberg），毗邻着公爵的幻想曲城堡（Schloss Fantasie）的优雅庭院。她的日记开始变得像是《哥达年鉴》[2]，连篇累牍的公爵们、王子们和公主们充斥其中。她自己则集万千宠爱于一身。下层贵族、伯爵和伯爵夫人，用尽一切手段趋附而来。克罗科伯爵（Count Krockow）将自己在非洲猎杀的豹子赠给瓦格纳。巴森海姆伯爵夫人（Countess Bassenheim）为婴儿齐格弗里德绣了一件小衬衫。科西

---

[1] 尼采致埃尔温·罗德的信，1872年10月25日。
[2] Almanach de Gotha，欧洲贵族谱系年鉴。——译注

玛则以女侯爵的优雅接受了每一件贡品。[1]

奠基仪式于 5 月 22 日瓦格纳 59 岁生日当天举行。近千名音乐家、歌手和嘉宾来到拜罗伊特这座小城,这是前所未有的。宾馆、旅店和餐厅的食物、饮料全部告罄。通常的马车服务很快也疲惫不堪。就连消防队和体育俱乐部的零星车辆也被征用进来,帮忙把贵宾们送往青山。天空乌云密布,大雨倾盆而至。很快,马匹和行人就不得不在深及脚踝的褐色油泥中艰难行进。万幸路德维希国王没有出席。

这些日子,国王越来越少露面。他日常习惯于傍晚 7 点在一间点着 60 支蜡烛的小房间里用"早膳",然后乘着饰有天鹅雕花的雪橇,伴着由隐藏起来的音乐家演奏的瓦格纳音乐,滑过月光下的花园。因为在没得到瓦格纳允许的情况下首演《莱茵的黄金》一事,他仍在设法安抚瓦格纳,不过他也确乎发来了一则亲切赞许的短函。按照仪式,瓦格纳把它放在一个珍贵的匣子里,伴着《致敬进行曲》(这曲子是瓦格纳数年前为路德维希国王所做)的演奏,将匣子安置于地基当中。

就像《指环》中的火神罗格三次击打地面以召唤出火与各种宿命的后果,瓦格纳也用锤子三次击打了基石。宣读完祝福,他转身离开,据尼采所说,他双目湿润,面色苍白如死。尼采被赋予莫大的荣耀,和瓦格纳一道乘坐马车回城。

尼采仍在为圣诞期间他送给科西玛那首钢琴二重奏的艺术评价而惴惴不安。然而科西玛和瓦格纳仍然未置一评。他决定把这曲子送给冯·比洛。

此前,当冯·比洛在巴塞尔交给尼采一百法郎,请他转交给丹妮埃拉的时候,这位指挥家曾说《悲剧的诞生》令他印象深刻,他

1　Cosima Wagner, *Diary*, 22 May 1872.

随身携带着它,向所有人推荐。冯·比洛还请求道,他是否可以将自己的下一本书献给尼采呢?面对这样的恭维,年轻的教授怎能不接受呢?当然,这样的交流也许可以令冯·比洛对他创作的那支曲子给出某种程度的赞美,现在,这曲子已被编排为管弦乐,并命名为《曼弗雷德冥想曲》(*Manfred Meditation*)。

最起码,尼采本来指望冯·比洛给出一些专业人士在业余爱好者寻求意见时所惯用的陈词滥调来支持他。然而这位指挥家热衷于幸灾乐祸,他毫不留情地做出了自己的裁决。他在信中说,他毫不掩饰自己不得不对《曼弗雷德冥想曲》进行评判时的尴尬。在他看来,这是"最极端的肆意幻想,是最无趣、最不振奋,也是我长期以来遇到的已经写就的音符中最反音乐的东西……我不禁一遍遍自问:这一切难道都是某种可怕的笑话吗?您是不是想要对所谓的未来音乐做一次拙劣的戏仿?您是否在有意识地表达对所有音调连接规则的蔑视,从最高级的语法到最寻常的拼写?……至于日神的元素,我还没能发现它的蛛丝马迹;而说到酒神,我必须坦率地讲,我从中所能联想到的与其说是酒神,不说说是酒神狂欢后的次日"[1](即宿醉)。

瓦格纳和科西玛都认为冯·比洛实在无须如此残忍,不过他们也并不打算写信去安慰那位亲爱的朋友,因为这可能违背他们对于纯粹真理的虔诚。当科西玛向她的父亲李斯特转述冯·比洛这番话时,白发的老人无奈地摇了摇头,说这一评价确乎极端得令人绝望,但他也同样认为无可稍减。

尼采花了三个月才缓过来。最后,他设法给冯·比洛写了一封信:"好吧,感谢上帝,这就是您要告诉我的。我深知我一定让您很不舒服,为了弥补这一点,请让我告诉您,您对我来说是多么有

---

[1] Walker, *Hans von Bülow*, p. 5.

助益。想想看，我的音乐是自学的，在此过程中我逐渐丧失了所有的规则；我也从未得到过音乐家的评价；而我真的很高兴能以这样一种简单的方式来了解我近段时间创作的特点。"

尼采为自己进入情绪混乱的"危险痴狂境地"的推论寻找借口，将其归结为自己向瓦格纳致敬的冲动，并恳请冯·比洛不要将"这样一种顿悟，这样一种全然乏味的打发时间的方式"归咎于自己对《特里斯坦》的迷恋。"事实上，整件事对我来说是一次颇有教益的经历……我将尝试去接受音乐的治疗；而如果我在您的指导和点拨下，研习您那个版本的贝多芬奏鸣曲，也许我还能继续下去。"[1]

当第一篇关于《悲剧的诞生》的文章刊发时，事情有了转机。尼采的朋友埃尔温·罗德在《北德总汇报》(*Norddeutsche Allgemeine Zeitung*)上发表了一篇对尼采有利的文章。此文很难被称为书评。它只是重复了尼采的观点，即神圣和神秘已被苏格拉底思想的残酷一致性所扼杀的论述，他对于社会主义野蛮人日益猖獗的文化破坏行为的担忧，以及瓦格纳对日耳曼诸神群像的再造是如何为德意志民族的文化复兴打下了坚实的基础。

尼采欣喜若狂。"啊，我最亲爱的朋友，干得漂亮！"他订购了五十份这篇文章的副本，却几乎没工夫去欣赏它。乌尔里希·冯·维拉莫维茨-默伦多尔夫，一位普弗尔塔人、年迈的语言学家，很快完成了一本32页的小册子，讽刺性地命名为《未来语文学！》(*Zukunftsphilologie!*)——对瓦格纳"未来音乐"(*Zukunftsmusik*)的戏仿。该书以阿里斯托芬强有力的引语开篇，借此含蓄地谴责《悲剧的诞生》是娈童的美食，接着又谴责它是一部糟糕的语言学作品，是一篇瓦格纳式的废话。维拉莫维茨提出，应该以"科学的"语言学方法来严格解释过去，而不应选取尼采那种"形而上学

---

[1] 尼采致汉斯·冯·比洛的信，草稿，可能写于1872年10月29日。

者和使徒"的路径。维拉莫维茨坚持这样一种共识,即,希腊人是"永远的孩童、天真无邪、毫无戒心地享受着美丽的光明"。那种认为希腊人需要悲剧的想法是:"一堆垃圾!奇耻大辱!……尼采对荷马的了解还不如一个塞尔维亚人或芬兰人多"。阿波罗和狄俄尼索斯的艺术联盟这一概念,就像尼禄和毕达哥拉斯的联盟一样荒谬。对狄俄尼索斯的狂信并非出于悲剧的意识,而是来自"压榨葡萄,收获美酒,畅饮这令人振奋的新酿"。接着他讨论了古希腊音乐,关于这个主题,维拉莫维茨跟尼采一样站不住脚。他们都不可能知道古希腊音乐听起来究竟是什么样的。他的总结抨击了尼采显而易见的无知、错误,以及欠缺对真理的忠诚。他要求尼采滚下语言学的讲台。

科西玛认为整场争论"不适宜见诸公众",但6月23日瓦格纳很快就在同一家报纸上发表了一封公开信为尼采辩护。他这篇完全可以预见的文章,其中有一个可怕的观点,即,维拉莫维茨写的文章"就像威斯康星州的股市新闻小报",该评论使得整篇文章生动了起来,也无疑为瓦格纳自己的阅读习惯提供了有趣的启示。

尼采受到了来自冯·比洛和维拉莫维茨的两次致命打击。它们加在一起足以毁掉他作为作曲家、古典主义者和语言学家的未来前景,不过,最后那个是最不重要的。毕竟他一直在寻求从语言学中解脱的方法。也许在现存种种对于《悲剧的诞生》的解释当中,这本书可以被解读为一位语言学家的绝命书。

最终,《悲剧的诞生》成了尼采最畅销的作品之一。但是在1872年印刷出版的那800册当中,接下来的六年里只卖出了625册。[1] 他的声誉已受到了损害。新学年开始时,尼采发现只有两名学生选修了他的语言学课程,而他们都不是语言学研习者。

---

[1] William H. Schaberg, *The Nietzsche Canon, A Publication History and Bibliography*, Chicago University Press, 1995, pp. 203-204.

第六章
毒屋

> 疾病给了我改变自己全部生活习惯的权利,它允许并要求我忘却……单单是我的眼睛,就杜绝了我的一切书呆子习惯,简单来说,就是语言学。我从"书本"中解脱了出来……这是迄今为止我对自己最大的恩惠!——那个最低下的自我,由于不得不持续地听命于其他自我而被埋没和噤声(这就叫阅读),慢慢地醒来,尽管害羞而充满疑惑,但它终究又开始说话了。
>
> ——《看哪这人》,《人性的,太人性的》第 4 节

1872 年秋,瓦格纳邀请尼采前往拜罗伊特去庆祝圣诞节和科西玛的生日,就像过去他们在特里布申常常做的那样。尼采却谢绝了,他无法面对没有一个语言学学生选修下学期课程的奇耻大辱。他选择回到瑙姆堡的家中度假,在这里,弗兰齐斯卡和伊丽莎白不会把《悲剧的诞生》视为失败,同样,她们也不会提及他无法创作出一首像样的乐曲,无法完成关于教育的系列讲座,抑或是无法吸引两名以上的学生来参加他在大学里的新年课程。

他花了很多时间劳心费力地准备着送给科西玛的圣诞暨生日礼物。尽管如此,礼物还是迟到了。当她发现这不是一个音乐作品而是一份文学手稿时,不禁松了一口气,即便这篇文章的标题颇不起

眼：《未书之书的五则序言》（*Five Prefaces to Unwritten Books*）。第一则《论真理的悲怆》（"Über das Pathos der Wahrheit"）采取了寓言的形式：某个星球上居住着聪明的动物，它们发现了真理。星球终结时，这些动物也随之死亡。它们死时诅咒着真理，因为它向它们揭示了过去所具备的知识的虚假性，而一旦人类发现真理，他就同样会意识到这一点。

第二则序言论述了德国教育的未来。第三则是对希腊城邦及其建立在奴隶制基础上所引发的问题的极度悲观的反思。尼采问道，我们19世纪铁器时代的文明不也是建立在奴隶制之上的吗？奴隶阶级的必要性这一可怕的事实，莫非就是那只永远啃噬着普罗米修斯式的文化制造者肝脏的秃鹰？

第四则序言涉及了叔本华与当代文化的关联。第五则是关于荷马的战争报告文学。整个1月份，他都在徒劳地等待着些许评价，或至少一点确认。

如果说科西玛的沉默伤害了尼采，那么他不知道自己选择在别处过圣诞节，给瓦格纳带来了何等的伤害和失望。自从搬到拜罗伊特，瓦格纳曾两次致信尼采，一次在6月，一次在10月，这些充满深情的信件实际上已将尼采奉为自己的儿子。由于他的年纪（瓦格纳已年届六十），他跟自己的儿子齐格弗里德的关系更像是祖父而非父亲。尼采则务必成为其间的代际纽带，成为其中一人之子，并成为另一人之父。

瓦格纳和科西玛在没有他陪伴的情况下度过了一个可怕的圣诞季。财务状况再次崩溃，这使得部分建成的歌剧院在崩塌边缘摇摇欲坠。他们感到已被路德维希国王所抛弃，这位国王现在已完全从人们的视野里消失，他为他那梦幻般的宫殿订购了更多奢华的装饰品，并通过他最宠信的侍从官与大臣们处理国事。瓦格纳怀疑正是这位侍从官切断了他与国王的联系。而尼采拒绝和他们一起过圣诞节的举动，也加剧了国王离他而去的孤立感。这被视为背弃和不忠，并将被深深地铭记于心。

瓦格纳本打算在圣诞节期间向尼采提议，请他以编辑和撰稿人的身份创办某种期刊、杂志或者报纸（他想发表多少文章都可以，这肯定会令他高兴），借此延续拜罗伊特的气数。这份出版物的目的是宣传拜罗伊特并为其募集资金。谁承想，尼采教授却只是寄来了为五本永远不会写下的书而做的五则随性而为、毫无意义的序言，它们与瓦格纳及其所面临的问题毫无关系。"它们无法令我们振作。"科西玛在日记中尖酸地指出，日记还记录了这个伴随着痛苦、焦虑和疾病的假期是何其悲哀，以致她和瓦格纳婚后第一次发现他俩在为狗是否太脏而不能进屋争吵。夜复一夜，瓦格纳被一系列可怕的噩梦折磨着。当他惊醒时，他只能想一想尼采来令自己平静。可尼采只把自己视为大师的门徒。他对大师寄望于他的真正需求一无所知，也全然不懂得瓦格纳和科西玛已把他的缺席视为背叛。2月12日，当科西玛终于寄来一封信提及他们之间的裂痕时，尼采震惊不已：他甚至从来没往这方面怀疑过。

出于补偿，他开始写一本书，打算在五月瓦格纳60岁生日时献给他。这肯定能弥合伤口。但在那之前，他接到了跟他们共度复活节的召唤。这一次他聪明地遵命了，臂弯里夹着《希腊悲剧时代的哲学》（*Die Philosophie im tragischen Zeitalter der Griechen*）一书，并带上了他的朋友，现在已经是基尔大学教授的埃尔温·罗德。

科西玛最初那种对于招待两位教授的喜悦很快就消退了。罗德固然是尼采可靠的好友，却并不是个讨喜的人。他的出现未能缓解拜罗伊特的阴郁。最要命的是，尼采坚持连续数晚都朗读他自己的作品，并留下长时间的停顿供大家进行深思熟虑的讨论。瓦格纳发现自己无聊得要命，而当尼采受雷雨启发提出为他们演奏自己最新的曲作时，他更加恼火了。"我们对我们这位朋友的音乐创作消遣有点厌烦，而 R（罗德）还大谈特谈音乐的转折。"[1] 科西玛冷冷地记录道。而在尼采这一方面，他对瓦格纳认为他和罗德应该成为拜罗伊特的报纸宣传员的提议毫无兴趣。考虑到尼采曾写过很多文章对报纸文化大加讽刺，这个建议不啻一种侮辱。

无疑，特里布申时期是尼采一生中最志得意满的岁月。在他前途无量的教授生涯的最初几年里，他往返于巴塞尔的教室和大师的圣殿，这种稳定的节奏给了他一段阳光灿烂的健康时光，这是他此前从未享受过的，此后也不会再有了。然而，他和罗德在拜罗伊特度过的那个百无聊赖的复活节假期，并没能重拾哪怕一丝过去那闪闪发光的日子的余晖。它不过是一种空洞的嘲弄，一种可悲的仿像。

一回到巴塞尔，他的身体就垮了。起初，眼睛和头部的疼痛仅仅是妨碍他遵循其晚间习惯坐下来阅读，并在他那本红色皮革封面的笔记本上写下讲义，然而，随着时间的推移，疼痛的强度和持久度愈演愈烈。一个月后，他发现自己已无法勉力胜任这样的工作。他的大夫建议他让眼睛彻底休息。

光线令人痛苦。大部分时候他都坐在一个漆黑的房间，窗帘紧闭。有时，他会冒险出门，打着遮阳伞，戴着厚厚的绿色镜片眼镜，前额上挂着绿色喙状面罩，以保护自己免遭光线伤害。他的巴塞尔同事们如同柏拉图意义上的影子一样从他的洞穴前走过。对他们来说这情形倒挺便利。他们可以装作没有看见这位问题重重的教授，不去理会他。

他是个尴尬的存在。其名声之坏，甚至损及大学的声誉。波恩大学的一位语言学教授曾告诉他的学生，尼采是文化的敌人，是狡

---

[1] Cosima Wagner, *Diary*, 11 April 1873.

猾的欺世盗名之徒，而《悲剧的诞生》则是一派胡言，一无是处。[1]

尼采当时租住于战壕街（Schützengraben）45号。这幢房子的其余房间被租给了弗朗茨·奥弗贝克[2]，巴塞尔大学新近聘请的《新约》和教会史教授，他正在写作自己的第一本著作《论当今神学的基督教特质》（*On the Christian Quality of Theology Today*），还有一位海因里希·罗蒙德（Heinrich Romundt），他正在写作关于康德《纯粹理性批判》的博士论文。在往返于大学的途中，这三位雄心勃勃的年轻学者常常会在一家名为"毒屋"（*Das Gifthüttli*）的酒吧逗留。这家酒吧因其位于一座废弃砷矿的遗址上而得名。三人欣然援引这个出格的名字来命名自己的居所。但在尼采的健康恢复之前，改革社会的计划必须暂时搁置。

他召唤来他的妹妹伊丽莎白，请她照顾他并料理家务。陪伴他度过舒尔普弗尔塔岁月的老友卡尔·冯·格斯多夫则提供了秘书服务。冯·格斯多夫从西西里来到巴塞尔，他在那里染上了疟疾，不过他的眼睛没有任何问题。他会为尼采朗读讲座所需的材料，尼采则会记下他想要引用的文本，使之了然于心。这个过程给冯·格斯多夫留下了一种印象，即，遭到压制的生理视觉为尼采带来了更为清晰的内在聚焦力。这项工作之艰辛磨炼了尼采的选材和表达，使其口齿更加清晰、雄辩和专注。[3]尼采表示赞同："疾病给了我改变自己全部生活习惯的权利，它允许并要求我忘却……单单是我的眼睛，就杜绝了我的一切书呆子习惯，简单来说，就是语言学。我从'书本'中解脱了出来……这是迄今为止我对自己最大的恩惠！——那个最低下的自我，由于不得不持续地听命于其他自我而

---

1 赫尔曼·卡尔·乌泽纳教授（Professor Hermann Carl Usener），神学家和古典语言学家，在波恩大学接替了弗里德里希·里奇尔的教席。
2 弗朗茨·奥弗贝克（Franz Overbeck, 1837—1905）。
3 卡尔·冯·格斯多夫致埃尔温·罗德的信，1873年5月24日。

被埋没和噤声（这就叫阅读），慢慢地醒来，尽管是害羞而充满疑惑地，但它终究又开始说话了。"[1]

这套方法固然管用，却无法阻止日益加剧的疼痛。他的眼科医生席斯教授（Professor Schiess）开了阿托品（致命的茄属植物）眼药水来放松其眼部肌肉。由于瞳孔放大了一倍，他完全无法聚焦。世界变得混沌一片。他更加依赖冯·格斯多夫，而后者说，尼采眼中那两汪幽幽闪耀的黑潭令他看起来相当可怖。

有了伊丽莎白掌管家务，冯·格斯多夫充当书记员，尼采就可以体验知识性的自由而不必忍受隐修智者那骇人的孤独。当他那无法聚焦的双眼游弋于更为广阔的地平线上时，为瓦格纳生日而写的书很快被抛诸往昔。他开始埋头罗列清单。他想要写一整个系列的《不合时宜的沉思》（*Unzeitgemässe Betrachtungen*）。它们将阐述他对于现代世界中文化本质的总体思考，尤其是对德意志帝国的看法。"不合时宜"在英语中是一个微不足道的词汇，但对尼采而言，*unzeitgemässe* 是一个伟大的字眼。它意味着站在时间的进退之外：不拘于当前的时尚，也超脱于历史的牵制。他将其定义为：坚定地植根于自身力量，真理追寻者的目光始终超越一切暂时之物。他把自己（一个不合时宜者）打算写的主题列了一个单子。他每年将发表两篇沉思，直到清单上的主题全数完成。他不断增删着主题，不过，稳定的核心主题包括：

大卫·施特劳斯
历史
阅读与写作
为期一年的志愿者

---

[1] *Ecce Homo*, 'Human, All Too Human', Section 4.

第六章 毒屋

瓦格纳
中学和大学
基督教的性格
绝对的教师
哲学家
人民与文化
古典语言学
报纸的奴隶

《不合时宜的沉思》中第一个要写的是"大卫·施特劳斯，忏悔者和写作者"。大卫·施特劳斯是一位神学家和康德哲学家，40年前他的两卷本著作《耶稣的一生》（［*The Life of Jesus*］*Das Leben Jesus*）取得了巨大的成功，据称是对耶稣基督作为一位历史人物的"科学"调查。该书是一桩丑闻，引起了轩然大波。它由乔治·艾略特（George Eliot）翻译成英文（尼采乐于假装将其当作英国人的典型：性向古怪而智力低下）。沙夫茨伯里伯爵（Earl of Shaftersbury）将它斥为有史以来从地狱的血盆大口中吐出的最邪恶的书。当年尼采在普弗尔塔求学期间读到施特劳斯这本书时，曾写信给他的妹妹说，如果要他相信耶稣是一个历史人物，那他将毫无兴趣，但将其作为一名道德导师，那是另一回事，值得深究。

此时的施特劳斯已年近七旬。他最近又出版了一本续作《旧信仰与新信仰》（［*The Old and the New Faith*］*Der alte und der neue Glaube*），再次大为畅销。该书迎合了当时的某种情绪，以近乎狂热的乐观率先提出了这样的观点：作为一种新型的理性主义基督徒，在现代世界中是可能存在的，此处有一个根本矛盾（如果确曾有过理性主义基督徒的话）——它在理性或信仰的定义中就不可能存在。正如尼采所言：倘若一个人打破了那个基本观念，即对上帝的信仰,那么,他就打破了一切。信仰的革命需要道德的革命,这似乎是施特劳斯没能得到的结果,而尼采显然乐在其中,他尖刻地称之为他的"德国庸人的便携式神谕"[1]。

他把手稿寄给了出版商,之后就出发跟罗蒙德和冯·格斯多夫一道前往库尔(Chur)度暑假。这是位于瑞士阿尔卑斯山上的一处度假胜地,以疗养湖水浴和其他"疗法"著称。三个朋友每天徒步四五个小时,尼采戴着绿色眼镜和带檐遮阳帽。清凉的空气令他们思维敏锐。他们的旅馆下面几百米处闪耀着一个美丽的小湖——考马湖(Caumasee)。"我们在一只大青蛙持续的呱呱声中穿衣脱衣。"冯·格斯多夫记录道。游完泳,三个朋友会四仰八叉地躺在天鹅绒般的苔藓和落叶松的针叶上,这时朋友们会为尼采朗读普鲁塔克(Plutarch)、歌德和瓦格纳的作品。

罗德和冯·格斯多夫曾代表尼采非常仔细地阅读了《不合时宜的沉思》的校样,然而在8月初收到第一批样书时,他们羞愧地发现,书中充满了拼写和印刷错误,而尼采也曾因几乎同样的错误批评过施特劳斯的作品。

但无论如何,这部作品样书的到来都值得一个庄严隆重的庆典。他们带着一瓶红酒来到湖岸,在一块岩石的斜面上庄重地刻下"U. B. I. F. N. 8/8 1873"的字样(《不合时宜的沉思》卷Ⅰ. 弗里德里希·尼采,1873年8月8日)。接着他们甩掉衣物,游到湖心岛上,找到另一块岩石,在上面刻下他们姓名的首字母。然后又游回岸边,在第一块岩石上奠酒,并宣称:"我们以此纪念反施特劳斯者。现在让敌人进军吧!送他们去见阎王!"[2]

次年2月,施特劳斯去世了。尼采在日记中对此做了记录。他的良心刺痛不已,认为是自己的野蛮攻击加速了这位同行学者的死

---

[1] *Untimely Meditations*, 'David Strauss', Section 8.
[2] 冯·格斯多夫致埃尔温·罗德的信,1873年5月24日。

亡，但朋友们向他保证，那本书并没有给施特劳斯生命的最后几个月蒙上阴影。他们还向他保证，施特劳斯甚至不知道这本书。这不是真的。施特劳斯早就知道了。他的确曾感到困惑，但发现没必要为此沮丧：世人对他的畅销书的关注，远超这位名叫弗里德里希·尼采的无名小卒那牛虻般的叮咬。

尼采于秋季学期回到巴塞尔时，身体状况并没有任何改善。他仍然无法自主读写。10月中旬，瓦格纳请求他针对德意志民族写一份动员令。拜罗伊特急需更多资金。尼采深感难以胜任，于是口述了一封信给埃尔温·罗德，让他以"拿破仑式风格"替自己写。尼采写给罗德的信既戏谑又讽刺。信中取笑了瓦格纳，他现在认定自己是某个蓄意破坏拜罗伊特的共产主义阴谋的受害者。瓦格纳相信，这一阴谋的早期行动是共产主义者试图接管弗里奇的出版社，以期封杀他自己和尼采的作品。

"你那颗男子汉的心脏是不是在肋骨间剧烈跳动？"尼采在给罗德的信中写道，"经过这类事件之后，我再也不敢在这封信上署名了……仅仅是考虑到炸弹和反炸弹，我们也只能签署化名，并戴上假胡子……"[1]

罗德拒绝代写这一动员令，于是尼采不得不口述它。他的决心如此之大，以至在1873年10月15日他29岁生日这天，他依然在为之努力。他为大师10月31日的计划准备好了这个小册子，时间还很充裕。10月31日是宗教改革日，整个德国的路德教会都会为之庆祝。它纪念的是马丁·路德把他的95条论纲钉在教堂门上的那一天。对瓦格纳来说，在这意义重大的日子里发布他的文化呼吁是生死攸关之事，届时，他的呼吁将传达给全德国乃至全世界瓦格纳协会的所有代表。

---

[1] 尼采致埃尔温·罗德的信，巴塞尔，1873年10月18日。

尼采写的呼吁令大师高兴，然而，当瓦格纳把它传达给瓦格纳协会时，他们发觉尼采的宣传册是如此虚张声势，如此缺乏技巧，并且如此充满挑衅，所以他们立刻拒绝了它，并自行创作了一个较为温和的版本。尼采这一版从未面世。

瓦格纳的热切回应激励着尼采独自去进行一次小小的冒险。他仍然得谨慎地涉足这个世界，以绿色防护隔离光线，不过他甘冒火车旅行的风险，与大师一道参加宗教改革日的庆典。

这实在很像从前的时光。在极为愉快的晚餐期间，尼采为他们讲了共产主义者对弗里奇出版社做出威胁的真实故事。

罗莎莉·尼尔森（Rosalie Nielsen），一位疯狂而富有的寡妇、马志尼的政治同道，同时也是一位奇丑无比的女士，她读到《悲剧的诞生》后，心中燃起了对作者的强烈感情，这驱使着她前往巴塞尔，出现在了尼采的面前。令他大为惊恐的是，她竟声称自己是狄俄尼索斯信徒的仆人。他撵她走，她威胁着不肯离去。不过她最终还是被劝说回到了莱比锡，在这里，她决定全盘买下弗里奇的出版社，大概是为了拥有和完全控制她的英雄的作品，这个计划本身就够可怕了，但在发现她与马克思主义国际组织关系密切之后，事情达到了恐怖的程度，后者现在声称，尼采在政治上是他们当中的一员。

瓦格纳听了这个故事，笑得比他这一整年加起来还要久，还要发自肺腑。在尼采给他讲完这个故事的好几天后，他还会吃吃地笑着摇头。

回到巴塞尔后，尼采写了第二篇《不合时宜的沉思》——《论历史对生活的作用和弊端》（1874）。在谈及历史和历史学（对历史的书写）与生活和文化的关系时，文章指出，德国人对过去的沉迷恰是出于对当下的无能为力。

这篇文章区分了历史的三种用途：旨在保存过去的考古、旨在复制过去的纪念，以及旨在解放当下的批判。此三者必须保持某种微妙的平衡，才能达到超历史的境界：朝着永远有效的过往范例的方向前行，却又能为了当前的利益而刻意忘掉过去。如此，方能实现他所说的历史的"卫生"。

尼采一直在潜心研究最新的科学书籍，如彗星的性质、化学和物理学的历史与发展，运动和能量的一般理论，以及空间的结构等。[1] 这些书籍使得他重新弹起了此前写作关于大卫·施特劳斯的《不合时宜的沉思》时的老调子：对科学和宗教这一重大问题喋喋不休，并痛斥与他同时代的神学家调和此二者的企图，因为这破坏了他们所宣称的信仰。这是那个时代最重大的问题之一，也是他毕生都在回应的问题。

他杜撰出一个新词来描述科学的影响：*Begriffsbeben*（"观念地震"）。"科学引起的观念地震剥夺了人类休憩与安全的基础，剥夺了人类对于持久和永恒的信念，这样一来，生命本身便会坍塌，变得软弱而恐惧。究竟是生命主宰着知识和科学，抑或是知识主宰着生命？"[2] 可以肯定的是，人类在科学真理的阳光中攀上了天堂，或者说他以为自己攀上了天堂，然而，科学天堂和它的宗教版本一样不如说是一个必要的谎言。永恒真理既不属于科学，也不属于宗教。每一项新的科学发现都有一种习惯，那就是将过去的永恒科学真理揭露为某种虚构。随着蜘蛛网的细丝被拉长，被扭曲，乃至被全然撕裂，真理也被拉扯成了一种新的形状。

文章最后以"给年轻人的忠告"作结。为了治愈他们的历史弊

---

[1] Johann Karl Friedrich Zöllner, *Natur der Kometen*, 1870; Hermann Kopp, *Geschichte der Chemie*, 1834—1837; Johann Heinrich Mädler, *Der Wunderbau des Weltalls*, 1861; Afrikan Spir, *Denken und Wirklichkeit*, 1873.

[2] *Untimely Mediations*, 'On the Uses and Disadvantages of History for Life', Section 10.

病，他不出所料地推荐了古希腊人厘清混乱的方法——遵循德尔斐神谕的建议来将混乱组织化：成为你之所是。

他把第一批印刷本寄给了他最看重的批评家。雅各布·布克哈特一如既往地用谦虚来回避有意义的批评：他那冥顽不灵的脑袋瓜可从来没有如此深刻地思考过历史科学的终极基础、目标和欲求。

埃尔温·罗德则给出了最具建设性的回应，他指出，思想本身相当绝妙，然而，尼采必须审视自己的风格，令它不那么武断固执，并且还应注意其论述的结构需要更为充分，并寻求历史例证的支持，而不是由着每一种观点单独地冲击头脑，然后让困惑的读者自己去建立联系。

瓦格纳将这本小册子转给了科西玛，并评价说，尼采还很不成熟："它缺乏可塑性，因为他从不引用历史事例，而且书中有很多重复，缺乏真正的计划。我不知道我能把它推荐给谁去阅读，因为没有人能跟得上它。"[1] 他把写回应的任务留给了科西玛。典型地，她的回复毫不委婉，也不考虑作者的感受。她告诉他，这本书只能吸引小众，而她提出的文体上的批评则让他怒不可遏。

尼采变得郁郁寡欢。关于施特劳斯的沉思得到了一些评论，原因跟它的"不合时宜"南辕北辙：它之所以受到关注，恰恰因为它是一个时髦的话题。而对历史的沉思则没有时髦的吸引力。巨大的销量本就不在预期之中，也确实没有发生。他的出版商一想到要继续这个系列就皱起了眉头。

1874年2月是他母亲48岁的生日。尼采例行的祝福问候却很难令人愉快。他告诉她，不要像她那受尊敬的儿子一样过早地陷入苦恼，并继续自怨自艾地把自己的人生比作一只苍蝇："目标遥不可及，而即使达成了目标，也往往在漫长的探索和斗争中消耗殆

---

1 Cosima Wagner, *Diary*, 4 April 1874.

尽。他筋疲力尽地抵达了自由，就像一只苍蝇在它生命最后一天的傍晚。"[1]

瓦格纳认为是时候让尼采振作起来了。他应该要么结婚，要么写一部歌剧。无疑，后一种选择是可怕的，这部歌剧将永远无法上演。不过谁在乎呢？如果那位妻子足够富有，这就根本不算什么问题。[2] 尼采必须进入这个世界，他必须抛开他为自己营造的小宫廷，抛开奉承着他的有用的聪明人的圈子，抛开他那位随时待命的可敬可爱的妹妹兼女王兼伴侣兼管家。再平衡一下就好了。可惜冯·格斯多夫是个男人，不然尼采可以跟他结婚。瓦格纳和科西玛就尼采与他的男性朋友们的关系强度得出了某种可能性的结论。对这类事情他们很宽容。他们并不介意，也不明白为什么这一情况会妨碍他结婚。

>……啊，我的上帝，你们中间为什么只能有格斯多夫这么一个爷们儿？赶紧娶个有钱的太太！然后你就可以去旅行，去充实自己……去创作你的歌剧……撒旦究竟是搭错了哪根筋才把你仅仅造就成一个教书匠！[3]

这是瓦格纳最强硬的状态。对于将自己描述为一只日薄西山、精疲力竭的苍蝇的人来说，他太强硬了。尼采可吃不消。他告诉瓦格纳，夏天他肯定不会前往拜罗伊特。他打算在瑞士某座遗世独立的高山上的清幽空气中避暑，同时构思下一则《沉思》。

瓦格纳认为这是个坏主意。他坚称，整个夏季，尼采在拜罗伊特的在场将是无价的。路德维希国王终于发现自己被那个难以忍受

---

[1] 尼采致冯·格斯多夫的信，1874 年 4 月 1 日。
[2] Cosima Wagner, *Diary*, 4 April 1874.
[3] 理查德·瓦格纳致尼采的信，1874 年 4 月 6 日。

的想法折磨着,即,他将无法看到符合大师崇高愿景的《指环》上演,所以他追加了十万塔勒的贷款。尼采要做的事还有很多很多。

就像沃坦的沃尔哈拉神殿一样,歌剧院由石头一块一块垒成。这个夏天将用于面试选拔歌手和乐手、搭建舞台布景,以及发明机械装置——女武神得飞在空中,莱茵仙子们得游在水里,而龙得喷出火来却又不能烧毁房屋。

瓦格纳怎会如此麻木不仁,竟以为他脆弱的健康状况能承受这样一个喧嚣的夏天?他的头脑可怎么受得了?再说了,他确实想多听听关于婚姻的唠叨,而他的母亲绝不会放弃这个话题。

第七章

观念地震

> 实在是不可思议，在这个人身上，两个灵魂就这样简单地比邻而居。一方面是教育背景良好的科学研究中最严格的方法……另一方面则是天马行空的狂想、过分的聪明、对莫名其妙的瓦格纳-叔本华主义的过度痴迷、艺术神秘主义的宗教狂热。
> ——1873年2月2日，威廉·里奇尔教授这样向巴塞尔大学理事会主席威廉·菲舍尔-比尔芬格评价尼采

尼采很快就将30岁，他所拥有的仅仅是一些鲜为人知的作品和一个逐渐褪去的语言学奇才的光环。这样的成就实在很难与耶稣基督相提并论，后者在30岁时正着手进行为期三年的传道，这次传道将震撼世界。尼采的父亲死于36岁，他过去一直认为自己会在同样的年龄死去，不过，现在他怀疑自己是否能够活那么久。死亡摇撼着堡垒的城墙；机器正在崩坏。健康危机与"疗愈"交替出现，而两者都会导致可怕的抽搐反应和呕血。有好几次，他都以为最后的时刻已经降临。有时他发现自己渴望着死亡。

那时的医学理论与宗教理论一样，在巫医迷信和科学思想之间摇摆不定。那些杰出的医生诊断尼采患有慢性胃黏膜炎，并伴有体内血液量异常，从而导致胃扩张和血管充血，进而造成头部供血不

足。疗法除了水蛭、拔火罐和西班牙苍蝇之外,还有一些靠不太住的时髦方式,如卡尔斯巴德盐疗、电疗、水疗、大剂量的奎宁和一种名为"霍伦斯坦溶剂"(Höllenstein solution)的神奇新药。尼采感到,它们当中没有任何一种有一丁点用处。

用他自己的话说,他加入了来自世界各地萎靡不振、神经衰弱的人,他们在一个又一个水疗中心之间穿梭。他如饥似渴地阅读医学和生理学方面的文献,尽管他尝试了所有的灵丹妙药,其中没有一个对他有效,但这仍然是他暂时停止其分析严谨性的唯一领域。他像一个相信占星术的报纸读者一样轻信。但在内心深处他明白:"我们这样的人……永远不会只受肉身的痛苦——苦难与精神危机深深纠缠在一起——所以我不知道药物和药箱究竟要怎样才能令我好起来。"[1]

对他的健康最糟糕的影响很可能来自时人推崇的胃病专家约瑟夫·威尔博士(Dr Josef Wiel),尼采曾在1875年的夏天前往他位于施泰纳巴德(Steinabad)的诊所就诊。这位医生给尼采开了常规的灌肠剂和水蛭,但真正新颖的是威尔的"奇迹"食谱:肉,并且只吃肉,一日四次。威尔甚至给他上了烹饪课,以便在离开诊所之后,他还能继续遵循这样单调的饮食。

回到巴塞尔继续工作后,尼采召来伊丽莎白照顾他。每当伊丽莎白离开母亲身边,弗兰齐斯卡都会对两个孩子大发牢骚,让他们深感自己不孝,万分负疚。后来,尼采就将这种感受命名为"锁链病",这是他感到母亲或妹妹在猛拽他的锁链。

伊丽莎白逃离乏味的瑙姆堡,前去照顾她的兄长并加入他的朋友圈,此事令弗兰齐斯卡充满妒意。然而,她儿子的健康状况如此之差,令她别无选择,只能让伊丽莎白在1870年照顾他四个月,

---

[1] 尼采致玛尔维达·冯·迈森布格(Malwida von Meysenbug)的信,1875年8月11日。

第七章 观念地震

1871年照顾他六个月，1872和1873年分别照顾数月，1874年的夏季也是如此。终于，1875年8月，兄妹俩在斯帕伦托路（Spalentorweg）48号租了一套公寓一起住下，紧挨着"毒屋"，离仍然住在那里的罗蒙德和奥弗贝克仅仅咫尺之遥。

有关尼采的作品中往往出现这样的句子"兄妹俩过分亲密"或是"兄妹情太深"，这些描述是在为哗众取宠的文学骗局之猖獗添砖加瓦。

直到2000年，在1951年初版的近50年后，也是尼采逝世整整一个世纪后，一本据称是尼采写的书《我和我妹妹》仍在重印。"在满屋子没有男人的女性中长大的男孩"，该书的广告写道。"尼采和他妹妹之间被压抑了50年的古怪关系，终于在这位哲学家的自白中得以吐露。这是一个声名卓著的哥哥和一个野心勃勃的妹妹的故事，他们自幼就有肉体之爱，成年后依然如此——而其他所有男性和女性都被排除在外。读者只消略读几页这本令人窒息的书，就会明白为什么它被迫尘封至今。这位19世纪最伟大的哲学家，以可怕的诚挚讲述了他如何逐渐陷入一个极其危险的爱情陷阱，这个陷阱令他无法结婚，并导致他妹妹唯一的丈夫自杀。《我和我妹妹》成书于耶拿的一家精神病院。毫无疑问，这是他针对其家人的精心策划的报复，因为他们拒绝让他发布一份更早且更温和的自白书——《看哪这人》，该书直到他死后10年才得以问世。《我和我妹妹》不得不等待50年以上，因为必须等这出伟大戏剧中所有演员全数离世，才能公之于众。"

这是一个从开头就令人作呕的故事，在他们的弟弟约瑟夫死去的那个夜晚，伊丽莎白爬到他的床上，发生了第一次"她那胖乎乎的手指的施为"。有鉴于当时伊丽莎白年仅两岁，而尼采也不过4岁，逻辑和理性一开始就被抛到了九霄云外。然而，一旦丑闻传开，良好的判断力就往往会被轰动效应所压制。大学者沃尔特·考夫曼（Walter Kaufmann）以高超的语言学技巧解析了这本书，但直到多年后，该书才被揭穿为伪作——它是造假者和惯犯塞缪尔·罗斯[1]笔耕不辍的产物。罗斯的匿名或假名出版物包括《查泰莱夫人的丈夫》（1931）、《弗兰克·哈里斯的私生活》（1931）、《布玛拉普：一个处男的故事》（1947）、《我曾是希特勒的医生》（1951），以及《儿时的玛丽莲·梦露遭到其精神病学家朋友的侵犯》（1962）。

罗斯还曾在未经允许的情况下，为同时代作家的色情描写段落写过几篇短命的情色评论。这令当时的作家们狂怒不已，最终导致了一场由 167 人联名的抗议，其中包括罗伯特·布里奇斯（Robert Bridges）、阿尔伯特·爱因斯坦（Albert Einstein）、T. S. 艾略特、霭理士（Havelock Ellis）、安德烈·纪德（André Gide）、克努特·汉姆生（Knut Hamsun）、欧内斯特·海明威（Ernet Hemingway）、胡戈·冯·霍夫曼斯塔尔（Hugo von Hofmannsthal）、詹姆斯·乔伊斯（James Joyce）、D. H. 劳伦斯（D. H. Lawrence）、托马斯·曼（Thomas Mann）、安德烈·莫鲁瓦（André Maurois）、肖恩·奥凯西（Sean O'Casey）、路易吉·皮兰德娄（Luigi Pirandello）、伯特兰·罗素（Bertrand Russell）、阿瑟·西蒙斯（Arthur Symons）、保罗·瓦莱里（Paul Valéry）和威廉·巴特勒·叶芝（William Butler Yeats）。[2]

《我和我妹妹》仍能买到。封面上的作者署名依然是弗里德里希·尼采，却没有提及真正的作者塞缪尔·罗斯。即便是在今天，在购买了这本书之后，仍然需要一定程度的调查才能得出真相。

---

[1] 塞缪尔·罗斯（Samuel Roth, 1893—1974），被定罪的色情写手、作者和出版商。
[2] 关于沃尔特·考夫曼的说明，参见 Walter Kaufman, 'Nietzsche and the Seven Sirens', *Partisan Review*, May/June 1952.

第七章 观念地震

伊丽莎白是一个聪明伶俐的姑娘。弗兰齐斯卡批评她过分聪明了，就像她兄长一样。伊丽莎白的性别、成长和她的母亲是其一生的悲剧。

假使她生而为男性，情况就会大不一样，然而直到 19 世纪末，才出现女子文理中学。尼采在普弗尔塔的求学生涯里，漫游于思想的世界，严格地追寻着真理和自我，而与此同时在瑙姆堡，帕拉斯基小姐（Fräulein Paraski）的女子学校则正忙于向伊丽莎白灌输截然相反的思想。帕拉斯基小姐的工作是覆盖掉一个女孩的个性，代之以某种人造的特质，把她塞进一个完美适婚少女的糖衣当中，变成任由丈夫支配其未来并打上印记的一张白纸。当时的一本辞典给出了 *Frau*（女人）的定义："女人是男人的补充。二者的结合是人类神性的明确例证。他是榆树，她是藤蔓；他向上生长，充满力量和汁液；她娇嫩，芬芳，有内在的光芒，并且容易弯折……"[1]

一个聪明的瑙姆堡少女倘若想要捕获一个丈夫，就必须装成稀里糊涂的浅薄之辈。女孩子过分聪明可不是什么好事。伊丽莎白终其一生都在伪装自己。事实上，这个传统对她很相宜。她那位聪明的哥哥为她提供了无数自我教育的机会，但她从来不曾好好利用。因为那实在是太不舒适，太烦人，太不女性了，而最重要的是，它涉及了太多对她自己行为的责任。甚至在 70 多岁的时候，她仍然被描述为"内心深处是个少女，像 17 岁的人那样对一切充满热情……对她而言，民主是胡言乱语……对智识要求抱持着强硬抵制的决心……全然缺乏其兄长的敏感性，热衷于向伯爵夫人和贵族行屈膝礼……她恰恰就是她兄长所反对的一切的化身"[2]。

---

1 Herlossohn, *Damen-Conversations-Lexikon (1834—8)*，转引自 Carol Diethe, *Nietzsche's Sister and the Will to Power*, University of Illinois Press, 2003.
2 Count Harry Kessler, *Diaries*, 23 February 1919, in Charles Kessler (ed. and trans.), *Berlin in Light, The Diaries of Harry Kessler, 1918—1937*, Grove Press, NY, 1971, p. 74.

埃德穆特奶奶没有赋予他们的母亲弗兰齐斯卡任何成年人的角色，没有责任，没有任何必须是或成为的身份，而仅仅是遵循一种虔诚的习惯，即在自由意志的问题上，认为自己像孩子一样无助。凡临到我的，无论是善是恶，都是天父的旨意。而仅次于上帝的，则是男性。尼采家的三代女性都异乎寻常地任性和固执，然而她们都拥有一种极度纯洁的良知，认为自己是教会和父权制的"好孩子"。

尼采深知他的羊驼是一位聪明的女性，他也待她如此。在这一点上，尼采不同于他所在的时代。终其一生，他都珍视聪明的女性，与她们建立了亲密而持久的友谊。他只会爱上聪明女人——从科西玛开始。他从不喜欢无知又偏激的女人。

尼采始终将伊丽莎白作为有思想的个体来对待，并试图鼓励她独力思考。他尝试着让她成为一个文笔清晰的作家："要是她能学着写得更好该多好！当叙述某件事时，她必须学会省掉那些'啊'和'哦'。"[1] 他为她开列读书清单，鼓励她提升思想水平，（徒劳地）建议她学习语言。他想让她作为 *Hörerin* 即旁听者参加大学的讲座，这是女性进入大讲堂的唯一途径。

弗兰齐斯卡坚决反对任何此类做法。如果伊丽莎白要成为一个家庭饰品，她就必须避免任何独立思想和行动。她必须在瑙姆堡为她的母亲操持家务，参加茶会，在主日学校教书，并在为贫民子弟开设的织补学校里做针线活。

就算有接受正规教育的机会，伊丽莎白也很有可能不会抓住它。终其一生，她都享受着自己心目中的女性特质，积极地扮演着无助、无知的女性角色，并意识到该角色是如何令她免于为自己的行为和信仰承担最终的责任。当她还是个女学生时，尼采从普弗尔

---

[1] Diethe, *Nietzsche's Sister and the Will to Power*, p. 20.

塔写信给她，忏悔自己的宗教怀疑，并迫使她对自己的观念进行考察，那时她已逃避面对问题："鉴于我无法忘却自己大羊驼的天性，我完全稀里糊涂，宁愿不去想这事儿，因为我只会胡思乱想。"无论何时，只要对她的要求比她准备给予的要多，她就会一再地回到这个主题：以神秘的平庸和少女的轻佻退避到女性特质当中，并常常以她不过是个"业余爱好者"作为托词。伊丽莎白从来不想被误认为女权主义的"新女性"中的一员，她轻蔑地将其描述为"为裤子和牲畜的投票权而战"。[1]

一位名叫路德维希·冯·舍夫勒（Ludwig von Scheffler）的学生描述了尼采和伊丽莎白于1875年在斯帕伦托路共同居住的那所公寓。他来巴塞尔原本是为了投身于雅各布·布克哈特的门下，但很快就转到了尼采的课堂上，因为尼采的讲座及其"神秘的内在""征服并迷惑"了他。正如冯·舍夫勒所描述的那样，这两位教授的风格有天壤之别。

在布克哈特那间位于面包铺楼上的工作室里，书籍占据了布克哈特所坐的那张破旧沙发周围的每一寸地板。除非拜访者想要全程站着，否则他将别无选择，只能搭起一个摇摇欲坠的书堆，坐在上面。

尼采的公寓里则随处可见松软舒适的扶手椅，被蕾丝椅罩斯斯文文地保护着。饰品和花瓶颤巍巍地摆放在摇摇欲坠的桌上。玫瑰色光线照进蒙着彩色薄纱的窗户。模糊的水彩画浮在苍白的墙壁上。这一切给了冯·舍夫勒某种错觉——他是在一位令人愉快的女友家做客，而不是在一位教授家里。[2]

这两位教授在讲堂里的表现同样大相径庭。布克哈特习惯在演

---

[1] *Ecce Homo*, 'Why I Write Such Good Books', Section 5.
[2] Gilman (ed.), *Conversations with Nietzsche*, p. 69. 路德维希·冯·舍夫勒回忆，1876年夏天。

讲时突然爆发，就像一枚由思想之火引爆的燃烧器。他们称他为"大笑的斯多葛派"。显然，他没有在自己的外表上花一点心思：剪得极短的头发、不合时宜的西装，以及胡乱安置的亚麻方巾。

尼采进入讲堂的方式则是谦恭的，如此谦恭以至几乎无法引起注意。他举止文静。头发和胡子精心梳理过，衣着也精致妥帖。很明显，他注重时尚，穿着当时流行的浅色裤子、短夹克和浅色领带。

然而，尽管尼采的外在始终循规蹈矩，他却令冯·舍夫勒深陷其中。在听到尼采对柏拉图的重新诠释之后，他便不再相信"阳光明媚的快乐希腊"这样的无稽之谈了。他知道自己听到了一个真实的解释，而这令他渴望了解更多。

面对德国人对于希腊文化的普遍热情，尼采关于古希腊之严酷的课程，令他的大多数学生产生了困惑。尽管课程吸引了冯·舍夫勒，却使得教室里空空如也。1874年夏天，尼采关于埃斯库罗斯的《奠酒者》的课程只吸引到四名学生，而他们并不是优等生。尼采将他们描述为"大学残障人士"。其中一个还是个搞装修的，只学过一年希腊语。

由于没有人参加，他关于萨福（Sappho）的研讨会被取消了，修辞学课程也被叫停。这给了他充分的时间来写作第三则不合时宜的沉思《作为教育者的叔本华》，这篇文章由八个章节组成，出版于1874年。此文以其误导性的标题而闻名，它几乎完全没有涉及叔本华的哲学，反而对这位哲学家的道德榜样作用更感兴趣——他自愿承担了诚实所带来的痛苦。

教育者务须帮助学生实现自己的人格。人生的全部意义不在于成为一个仿制品。尽管如此，追求灵魂蜕变的学生不妨研究三类人。"卢梭式的人"最富激情，就像生活在埃特纳火山下的大蛇提丰（Typhon），卢梭式的人势必造成最为广泛的革命效应，好比法国大革命。然后是"歌德式的人",他是少数人的榜样。他是宏大风格的沉思者,被众人所误解。最后是"叔本华式的人":真实的人,他的每一项活动都具备形而上学意义。[1]

尼采还赞赏叔本华是一位伟大的文体家,以个人的声音、明晰的散文表达自己的思想。尼采认为,就优雅地表达真理这一能力而言,只有蒙田(Montaigne)在叔本华之上。这显然是尼采铭记于心的一个范本,故此,在这则关于叔本华的沉思中,尼采自身散文风格的变化也是显著的。他先前的作品曾被瓦格纳、科西玛和罗德恰如其分地批评为刻板,说教意味重,缺乏清晰性,而且傲慢地无视连续的论证,而现在,在这一篇文章中,他的写作里既有叔本华的优雅,又有蒙田的人性。

迄今为止,他给予寻求真理者的忠告,都是从德尔斐神谕中借用的那句精辟而毫无帮助的建议,即:真实性与可靠性只能通过成为某种模糊而含混的"自我"来达成;有鉴于此,如今他抛弃了希腊,转而敢于凭借自己的思想和经验提出切实可行的建议。"让年轻的灵魂带着如下问题回顾人生:到目前为止你真正爱的是什么?是什么向上引领着你的灵魂,是什么支配着它并祝福了它?把这些备受推崇的对象置于你的面前,也许它们将通过其本质和顺序向你显明一个法则,即你的本真自我的基本法则。"[2]

关于叔本华的文本也相对轻盈,游戏文字,用层出不穷的优雅格言来取悦和诱惑读者,其中有这样几句:

"对于生存,人不妨应采取大胆而危险的态度:反正无论如何,我们都注定会失去它。"[3]

"所有人类安排的目的都在于,通过分散一个人的思想来停止

---

[1] *Untimely Meditations*, 'Schopenhauer as Educator', Section 4.
[2] Ibid., Section 1.
[3] Ibid., Section 1.

他对生命的觉察。"[1]

"艺术家与其爱慕者的关系，就好比一门重型加农炮和一群麻雀的关系。"[2]

"国家从不关心真理，而是只关心对它有用的真理。"[3]

"国家希望人们能像过去崇拜教堂一样崇拜它。"[4]

"宗教的洪水消退了，留下沼泽和死水；各民族又分裂成相互敌对的，恨不得把对方撕成碎片。各门学科毫无节制且极其盲目地推行放任主义，粉碎和瓦解一切得到坚信的东西；有教养的阶层和国家，正被一种极其可鄙的货币经济席卷。"[5] 这种想法与他在写作叔本华的同时所记下的关于瓦格纳的笔记相关，因为他观察到拜罗伊特宣传机器的强大力量，正在它的黄金轮上隆隆向前。

他发现这两个主题都很困难，于是决定去阿尔卑斯山间一个名叫库尔的村庄小憩一番，在那里，他偶遇了一群熟人，其中包括一位来自巴塞尔的漂亮姑娘，贝尔塔·罗尔（Berta Rohr）。尼采写信给伊丽莎白，说他"几乎决定"向她求婚。这一"几乎求婚"是否为了取悦瓦格纳尚无定论，不过，婚姻问题那时的确萦绕在他的心头。他的两位儿时好友，威廉·平德和古斯塔夫·克鲁格都刚刚订婚，而落后一步的尼采则一直在权衡婚姻的利弊。他已表态反对此事可能造成的对工作的干扰，但又对自己的决定没有百分之百的信心。

瓦格纳继续坚持要求尼采在夏天去看望他。终于，尼采于8月5日去了拜罗伊特。刚一到他就病倒了，在旅馆里卧床不起。瓦格纳本人也是劳累过度、筋疲力尽，但他还是亲身赶到，把尼

1　*Untimely Meditations*, 'Schopenhauer as Educator', Section 4.
2　Ibid., Section 7.
3　Ibid., Section 8.
4　Ibid., Section 4.
5　Ibid., Section 4.

采送到了歌剧院附近刚刚落成的大宅瓦恩福里德（Wahnfried），那里将是瓦格纳的新家。在那里安顿下来后，尼采立刻感觉好多了。

起初，考虑到建筑工程令他付出的巨大代价，瓦格纳将这座宅邸命名为Ärgersheim（"烦恼之家"），但这个任性的名字显然不足以流芳百世。有一夜，他站在一轮银月照耀的阳台上，搂着科西玛的腰，两人凝视着花园里那座巨大的拱形墓穴——他们计划在这里共度永生，身边有宠物狗为伴（鲁斯已经先行一步，被葬在这里了），于是，他将房子重新命名为瓦恩福里德，意为"来自幻觉的安宁"。

瓦恩福里德庞大的门户两侧的铭文写道："*Sei dieses Haus von mir benannt*"（"让这所房子由我命名"），以及，"*Hier wo mein Wähnen Freiden fand*"（"在此地我愚蠢的幻想找到了安宁"）。然而尼采在这里找到的，绝非来自幻觉的安宁与自由。

在风格和特质上，瓦恩福里德都与特里布申的浪漫、隐秘和亲密无间形成了强烈的反差。瓦格纳（沃坦）把他的瓦恩福里德（沃尔哈拉）建成了神殿的规模。这所宅邸方正而恢宏，与其说是家，不如说更像市政厅。冷峻的外墙由令人生畏的巨大石块砌成，几乎没有任何修饰。所有注意力都被集中在一个教皇形制的半圆形阳台上，瓦格纳可能会在庄严的场合（比如首映礼或他的生日）在这里露面，或只是简单地出现在这里，向下面经过的、正演奏着他的歌剧选段的游行乐队，愉快地挥手致意。

"一个给成千上万人带来愉悦的人，应该被允许得到些许快乐。"他说。尽管曾经投身于革命，他仍然为自己营建了一座宫殿，一座皇家传统的威慑性建筑。

访客从中央位置的前门进入，门上饰有彩色玻璃制成的盾形纹章，以及一幅寓意未来艺术品的寓言画，画上的孩子是以五岁的齐格弗里德为模特的。宽阔的门厅通往所有楼层，并延伸到一个天窗。庞贝红的墙壁为这座万神殿中诸位家神的大理石半身像和雕塑提供了醒目的背景，这些神有的是人类，有的来自神话：齐格弗里德、唐豪瑟、特里斯坦、罗恩格林、飞翔的荷兰人、李斯特和路德维希国王。瓦格纳和科西玛则被安置在足够高的基座上，以便俯视其他所有人。

在宽敞到足以进行试镜和排练的大厅里，尼采认出了那架特别改装过的贝希施坦钢琴，这是来自路德维希国王的礼物。在特里布申，它曾占据那所房子的思维中心——一间小小的绿色书房的绝大部分空间。而在此地，它在一架巨大的管风琴面前相形见绌，后者是来自美国人的礼物。直穿过大厅，高大的门通往一个更大的房间，面积达100平方米。这里是家庭客厅和图书室。其装饰方案由慕尼黑雕塑家洛伦兹·格顿（Lorenz Gedon）设计，他是路德维希国王最爱的室内设计师之一，是一位将新中世纪风格与新巴洛克风格融会贯通的专家。雕花书架占据了墙体三分之二的高度，上面是平顶镶板装饰的天花板，挂着一盏巨大的枝形吊灯。天花板外缘装饰着一圈绘制华丽的镶边，上面是所有以瓦格纳协会为荣的城市的盾形纹章。书架顶部和多彩盾徽之间那条又宽又平的墙面，则发疯般地被花卉墙纸、家庭肖像和名人肖像杂乱无章地填满。房间的远端，正对着入口，延伸为一层的半圆形大厅，其正上方恰是那个备受瞩目的阳台。落地长窗上覆盖着过多的绸缎和天鹅绒，它们环绕着另一架三角钢琴——来自纽约施坦威父子公司的赠礼。每到夜间，瓦格纳坐在这里为他的家人演奏时，他都无法再像过去在特里布申那样眺望着里基山和皮拉图斯山，大自然的崇高之境已然消失。在这里，他的目力所及乃是截然不同的景象：一片绿色的花园，通往那座等待着他的、充满人造崇高之感的坟墓。

尼采来到瓦恩福里德的第一个夜晚，瓦格纳用钢琴弹奏了《诸

第七章 观念地震

神的黄昏》当中莱茵河少女的音乐，以此来取悦他的客人。而也许是为了反击瓦恩福里德这不朽而华丽的疯狂，尼采制作了勃拉姆斯《胜利之歌》（*Triumphlied*）的乐谱，他曾在音乐会上听到这乐曲，并对其十分欣赏。再没有比这更不得体的了。十年前，瓦格纳和勃拉姆斯曾为《唐豪瑟》乐谱的归还问题起过争执，瓦格纳将它给了勃拉姆斯，后又希望要回来。这场小小的争执终究跳出了理智的界限。当瓦格纳坐在他那豪华的房间里翻看尼采制作的乐谱时，他不由得放声大笑，评论说勃拉姆斯对整体艺术的理解是彻头彻尾的错误。为"正义"（*Gerechtigkeit*）这个字眼配上音乐，这个想法本身就很荒谬！

《胜利之歌》的乐谱用红色封面装订，非常显眼。在接下来的一个星期里，每当瓦格纳经过钢琴时，这个红色的长方形就对他怒目而视，而他就会把它塞到别的东西下面去。每次他回来的时候，尼采都已再次把它摆好。终于，在星期六，瓦格纳坐在钢琴前弹奏了起来，越弹他就越生气。他称其为贫乏之作——是把亨德尔、门德尔松和舒曼"用皮革裹在一起"。出于作为妻子的愤怒，科西玛在日记中不无窃喜地记录道，她听说了尼采在大学里的惨状，只有三四个学生，而且实际上已然被逐出教会。[1]

瓦格纳恼火于尼采在音乐上的不忠诚，正如尼采恼火于瓦格纳的物质主义一样（毕竟这不是什么新鲜事）。大师确实已然向他们曾一起痛斥过的可鄙的货币经济屈服了。拜罗伊特与自由、民主的文化复兴相去甚远，而这场文化复兴曾是他们共同的理想主义所最初设想过的。

从前的亲密已经烟消云散，他们二人都深感悲哀。尼采不再是大师唯一的同路人，而仅仅是大批国际人潮中的一员，他们不断地

---

[1] Cosima Wagner, *Diary*, 8-18 August 1874.

穿梭于瓦恩福里德那巨大的、有回声的大厅，试图实现这个项目。第一届戏剧节将在次年举行。在这短得令人咋舌的时间里，要完成歌剧院的建设、最终的乐谱编排，并且发现、招募和排练既能表演又能唱出英雄气概的歌手。最终，这一切花了一年多的时间，歌剧院于 1876 年夏天开幕。

在尼采到访期间，瓦恩福里德喧嚣不已：潜在的女武神、莱茵河少女、神和凡人纷纷哼着、唱着、吟着、演奏着瓦格纳式的主题。有钱人受到款待，镇上的达官贵人吃饱喝足，接受谄媚。设计图纸卷起又铺开。到了那个周末，瓦格纳和被忽视的尼采之间的气氛跌至冰点，以致尼采故意侮辱瓦格纳，任性地说道，德语给不了他任何乐趣，他宁愿用拉丁语交谈。那个周末他离开了，伴着神经痛、紧张和失眠。"暴君，"他在笔记上写道，"除了他自己和他最信任的朋友们的个性之外，他不承认其他个性。瓦格纳正面临着巨大的危险。"[1]

巴塞尔并没有太多值得他期待的，在那里，他静静地庆祝了自己的 30 岁生日。最好的生日礼物是新印制的 30 册《不合时宜的沉思·作为教育者的叔本华》。他邮寄了一份给瓦格纳，对方很快回复了一封鼓舞人心的电报："深刻而伟大。对康德做了最为大胆而新颖的介绍。只有恶魔附体的人才能真正理解它。"[2] 汉斯·冯·比洛也喜欢它。他那封热情洋溢的感谢信在一定程度上弥合了由于他对作曲家尼采的野蛮批判而造成的裂痕。冯·比洛激赏此文的精彩绝伦，并表示：俾斯麦应该在议会中引用其中的某些段落。

尼采立刻感觉好多了，好到甚至可以回瑙姆堡过圣诞节。他仅仅带上了自己作曲的乐谱，而没有带工作簿。他度过了一个愉快的

---

[1] Notebook, 1874.
[2] 1874 年 10 月 21 日的电报。

假期，强化了对自己音乐天赋的信念，重写和改进了自己的曲作，并演奏给弗兰齐斯卡和伊丽莎白听，她们听得兴味盎然。在这段宁静的音乐时光中，就连瑙姆堡的布道也没能破坏他的好心情或影响他的健康，尽管有一个令人足够忧心的事实——大学理事会主席威廉·菲舍尔-比尔芬格去年离世了。最初正是菲舍尔举荐尼采为巴塞尔的教授。从那时起，他就是他的导师和保护人。由于健康状况不佳，尼采长期缺席于教学，这意味着他近期对大学的贡献甚微。而他那些颇有争议的出版物也几乎没有为该机构的声誉增辉。尽管如此，他的情绪依然昂扬饱满，也许这与他在对叔本华的沉思中提出的一个观点有关：只有自由才能解放天才，只有不隶属于任何机构的哲学家才能进行真实的思考。脱离巴塞尔将赋予他同样的自由。

科西玛给尼采写了一封迷人、婉转而又彬彬有礼的信，解释说她和瓦格纳必须开启另一次筹款之旅，这次的目的地是维也纳。他们希望能够把自己最宝贵的财富——他们的孩子，托付给伊丽莎白，没有人比她更值得信任了。当他们不在家时，她是否可以好心地前往瓦恩福里德居住，权且充当他们的女儿和小齐格弗里德的母亲？不知尼采是否愿意将这项提议转达给他的妹妹？弗兰齐斯卡对这项占用女儿时间的要求抱怨不已，伊丽莎白却义无反顾。这是一个向上爬的社交阶梯。结果，伊丽莎白在这次拜访中取得了巨大的成功，奠定了她在那个家庭中的地位——比仆人高，比朋友低，稍稍近乎临时的侍女。

1874 到 1875 年的冬天寒冷而多雪。12 月至 2 月间，尼采病得很重。好在他只需要为帕达戈贡中学做一些简单的工作。他把心思转向了下一篇《不合时宜的沉思》，其主题，他已定为"艺术"。这次写作将以他自己对瓦格纳的亲身经验为基础。然而，就在他将该计划付诸实践之前，他遭遇了两场"灵魂地震"，它们将在这一年接下来的日子里毁掉他的健康。

第一场地震关乎海因里希·罗蒙德，尼采的密友，也是他在"毒屋"的文书助理，他几乎视之为自己大脑的延伸。现在，罗蒙德宣布他打算成为罗马天主教会的一名神父。尼采感到这就像是一道深深的伤口。罗蒙德神智还正常吗？是否可以通过某种医疗手段（比方说冷水浴）来治愈他呢？为什么在所有教会中罗蒙德偏偏选择了罗马天主教会？它是所有基督教教派中最荒谬的一支，它迷信圣物，它的骨头和头骨都是用赎罪券买来的。五年前，它甚至在这些中世纪的荒谬上变本加厉，将教皇提升到永无谬误的地位。罗马教会就像是愚人帽子上铃铛的叮当声。莫非这就是罗蒙德对于他们多年亲密的友谊、共同进行的理性和哲学思考的回报吗？

罗蒙德在巴塞尔逗留的那几周，对各方来说都很痛苦。罗蒙德以泪洗面，无言以对。尼采则暴跳如雷，难以理解。罗蒙德前往神学院那天，尼采和奥弗贝克送他去了车站。他不停地恳求他们的谅解。在搬运工人关上车门后，他们看到他和车窗较劲，试图把它降下来对站在月台上的他们说些什么。车窗纹丝不动，而他们对他最后的印象，是在火车徐徐驶离之际，他竭尽全力想要告诉他们一些他们永远也听不到的话。

尼采立刻被持续30个小时的头痛击垮了，还伴有频繁的呕吐。

第二场撼动尼采根基的灵魂地震，来自他的另一位"毒屋"舍友。弗朗茨·奥弗贝克订婚了。罗蒙德为了迷信离开了他，奥弗贝克离开他则是为了爱情。这个世界上还有谁把他放在第一位吗？只有他的母亲和妹妹了；一个令人沮丧的想法。但爱情也许能够拯救孤独。以奥弗贝克为全新的榜样，尼采开始了一场小小的浪漫冒险。

1876年4月，他听说住在日内瓦的迪奥达蒂伯爵夫人（Countess

Diodati）把《悲剧的诞生》译成了法文。这使得她成为一个不错的追寻对象。他乘坐火车前往，可是到达后发现，伯爵夫人已然精神失常，被关在疯人院里。不过他巧合地重逢了胡戈·冯·森格（Hugo von Senger），日内瓦管弦乐团的负责人，也是一位热情的瓦格纳主义者，这不啻为对错过伯爵夫人的某种弥补。森格教授钢琴课。在他的学生当中有一位出众的利沃尼亚人（Livonian），芳龄23岁，其美貌和精致备受倾慕。她名叫玛蒂尔德·特兰佩达克（Mathilde Trampedach）。

尼采只在日内瓦待了短短一周。排在他行程首位的，是前往拜伦曾经居住过的迪奥达蒂别墅朝圣。玛蒂尔德也一道去了。当马车在湖畔行进时，尼采详述了拜伦式的主题：摆脱压迫，获取自由。玛蒂尔德出乎意料地打断了他的话，发表了自己的见解，她说，让她感到奇怪的是，男人竟然花费如此大把的时间和精力去解除纯粹的外部束缚，而事实上，真正阻碍着他们的是内部的束缚。

这场争论点燃了尼采的灵魂。他们一回到日内瓦，他就为她弹奏钢琴，那是一次狂暴而戏剧化的即兴创作。演奏结束后，他低头握住她的手，并以极为锐利的目光注视她的双眼。然后他走上楼，写下了给她的求婚信。

"鼓起你内心全部的勇气，"他这样开头，"不要害怕我向你提出的问题：你愿意成为我的妻子吗？我爱你，而对我来说，你仿佛已经属于我。不要（对任何人）提及我这份感情的突如其来。至少它是无辜的，所以也就没有什么需要被宽恕。但我想知道你是否跟我有同样的感受——我们从来不是陌生人，一刻也不是！难道你不认为在我们的结合中，我们每个人都比独自一人时更好，更自由吗？你敢于跟随我吗？我这么一个全身心追求更好、更自由的人……"[1]

---

[1] 尼采致玛蒂尔德·特兰佩达克的信，1876年4月11日。

尼采无从得知，玛蒂尔德其实正隐秘地爱着她的钢琴老师，那位年长许多的胡戈·冯·森格。她执着地追随他来到日内瓦，希望成为他的第三任妻子，而她最终实现了这个抱负。

第八章

最终的门徒,最初的门徒

> 他们双方同时中断了彼此的友谊,一个认为自己被极大地误解了,另一个则认为自己太过了解对方——而两个人都在自欺欺人!——因为他们谁也不了解他自己。
>
> ——《曙光》,第四部分,第287节

1875—1876年的当务之急是完成下一篇《不合时宜的沉思》。尼采的出版商希望能够保持每9个月刊出一篇的势头。他尝试写作语言学方面的文章,然而《我们语文学家》("We Philologists")一文却毫无进展。关于历史还原主义进路及其相应的对艺术灵感真正来源的不敏感性,他还有些什么必须说的吗?他又回到了"艺术"这一主题上。

他将会就一个他目前十分感兴趣的主题写一则新的《不合时宜的沉思》:个人天赋及其对时代文化的影响。鉴于尼采与瓦格纳长久而密切的关系,没有人比他更有资格聚焦于这位天才。第四则《不合时宜的沉思》将以《理查德·瓦格纳在拜罗伊特》为题,此文一方面是对《沉思》系列的延续,另一方面则是为首届拜罗伊特戏剧节的盛大开幕吹响号角。

《理查德·瓦格纳在拜罗伊特》只有50多页,却花了他一年时间才写完。写作举步维艰，却不是出于通常那些难以落纸成文的原因，而是因为他的理智与情感之间出现的张力关系令他陷入了漫长的自我省思当中。提笔鼓吹这位作曲家的天赋的过程，令尼采意识到把自己从瓦格纳的影响下解脱出来的必要性。显然，这位他所敬爱的作曲家对他有着危险的影响：尼采自身的成立急需对瓦格纳的超越，而这在他心中激起了巨大的情感冲突。

长久以来，尼采赞美着瓦格纳的音乐在他的感官中激发的崇高力量，如今他却意识到这音乐是如何剥夺了他的自由意志。这种认识令他对那些曾经似乎是生命终极救赎的、狂热而模糊的形而上学诱惑充满了日益强烈的怨憎。现在，他把瓦格纳视为一种可怕的危险，而把他本人对瓦格纳的投入奉献视为一次虚无主义的逃遁。他指斥瓦格纳为浪荡的演员、虚伪的暴君、感官的操纵者。瓦格纳的音乐粉碎了他的神经，摧毁了他的健康，瓦格纳绝不是一个作曲家，而是——一种疾病？

然而他不可能把这样的想法写进公开出版物里，这只会令他迄今为止唯一的著作《悲剧的诞生》成为一堆废纸。因此，正如他后来承认的那样，这则关于瓦格纳的天赋的沉思就此演变成了对于尼采自身天赋的分析，以及对其未来可能发挥的作用的畅想。

在之前那一则关于叔本华的沉思中，尼采已经指出卢梭式天赋的本质就如同埃特纳火山下的大蛇提丰一样原始。[1] 瓦格纳就是这样一种生命的力，也是尼采渴望成为的那种力量：一个永不餍足的叛逆者，罔顾其自身和世界的安全；一个文化的革新者，其思想将引发巨大的观念地震。恰恰是瓦格纳（和他自己）这样的天才造成了富有远见的剧变，在导致不可避免的破坏的同时，也挽救人类于停滞与平庸当中，一念及此，令人兴奋。

1　*Untimly Meditations*, 'Schopenhauer as Educator', Section 4.

这篇文章重申了曾在《悲剧的诞生》中出现过的那些主题。以瓦格纳的名义，他再次道出了他的想法：由于强加在法律、国家和文化上的那些残酷的理性主义理论，对于酒神的尊崇已然消亡，这使得在他所处的时代里，受过教育的庸人在他们的确定性中不可一世、沾沾自喜，而所有的文化精神都被用以支撑经济与权力大厦的围墙——实际上是被报纸读者的自我牢牢支撑着，而读者的灵魂又被报纸所摧毁。真正的文化，比方说瓦格纳的（以及尼采自己的）文化都承载着净化、开拓和精神提升的潜流，以及不可避免的偶像崇拜的角色。文章以对瓦格纳的溢美之词作结：他的目光中投射出"缕缕阳光，足可排空驭气、行云布雨……他令大自然感到讶异，因为他已与她裸裎相见；故而，她试图逃到她的对立面以掩饰羞耻"[1]，诸如此类的话。不过，尼采还是忍不住含沙射影了一番。他将瓦格纳惊人的自信与歌德的自信相提并论，前者具备一种比歌德更加"自以为是"的天性，瓦格纳曾说："我始终相信我拥有一切，就算他们为我戴上王冠，我也当之无愧。"[2] 这则沉思的结尾明确指出，瓦格纳实际上并非"未来的预言者——尽管他希望我们这样认为——而是对过去的解释者和转变者"[3]。

未来预言者的角色，尼采为自己保留着。

《理查德·瓦格纳在拜罗伊特》从来不是一部成功的作品。他以前那种僵硬的写作风格卷土重来，其中充满了夹缠不清的怨恨和不真诚，严谨的分析居多，欠缺对叔本华那则沉思中所展现的热情和机趣。写作过程中，他的身体饱受折磨，他的头、眼睛和胃让他一刻不得安宁。每天有好几个小时，他都会出现一种类似晕船的感觉。他平均每两周有 36 个小时是在完全的黑暗中卧床度过，常常

---

[1] *Untimly Meditations*, 'Richard Wagner in Bayreuth', Section 7.
[2] Ibid., section 8.
[3] Ibid., section 11.

痛苦到无法思考。他已然失去了两位迄今仍在忠实地帮助他口述的朋友：冯·格斯多夫已动身前往他的庄园，而罗蒙德去了神学院。不过秘书工作在4月终于有人接手，那是一个22岁、发型狂野的撒克逊作曲家，名叫约翰·海因里希·科塞利茨（Johann Heinrich Köselitz）。他写得一手最优美、清晰、流畅的好字。

在莱比锡研习对位法和作曲时，科塞利茨曾读过《悲剧的诞生》。这本书令他"欣喜若狂"。他很谦逊地承认自己并不全然理解它，但能强烈地感到他所遭遇的是一个极具解释力的思想，其力量之强，前所未有。"在尼采的描述中，日神和酒神的力量最终为功利的理性主义（如苏格拉底表达的那样）所摧毁，我们开始怀疑缘何在知识和理性文化的支配下，伟大艺术的萌芽和绽放几乎成为天方夜谭。《悲剧的诞生》是艺术和勇士的一次强有力的抗争，针对的是弱化意志、摧毁本能的亚历山大里亚文化。"[1]

《作为教育者的叔本华》强化了他的热情："当我们的同时代人将'文化'理解为近似于边沁所谓普遍舒适最大化的理想型（亦即，施特劳斯和自托马斯·莫尔以来所有社会主义者的理想型）时，尼采却横空出世，如同立法者一般在雷雨云中教导人们，文化的目标和巅峰乃是产生天才。"[2]

科塞利茨将尼采称为"伟大的重估者"。他迫不及待地前往巴塞尔，决心面见尼采，并跟从他学习。

由于不知道尼采的长相，他就跑去书店，在那里可以买到当地名胜和名人的照片。令他沮丧的是，那个专门陈列大学教授肖像的玻璃橱柜里没有他心目中的英雄。他的询问得到的答复是："尼采教授？这里有人叫这个名字吗？"这种反应也许并不完全由于尼采在大学里名声不佳，也可能是因为他不喜欢他所谓的"被独眼巨人

---

[1] Gilman (ed.), *Conversations with Nietzsche*, pp. 54-60.
[2] Gilman (ed.), *Conversations with Nietzsche*, p. 56.

以拍摄的方式处决。每一次我都试图阻止灾难发生，它却不可避免地总会发生——我显影了，以永垂不朽的全新形象：海盗、杰出的男高音歌唱家，或是一位沙俄贵族……"[1]

科塞利茨是一个彻头彻尾的瓦格纳主义者，当他们终于见面时，尼采给他看了尚未完成的那则关于瓦格纳的沉思。科塞利茨以其疾风骤雨般的热情令尼采相信他能帮助尼采完成它。从4月底到6月底，他把口述中记下的最后3章整理出来，并用他那漂亮工整的字迹誊写了整整98页。当出版商发回校样时，勤勉的科塞利茨又进行了校对。终于，两卷装帧精美的书籍已经准备好要在7月下旬寄给瓦格纳和科西玛，那正是8月13日的戏剧节正式开幕前的最后彩排阶段。

最后一刻的准备工作，时间紧迫，瓦格纳不可能有余暇去阅读这本书，但在那样兵荒马乱的时刻收到它，不啻为一份绝妙的礼物。他迅捷而热情地回复了一封三句话的电报："朋友！你的书真了不起！但你怎么会如此了解我呢？快来吧，让自己在排练中习惯（《指环》的）冲击吧。"[2] 瓦格纳把第二本转送给了路德维希国王，后者声称，自己同样为尼采的文本着迷。

还没来得及对瓦格纳要他前往拜罗伊特的迫切召唤做出回应，尼采就收到了埃尔温·罗德宣布订婚的信件。新娘一个眼神，友谊的小船就变了航向，时至今日他最亲密的三位老友都已步入婚姻的殿堂。

尼采心头五味杂陈。他给罗德写了一封热情洋溢的贺信，信中也提及某种猜测，即，与他的朋友们相比，也许他错了，但婚姻中势必包含折中，以及向人类庸常的妥协，这是他所不能接受的，他还没有准备好。收到罗德的信的那个晚上，他写了一首伤感的诗，

---

[1] 尼采致玛尔维达·冯·迈森布格的信，1872年12月20日。
[2] 瓦格纳致尼采的信，1876年7月11日。

题为《流浪者》[1]，诗中描绘了他大步流星地穿越夜间的山峦时，听见一只小鸟悦耳歌唱的情景。就像瓦格纳《齐格弗里德》中那只啄木鸟一样，这只鸟也能作人言。一问之下，这鸟告诉他，它并非为他而唱，而是唱给它的伴侣听的。

7月21日，他踏上了前往拜罗伊特的艰辛旅程，并在两天后抵达了那里。次日，他去瓦恩福里德报到。但科西玛的日记中几乎没有提及他的到来。对任何剧院而言，最终彩排时的争分夺秒都是相当紧张的时期，而这一次却比以往更甚，因为投资人做出了一个可怕的决定——出售彩排门票。这就好比一场漫长而有欠考虑的公开脱衣舞，每一个瑕疵、每一条皱纹都暴露在众目睽睽之下。然而，每过去一天就要花费差不多2000马克，这的确不失为一种收回部分开销的方式。

"相当头疼"，科西玛记录道。瓦格纳在舞台上与编舞家和设计师发生了激烈的争吵。歌手们纷纷离去，不得不聘请新人。翁格尔先生（Herr Unger），原本饰演《指环》中的年轻英雄齐格弗里德一角，此时却嗓音嘶哑——抑或这不过是个借口？一位杰出的女武神表现出了"过度的笨拙和粗俗"。恶棍哈根忘记了台词。唯一可以制作出那条能喷火、甩尾、转眼睛的龙的车间在英国。龙被拆分成三个部分运往拜罗伊特，等抵达时再组装，然而只有两部分到达了拜罗伊特。脖子部分被送到了贝鲁特，即黎巴嫩的首都。烟雾机不够用。布景坍塌，露出穿短袖的工人们在后面闲晃，等着转换场景。歌手们想要谢幕。瓦格纳不允许：此举会打破束缚观众的魔咒。瓦格纳以某种利己却民主的姿态，让消防队免费观看了某场排练，导致管理委员会的一位重要成员辞职。带妆彩排更是一种折

---

[1] "Der Wanderer"，亦名"Es geht ein Wandrer"。

磨。瓦格纳聘请了一位专画历史题材的画家来设计布景。它们在历史性上是如此精确，在执行上是如此细致，以致它们就像是铅靴子一般，牢牢地将传说绑定在吹毛求疵的表现维度上，使得想象力无法离开地面，更不用说展翅翱翔了。科西玛则厌恶那些服装："它们让人联想到红印第安人酋长，及其人种学意义上的荒谬、乡下人毫无格调的印记。它们令我备感沮丧。"[1] 如此沮丧，以致瓦格纳把齐格弗里德的号角顶在头上，像公牛一样咆哮着，冲向这位不受欢迎的服装设计师。

科西玛的痛苦随着朱迪特·戈蒂埃的到来而变本加厉。朱迪特穿着巴黎最流行的水手服，在拜罗伊特的街道上走来走去，成为众所瞩目的焦点。瓦格纳对朱迪特的迷恋，激发于特里布申，至今仍在燃烧。他对科西玛隐瞒至深。朱迪特是否给予了他最后的青睐，这一点是有争议的，但其实也并不重要。她被安置在瓦格纳太过频繁造访的一所房子里，两人的交往热火朝天、情欲蒸腾，舆论将她视为他的情妇。这对李斯特的丑小鸭女儿来说，是一种可怕的羞辱。她曾为瓦格纳赴汤蹈火，而如今，另一个女人成了他的缪斯、他的灵感和爱情。没有了这些东西，科西玛感觉自己被抹杀了。她写道，她感觉自己"不存在"和"死去"了。整个戏剧节期间，她把自己打扮得理所当然地高高在上，凸显自己的大鼻子和傲岸的身姿，梳着一头与尼伯龙根女王相称的中世纪风格的发辫，身穿新娘婚纱般的白色绸衣，扮演着拜罗伊特的王后，充当完美的女主人。

正当戏剧节因戈蒂埃的丑闻而沸沸扬扬之时，那个曾对作为瓦格纳情妇的科西玛百般羞辱的社会，现在正想方设法引起她的注意。拜罗伊特值得一去，瓦格纳值得一看。整个社会都在瓦恩福里德的门前求告，而科西玛则是看门人。科西玛在她那身准中世纪装

---

[1] Cosima Wagner, *Diary*, 28 July 1876.

束中光彩照人，手执一把大扇子（拜罗伊特正如常经受着8月的热浪，这使得歌剧院里晕厥不断），冷漠地站在那里，笔直而威严，迎候着来自世界各地的数百名游客，他们既是来观看，也是来被观看的。这是对曾经蔑视她的社会和那个法国女人的一次绝妙报复。

尼采到达那天，他是瓦恩福里德浩浩荡荡的500名访客之一。他仅仅是个教授，地位很低。暴发户尤其注重礼仪问题。科西玛要应对四位执政的君主、众多亲王、公主、大公、大公夫人、公爵、伯爵、伯爵夫人，以及低阶贵族。为了避免侮辱和丑闻，他们必须按照正确的顺序被接待。平民们在前厅等候，低声说话，就像在教堂里一样。

路德维希国王希望能够神不知鬼不觉地参加庆典。他特意在神秘的午夜时分驾临，由瓦格纳秘密接待，并一起乘坐马车前往位于拜罗伊特那座富丽堂皇的艾米塔奇宫（Hermitage Palace），国王相信在这里他将"不被注意"。当马车蜿蜒穿行于美轮美奂的宅第、喷泉，以及银亮的宫殿园林中那些幽暗的石窟之间时，在飞掠的云层和皎洁的月色下，两个男人彼此袒露了自己的灵魂。对瓦格纳而言，这是整个音乐节期间为数不多的几个纯粹精神性的瞬间之一，是对物质主义和红尘喧嚣的片刻报偿，是与他毕生工作所追求的恰如其分的精神、灵感和目的的重逢。

然而，"伴君如伴虎"诚不我欺。国王曾坚称，在拜罗伊特逗留期间不希望受到公众的热烈迎迓，但当人们照办时，他又感到愤怒。即便如此，对路德维希国王来讲，戏剧才是第一位的，甚至比人们的欢呼更重要。他参加了7月28日《莱茵的黄金》的带妆彩排。尽管没有热烈的欢呼声，他尊贵的双耳仍然感受到了那音乐的庄严。一回到艾米塔奇宫，他就下令用照明弹点亮园林，并让乐师隐身于灌木丛后演奏瓦格纳的音乐，在这样影影绰绰的环伺之下，灯光喷泉正随着音乐有节奏地跳动。

正如尼采所预见的那样，第一届拜罗伊特戏剧节与新埃斯库罗斯相去甚远，后者旨在锻造悲剧精神的复兴，并将振奋欧洲文化于停滞和平庸。原初的设想远不止是一个物理事件：它本该是德国文化的一个隐喻，是未来的某种象征，是现代性的某种模式，然而，正如他在《沉思》中所提到的，它已然变成了某种次要得多的东西——对旧秩序的懦弱延续，一种妥协，是文化上的庸众所喜闻乐见的。

尼采苦涩地指出，"整个欧洲游手好闲的乌合之众"不过是把它（拜罗伊特节）当作又一项运动，添加到他们每年漫无目的的社交游弋日程当中。同时，他也对大量反犹人士的存在十分反感，他们从《指环》的种族斗争的粗糙蓝本中获得满足——地下世界又黑又丑怪的矮人和沃坦的金发子孙之间的种族斗争。齐格弗里德的最终胜利令他们欢欣鼓舞，1923 年希特勒初次到访时也曾为之欢欣鼓舞，随后，他就开始着手创作《我的奋斗》。

巴西皇帝多姆·佩德罗二世（Dom Pedro II），于带妆彩排的次日莅临瓦恩福里德。他的到来一扫因布景失误和服装缺憾所带来的阴霾。符腾堡州国王在君主政体中地位低下，不过，他的出现也带来了某种满足感。而皇帝陛下威廉二世本人，也大方地出席了前两部歌剧的演出，他一边鼓掌，一边从微笑的唇齿间对他的副官们低语："可怕！可怕！"很遗憾，他发现自己无法留下来观赏这轮组剧的最后两部了。

尽管瓦格纳曾告诉尼采，他在瓦恩福里德会有属于自己的房间，就像在特里布申一样，他在逗留期间能够放心居住。事实却是，尼采住在他所能找到的最便宜的住处，就在镇中心。天花板低矮，天气灼热难当。

拜罗伊特当时是一个拥有大约两万居民的城镇。瓦格纳的新歌剧院能容纳 1925 位观众。组成《指环》的四部歌剧将以三个独立组剧的形式分别上演。这意味着总共有 5775 位幸运的诸神拿到了进入瓦尔哈拉殿堂的门票，带着成千上万的配偶、孩子和随从。然后是专业人士：演员、歌手、乐师、舞台技师、木匠、裁缝、洗衣工、买卖人和各种类别的仆人。而如果没有那些不请自来的机会主义者，任何公众事件都将是不完整的。流莺、身穿灯笼裤的大胡子冒险家、扒手、流浪儿、到此一游的路人，以及相当数量的从当地的田间地头涌来看热闹的农民。所有这些人都在干燥炽热的街道上挤作一团。乱得让人无法忍受。尼采甚至无法在他的住所里寻求文明的庇护，那里的热度和气味就像烤箱里那令人作呕的气氛。

柴可夫斯基和许多其他访客一样，当务之急是寻求食物。"对所有饥饿的人来说，小旅馆里准备的餐食不足以果腹，"他写道，"人们只能通过艰苦的斗争、狡猾的计谋，或是钢铁般的耐力来获得一片面包或一杯啤酒。即使攻占了餐桌上一个最不起眼的位置，也要等上'永远'那渴望已久的饭菜才能上桌。无政府主义统治着这些饭局。每个人都嚷啊叫啊，而筋疲力尽的侍者压根顾不上理会每个人的正当要求。只有在极其偶然的情况下，才能有幸一尝菜肴……事实上，在整个艺术节期间，食物才是公众的首要兴趣之所在：艺术表现反倒在其次。肉排、烤土豆、煎蛋卷，所有这些都比瓦格纳的音乐更能引发人们热烈的讨论。"[1]

剧院对尼采而言太过明亮，他无法在观众席观看。他被安排在靠近舞台的一个小黑橱似的房间里。那里闷热得令人窒息。他抵达时恰逢组剧的第四部（也是最末一部）《诸神的黄昏》的排练，在剧中，世界末日降临了。百人管弦乐队呈现出瓦尔哈拉的末日崩毁和旧神湮灭之景象，产生了恐怕是音乐史上前所未有的巨大声浪。"我一点也不喜欢……我不得不离开……"

---

[1] 提交给《俄罗斯新闻》（*Russky Viedomosty*）的文章，转引自 Millington, *Richard Wagner*, p. 231.

他更不喜欢的是瓦恩福里德的招待酒会。他参加过一次,在那里他被视为沉默寡言的可怜虫,之后他就再没参加过。

尼采的人生中有一个反复出现的模式,那就是每当他处于低谷时,总会有一个救星出现,给予他关爱。此时,救星以玛尔维达·冯·迈森布格的面貌登场了,她是一位富有而上了点年纪的无政府主义者,比瓦格纳小三岁,但同样属于革命的一代。[1] 几年前,玛尔维达出版了自传《理想主义者回忆录》(*Memoirs of an Idealist*),这使得她在拜罗伊特颇有些声望。

玛尔维达十分欣赏那位作曲家,她在罗马的寓所就是以他的半身像为中心来布置的。她是一位普鲁士贵族的女儿,曾在一次舞会上遭到拒绝,该事件导致她由上流社会的一员变成破坏社会的坚定分子。和瓦格纳一样,她在1848—1849年的叛乱之后遭到流放,理由是帮助她所爱上的第一个革命者(之后还爱上过很多)偷运信件。流放生涯把她带到了伦敦,她定居在流亡的俄国无政府主义者当中,她更希望成为鳏夫亚历山大·赫尔岑的妻子,却成了他两个女儿的家庭教师。[2]

在革命者的世界里,玛尔维达声名卓著。加里波第在其广受欢迎的伦敦之行中,以激进的方式激励英国人,并成立了一个"漂浮的(船只)共和国,随时准备登陆为自由而战"[3],他邀请玛尔维达前往他那艘停泊在泰晤士河上的船上共进早餐。当她乘着划艇抵达时,"一张铺着漂亮毯子的扶手椅被放下来,我被拉了上去。加里波第接待了我们,装扮别致——身着灰色束腰短外衣、金发上戴

---

1 玛尔维达·冯·迈森布格(1816—1903)。
2 亚历山大·赫尔岑(Alexander Herzen, 1812—1870),有时被称为"俄国社会主义之父",致力于农奴解放和土地改革。
3 Malwida von Meysenbug, *Rebel in a Crinoline*, George Allen & Unwin, 1937, p. 194.

着一顶金色刺绣帽，宽腰带上挂着武器。他那些长着深棕色眼睛和皮肤的水手，也都穿着同样别致的服饰聚在甲板上"。牡蛎被端上了桌，"然后是最欢快、最愉悦的谈话……所有水手似乎都崇拜他，而任何一个人都很难不感受到他个性中那种诗意的魅力……"[1]

现在，60多岁的玛尔维达是一位丰满的小个头妇女，看起来人畜无害，满头白发被一条昂贵的蕾丝发带束在脑后，但她的内心丝毫没有失去年轻的无政府主义时期的血性。尽管如此，她还是为巴黎公社所树立的榜样感到高兴——如果她和雅各布·布克哈特曾经见过面，那么两人之间一定会有激烈的争论。她不是什么人文主义者，而是一个神秘主义者，她相信在世界之外永远存在着某种不确定的力量，而这种力量在任何实验室里都无法找到，更不用说在试管里了。它赋予人类精神无限的可能性，让他们有能力令自己化身为神，因而他们也有义务这么做。

玛尔维达仍然葆有坚定的革命者那种天真而直率的态度。她那双广受赞美的柔和的蓝眼睛，仍然只看得到她想要看到的事物。傲慢的近视过滤掉了人类行为当中那些与她的理想主义不可调和的方方面面。她在回忆录中所描写的所有与革命者们的关系都是柏拉图式的；她始终是他们的管家，而她真正想要成为的是有影响力的情妇。很难不把她看作强人的附庸，比她所愿意相信的更为顺从：列宁主义意义上的一个富有的"有用的傻子"。如今，她把鼓励年轻的"自由先驱"视为自己的使命。尼采正是她所发现的下一个目标。

他们两人于1872年5月在拜罗伊特的奠基仪式上初次见面，此后一直保持着彬彬有礼的书信往来。她欣赏他的作品，而对于赫尔岑的一个女儿嫁给了玛尔维达的革命情怀所无法认同的男人，尼

---

[1] Malwida von Meysenbug, *Rebel in a Crinoline*, p. 196.

采也曾表示过热烈的同情。

玛尔维达注意到尼采地狱般的住所给其肉体带来的痛苦,于是每天都请他到自己花园凉爽的树荫里来避难,并为他提供无限的同情和抚慰人心的牛奶。他在流经花园的小河里长时间地游泳。这一整套疗法对他颇有助益,甚至令他重新燃起对瓦格纳音乐的热情。他不得不承认,他的灵魂情不自禁地屈服于它,尽管拜罗伊特所有其他的喧闹都令人忍无可忍。

8月3日,也许4日,尼采逃离了拜罗伊特,没有知会任何人,甚至没有告诉玛尔维达。他乘火车去了克林根布伦(Klingenbrunn),一个位于巴伐利亚森林中的小村庄。他只在那里稍微待了几天,但这对他有好处。8月13日,他及时赶回来参加了开幕式,并如约在拜罗伊特与他的妹妹相聚,还有他的挚友罗德和冯·格斯多夫,他们全都为门票和住宿支付了一大笔费用。

在瓦格纳的歌剧中,爱情魔药常常是一种情节设计,而现在,这三位朋友仿佛都喝了不少这玩意儿。

卡尔·冯·格斯多夫感觉自己"发狂般、疯狂地、极为浪漫地"爱上了一位年轻的意大利女伯爵——妮丽娜·菲诺基耶蒂(Nerina Finochietti)。他仓促地求了婚,接着又花了好几个月才把自己从她家族的贪婪中解脱出来。

新近订婚的埃尔温·罗德则笨拙地与他们遇到的每一位女性大肆调情,这令他的两位同伴非常尴尬。

尼采则无可救药地沦陷于一位芳龄26岁的金发美人露易丝·奥特(Louise Ott)。音乐性令她与他的诸位旧爱有共通之处。露易丝是一位出色的音乐家,钢琴弹得很好,歌喉也很甜美。她与尼采相遇时无所不谈,唯独忘记告诉他,她已是罗敷有夫。当他得知这一点的时候,伤害已经造成了。露易丝的银行家丈夫不像她那样热爱瓦格纳,所以留在巴黎家中,而她则带着三岁的儿子马塞尔一道参加了音乐节。爱情的闪电对尼采和对露易丝而言似乎同样强烈而深刻。

"自你离开拜罗伊特,我便陷入了黑暗之中,"他在给她的信里写道,"就好像有人带走了光。一开始,我不得不让自己强打起精神,不过现在我已振作起来,你见信时请不必挂怀。我们要牢牢抓住那份使我们走到一起的精神的纯洁性。"[1]

"这多好啊,"三天之后她回信道,"我们之间能有一份真诚、健康的友谊,如此一来,我们就可以发自内心地去想念对方,而不受良心的责难……然而,我无法忘记你的双眼,你深沉而充满爱意的目光仍然停留在我身上……更别提我们之间的通信了——迄今为止所发生的一切都将留在我们之间——这是我们的避难所,只属于我们两人的避难所。"[2]

一年后,几乎就是同一天,他写了一封充满激情的信,告诉她,他感受到她极为真切的存在,甚至仿佛瞥见了她的眼睛。那时露易丝已再度怀孕,但她几乎立刻回了信,写道,这并不意外,因为她始终在重温他们短暂的相处时光;"我发现自己如此富足——如此富足——因为你给了我你的心。"[3]

---

[1] 尼采致露易丝·奥特的信,1876 年 8 月 30 日。
[2] 露易丝·奥特致尼采的信,1876 年 9 月 2 日。
[3] 露易丝·奥特致尼采的信,1877 年 9 月 1 日,转引自 Diethe, *Nietzsche's Women: Beyond the Whip*, Walter de Gruyter, 1966, p. 39.

第九章

自由又没那么自由的精灵

如果科学提供给我们的快乐越来越少，而对给人以安慰的形而上学、宗教和艺术的怀疑所剥夺掉的人们的快乐越来越多，那么，人类几乎由此而获得其全部人性的那种最伟大的快乐之泉就会枯竭。正是因此，一种更高的文化必须给予人类一种双重的头脑，就好像有两个脑室，一个用来感悟科学，另一个用来感悟非科学：互为睦邻，却不混淆，彼此独立，也可以彼此关闭；这是一种健康的要求。

——《人性的，太人性的》，
《高级文化与低级文化的标志》第 251 节

从 1876 年秋天起，大学给了尼采一年的带薪假期。这甚至把他从帕达戈贡中学的教学工作中解放了出来。这意味着彻底的自由。玛尔维达·冯·迈森布格葆邀请他前往索伦托（Sorrento）过冬，他答应了。

他的出版商正敦促他写作下一篇《不合时宜的沉思》。他告诉出版商说一切都在顺利进行中。但这并非实情，尽管他的脑海中一直有个想法不安分地想要诉诸笔端。他暂且将其命名为《犁铧》。正如犁铧的刃会利落地切开土壤，将那些窒息苗芽的杂草连根扫除，这本书也会扫除那些窒息他原创思想的杂草，亦即，他的昔日偶像瓦格纳和叔本华。

显然，他无法独自应付前往索伦托的复杂旅程——诸如火车转车和行李搬运等等，所以他安排了两位友人充当旅伴。其中一位是语言学学生阿尔伯特·布伦纳（Albert Brenner），20岁，患有结核病，容易抑郁，热爱诗歌，他的父母深信让他在南方过冬有益健康。另一位是26岁的哲学家保罗·雷（Paul Rée），他曾在拜罗伊特与玛尔维达见过面。雷的处女作 *Psychologische Beobachtungen*（《心理学观察》[*Psychological Observations*]）引起了一些关注，他还即将出版另一部专著。对于索伦托的圈子而言，他将是一个极好的补充，玛尔维达本就把它规划为一个文学-哲学沙龙。她一直梦想着生活在某种理想主义者的社群当中，并期待着即将到来的冬天会成为孕育思想的实验室。玛尔维达本人也计划着写作她的第一部小说。事实上，那个冬天她确实写了一部名为《费德拉》（*Phädra*）的小说，一个关于错综复杂的家庭关系的三卷本长篇，旨在阐明对个人自由的追求。

1876年10月19日，尼采和布伦纳登上了一列火车，它将穿过最近的工程奇迹——塞尼斯山（Mont Cenis）隧道，前往都灵。

他们与两位优雅又聪明的女士同坐头等舱，她们是克劳迪娜·冯·布雷弗恩（Claudine von Brevern）和伊莎贝拉·冯·德·帕伦（Isabella von der Pahlen）。整个旅程中，尼采与伊莎贝拉聊得热火朝天，他又一次陷入了他那浪漫的悸动当中。下车投宿前，他们互相交换了地址，那天晚上他们恰巧就住在同一家酒店里。次日清晨，两位女士将要搭乘另一列火车，尼采起床为她们送行，却在去往车站的途中被突如其来的头疼击垮，不得不让雷搀扶着回到酒店。

在比萨，他参观了著名的斜塔，而在热那亚，他生平头一次看到了大海。此后，在他的脑海里，这座城市就与哥伦布、马志尼和帕格尼尼联系在一起。这是探索者、奠基者和革新者的城市；城市里充满勇敢的灵魂，抱着发现新大陆的希望，敢于扬帆起航，踏上莫可名状的未知海域。尼采漫步于环绕着热那亚的高地之上，想象自己成为伟大的哥伦布，因为发现了新大陆而使得地球的可能性一下子翻了倍。

他们乘汽船从热那亚前往那不勒斯。这是他初次涉足古典世界。然而他顾不上纪念这一庄严的时刻。相反，他必须把全部心力浪费在与咄咄逼人的顽童斗智斗勇上，这些孩子就像偷东西的喜鹊一般，为他的行李讨价还价，争执不休。他来到了这个他想象了一辈子的世界，却是以这样一种斯文扫地的面目出现，这叫人情何以堪。傍晚时分，玛尔维达安排了一次马车观光，沿着那不勒斯蜿蜒的海岸，从树木繁茂的波西利波（[Posillipo]古希腊人称之为保西利蓬[Pausilipon]）海岬出发，向着隐约可见的维苏威火山锥驶去，而伊斯基亚岛（Ischia）正从深酒红的海中升起，这才令尼采恢复了兴致。

"雷雨云在维苏威火山上空庄严地聚集，闪电和乌云的暗红色形成了一道彩虹；整座城市熠熠生光，仿佛由纯金打造，"玛尔维达这样写道，"男士们简直欣喜若狂，这真是太棒了。我从未见过尼采如此生动。他因为纯粹的快乐而纵声大笑。"[1]

在那不勒斯待了两天之后，他们继续前往索伦托。他对此次穿越南方建筑的旅程毫无准备。赭石色和橘红色的墙壁摇摇欲坠，石膏剥落，这些褪色斑驳、蓬头垢面的古典主义幽灵亟须彻底摆脱古板。这与他一生所熟知的瑞士和德国建筑大相径庭，令人不安，后者的建筑结构严谨工整，象征着世代相传的正直、整洁的公民美德。

玛尔维达已经租下了鲁比纳奇别墅（Villa Rubinacci），这是一

---

[1] 玛尔维达·冯·迈森布格致奥尔伽·赫尔岑（Olga Herzen）的信，发自索伦托，1876年10月28日。

座灰泥粉饰的四方形别墅,离索伦托镇有一小段距离。别墅坐落在葡萄园和橄榄林之中。三位男士住在一层那些可以俯瞰阳台的房间里。玛尔维达和她的侍女特丽娜(Trina)则住在二层,那里还有一个沙龙。这个房间够大,足以让自由精灵们相聚,并旋舞着进入共同的灵感当中。

尼采的第一封家书刻意把母亲和妹妹排除在他认为深刻或有意义的事物之外。事实上,这封信以某种卡通化的小学生的天真口吻写就,就连弗兰齐斯卡和伊丽莎白都觉得它空洞无物,令人恼火。"我们在索伦托!从贝克斯(Bex)到这里的旅程花了八天。在热那亚,我一度病倒卧床。从那里我们航行了三日,你猜怎么着?我们竟设法避免了晕船。我更喜欢坐船而不是坐火车。我讨厌坐火车。"[1]诸如此类。然而为他自己,他写了些不一样的东西,他承认,一想到自己曾经可能还没有见过地中海世界就死去,他就不寒而栗。

在参观帕埃斯图姆神庙(Paestum)时,他反思道:"对于一切完美的事物,我们往往惯于放弃追问来龙去脉,而只为当下的事实欢喜,仿佛它是由魔法创生的一般……我们几乎仍然感到(好比说像帕埃斯图姆这样的希腊神庙)势必是一个神在某个清晨玩笑般地以这些巨石建造了他的居所;而在其他时候,一块顽石忽然被魔法赋予了灵魂,此刻正想开口说话。艺术家明白,作品只有在激发出某种即兴创作的信念时,才算充分产生了效果,而这种信念是奇迹般地迸发的。故而,他可以借助这种幻象,在他的艺术当中引入那些在创作之初就表现出来的狂喜的不安、盲目的混乱和专注的遐思,以此欺骗观者或听者的灵魂,令其相信,完全和完美是在一刹那间出现的。"[2]

---

[1] 尼采致伊丽莎白·尼采的信,发自索伦托,1876年10月28日。
[2] *Human, All too Human*, Section 4, 'From the Souls of Artists and Writers', Section 145.

第九章　自由又没那么自由的精灵

自由精灵们逐渐上了轨道。他们在全然的自由中度过早晨。尼采每天（在大海允许的条件下）游泳、散步和工作。午餐时他们聚在一起。午后，他们或是结伴漫步于周遭的柑橘林间，或是骑着驴前往更远的地方，他们欢乐地发现，年轻的布伦纳的大长腿在坐骑上几乎垂到地面。傍晚他们共进晚餐，然后上到二层的大客厅里，根据一个共同学习的计划来展开富有启发性的交谈。雷和布伦纳轮流为尼采和玛尔维达朗读，因为后者的视力也很弱。

他们从布克哈特关于古希腊文化的讲座读起，然后是希罗多德（Herodotus）、修昔底德（Thucydides）和柏拉图的《法律篇》，接下来是阿夫里坎·斯皮尔（Afrikan Spir）的《思想与现实》（*Thought and Reality*），他是一位俄罗斯-乌克兰哲学家和形而上学者，在塞瓦斯托波尔（Sebastopol）围城期间与托尔斯泰在同一个营服役。斯皮尔的哲学体系建基于对绝对确定性的要求。重要的不是真理，而是确定性。唯一无条件的真命题是同一律：A = A。在成为（Geschehen）的领域里，没有什么是真正自我同一的。我们必须假设一个终极实在，尽管我们对它一无所知，但除了自我同一性，它还必须排除多元化和变化。斯皮尔声称，这为柏拉图和帕拉米德（Paramides）的直觉把握提供了某种逻辑论证。古怪的是，斯皮尔竟在此时对尼采产生了巨大的影响，要知道，斯皮尔是一位自然神论者，并且像叔本华一样也是一位形而上学家，而尼采的另一个强烈的兴趣点则是理性主义的法国道德家蒙田、拉罗什富科（La Rochefoucauld）、沃韦纳格（Vauvenargues）、拉布吕耶尔（La Bruyère）、司汤达（Stendhal）和伏尔泰（Voltaire）。

雷以进化论伦理学家自居，几乎可以肯定，正是他将法国理性主义者们引入阅读计划当中。在尼采的叔本华时期，伏尔泰可能是被诅咒的对象，然而这个冬天，他的思想发生了如此戏剧性的转向，以至当他的新书最终完成时，他想要将它献给伏尔泰。他开玩笑地把自己的新思想称为"雷主义"。

保罗·雷比尼采年轻五岁。他是一个富有的犹太商人的儿子。他不需要谋生，于是成为永远的学生，上了好几所大学，对法律、心理学和生理学进行广泛的研究。他在前一年获得了哲学博士学位。和瓦格纳、尼采一样，他的身量也不高。脸几乎说得上英俊，一头波浪形的棕发，带着一种和蔼的羞怯，这也解释了为何那些强势的女人，如伊丽莎白·尼采和露·莎乐美会对他下手。雷患有一些不明原因的慢性健康小问题，但他更大的问题是缺乏驱动力和自信。

跟尼采一样，雷也参加过普法战争并受了伤，但这并不妨碍他欣赏法国文化。他的世界主义观念迎合了尼采想要成为一个好的欧洲人而不是德国的好公民的雄心。从1876年10月到1882年，他们之间的友谊持续了差不多六年。其间，他们创作的文学作品在风格和思想上相互影响。两人都以古希腊为出发点，思考他们所处时代的哲学问题，努力适应后达尔文时代的人类知识重组。

雷在他1875年的博士论文中阐明了他的基本原则：

1. 人类行为不取决于自由意志；
2. 良心并不具备超验的起源；
3. 为着一个好的目的，不道德的手段往往值得嘉许；
4. 人类事务没有进步可言；
5. 康德的绝对命令不适用于道德学说。[1]

正是雷宣称，要像地质学家对待地球构造那样对待道德情感和概念，以达尔文的自然选择学说作为普遍的理论框架，并用科学自

---

[1] Paul Rée, *Notio in Aristotelis Ethicis Quid Sibi Velit*, Halle, Pormetter, 1875，转引自 Robin Small, *Nietzsche and Rée, A Star Friendship*, Clarendon Press, Oxford, 2007, p. xv.

然主义取代形而上思辨。

没有自由意志的信念,就不可能有道德责任的信念。指责或犯罪的观念本身就是错误的,因为它假定一个人有可能采取完全不同的行动。

归根到底,雷这种疏离甚至是愤世嫉俗的态度抹杀了任何意图,甚至否定了它启迪、指导、证明、提升或超越的任何可能性。正是因为抛开了形而上学,雷的观念甚至比叔本华更悲观,但也恰恰是雷的自然主义学说将尼采从叔本华和瓦格纳的形而上学浪漫主义推向了实证主义的科学观点,雷试图通过重建他们的历史或前历史发展来解释道德情感,亦即雷所谓的"进化伦理学",尼采深受其影响。

雷对道德感的解释是这样的:正如孩童通过日常经验、父母榜样和后天习惯来发展他们的观念,人类也随着时间的推移,发展出某种代代相传的道德本性。雷关于道德获取的思考遵循了达尔文在《人类的起源》中提出的进化伦理。尼采很有可能仅仅读过达尔文的二手材料,也许正是通过雷。[1] 尼采的英语阅读能力无疑是成问题的。尽管如此,我们确实知道,尼采对达尔文的《一个婴孩的生活简史》一文有直接的了解。[2] 这是一篇涉及达尔文儿子道德意识早期表现的短文。达尔文描述了他遇上两岁儿子威廉的情形,后者当时正从餐厅出来。威廉的眼睛看上去闪闪发光,"举止古怪,不

---

[1] 学生时代,尼采从弗里德里希·阿尔伯特·朗格(Friedrich Albert Lange)的 *Geschichte des Materialismus and Kritik seiner Bedeutung in der Gegenwart*(《唯物主义的历史和对其当前重要性的批判》[*History of Materialism and Critique of its Present Importance*])一书中获得了关于该问题的大部分信息。1887 年或 1888 年,尼采получил到了卡尔·威廉·冯·奈格利(Karl Wilhelm von Nägeli)*Mechanisch-physiologische Theorie der Abstrammungslehre*(《进化的机械生理学理论》[*Mechanico-physiological Theory of Evolution*],1884)一书的副本,该书是对达尔文主义的详细研究。见 Diethe, *The A to Z of Nietzscheanism*, Scarecrow Press, 2010, pp. 53-54.

[2] 发表于 *Mind*, 2 (1877), 291-292. 关于这个主题,详见 Robin Small, *Nietzsche and Rée*, pp. 88-90.

自然而且做作"。那孩子刚刚偷吃了一些糖。达尔文的结论是：孩子的不适感源于他想要取悦他人的欲望受挫，即便他刚刚经历了将过去和未来事件彼此关联的新能力。而这并不是因为害怕惩罚，因为这个孩子"从未以任何方式被惩罚过"。对雷来说，此文印证了他的博士论文中的第二个原则：良心并不具备超验的起源。尼采将要为此写作一整本书，探讨他所谓的道德谱系。

雷的口袋里总揣着拉罗什富科的《箴言录》。而他本人也是很厉害的格言编撰者，比方说，"教育修正我们的行为，而非品质"，还有"宗教源于对自然的恐惧，道德源于对人类的恐惧"。[1]

雷的博士论文中有一个大胆而令人讶异的声明："这篇论文中存在着留白，但留白总比拒绝留白要好。"而他所推崇的格言当中也存在着留白，这被他视为传递思想的一种手段。对于一个自称为进化伦理学家的人来说，格言是一种古怪而非科学的手法，因为科学证明的属性正在于从 a 到 b 的路径是透明的，而格言，正如尼采所观察到的那样，是猜想的伟大跳板："一条格言只要一经阅读，即被贴上了恰如其分的标签并被塑造，而不是被'破解'；恰恰相反，人需要成为它的注脚。"[2]

受到其启发，尼采开始模仿雷优雅的法式格言风格。由于他能够读或写的时间越来越短，简洁对他有着莫大的吸引力。"神经痛发作得如此彻底，如此科学，仿佛是在试探我到底能够承受多少痛苦，而每次试探都能持续 30 个小时。"[3] 他并不总是能找到一个抄写员把他的口述记录下来，而一则经过深思熟虑的格言只需要花很短的时间就可以付诸纸面。

他在笔记本上匆匆记录下的第一批格言，带着幸运饼干格言式

---

[1] Small, *Nietzsche and Rée*, pp. 72, 98.
[2] *On the Genealogy of Morality*, Preface, Section 8.
[3] 尼采致理查德·瓦格纳的信，1876 年 9 月 27 日。

的真知灼见："母爱存在于每一种爱当中；唯独父爱中没有它。""一个人想要看到事物的全貌，务必有两只眼睛——爱的眼睛，以及恨的眼睛。"[1]随着他的进步，他对德语日益不满。与法语相比，德语无疑是笨重的利维坦。它烦琐的结构完全不适合简练。任何试图以德语进行格言式写作的人，很快都会遇到这样一个问题，即，它的结构不能像在法语或英语中那样被敏锐而巧妙地加以切割。单独的助动词如同雪崩般层层滚落，破坏了简洁，也钝化了重点。尽管如此，他仍然从坚持中获得了极大的乐趣，那时他正在撰写的《人性的，太人性的》一书，最终由1400条格言或格言段落组成。

瓦格纳夫妇也在索伦托过冬，住在离鲁比纳奇别墅不远的维多利亚酒店。拜罗伊特戏剧节以来，尼采与瓦格纳唯一一次接触是在9月，大师突然来信要求尼采在巴塞尔买一些丝质内衣寄给他。接到信的时候，尼采正病得无法执笔，但他还是设法买妥了内衣并邮寄了出去，然后口述了一封深情款款的长信，随包裹附上。信中流露出乐意效劳的真挚喜悦：这个小小的使命让他回想起了在特里布申的那些快乐的时光。[2]

玛尔维达一行一到索伦托，就不失时机地拜访了附近的维多利亚酒店。他们发现瓦格纳正陷落在极度的忧郁当中。戏剧节的持续劳累的确令人精疲力竭。但更糟、更更糟的是戏剧节的不完美。他处于持续的愤怒状态。一切都搞砸了。他务必在明年的戏剧节上纠正这些艺术过失。然而，当首届戏剧节给他留下了14万马克的债务时，还会有下一届吗？他曾致信路德维希国王，提出了一个巧妙的计划，希图将债务转嫁给帝国，然而国王按照他的惯例，在遇到为难的事时，以不回信来避免麻烦。

这两拨人在索伦托的行程有大概两周的交集。我们了解到——

---

[1] 1876年笔记，转引自Small, *Nietzsche and Rée*, p. 58.
[2] 尼采致理查德·瓦格纳的信，发自巴塞尔，1876年9月27日。

主要是从玛尔维达那里——橄榄树林中的风、每日的探险观光、被流星雨照亮的夜间聚会，以及磷光海浪轻拍海岸的情形，然而关于尼采与瓦格纳的交谈，我们没有任何实质性的收获。科西玛的日记曾在第一天简短地提及尼采，说他看起来已经累垮了，并担心着自己的健康。[1] 她对雷的记录则毫不客气，他"那冷漠而严谨的性格对我们毫无吸引力可言；仔细观察后我们得出的结论是，他一定是个以色列人"[2]。她没有更多地提及尼采，不过，这也许仅仅是因为尼采病得太重而无法现身。十月对他来说是个糟糕的月份。在经历了一次"极其绝望的打击"之后，他前往那不勒斯咨询光学教授奥托·冯·施伦（Otto von Schrön），后者告诉他，如果结了婚，一切都会好很多。这很有可能是对于性交的委婉说法，而雷暗示道，他在那不勒斯或是回到索伦托时接受了这个建议，曾与妓女春风一度。玛尔维达则听信了教授的建议那天真无邪的一面，兴冲冲地安排了一连串相亲。她和尼采一道制订了计划，尼采在给伊丽莎白的信中曾对其有所概述。

"冯·迈森布格女士说，我们必须牢记这个计划，而你必须帮助以实现它：我们深信，长远来看，我将不得不放弃我在巴塞尔大学的生活，如果继续留在那里，将会牺牲我更为重要的人生规划，而我的健康也将彻底崩溃。"而解决办法是与一位富有的女士结婚。"'迷人，但是富有'，正如 M 女士所说，这个'但是'让我们大笑不已……有了这样一个妻子，我将在未来的几年寓居罗马，那地方无论对健康、社交还是我的研究来说都很适宜。这个计划将于今年夏天在瑞士推进，这样一来我就能以已婚身份回到巴塞尔。许多'人选'已经被邀请前往瑞士，比方说来自柏林的埃利泽·冯·比洛、来自汉诺威的埃尔斯贝特·布兰德斯（Elsbeth Brandes）。从智力的角

---

[1] Cosima Wagner, *Diary*, 27 October 1876.
[2] Cosima Wagner, *Diary*, 1 November 1876.

度来看，我仍然认为娜特（娜塔莉）·赫尔岑（Nat[alie] Herzen）是最合适的人选。你对来自日内瓦的年轻的科克特（Köckert）小姐的赞许令人印象深刻！向你致敬！但我仍然心存疑虑；还有，她的财产如何？……"[1]

他认为妻子最关键的品质（仅次于金钱）是能与他展开智力层面的对话直至终老。就这一点而言，他无疑把娜塔莉·赫尔岑视为杰出人选。娜塔莉和她的妹妹是俄裔犹太人，是鳏居的亚历山大·赫尔岑的女儿，由玛尔维达抚育长大，并被她视为养女。娜塔莉虽然足够聪明，但并不富有，所以尼采没必要编什么逃避的借口。很难想象尼采在考虑婚姻时会不带一丝恐慌。他收到了火车上那位调情对象伊莎贝拉·冯·德·帕伦的信，信中说希望能跟他在罗马相见，这时，他就突如其来地病倒了，对伊莎贝拉来说，这已经是尼采第二次病倒了。他病得太厉害，以至无法直接回信，但还没有病到忘记让他的出版商把《不合时宜的沉思》和问候转寄给她。

尼采似乎在火车上特别多情。在接下来的一次火车旅行中，他又被米兰剧院的一位年轻芭蕾舞者给迷住了："哦，你该听听我的意大利语！我要是个帕夏[2]，就会带着她跟我一起去普费弗斯[3]，在那里，每当我思考不下去的时候，她就能为我跳舞。时不时地，我还是会为自己没有为了她而在米兰至少多待上几天而生气。"[4] 但很快他就承认："婚姻固然令人向往，却是最不可能的事情——我很清楚这一点。"[5]

---

[1] 尼采致伊丽莎白·尼采的信，1877年4月25日。
[2] Pasha，奥斯曼帝国对地方官的旧称。——译注
[3] Pfafers，瑞士温泉胜地。——译注
[4] 尼采致玛维尔达·冯·迈森布格的信，1877年5月13日。
[5] 尼采致伊丽莎白·尼采的信，1877年6月2日。

瓦格纳夫妇于 11 月 7 日离开了索伦托，不过在此之前，也就是 11 月 2 日万灵节那天，他们两拨人聚在一起散步，然后在彼此的陪伴下度过了傍晚。伊丽莎白·尼采（从未去过索伦托）在为兄长写的传记中告诉世人，尼采与瓦格纳大吵一架，并导致他们此生不复相见。科西玛并没有印证这一说法。毕竟，她就在现场，但她当天的日记简短而平静。我们必须在此处提及伊丽莎白施展其捏造天赋的这个例子，因为她为其兄长所做的传记对于任何一位研究尼采生平的人来说都不容错过，而她对事件的失实描述影响了几十年来学术界关于尼采的生平研究。正如伊丽莎白编造其父亲的死因是为了转移人们对其家族感染梅毒可能性的关注，她那个与瓦格纳争吵的故事则是为了掩饰两人决裂的真正原因，那是后来才发生的，其核心是伊丽莎白极力想要掩盖的医学秘密和性丑闻。

伊丽莎白写道：

> （在索伦托的）最后那个傍晚，瓦格纳和我的兄长沿着海岸散步，他们登上了高地，在那里可以饱览大海、岛屿和海湾的壮阔景象。
>
> "正是告别的气氛啊。"瓦格纳说。
>
> 接着，他突然谈起了《帕西法尔》，那是他正在创作的新歌剧，以基督教的圣杯骑士为主题。这是他第一次详细地描述这部作品，并且用了一种非凡的方式来描述它——不是作为某种艺术的创作，而是作为某种宗教的、基督教的体验……他（瓦格纳）开始向我的兄长坦承其各种基督教的情感与体验，比方说忏悔和赎罪，以及对于基督教教义的所有倾向……他（尼采）认为，瓦格纳立场的突然改变不过是与德国统治力量妥协的某种尝试，因为掌权者们已经变得虔敬了——而他唯一

的目标就是取得物质上的成功。瓦格纳继续说着,最后一缕阳光在海面上消失了,薄雾与黑暗逐渐笼罩了一切。我兄长的心中也是一样,黑暗降临……何等幻灭啊!玛尔维达只记得我的兄长整个晚上都郁郁寡欢,很早就告退回了房间。他有一种预感,瓦格纳和他将再也不会见面了。[1]

这是彻头彻尾的捏造,却一直被视为真相,直到1981年瓦格纳的研究者马丁·格雷戈尔-德林(Martin Gregor-Dellin)讲述了真实的故事。

尼采到达索伦托时,瓦格纳对尼采糟糕的健康状况感到担忧,于是他写信给他的医生朋友奥托·艾泽尔(Otto Eiser),后者建议为尼采做一次全面的临床检查。从意大利归来后,尼采前往法兰克福接受艾泽尔和一位名叫奥托·克吕格尔(Otto Krüger)的眼科医生的检查。这是尼采第一次进行全面体检,他们为此花了四天时间。医生们诊断出眼球内部被称为眼底部分的病变,最初可能是梅毒感染引发的。他们还发现双眼视网膜都有严重损伤,正是这导致了剧烈的头疼,事实上,头疼并不是由"胃黏膜炎"而是由"中枢器官的过敏倾向"引发的,而后者的起因被他们诊断为过度的精神活动。他必须减少工作,制订一个工作之外的放松计划,服用奎宁并佩戴蓝色镜片。他们排除了脑肿瘤的可能性,这让尼采松了一口气。

当时人们普遍认为手淫会导致严重的眼疾,就像尼采所遭遇的那些,于是瓦格纳给艾泽尔医生写了一封极其轻率的信,道出了他的怀疑。"在评估 N 的状况时,我总是不断地想到具有相同或类似经历的智力超群的年轻人。看到他们被类似的症状拖垮,我非常确

---

[1] Elisabeth Förster-Nietzsche, The *Life of Nietzsche*, vol. II, pp. 11-13.

定这些都是手淫的后果。自从我在这些经验的引导下密切地观察 N 以来，他所有的气质特征和典型习惯都已把我的恐惧变成了某种坚信。"[1] 在那不勒斯那位医生的建议中，瓦格纳看到了进一步的证据来支持他的理论：尼采应该结婚，即，规范他的性生活。

艾泽尔医生回信道："在讨论他的性生活状况时，N 不仅向我保证他从未感染过梅毒，而且当我问及强烈的性唤起和异常的性满足时，他的回答同样是否定的。不过，我只是粗略地触及后面这一点，因为不能过分地对 N 施加这方面的压力。与此相反，我发现更有说服力的是，病人谈到他在学生时代曾感染过淋病，还说他最近在意大利遵循医嘱进行了几次性行为。这些陈述，其真实性无疑是无可争议的，它们至少证明了我们的病人并不欠缺以正常方式满足性冲动的能力；这种情况尽管在他这个年龄的手淫者中并非不可思议，但也不是普遍规律……我承认，我的反对意见远远不是无懈可击的，你对我们的朋友长期而详尽的观察大可用来反驳我的观点。我一定会更乐意接受你的假设，因为 N 的行为举止的方方面面也对我产生了影响，使得我认为这是相当可信的。"

艾泽尔接着写道，曾经有过因手淫而变得虚弱不堪的神经质、歇斯底里的病人康复的案例，但在双眼受到如此程度的损伤和恶化之后，康复已无可能。尼采的视力已无法恢复。艾泽尔排除了梅毒的可能性，并说慢性肾炎（肾脏疾病）才是问题的根源所在。

至于头疼："这类神经中枢的病理刺激几乎可以肯定与性领域有着直接的因果关系，因此，解决手淫问题对诊断来说有着至关重要的关联——不过，鉴于该恶习那众所周知的顽固性，我个人对任何治疗方法及其成效都半信半疑。"艾泽尔医生给出了与施伦医生

---

[1] 理查德·瓦格纳致艾泽尔医生的信，1877 年 10 月 27 日，转引自 Gregor-Dellin, *Richard Wagner, His Life, His Work, His Century*, trans. J. Maxwell Brownjohn, Collins, 1983, pp. 452-453.

相同的建议：如果能摈除恶习的话，也许通过缔结一段幸福的婚姻，他的总体状况（除了视力）会有所改善。[1]

两个如此深爱并珍视对方的男人之间的最后决裂，并非如伊丽莎白所说，是由于他们在对瓦格纳《帕西法尔》剧本的宗教性上的分歧，而是因为尼采最终发现了这番意图良好却令人崩溃的通信。

---

[1] 艾泽尔医生的报告，1877 年 10 月 6 日，转引自 Gregor-Dellin, *Richard Wagner*, pp. 453-454.

第十章

人性的，太人性的

思想者——同样也包括艺术家——当他们看到自己的身体和精神慢慢为时间所侵蚀时，会感到一种近乎恶意的快感。就好像他在墙角看到一个小偷正在偷他的钱柜，而他知道，钱柜是空的，他的宝藏已转移到了别处。

——《人性的，太任性的》，
《出自艺术家与作家的心灵》第 209 节

致玛尔维达·冯·迈森布格

卢加诺，周日晨［1877 年 5 月 13 日］

人在海上旅行期间的苦难是可怕的，但实际上又是可笑的，这正是当我身体状况很好的时候，头疼带给我的感觉——简而言之，今天我又一次处于某种平静的失能情绪当中，而在船上，我只有最黑暗的想法，我对自杀唯一的疑虑是，大海的何处最深，这样就不会被立即打捞起来，而不得不支付多得离谱的金子来报答他的救命恩人……我戴着最结实的眼镜，不信任任何人。海关的船吃力地驶了过来，但我忘记了最重要的事——为火车旅行登记我的行李。我就这样开启了一段前往无

第十章　人性的，太人性的

与伦比的国家酒店的旅程。马车包厢里有两个恶棍，他们企图强迫我在一家悲惨的小餐馆下车；而我的行李总是落在外国人手里，总有一个男人气喘吁吁地扛着我的手提箱。到站时也糟透了，一大帮无赖等着我付他们钱……我在瓢泼大雨中穿越了瑞士边境，先是一道闪电，接着是雷鸣。我把它视为某种吉兆。

他误会了。回到瑞士后，他的自嘲式幽默几乎毫无用武之地。意大利温和的气候并没能对他的健康产生预期的魔力，而尽管鲁比纳奇别墅中的社交生活令人愉悦，并能激发智力活动，却没能产生出一部作品。鉴于《不合时宜的沉思》既没能带来德国文化的复兴，也没能大卖，（最大的销量不过是在首届拜罗伊特戏剧节那数千个被吸引的观众中，卖出了90来本《理查德·瓦格纳在拜罗伊特》），他写信给他的出版商施迈茨纳："难道我们不应该认为《不合时宜的沉思》已经完结了吗？"[1] 施迈茨纳表示反对，但尼采已经走出了"沉思"那最初的、颇为挑剔的主题清单，转而专注于他在克林根布伦开始的新书，他曾逃离拜罗伊特音乐节在那里稍做喘息。《犁铧》和《自由的精灵》这两个书名已经演变成为《人性的，太人性的》，副标题是《一本献给自由精灵的书》。他将该书描述为某种危机的纪念碑。其主题是人类的状况。理性是它的支柱。书中的语言不是暴力的、说教的、夸耀的或晦涩的，而是个人的、明晰的、优雅的。这也许是他最可爱的一本书。

目力所及，他所看见的是启蒙运动和浪漫主义在填补传统思维方式崩溃后所留下的空白方面的不足。急需一个干净的开端，"抛开鬼魅和隐士的影子把戏"。对他来说，亦即，抛开对古希腊

---

[1] 尼采致埃内斯特·施迈茨纳（Ernest Schmeitzner）的信，1877年2月2日。

文化荣光的追缅，抛开叔本华，抛开瓦格纳，抛开将世界界定为意志与表象的区划。此书将标志着他从语言学家和文化评论家发展成了论战家。这不是写给哲学家的书。这本书写给那些愿意考察文化、社会、政治、艺术、宗教、哲学、道德和科学问题的求知精神，不受偏见、假设和历来用以限制真实的思想自由的所有其他虚构的束缚。他将以伏尔泰式的眼光打量现象世界，承认本体世界对人类而言不仅遥不可及，而且毫无日常意义。他将是在对其自身的切实占有中变得自由的精神，是启蒙运动的继承者。他在扉页上声明将此书献给伏尔泰，以此宣示他的意图。这是对瓦格纳的炫耀式挑衅。

他把全书分成几个章节：

> 关于最初的事物与最后的事物
> 关于道德感的历史
> 宗教生活
> 出自艺术家与作家的心灵
> 高级文化与低级文化的标志
> 交往中的人
> 妇女与儿童
> 国家之一瞥
> 自我独处的人
> 置身朋友当中：一则结语

每个章节由编号的格言或格言段落组成。《关于最初的事物与最后的事物》开宗明义地指出所有既往哲学家的基本思想中的先天缺陷：他们将人性视为 *aeterna veritas*，即永恒的真理。作为某种在所有动荡中一成不变的东西，作为衡量事物的安全尺度，人在他们面前徘徊不去。但哲学家所断言的一切，基本上不过是在一个非常有限的时间跨度内观察到的关于人的陈述。[1]人类已然进化。既没有永恒事实，也没有任何绝对真理。人类发展中一切至关重要的因素都发生在原始时代，远在我们或多或少熟悉的四千年之前。这些年来，也许人并没有改变太多。不过，哲学家看到了今人的"本能"，并将其设定为人性中不变的事实。在此基础上，他把它们作为理解普遍世界的钥匙。然而对世界的理解是无法通过拟人化或共心性（homocentricity）来达成的。[2]

宗教、道德和审美情趣仅仅属于事物的表面，尽管人们愿意相信它们触及世界的核心。这是由于它们为他的生命赋予了意义，令他深感幸福或是不幸。于是，他在占星术的错觉中自欺欺人，相信星空围绕着他本人的命运而旋转。[3]

梦，是形而上学和文化的起源。原始人类认为他可以在梦中认识第二个现实世界。这是一切形而上学的起源。没有梦，人类便没有分裂世界的契机。身体和灵魂的二分正是与这些关于梦的古老信仰相关。灵魂显形的假设也基于此；这是所有关于鬼魂也许还包括神的信仰的起源。[4]

形而上学假设是充满激情的自欺错误。尽管如此，尼采仍然愿意承认可能存在一个形而上学的世界，因为我们几乎无法质疑它的可能性。不过，即便证明了形而上世界的存在，关于该世界的知识也无疑是所有知识中最无用的：甚至比水的化学成分的知识对处于海难危险中的水手而言更加无用。[5]

关于逻辑和数学的章节读起来就像是一个非数学家的复仇：逻

---

[1] *Human, All Too Human*, 'Of First and Last Things', Section 2.
[2] Ibid., Section 2.
[3] Ibid., Section 4.
[4] Ibid., Section 5.
[5] Ibid., Section 9.

辑建立在与现实世界完全不符的假设之上。[1] 同样的道理也适用于数学,如果人们从一开始就知道自然界中没有完全的直线,没有纯粹的圆,也没有绝对的起点,那么数学当然就不会诞生。[2] 我们还记得尼采在普弗尔塔那份糟糕透顶的数学报告,他告诉我们,数字定律建立在最初普遍存在的谬误之上,即存在许多相同的事物,但实际上没有任何事物是相同的。多重性假设总是预设有一些事物会重复发生。这是错的。我们生造出完全不存在的同一实体和个体。在另一个不是我们臆想出来的世界中,数字定律完全不适用。它们仅仅在人类世界中有效。[3]

而题为《关于道德感的历史》的章节则提出了警告。心理观察必须是自由思想的基础。人类不能免于看到自己躺在心理学手术台上被刀和钳子剖析的恐怖景象。[4]他还援引拉罗什富科以强化这一警告:"人们所谓的美德,通常不过是一种由激情所形成的幻影,人们为了随心所欲而免于惩罚,于是赋予它一个诚实的名字。"[5]人类这种超级动物(Das Über-Tier)想要被欺骗。社会本能源于对快乐的共同享有和对危险的普遍厌恶。道德则是一个用以维系超级动物秩序的官方谎言。

《国家之一瞥》这一章指出,拥有最高才智的政府会危及自由,并处在专制主义的边缘,然而一旦涉及大众,人们就必须习惯于这种令人遗憾的必要性,"就像习惯地震一样"。此处他引用了伏尔泰:"当民众参与思考时,一切都失去了意义。"[6]

1　*Human, All Too Human*, 'Of First and Last Things', Section 6.
2　Ibid., Section 11.
3　Ibid., Section 19.
4　Ibid., 'On the History of the Moral Sensations', Section 37.
5　La Rochefoucauld, *Sentences et maxims morales*, 开篇之句, 为 *Human, All Too Human*, 'On the History of the Moral Sensations', Section 35 所引。
6　Ibid., 'A Glance at the State', Section 438.

社会主义的意图无可指摘，然而整个旧文化乃是建立在武力、奴役、欺骗和错误之上的。作为这一过去的整体产物和继承者，我们不能否定自身，可能也无法期许放弃其中任一部分。"我们所需要的不是强行的再分配，而是思想的逐步转变：每个人的正义感必须增强，而暴力的本能必须削弱。"[1]

他带着坚如磐石的自信论述宗教。这里，他的立足点比科学、治国方略和数学要稳固得多。他的《圣经》式格言带着《圣经》的节律。

他从《圣经》中摘取具体的经文，并以拆解这些经文为乐。例如，《路加福音》第18章第14节，原文为："因为凡自高的，必降为卑；自卑的，必升为高。"尼采将它写成："《路加福音》第18章第14节证明了：自卑之人想要被擢升为高。"[2]

信仰"更高的骗局"即宗教，这也包括对理想的信仰，它们都面临着被盲目的科学信仰所取代的危险，而科学由于其对确定性的许诺，即将被提升到宗教的地位。希望达成精神自由的人务必对宗教、科学和理想给出分析和批判的解释。这样的自由精灵还不存在，但总有一天他们会出现：尼采描述道，他们正慢慢地向他走来，如同幻影般出现在未来的迷雾中。他们是地球的漫游者，知晓自己是前往乌有之乡的旅人。但这并没有毁了他们的生活；恰恰相反，他们在不确定性和暂时性之中获取乐趣并得到解脱；他们欢迎每一个新黎明带来的神秘，因为它将带来思想的进化。

尼采把《人性的，太人性的》称为一座危机纪念碑：不仅仅是与瓦格纳之间意识形态的决裂危机，也是对他过去十年那枯燥乏味的学术生涯的厌恶危机。回首往事，他感到愤怒，因为他被过早地推入了一个他并不适合的职业领域：语言学给他带来的空虚感和饥

---

[1] La Rochefoucauld, *Sentences et maxims morales*, 'A Glance at the State', Section 452.
[2] Ibid., 'On the History of the Moral Sensations', Section 87.

饿感，只能通过瓦格纳鸦片般的魔咒才能得到饱足。然而，音乐鸦片之梦无法安抚现实。《人性的，太人性的》标志着他寻找自由精灵的哲学之旅的开端，一个人存在感的空虚可以在抛开理想或神性的情况下得到满足，甚至抛开他自身对音乐中崇高性的敏感。

《人性的，太人性的》是尼采第一本以编号章节的格言风格写就的书。在糟糕透顶的健康状况的驱使下，他不得不这样断断续续地写作，但他把自己的痛苦变成了一种优势。通过写作，他意识到格言是一次挑衅、一个跳板、一种刺激，促成了更深层次、更进一步的质疑。这本书标志着他开始成为一位真正的原创文体家和思想者。

1878年1月中旬，他把第一卷的完成稿（还会有一卷）寄给了他的出版商施迈茨纳。随之附上了一份详细的说明列表。本书务必及时出版，以纪念5月30日伏尔泰逝世100周年。不得以任何方式进行宣传。务必以匿名形式出版，如此，那些支持或是反对尼采的派别就不会对这本书持有偏见。封面上出现的作者名务必是"伯恩哈德·克龙"（Bernhard Cron）。尼采还在出版材料中附上了一份虚构的克龙小传以备印制。

> 据悉，伯恩哈德·克龙先生是一位来自俄罗斯波罗的海诸省的德国人，近年来一直四处游历。在意大利期间，除了致力于语言学和古籍研究外，他还结识了保罗·雷博士。经由雷博士介绍，他与施迈茨纳先生取得了联系。由于在未来几年中他的地址将会不断变更，因此，信件应当转交给克龙先生的出版人。施迈茨纳先生迄今从未见过他本人。[1]

---

[1] Schaberg, *The Nietzsche Canon*, p. 59. 另见 Förster-Nietzsche, *The Life of Nietzsche*, Vol. II, p. 32.

施迈茨纳先生斩钉截铁地拒绝了。一本由"伯恩哈德·克龙先生"所著的格言集压根儿不会溅起半点水花,而《悲剧的诞生》作者的一反常态则是一个重大事件。他壮着胆子写信给尼采:"凡是允许自己在公开场合讲话的人,一旦改变了观点,也就有义务在公开场合自我驳斥。"[1] 施迈茨纳订购了 1000 册的印刷量,并且不顾尼采对宣传的禁令,将该书定价为 10 马克。这使它成为目录中价格最高的一本书,表明他对它抱有很高的期许。

尼采的名字出现在扉页上,他主动去掉了曾经引以为傲的教授头衔。4 月下旬,他寄出了 28 册赠书。给保罗·雷的那本上有这样的题词:"我所有的朋友都一致认为,我这本书是您写的,或是源自您的影响。因此,我也祝贺您获得了新的作者身份!……雷主义万岁!"

雅各布·布克哈特喜欢这本书。他称其为一本能够增加世界独立性的主权出版物,但他和雷是仅有的热衷者。其他收到赠书的圈内人,都曾追随尼采进入了瓦格纳-叔本华迷宫。他们不同程度地感到困惑,被背叛或是被排斥。罗德问道:"一个人可以删除自己的灵魂,并突然用另一个人的灵魂取而代之吗?尼采会突然变成雷吗?"这个问题也困扰着那些曾经勇敢地支持《悲剧的诞生》的忠诚的少数人。"我不要信徒!"[2] 当他们表示出怀疑时,尼采严厉地回答。

一位匿名通信者从巴黎给尼采寄来了一尊伏尔泰的半身像,附上一张便条:"伏尔泰的灵魂向弗里德里希·尼采致意。"[3] 这也许是美貌的露易丝·奥特寄来的,他和她曾在拜罗伊特节期间坠入爱河。在她回到巴黎的银行家丈夫身边后,他们还保持着缠绵的通

---

1 欧内斯特·施迈茨纳致尼采的信,转引自 Förster-Nietzsche, *The Life of Nietzsche*, p. 32.
2 尼采致玛蒂尔德·迈尔 (Mathilde Meier) 的信,1878 年 7 月 15 日。
3 *L'âme de Voltaire fait ses compliments à Friedrich Nietzsche.*

信。或者也可能是瓦格纳安排从巴黎寄发的。他很喜欢开玩笑。

这本书于 4 月 25 日寄到了瓦恩福里德。给伏尔泰的题献引发了讶异之情。快速浏览之后，瓦格纳决定不去读这本书，这样也许对作者比较好。然而科西玛读了。她从中读出了"许多愤怒和沉闷"，并且看到了比伏尔泰的影响更为糟糕的东西，即整个犹太人阴谋接管欧洲的缩影。保罗·雷是犹太人，在索伦托结识他的几分钟之内，她就嗅出了这个事实。科西玛对《人性的，太人性的》做出了这样的解释："以色列终究以雷博士的形式介入其中，非常圆滑，非常冷静，由尼采主导着，实际上却操控着他——这是犹太与德国关系的某种缩影。"[1] 之后她做出了十分戏剧化的姿态——烧毁尼采的信件。

瓦格纳本人则在他创办的报纸兼宣传材料《拜罗伊特活页报》上公开回应了这部作品。尼采拒绝这份报纸的编辑职位后，瓦格纳任命汉斯·冯·沃尔措根（Hans von Wolzogen）接替了他的位置。这是一个反犹主义者，也是一个二流知识分子，他在附近建造了一幢引人注目的别墅，并对瓦格纳极尽逢迎，就此钻进了瓦恩福里德的阵营。尽管尼采是出了名地鄙视报刊文化，并曾拒绝这个职位，但他妒忌冯·沃尔措根的编辑身份。这是一个有权势的职位。

瓦格纳这篇文章表面上是对德国的艺术与大众关系的一份综述，实质上却是他对自己和叔本华主义的辩护，是对形而上概念尤其是"艺术天才"这一概念的辩护，他认为自己是该概念在欧洲的最好例证。他对科学知识模式的兴趣感到遗憾，因为该模式过于强调化学和难以理解的方程。他将怀疑论的崛起归咎于此。对形而上学的否定导致了对包括"天才"概念在内的所有属人概念的质疑。这种否认天才享有进入现实之神秘内在本质的特权的说法，完全是

---

[1] 科西玛·瓦格纳致玛丽·冯·施莱尼茨（Marie von Schleinitz）的信，1878 年 6 月。

一派胡言。科学思维永远无法实现与人类精神的直观联系。[1]

尼采当时尚未发现瓦格纳和他的医生之间那一番可怕的通信，他没有公开回应，只是私下指出这篇文章是报复性、伤害性的，而且论证得也很差。这篇文章令他感到自己就像是"一件来自理想世界的行李"般无所适从。在这一年接下来的时间里，他遭遇了长时间的健康危机。每当他感觉好了一点儿时，就记下一些驳斥性的材料，它们将出现在《见解与箴言杂录》及《漫游者和他的影子》当中。它们构成了《人性的，太人性的》一书的第二部分。其创作过程是令人沮丧和痛苦的。

> 除了少数几行之外，一切都是我散步时想到并用铅笔草草写在六个小本子上的；每当我打算正式动笔时都会生病。我不得不放弃20个比较长的思想序列——不幸得很，这些内容其实相当关键——因为我没时间从我那潦草得可怕的铅笔涂鸦中辨认出它们……与此同时，我的记忆与这些思想之间的关联也变得松散。我不得不从你所谓的"大脑能量"中偷取几分钟或几刻钟，并且是从一个痛苦不堪的大脑中窃取而来。[2]

休完一年的带薪假之后，他再次回到巴塞尔尝试教学。他发现，如果不能感到自己在做一些有实际意义的事情，就无法继续他的生活。

巴塞尔来了一位新的眼科大夫，鲁道夫·马西尼（Rudolf Massini）。他询问了艾泽尔医生之后，认为不应低估麻痹性痴呆的

---

[1] 1878年8—9月间，瓦格纳在《拜罗伊特活页报》上发表了三篇关于《受众与流行》的文章。
[2] 尼采致约翰·海因里希·科塞利茨（亦名彼得·加斯特［Peter Gast］）的信，1879年10月5日。

可能。他预言尼采可能会失明，并应在几年内应禁止一切阅读和写作。马西尼无异于宣判了死刑。

本来，身边有科塞利茨为他阅读和誊写，有伊丽莎白打理家务，对尼采来说，继续教学是比较容易的，然而，科塞利茨已前往威尼斯继续作曲家的生涯，而伊丽莎白也不打算再回到他的身边。

她因为《人性的，太人性的》一书中公开的反基督教而备感屈辱。这本书令整个家族蒙羞。现在，她的兄长还说要放弃教授职位，迈出这一步将会让他变得一文不名、毫无地位，也会令教授职位那道曾经反射到他母亲和她自己身上的明亮光芒消失殆尽。在瑙姆堡这么一个压抑、父权尤其是传统的社会里，这可不会对她的婚姻前景有任何帮助。

是时候改变同盟了。可以从别的源头处借来光芒，比方说瓦格纳和科西玛，他们正如日中天。自从尼采在特里布申将伊丽莎白介绍给了科西玛，她就一直在许多小事上发挥着自己的作用。这两位女性都有强烈的布尔乔亚属性，也有着强烈的宗教情结。两人都被《人性的，太人性的》这本书所排斥和伤害。科西玛在写给伊丽莎白的信中坦承，她认为这本书在智力上无足轻重，在道德上令人悲哀。至于风格，则是既造作又敷衍。科西玛相信，她几乎在每一页里都能找到"肤浅而幼稚的诡辩"。尼采的变节如此绝对。他已经离开他们，飞往了"戒备森严的所在"，即犹太人。

伊丽莎白由衷地支持这样的观点。她已开始与一位名叫伯恩哈德·弗尔斯特（Bernhard Förster）的反犹煽动者领袖通信，他们相识于拜罗伊特。他的民族主义和反犹主义远比其兄长的欧洲主义和"雷主义"更吸引她。她无意成为一个自由精灵；恰恰相反，她珍惜每一条将她束缚于社会与传统的羁绊。她哥哥在巴塞尔的圈子里到处都是单身汉，但事实证明，他们的浪漫不会开花结果。是时候回到瑙姆堡专注于她的婚姻前景了。

没有伊丽莎白打理家务,尼采从人们的视野中消失了。他卖掉家具,搬到了城郊动物园附近的简易居所。巴赫莱顿大街(Bachlettenstrasse)11号离大学颇远,但他仍英勇地前往,去履行他的教学职责。他独自生活,"因疼痛和疲惫而半死不活",他仔细地记录着开支,并制订了一个类似于在普弗尔塔时的日程表,以确保自己在接下来的200周里既能保持智力上的高效,又能在财务上不超出预算。

1879年5月2日,他以健康状况不佳为由,正式辞去教授职务。医生们说是教学和写作导致了他糟糕的身体状况,他寄希望于他们说的是正确的。他本人也一直在指责瓦格纳的塞壬之歌。"直到现在,我那些很成问题的思考和写作也总令我生病,然而只要我仍是个真正的学者,我就还能保持健康;但随后音乐击垮了我的神经,形而上哲学让我担心千万个完全不关我事的问题……"[1] 一旦卸掉这两个负担,他就能恢复身体健康。

6月30日,大学批准了他的辞呈,给予他连续6年、每年3000瑞士法郎的退休金。由于并未在瑞士连续居住八年以上,他没有资格成为瑞士公民。而他乐于接受自己的无国籍状态。这正是一个理解普遍道德的立场,并基于对生活的全新评价来重塑善恶,而不仅仅是折中地借用。也许他终究成了真正的自由精灵。

为了效法童年时代的英雄荷尔德林,他在瑙姆堡的城墙上找到一座古塔,在那里他可以一边当园丁,一边以低廉的开销生活。但仅仅过了6周他就意识到,当园丁需要更强壮的背部和更好的视力。就这样,他的漫游生涯开始了。

---

[1] 尼采致玛维尔达·冯·迈森布格的信,1877年7月1日。

第十一章

漫游者和他的影子

> 在阿尔卑斯的山间,我是无懈可击的,尤其是当我独自一人,除了我自己以外没有别的敌人时。
> ——1877年9月3日写给玛尔维达·冯·迈森布格的信

尼采卖掉了他的财产,留下了书籍和一些照片。他将财务委托给了他最可靠的朋友奥弗贝克代为管理,并将自己的笔记和笔记本交给伊丽莎白妥善保管(这是一个严重的错误,也是命运的质押)。他仅仅保留了两箱他割舍不下的书。这些书陪伴着他走遍了阿尔卑斯山间的"牛奶与空气疗养"胜地:达沃斯、格林德尔瓦尔德(Grindelwald)、因特拉肯(Interlaken)、罗森劳伊巴德(Rosenlauibad)、尚福尔(Champfèr)和圣莫里茨(St Moritz)。他像普罗米修斯一样在高地上游弋,每天常常要走上八到十个钟头,一心一意探究宇宙的奥秘,在思索着这个不完全理解的广袤领域时发现了一种奇妙的明晰。他在布满石头的崎岖山路上尽可能走得高些,然而,他的攀登往往不得不在即将抵达至高处时停下来,在那里,当他记录着他对下一本书的想法时,亘古不化的积雪的反光就像利剑一样刺痛他的双眼。

第十一章 漫游者和他的影子

在本书中，你将看到一个工作在"地下的人"，一个挖掘、开采和探索地下世界的人。如果有一双足以洞察这项深度作业的眼睛，你就会看到，他缓慢、谨慎、温和而不可动摇地向前推进，几乎看不出什么苦恼的迹象，而这种苦恼本来是任何长期不见天日的人所不可避免的。你甚至可以说，他相当满足于在黑暗中工作。这是否意味着，也许有某种信念在引导着他，有某种慰藉在给予他报偿？仿佛他要的就是这种长期的黑暗，就是不可思议、不为人知和难以理解，因为他知道这样做的结果是什么：他自己的清晨、他自己的救赎、他自己的曙光？……一旦他重新"成为一个人"，他很快就会亲口告诉你，这个托菲乌尼斯（Trophonius）［阿波罗之子，被大地吞噬，此后便在地底，以神谕之神的身份活下去］，这个地下工作者。谁要是像他一样，如鼹鼠一般在地下孤独地生活了这么久，谁就会完全不知道什么叫作保持沉默。[1]

《曙光》前言中的这一段，也是他在漫游时期的写照，这一段游荡在欧洲的山川海岸的荒野岁月，把昔日那位半盲的前语言学家鼹鼠，变成了拥有广阔预言视野的盲人先知。

穴居的鼹鼠在林木之间十分自在，树冠将光线柔化为一片昏沉的绿意。更重要的是，树冠令他躲开了那些满是电荷的云层，它们长期以来令他不胜其扰。自从本杰明·富兰克林（Benjamin Franklin）在1752年的风筝实验中明显地从云层中吸收到电能以来，一个人把自己想象成某种电导体也并非全然离谱，不过今时今日，从大气中吸收电的概念被视为某种精神疾患的妄想症状，最常见于精神分裂症。

---

[1] 1886年《曙光》第二版前言第1节。

长久以来，尼采总是特别容易受到电风暴的影响。从他在普弗尔塔的学生时代起，其同窗就已注意到，他的创造力和音乐即兴创作的最具灵感和狂喜的迸发都产生于雷雨之中。狄俄尼索斯的父亲宙斯曾以霹雳的形式现身，而随着对狄俄尼索斯感到愈发亲近，尼采相信自己或许比这世上任何一个人都更容易受到云层中电流的影响。他想去巴黎，在那里举行的电力展览会上将自己作为标本展示，并且他还认定，电比瓦格纳的音乐对他的健康更有害。

"我是那些会爆炸的机器之一……云层中的电子模式和风的效力，我确信我 80% 的痛苦是由这些影响造成的。"[1] 这时候的发作常常包括持续三天的剧烈疼痛和呕吐，伴随着一种半瘫痪的、晕船的感觉，以及实实在在的说话困难。然而，在高山间稀薄的空气里，他也发现自己时不时地会被突如其来的极度幸福感所淹没，其强度是他从未体验过的。他感到自己是那么稀薄，那么怡然缥缈，他在山川间穿行自如，就仿佛某个超凡的力量想要试一试新笔，于是在纸上画下一道漫不经心的之字纹路。他开始用森林的覆盖率来评估群山，以躲避无处不在的天空。

极富传奇色彩的条顿堡（Teutoburg）森林是罗马军团被日耳曼部落击败之处，给予人最深的黑暗和最大的满足。穿行于幽暗的阴影当中，他用他所谓的"被诅咒的电报风格"写满了十二个袖珍笔记本——这是他得以在头痛的间歇记录下重大思想喷发的唯一方式——尽管他的出版商已经写信告诉他，电报式格言录的市场已经饱和，如果想要赢得读者，他确实需要改变其散文风格。

尽管收到了这样的建议，他还是给施迈茨纳寄去了《见解与箴言杂录》与《漫游者和他的影子》，这两个集子各有数百条格言，构成了《人性的，太人性的》一书的附录。他还寄去了一本由 575

---

[1] 电：见 1881 年 8 月和 9 月致彼得·加斯特和弗朗茨·奥弗贝克的信。

第十一章　漫游者和他的影子

条格言组成的新书，名为《曙光》，副标题为《论道德即偏见》。书中所涵盖的思想从逗狗的道德到尼采比较典型的关注点：瓦格纳、自由意志、个人自由、宗教和国家。

《曙光》在唯物主义的道路上走得更远。此书写作于他对当代科学猜想颇感兴趣的时期，与此同时他还欣喜地发现了17世纪的犹太哲学家斯宾诺莎。"我的孤独现在是两个人的孤独！实在是又惊又喜！我有了一个先行者！"他为斯宾诺莎做了一首诗，他在后者身上看到了自我的投射"对自由意志、目的、邪恶、道德世界的秩序和非自我主义的否定……当然，差异是巨大的，但那更多的是时代、文化和知识领域的差异"[1]。他阅读了罗伯特·迈尔（Robert Mayer）的《热力学》（*Mechanics of Heat*，1866）、博斯科维奇（Boscovich）的非物质原子理论，以及后达尔文主义唯物主义医学博士路德维希·毕希纳（Ludwig Büchner）的《力与物质》（*Force and Matter*，1855），这本畅销书传播了这样的信条："现时代的研究与发现已经令我们不再怀疑，人及其所具备的一切，无论是精神的还是肉体的，都与其他所有有机物一样是自然的产物。"F. A. 朗格的《唯物史观》（1866）则断言，人只是普遍生理学的一个特例，而思想只是生命物理过程中的一个特殊链条。当尼采在《看哪这人》（该自传写于1888年，当时他正徘徊于理智与疯狂之间）当中回顾并记录这一年时，他描述了自己对生理学、医学和自然科学那种炽热而专一的迷恋。这就是他在接下来的著作《曙光》中着手探究的观念：人仅仅是一个身体的有机体，其精神、道德，以及宗教信仰和价值都能用生理学和医学进行解释。当时人们普遍认为，人类可以通过饮食来控制自身的进化发展，从而控制未来。这也是十年前才离世的哲学家和人类学家费尔巴哈所总结的著名态度："如

---

[1] 尼采致弗朗茨·奥弗贝克的信，1881年7月30日。

果你想要改良民众，那就给他们更好的食物，而不是对罪恶喋喋不休。人就是他所吃的东西。"[1]

然而，与之直接矛盾的是，《曙光》中也引入了关于疯癫的兴奋和迷狂对于伦理道德史意义的推测。尼采提出，在数千年习俗的可怖压力之下，唯一的突围方式乃是"……借由一个可怕的随从：几乎无处不在的疯癫，它为新观念铺平了道路，它打破了对习惯和迷信的尊崇。你明白为什么必须借由疯癫才能达成这一切了吧？"疯癫，乃是彻底的自由。这是神性的号角。如果疯癫不是被赋予的，那么它一定是被假定的。

> 一切生来不能忍受任何道德束缚和注定要重新创造律法的高人，即使他们实际上还没有发疯，也都只能别无选择地让自己变疯或者装疯……啊，赐予我疯狂吧，来自上苍的力量！只有疯狂才能使我真正相信自己！请让我的头脑谵妄，让我的身体痉挛，让我的眼睛看到稍纵即逝的光明和周而复始的黑暗；让我在凡人未曾见过的冰与火面前颤抖，让我在巨大的声响和无声的阴影中惊恐不安；请让我像野兽一样咆哮、哀鸣和爬行吧：只有这样我才能真正相信我自己！怀疑占据了我的身心，我已经杀死了律法，律法之让我感到痛苦，正如尸体之让活人感到痛苦；如果我不能超出律法，那么我就是所有人中最邪恶的人了。[2]

该书的结尾，发出了挑战所有人的号角：

---

[1] 艾达·奥弗贝克（Ida Overbeck）回忆道，尼采在 1880 到 1883 年间引用了费尔巴哈的观点，当时尼采在奥弗贝克家小住过几个时期，参见 Gilman (ed.), *Conversations with Nietzsche*, pp. 111-115.

[2] *Daybreak*, Book Ⅰ, Section 14.

第十一章　漫游者和他的影子

> 我们这些精神的飞行者……这强大的渴望会把我们引向何处？这种渴望对我们来说比任何欢愉都更有价值吗？啊，这正是一切人性的太阳迄今为止陨落的方向。人们有一天也许会这样说我们：我们取道西行，希望到达某个印度——却命中注定要葬身于无尽苍茫？或者，我的兄弟。或者？——

很少有作者敢于以"或者？——"来结束一本书。

他的疾病就是他通往印度的亚历山大之旅，是他用以对抗无尽苍茫之摧残的手段。每一次痛苦的发作都考验着他不可战胜的能力，每一次康复都是一次重生，确证了苦难作为启示代价的价值。从（想象的或真实的）死亡边缘复苏令他的创造力喷薄而出，日复一日，他孤独地向着其父亲死亡的年龄迫近，这位失明而疯狂的父亲死于"脑软化"，而尼采一直期望自己也能如此。

回顾 1879 年，有 118 天他记录下了严重而致残的疾病。而在直面塔纳托斯（Thanatos）[1] 之时，他取得了哪些成就呢？几篇不太重要的小文章、一个半途而废的教授职位、两本著作：《悲剧的诞生》，除了取悦瓦格纳——这位早已被他超越的父亲之外，对于重塑文化世界没产生任何有意义的影响；还有《人性的，太人性的》，这本书抒发了他的伊卡洛斯（Icarus）之志，即，无论蜡融掉的代价是什么，精神都应该飞扬。该书赢得了三位崇拜者，没有书评，仅仅卖出了 100 册，这促使他的出版商警告他，不要以其身体能承受的唯一方式[2]来产出更多的书了。

他决定，他的精神孤立要尽可能全面地反映在他的外在生活上。他不想要人类的陪伴，哪怕是一个抄写员。不能让任何事物稀

1　希腊神话中的死神。——译注
2　这里指格言体的写作方式。——译注

释主观经验的强度。如果这是对知识的严酷考验，那就必得冒着精神错乱的危险。

随着圣诞节这一可怕的情感时刻的临近，他回到了瑙姆堡，打算在城墙的塔楼上度过他的孤独时光。但他病得太重了。他的母亲和妹妹把他安顿在了儿时的老家——位于魏恩加滕街的那所房子里。围绕着尼采那卧病在床的自由精神，所有恼人的琐碎仪式川流不息，这些仪式确保了旧秩序的延续：教堂礼拜、常青树、蛋糕、身着最好的衣服进行的礼节性拜访、不温不火的感情、对理性分析的刻意否定。这可绝不是一场经由甜蜜的日神理性改造过的、令人耳目一新的酒神式狂欢，但他无法谴责"我所被教导相信的这一套新教对于历史的杜撰"[1]，或是采取任何道德或伦理的立场，因为事实上，他在12月24日倒下了，三天后他陷入了昏迷。在他康复的那几周里，他的母亲唠叨着要他继续学习希腊语，这对他的康复毫无助益。他开始向他的朋友们承认他不喜欢他的母亲，"而听到妹妹的声音也令我心烦意乱。跟她们在一起时，我总是生病。我们很少吵架……我确实知道该怎么应付她们，但就是对不得不这么做而感到不适"[2]。

2月10日那天，他已复原到足以溜之大吉。他跳上一列火车，召唤忠诚能干的科塞利茨前往加尔达湖（Lake Garda）畔的小城里瓦（Riva）跟他碰面。科塞利茨会把尼采磕磕绊绊地戳在笔记本里的内容做一个漂亮的誊抄版本，这样施迈茨纳就能够阅读并印制它了。

对这位自我怀疑的作曲家，尼采采取了一种古怪的占有方式——为之重新命名。尼采给他起了一个名字，叫作"彼得·加斯

---

[1] 尼采致彼得·加斯特的信，1879年10月5日。
[2] 尼采致弗朗茨·奥弗贝克的信，1880年3月27日。

特"。科塞利茨立即采纳了这个名字,并且终其一生都保留着它。该名字的谱系宛如谜团,是玩笑、严肃和象征性的某种妙趣横生的糅合。"彼得"是基督的首席门徒圣彼得,基督称之为"我在其上建立教会的那块磐石"[1]。"加斯特"意为"客人",这两个词合在一起就成了"那位石头客人",亦即莫扎特歌剧《唐璜》中那位致命的骑士长的角色。骑士长或曰石头客人的角色乃是复仇之神。把自己认同为唐璜的形象,是尼采的一个尽管次要却反复出现的主题。他清楚地表明他不是那个诱惑了无数人的唐璜,而是"知识的唐璜",一个不顾一切地追逐着"最高最遥远的知识星辰"、前去探索禁地的人,为了获得知识的奥义,愿意牺牲自己不朽的灵魂,永远忍受地狱无休无止的折磨。在歌剧中,当唐璜最终越界时,正是石头客人将他逼入了地狱,在无休止的折磨中付出代价。尼采为科塞利茨起名为彼得·加斯特,同时赋予了他首席门徒和复仇之神的双重角色。就这么一位温顺的朋友而言,后一个角色似乎显得异常不合适,毕竟他鞍前马后地追随尼采,多年来充当着无薪秘书和抄写员。

彼得·加斯特一向对尼采的书报以狂信,而尼采也全心全意地支持着他的音乐创作。加斯特是尼采也许可以成为的那种作曲家。尼采对朋友们赞美他的天分,并要求他们资助加斯特的滑稽歌剧《秘密婚礼》(*Il matrimonio segreto*),这部歌剧的音乐完全摆脱了瓦格纳那种致命而美妙的形而上学迷雾。3月,他们两人离开里瓦前往加斯特定居的威尼斯。表面上,尼采来威尼斯是为了敦促加斯特的歌剧创作,事实却是,他在用加斯特所谓的"撒玛利亚人的工作"令他的朋友分心。这包括每天两次为尼采朗读和听记,以及一再地把他从一大堆身体毛病和事故当中解救出来。

---

[1] Matthew 16:18.

钱在威尼斯挺管用的。尼采在贝伦迪宫（Palazzo Berlendi）租下了一个非常宽敞而冷清的房间，需要通过一段最豪华的大理石楼梯拾级而上。他的窗户俯瞰着一处标志性的风景，这风景对他这一代人和未来的数代人而言意义非凡。

"我租到一个可以看到死亡之岛的房间。"[1] 他写道。

殡葬观中一定有某些东西弥补了新生代对传统幻想的崩溃。就在尼采旅居威尼斯的同一年，象征主义画家勃克林（Böcklin）正在创作《死亡之岛》（*The Island of the Dead*）[2]，据纳博科夫（Nabokov）观察，这幅画将被挂在列宁、斯特林堡、弗洛伊德和希特勒的墙上，并被作为文化徽章挂在19世纪80年代至20世纪30年代每一位柏林知识分子的墙上。瓦格纳被勃克林对于当下情绪的把握深深打动，邀请他为自己在拜罗伊特的新歌剧《帕西法尔》做舞台设计。勃克林拒绝了，于是这项任务才转而交给了保罗·冯·茹科夫斯基（Paul von Joukowsky）。

尼采的窗口可以俯瞰勃克林所描绘的景象，送葬船划破平静明亮的水面，载着死者向墓地岛合拢的围墙驶去。墙的上方耸立着高大黝黑的柏树，手指般指向天堂和坟墓之外的神秘。这景色将激发尼采写下《墓歌》，那是他最美的诗作之一，诗里写道，岛上的坟墓中埋葬着他的青春，埋葬着"温柔而陌生的爱情奇迹"，以及"鸣唱着我的希望的小鸟们"。

升温后的威尼斯蚊虫肆虐。尼采头也不回地离开了这座水城。彼得·加斯特回到自己的工作当中，如释重负。

两年间，尼采浪迹四方。每到一处新的所在，他都萌生希望，认为已经找到了自己的世外桃源（Arcadia）。不同地方的美令他战

---

[1] 尼采致弗朗茨·奥弗贝克的信，1880年3月27日。
[2] 事实上，勃克林的画作描绘的是位于佛罗伦萨的墓地，也是经由水路到达的，然而由于有水的缘故，人们一直认为他所描绘的是威尼斯圣米歇尔的墓地岛。

栗,并对大地深深爱慕,它如此恣意地美丽着,仿佛没有什么比作为一个变调式的希腊英雄来体验生命更自然的了,既是英雄史诗,又是田园牧歌。"我也在阿卡狄亚(*Et in Arcadia ego*)……某些人曾经就是这样生活着,这样反复地感觉自己存在于世界上,而世界也存在于他们当中……"[1]

不过,每到一个新的世外桃源,他最终总会发现一些无法忍受的不完美之处:要么太高,要么太低,要么太热、太潮或太冷,要么就是错误地位于电闪雷鸣的云层和一碧万顷的天空之下。总有一个充分的理由令这位漫游者继续上路。

夏季,他住在凉爽的阿尔卑斯山区,而当山间变得太冷,第一场降雪带来的雪光对他的双眼造成威胁时,他就忙不迭地开启灾难性的火车之旅(丢行李,丢眼镜,连方向感也丢了)前往温暖的法属里维埃拉(French Riviera)或是意大利。随后,1881 年 7 月,他在锡尔斯-玛利亚(Sils-Maria)找到了他的人间天堂,这是圣莫里茨周遭的上恩加丁地区(Upper Engadine)那令人沉醉的风景中星罗棋布的众多美丽村落之一。锡尔斯-玛利亚攫住了他的灵魂,威尼斯从未做到这一点。"我必须前往墨西哥的高原俯瞰太平洋才能找到类似的所在(比方说瓦哈卡[Oaxaca]),而那里的植被当然是热带的。"[2] 他在给彼得·加斯特的信中发疯般毫无理由地写道,还在同一封信中继续向加斯特保证,他应该很快就可以卸去秘书之责,因为听说有位丹麦人发明了一种新型打字机。他已经给发明者寄去了一封咨询信。

瑞士的旅游热潮刚刚开始,锡尔斯-玛利亚有几家简陋的旅馆,但即便如此,它们也太贵,太社交化了。尼采在村长吉安·杜里施(Gian Durisch)简朴的房子里找到了一个位于楼上的僧侣式房间。

---

[1] *Human All Too Human*, Book Ⅲ, 'The Wanderer and his Shadow', Section 295.
[2] 尼采致彼得·加斯特的信,1881 年 8 月 14 日。

村长在楼下卖杂货，在花园里养猪养鸡。每天收费一瑞士法郎。[1] 一棵高大的松树紧挨着他那间卧室兼书房的东窗生长着，把窗外射进来的光线过滤成一片昏暗的绿色。这对他的眼睛无疑是一种恩典。

他爱锡尔斯-玛利亚并非因为它使他免于疾病。恰恰相反，在7月和9月，它令他比以往任何时候更濒临死亡："我绝望了。疼痛正在征服我的生命和意志……我曾五次召唤死神医生。"[2] 然而，沉沦得越深，便超拔得越高："前所未有的思想出现了……"他把自己比作一台可能爆炸的机器，而在8月初，他也的确经验到了自提出酒神/日神二分法以来的第一次爆炸性想法。站在席尔瓦普拉纳湖（Lake Silvaplana）畔一块后来被他命名为"查拉图斯特拉之石"的金字塔形巨石旁，他构造出了永恒轮回的思想。

> 假如恶魔在某一天或某个夜晚闯入你最难耐的孤寂中，并对你说："你现在和过去的生活，就是你今后的生活。它将周而复始，不断重复，绝无新意，你生活中的每种痛苦、欢乐、思想、叹息，以及一切大大小小、无可言说的事情皆会在你身上重现，会以同样的顺序降临，……存在的永恒沙漏将不停地转动，你在沙漏中，只不过是一粒尘土罢了！"[3]

如此慑人又如此重要的想法，他在一张纸片上记录道，这是他在"海拔6000英尺，比人类的一切事物都要高得多"的地方想到的。

---

1 根据1501年到2006年的瑞士消费价格指数，当时瑞士的熟练建筑工匠的平均工资为每天2.45瑞士法郎，或每周12.25瑞士法郎。这个租金是比较低廉的。
2 致弗朗茨·奥弗贝克的信，1881年9月18日。
3 *The Gay Science*, Book Ⅳ, Section 341.

第十一章 漫游者和他的影子

这或许与他当时所读的一些科学书籍有关系，他做了一些笔记：

> 力的世界不遭受削弱，否则在无限的时间里它会变得衰弱并毁灭。力的世界不遭受中断，否则它就将会被达成，而存在的时钟便会停止。无论这个世界**能够**达至何种状态，它势必已经达成了，并且不是一次，而是无数次。就拿这一刻来说吧，它已经存在过一次和多次了，而它还会像此刻这样再次来临，带着所有分布于其中的力量，站在产出它的那一刻，以及它所产出的那一刻。人类啊！你的整个生命就如同沙漏般一次又一次地翻转，一次又一次地耗尽——在世界的循环往复当中，直到所有产生你的条件到来，其间存在着极为漫长的一分钟。然后，你就能找到每一种痛楚和欢愉、每一个朋友和敌人、每一次期许和错误、每一片草叶和每一缕阳光，万事万物的纽结。在这个圈环当中，你是一粒微小的晶体，一遍又一遍地闪耀着。而在所有人类存在的那个圈环里，总有一个钟头——先是对一个人，然后是对许多人，然后是对所有人——最强有力的思想浮出水面，那就是万物永恒轮回的思想：每一次，都是人类的正午时分。[1]

他将人的生命表达为人类存在之环的观点绝非巧合。瓦格纳不仅仅创作了他的歌剧《指环》，而且精心地把它结构成了一个环形、一个永恒轮回、一个沙漏翻转又翻转的环形叙事。

尼采也是在其锡尔斯-玛利亚笔记中首次写下了查拉图斯特拉这个名字，但也只是名字。这两种观念还需要酝酿数年才能成熟。

---

[1] Notebook, 1881.

到了 1881 年 10 月，锡尔斯-玛利亚冷了起来。"我凭着一个疯汉的满腔精力前往热那亚。"他最终在那里的一个阁楼落下了脚。"我得在房子里面爬 164 级台阶，因为房子本身就坐落在一条陡峭的宫殿街道上。由于街道陡峭，而且尽头是一大段台阶，所以这里十分安静，石头间满是荒草。我的健康状况一团糟。"[1] 他花钱很省。这往往意味着他好几天都靠干果过活。有时候，好心的女房东会帮他做饭。他也付不起房间的暖气费。他会去咖啡馆里坐着取暖，可是太阳一出来，他就跑到海边一个孤零零的悬崖上，躺在阳伞下，像蜥蜴那样一动不动。这对他的头部有帮助。

一般来说，尼采并不在意自己给人们留下的印象。在这些漂泊的岁月里，人们记得他的静默、他的被动、他的轻言细语、他寒素却整洁的衣着、他对所有人尤其是对女性所表现出的一丝不苟的好风度，以及由于他的嘴永远藏在胡子里，双眼永远藏在蓝色或绿色的镜片后面，而整张脸则被绿色遮阳帽进一步深深遮挡而造成的诡异的面无表情。然而尽管如此，他并不是一个影子，他从来没有被忽视过；他的周遭浮动着那种"我与你同在"的气场，这令他的存在更加引人注目。他发现"即使是最生性温和、平易近人的人，如果他留着一部大胡子，他的和善与平易似乎也会完全消失在大胡子的阴影中，那么他通常就会被认为不过就是那一副大胡子的附属物，也就是一种好勇斗狠、易怒的并且偶尔会使用暴力的个性——并且据此对他做出反应"[2]。

1882 年 2 月，保罗·雷带着打字机来到热那亚。马林-汉森书

---

[1] 尼采致伊丽莎白·尼采的信，1880 年 12 月 5 日。这个阁楼位于巴蒂斯汀坡道（Salita delle Battistine）8 号，内格罗别墅（Villetta di Negro）公园的对面，他在这座公园里觅得了平静与阴凉。

[2] *Daybreak*, Book IV, Section 381.

写球（Malling-Hansen Writing Ball）是一个半球形装置，类似于一只黄铜刺猬，每根鬃毛的尖端都有一个字母。当手指按动，鬃毛就会把该字母印在纸上。这台机器在巴黎展出时，引发了一些关注。尼采对它寄予厚望，希望它能使他通过触摸来写字，这样眼睛就不会受累了。可它没能取得立竿见影的成功。"这台机器就像小狗一样脆弱，造成的麻烦也一样的多。"它在运输过程中损坏了，无法正常工作，而即便修好，对他的双眼而言，盯着打字机的按键也并不比盯着笔尖在纸上的移动更为容易。万幸的是，目前有保罗·雷在身边帮忙。

他们去剧院观赏莎拉·伯恩哈特（Sarah Bernhardt）出演的《茶花女》，然而非凡的莎拉并不比那台打字机更成功：第一幕结束时，她晕倒了。观众们等了一个钟头，当她回来时，她的血管却爆裂了。尽管如此，她那雕像般的外形和威严的举止仍唤起了尼采对科西玛的温柔记忆。

3月，雷继续前往罗马，再次与玛尔维达·冯·迈森布格会合，她已将"自由精灵学院"从索伦托转移到了罗马，在这里它被称为"罗马俱乐部"。一天傍晚，雷突然闯进来，疲惫不堪，身无分文，在蒙特卡洛输光了所有的钱。显然，是一个好心的侍者借了些钱给他，他才能到这里。玛尔维达急忙跑出去给等在那里的出租车付费，雷则加入了这群自由精灵的集会，并立刻被露·莎乐美[1]那惊人的个性迷住了。她是一位优雅而有见识的俄国少女，芳龄二十一，具有强烈的魅力、独创性和智慧。露正和她的母亲一起旅行，表面上是为了健康，实际上是为了获得比在俄国更多的女性学术机会。露的父亲是一位在拿破仑战争中功勋卓著的将军，他去世后，露和她的母亲就从圣彼得堡前往苏黎世，让露去实现她的学术

---

[1] 露·莎乐美（1861—1937），俄国一位胡格诺派将军的女儿，她的母亲是德国人。

抱负。她参加了苏黎世大学的一些讲座，但那时她已开始吐血，这意味着她得搬去南方。她凭着一封介绍信来到了玛尔维达的罗马沙龙，在这里，露不是第一次，也不是最后一次，投入了命中注定的知识女性角色当中。在她悠长的一生中，露·莎乐美令众多杰出的知识分子拜倒在她的石榴裙下，包括赖纳·马利亚·里尔克（Rainer Maria Rilke）和西格蒙德·弗洛伊德。

在罗马俱乐部里，尼采的名字被雷和玛尔维达奉为神明。很自然地，露便流露出想要与之见面的强烈意愿。当时尼采还在热那亚，而露立即与他的朋友雷开始了一段密切的关系。每当玛尔维达的文学沙龙在午夜时分结束时，雷都会护送露回家。很快，他们每天午夜到两点之间都会漫步于竞技场周围的街道上。这样的行为当然令露的母亲深感震惊。就连进步的女性主义者玛尔维达也提出了抗议。"于是我发现，"露假惺惺地写道，"在这类事件中，理想主义会在多大程度上干扰个人自由。"[1] 她从不忌惮于扮演塞壬或是喀耳刻。她自己也承认，她很早就决定在任何时候都要按自己的方式行事。她将讲真话视为"强制的吝啬"，绝不应该让这种吝啬妨碍基本目标的实现。"我在家里被宠坏了，所以感到自己无所不能。如果没有我在镜子里的形象，我将无家可归。"她在回忆录中写道。她的回忆录对其自身的个性有着毁灭性的清晰认识，而对其他的真相则置若罔闻。

雷欣喜若狂地写信给尼采，提到这位"精力充沛、聪明绝顶的存在，有着少女般的，甚至是孩童般的特质……你绝对必须认识这位俄国姑娘"[2]。

尼采觉察到这是玛尔维达的一个婚姻计划，从热那亚开玩笑地

---

[1] Lou Andreas-Salomé, *Looking Back, Memoirs*, trans. Breon Mitchell, Paragon House, New York, 1990, p. 45.
[2] 保罗·雷致尼采的信，1882年4月20日。

回复道，如果这意味着婚姻，那他可以忍受两年，不能再多了。尼采所不知道的是，露和他一样反对婚姻观念。终其一生，她都更愿意同时与两位男性一道生活。事实上，她的确在5年之后结婚了，但那只是因为那位求婚者当胸捅了自己一刀，并且威胁说如果她拒绝，他就捅死他自己。他们的婚姻维持了45年，始终不渝，尽管这段婚姻从不圆满，而且她很高兴女管家能成为她丈夫的长期情妇。露则把自己忠实的倾慕者引入了这段婚姻，其中的第一位就是雷。

在热那亚，尼采第一次观赏了歌剧《卡门》。只要一有机会，他就会再看一次。在余生当中，他观赏这部歌剧多达20遍。《卡门》取代了他对《特里斯坦和伊索尔德》的痴迷。这部歌剧由比才（Bizet）作曲，剧本改编自普罗斯佩·梅里美（Prosper Mérimée）的小说，它没有刻意追求崇高，甚至也不追求非凡。与瓦格纳不同的是，它没有提供灵魂的冒险，甚至不妨称之为一部唯物主义歌剧。《卡门》不需要大型管弦乐队。其曲调极其悦耳而易于哼唱。持续时间也不长。它无视形而上学，也不涉及神明或传说，甚至无关乎国王和王后们。它讲述的是一个在下层阶级当中发生的情欲八卦故事。唐·何塞是个不起眼的小下士，他循规蹈矩的狭隘人生与具有强烈酒神气质的卡门发生了碰撞。卡门是一个在卷烟厂工作的茨冈女郎，热情似火，情欲旺盛。她是一个（露·莎乐美式的）蛇蝎美人，随心所欲地占有或抛弃男性。卡门在唐·何塞身上激起了难以理解又无法控制的关乎情欲、嫉妒和占有欲的强烈扰动，不可避免地导致他在酒神式的狂暴中谋杀了她。

露表示她想要前往热那亚与尼采见面，听说他不会在那里等她来，就很生气。他早已决定离开热那亚前往西西里岛。对尼采的健康来说，这个决定毫无意义。热那亚的3月对他来说已经很热了，而西西里岛只会更热。但在山间度过的这些个夏天令他感到，在高海拔地区避暑使他更接近云层中的电流，这加剧了他的病情。他想要尝试在离天堂最远的距离上度过一个夏天——在海平面上。此外，《卡门》唤起了他对南方的渴望。

> 南欧那些悦人耳目的事物当中的粗俗元素并没有逃过我的眼睛，但它没有令我感到不快，就像在庞贝漫步或是阅读古籍时偶遇的粗俗一样［他指的可能是色情艺术］。为什么会这样呢？莫非是因为在同一类型的音乐或小说中不存在羞耻感，所有那些粗俗的一切就像任何高贵、可爱和热情的事物一样，充满了自信和自洽？动物和人类一样拥有自己的权利，就让它自由地奔跑吧——而你也一样，我的朋友，无论如何，你也还是一种动物啊！[1]

另一个前往墨西拿[2]的诱因是瓦格纳，他正与科西玛在那里过冬。尼采与瓦格纳已有三年未曾联络，但尼采常常梦见他和科西玛。这些梦都是友好、积极而一厢情愿的。他想要再次见到他们。

他写了八首轻快的小诗，题为《墨西拿田园诗》，大多关于船只、山羊和少女，他意气风发地登上了一艘开往墨西拿的船，却严重晕船，到达西西里岛时，他的身体已经垮了，而瓦格纳和科西玛已然离去。瓦格纳在巴勒莫时突发胸口痉挛，于是赶紧回家。从迦太基海岸吹来灼热的风，这风裹挟着细小的令人难以忍受的沙砾磨蚀着每一处表面和缝隙，以令人精神压抑著称。尼采这趟不适的西西里之行唯一的可取之处是看到了斯特龙博利（Stromboli）火山，这座火山那些关于飞行的鬼魂的传说后来被他写进了查拉图斯特拉的故事里。

---

[1] *The Gay Science*, Book Ⅳ, Section 77.
[2] 墨西拿（Messina），意大利城市，为西西里岛上的第三大城市。——译注

雷不断地寄来卡片和信件，称许着露·莎乐美的智慧。尼采收到了一封来自玛尔维达信，几乎是一种传唤："一个极为出众的姑娘（我想雷已经向你提到过她了）……似乎在哲学思想上取得了与你大体上一致的结论，即，在践行理想主义方面摈弃了每一种形而上学假设，并且不再关心对形而上问题的解释。雷和我都希望看到你跟这位非凡的存在在一起……"[1]

又一趟可怕的乘船之旅把他从西西里岛带了回来。恢复元气后，他登上了开往罗马的火车。

---

1 玛尔维达·冯·迈森布格致尼采的信，1882年3月27日。

第十二章
哲学与爱欲

> 女人了解这最精美的佳肴:油腻一点点,清淡一点点——哦,多少命运就系于这一点点!
>
> ——《查拉图斯特拉如是说》,第三卷,《论沉重的精神》第 2 节

早在与尼采谋面之前,露就决定要跟他和雷生活在三人世界(*ménage à trois*)里。她将之设想为某种哲学自由精灵的圣三位一体,"充溢着心智的灵性和敏锐"。

她的这一幻想成型于尼采到达罗马之前的那段时间,当时她和雷在午夜时分徘徊于竞技场周遭,雷滔滔不绝地谈论着哲学,并且没完没了地说起他那位聪明的朋友。

"我得坦率地承认,"她写道,"是一个单纯的梦境令我确信我的计划的可行性,尽管该计划与所有社会习俗背道而驰。在梦中,我看到了一间满是书籍和鲜花的可爱书房,两侧各有一个卧室,我们在两个卧室之间来回走动,像同事一样,愉快而认真地一道工作。"[1] 但他们三人如何使用这两间卧室,这一点并没有说清楚。

露没有向玛尔维达隐瞒她这一非同寻常的计划,而后者称之为

---

[1] Lou Andreas-Salomé, *Looking Back*, p. 45.

无耻的幻想,并开始感到忧心。露那位不太灵光并且永远在谋略上略输一筹的母亲说,她要召集她的兄弟们来反对这个不光彩的方案。所有人都反对它。就连雷也说"有些不知所措",尽管他全心全意地爱着她。在认识她的头三个星期,他就已经向她求过婚了,其中还包括一个不寻常的条件,那就是不能有性行为,因为这让他感到恶心。而露也对性感到厌恶,因为她十多岁时在圣彼得堡曾经遭受过创伤,她所信赖的智识导师,一位已婚的荷兰牧师(他的女儿们跟露同龄)突然对她用强。如果露看重自己的名誉,那么雷所提议的"无性婚姻"将正合她意。不过,露从不在乎她的名誉。在她漫长的一生中,她最喜欢的就是俘获小资产阶级(*épater les bourgeois*)。

1882年4月20日尼采乘货船离开墨西拿,并于4月23日或24日抵达罗马。他在奢华的马泰别墅(Villa Mattei)里稍事休整,玛尔维达照顾着他,几天后,他被认为已经从这趟航海旅行中恢复过来,可以和露见面了。他们一致选定圣彼得大教堂的方厅作为见面地点,对于自由精灵们的无神论者圈子而言,这是一个奇怪的选择。

这是他第一次来到罗马。从玛尔维达位于竞技场附近的别墅出发,前往圣彼得大教堂去最终与那位神秘的女孩会面,没有哪一份旅行指南能够让他对此有所准备。仿佛忒修斯跟随阿里阿德涅的线团穿过弥诺陶的迷宫,他沿着贝尼尼设计的巨大托斯卡纳廊柱所投下的阴影前行。一旦进入香火缭绕的幽暗教堂,他的双眼就难以发现她了。后来的露变成了一位不穿紧身褡的巴洛克式美女,绽放在丝绸、流苏和皮草当中,与朱迪特·戈蒂埃不无相似,不过现阶段,她作为哲学家学徒的制服却始终如一,修女般圣洁:深色高领长袖曳地长裙,其下以紧身胸衣勾勒出沙漏形的身材。暗金色头发一丝不苟地挽向脑后,露出一张古典的俄国美人的面庞,宽脸,高颧骨。她有一双蓝眼睛,其目光往往被描述为智慧、强烈而热情。她自知其美貌,并享受着它的力量。

她说,尼采最先打动她的是他双眼的力度。它们令她着迷。这双眼睛似乎更多的是向内而不是向外看。虽然是半盲的,但不带半点窥视或畏缩之意。也没有近视眼那种凝视或入侵的特征。"最重要的是,他的眼睛仿佛是他的宝藏的守卫者和保护者——那无声的秘密——不速之客是看不见它的。"[1]

这一定是后来才得出的结论。在圣彼得大教堂中,他一定戴着他那副有色眼镜,没有它的话,他什么也看不见。拜那厚厚的镜片和教会的幽暗所赐,露势必看不到他的眼睛。

"向内的,也可以说向着远方",露这样形容他的注视。这或许也是一幅自画像,是对她自己目光的描述。别人常常形容她的双眼具有凝望远处地平线式的奇异的超然特质。这令他们渴望打一个响指,从而捕获她的全部目光,触摸她遥不可及的内核,并迫使她看向眼前这个现实世界。她的轻率热情、无所顾忌与这些陌生而疏远的眼神之间的矛盾,使得她在获得忏悔方面拥有某种特异的天分。她像镜子般倾听,反映着说话者的所思所想。她几乎不说什么,但她的被动鼓励着更进一步的披露。她将会是西格蒙德·弗洛伊德允许对他女儿安娜进行精神分析的人。

尼采向她致以显然事先演练过的问候:

"我们从哪颗星星上降临,被带到此处相聚?"[2]

"苏黎世。"她的回答十分直白。

一开始,尼采觉得她的俄国口音刺耳。而她最初也同样感到失望。她本以为会见到一个旋风般的男人,一个跟他的思想一样张

---

[1] Lou Andreas-Salomé, *Nietzsche*, trans. Siegfried Mandel, University of Illinois Press, 2001, pp. 9, 10.

[2] Andreas-Salomé, *Looking Back*, p. 47.

扬、一样具有革命性的人，或至少，一个颇具威仪的男人。而眼前这个男人太过平凡，太不起眼，太容易被人忽视了，这真是可笑。他身材矮小，举止沉稳，棕色的头发精心梳理过，衣着整洁，似乎想尽量不引人注目。他的语调很静，几近于无声。笑声也是静的。他给人以深思熟虑的总体印象。说话时微微弓着肩膀，几乎像是要把词汇推出身体。他带给她某种不适感，似乎有一部分的他正置身事外。

难道这真就是雷曾向她谈及的那个打破偶像的人？此人曾夸口说，如果哪一天没有破除掉自己的一个信仰，那么这一天就算是虚度。他沉默寡言的孤独仿佛一种挑衅。她想要知道他小心翼翼地设置在其真实自我和世界之间的距离背后究竟隐藏着什么。不知怎的，她感觉自己被他那"造作而优雅的姿态"蒙骗了。

他那造作而优雅的姿态显然跟他的问候一样是费心排练过的，那次问候一下子就把他二人的命运和凤缘提升到了更高的境界，而通过援引希罗多德的一段话，他把他们的相遇放置在了永恒轮回的轮轴之上，他曾在《不合时宜的沉思》第二卷中引用过这段话，如今它又启发了他关于永恒轮回的新思想："……每当天体的星座重复出现时，同样的事情，无论多么微乎其微，也都一定会在地球上再次发生；就是说，每当诸星体间形成某种次序时，都会有一个斯多葛派和一个伊壁鸠鲁派联手谋杀恺撒，而当它们形成另一种排布关系时，就会有哥伦布再次发现新大陆。"[1]

露和尼采在圣彼得大教堂交谈之际，雷早已躲入附近一间忏悔室的阴暗角落，名义上是在满怀虔诚地写着笔记。露暗示她和尼采曾直接探讨过关于他们"未来三位一体的存在"，以及应该在哪里实施它，不过后来她又矢口否认，推翻了她这个"三位一体"梦想

---

[1] *Untimely Meditations*, 'The Uses and Disadvantages of History for Life', Section 2.

的故事,说是尼采闯入了她和雷所拟定的只有他们两人共同生活在一起的知识分子伴侣计划。无论他们在罗马相识的这第一个礼拜究竟发生了什么,可以确信的是他们三人正在制定共同生活的计划。尼采满腔热情地投入这个计划。他希望再次成为一名学生。他想要参加索邦大学的讲座,以追求他关于永恒轮回观念的科学验证。露和雷也很乐意前往巴黎,在那里他们可以与伊万·屠格涅夫有进一步的交往。

圣彼得大教堂的那次会面使尼采不堪重负,以至他不得不回到玛尔维达别墅中他的床上去休息。雷和露前来探望他,他为他们朗读和背诵了当时正在写作的书《快乐的科学》中的内容,流露出他对于即将到来的冒险那不可抑制的亢奋与喜悦。在序言中,他写道,该书不过是在长期的匮乏与无力之后的一次欢娱,是被未来重新唤醒的信心的一种流露,表达了他对再次扬帆起航的期待。他在热那亚时就开始写作这本书了。当时他正被《卡门》音乐中那单纯的肉身性所蛊惑,被卡门本人那永恒女性的形象所引诱,也被一个诱人的念头所吸引——有一位名叫露·莎乐美的美丽聪颖的姑娘正在罗马告诉所有人她决心要见他。此时此刻他们已经见面了,而且今后还打算去巴黎。

尽管露声称热爱尼采,她却从未读过他的作品,不过没关系:她的热情、智慧和严肃性都给尼采留下了深刻的印象。

尼采素有厌恶女性的名声,在这一点上,他基本当之无愧。在其生命中的诸多时期,当他因母亲和伊丽莎白诱发的锁链病而感到不堪重负时,他写下过关于女性的粗俗之语。然而在这一时期,他对于女性的同情和对女性心理的洞察在当时是十分了不起的。

《快乐的科学》中关于女性的格言显然是积极的,具有同情的。更重要的是,他表达了某种革命性的观念,即,上流社会女性在其悖论式的教养过程里存在一些相当惊人而畸形的状况。在成长中她们得对情色之事尽可能地无知，并被告知这是邪恶的、极其可耻的一件事。紧接着，她们就像是被一道可怕的闪电扔进了婚姻——并恰恰是被她们最爱恋、最尊崇的男性主宰着进入对性的恐惧和责任里。她们该如何应对这种神与兽的出乎意料而令人震惊的接近？"就这样，"他敏锐地总结道，"打上了一个也许无法开解的心结。"[1]

这也许是在描述露和她所尊敬的那位年长教师之间的关系，以及他突然"由神化身为兽"的肉体攻击给她带来的持久创伤。

圣彼得大教堂会面之后的那一周里，露对尼采愈发着迷。她把他看成一个笨拙地戴着面具的人。在她看来，他显然是在扮演某个角色以便融入这个世界。他就像是来自旷野、降临自高处的神，穿上衣衫，要从人间经过。神必须遮住面容，以免人类因直视其耀眼的目光而死。这让她想到，她自己从来不曾戴过面具，从不觉得有必要为了被理解而拟造一个表象。她把他的面具理解为抚慰，理解为出于对他人的善意和悲悯。她引用了他的格言："深思之人在与他人的关系当中会把自己视为喜剧演员，因为他们首先需要拟造一个表象，以获得理解。"[2]

他建议她考虑按照他决定要遵循的原则去生活——*Mihi ipsiscripsi*（"我为自己而写作"），以及品达那句"认清你之所是，成为你之所是"。她将这两句话作为一生的准则。

露对尼采的心理状态有了自己的解释，她在大量的文章和一本著作里做出了详细的阐发。[3] 她极为重视他的疾病，视之为某种创造性的源泉。只要他病着，他就不需要华贵的外貌，也不需要对其天才的外在证明。疾病令他能够在此生此世中活出无数个人生。她

---

1 *The Gay Science*, Book Ⅱ, Section 71, 'On female chastity'.
2 Andreas-Salomé, *Nietzsche*, p. 11. 她引用的是《人性的，太人性的》中《见解或箴言杂录》第 232 条箴言。
3 Lou Salomé, *Friedrich Nietzsche in seinen Werken*, 1894.

注意到他的生命是如何陷入一个普遍的模式。周而复始的病痛总是把他生命的一个时期与另一个时期界分开来。每一次疾病都是一次死亡，一次向着地狱的跌落。而每一次复原则都是一次欢欣的重生，一次涅槃。这种生存模式令他精神焕发。他称之为 Neuschmecken（"新的尝试"）。每一次短暂休养之后，天地焕然一新。故而，每一次康复便不仅仅是他本人的重生，也是一个全新世界的诞生，是一系列新的问题急需新的答案。这就像是每一年的春耕期里，神被犁进土壤之中。唯有经历这一痛苦的过程，才能令他有新的领悟。在这种庞然而动荡的大周期之中，也存在着较小的日常周期。他的心理模式就像是海岸上永不止息的浪潮，不断涌起，不断退去，受困于无休无止的可怕推力，无法停歇。"因思想而发病，又因思想而康复，"露毫不怀疑，"他正是他自己的病因。"[1]

尼采从一开始就对那个三位一体的同居关系很当真。他恶作剧地将其重命名为"非神圣三位一体"，不过，他同时也很重视社会习俗，认为有必要通过提出求婚来保护露的名誉："我认为自己有义务向你求婚，从流言蜚语当中保护你……"他请雷代为传达求婚意愿。

这对雷而言，无疑是一项古怪的委托，因为他本人也早已向露求婚，并越来越深地陷入爱河。一收到尼采的求婚，露就担心对她的争夺会危及整个智力实验。毋庸置疑，这项事业将会以而且必须以情欲为能量来驱动，却永远不会付诸肉体上的实施。她授意雷以她的名义拒绝求婚，并请他向尼采解释，她在原则上是不愿意结婚的。无论如何，她还补充了一个颇为实际的注释：一旦结婚，她就将失去作为俄国贵族之女的津贴，而这是她唯一的收入来源。

罗马正变得潮湿而不健康。尼采卧床的时间已经足够久。如果

---

[1] Andreas-Salomé, *Nietzsche*. p. 13.

想要恢复健康，他就需要凉爽清新的空气。尼采决定和雷一道前往意大利北部的阿尔卑斯山区。露迫不及待地想要加入他们，她恳求雷把事情安排妥当。

"最不可违抗的露小姐，"雷回复道，"明天上午十一时许，尼采将会去拜访你的母亲，我将陪同他前往致意……尼采说不清他明天的感觉会怎样，但他想在我们于湖畔重逢之前向你的母亲做个自我介绍。"

露的母亲毫不含糊地警告尼采要提防她的女儿。露是一个无法控制的危险人物，一个狂野的幻想家。但计划还是推进了。露和她的母亲于5月3日离开了罗马，雷和尼采则在次日离开。5月5日他们在奥尔塔（Orta）重聚。第二天，尼采和露从其他两人身边溜走，登上了萨克罗山（Monte Sacro），这座山像皮拉图斯峰一样笼罩在神话与象征之中。

他将会把这次与露一道的登山之旅描述为他一生中最绝妙的经历。

奥尔塔的萨克罗山中等高度，静静地矗立在奥尔塔湖上方，这个小湖不甚起眼，该地区还拥有更宽阔、更壮观并且也更为著名的马焦雷湖（Maggiore）和卢加诺湖（Lugarno）。但它无疑是美丽的，而它那严酷的历史-宗教意义更是无与伦比。它是1340年意大利首次有记载的女巫焚烧事件的发生地。当地传说中，这位女巫的鬼魂，就像彼拉多的鬼魂一样，至今仍在她那次悲惨死亡的现场出没。在特伦特会议（Council of Trent，1545—1563）之后，罗马天主教会既要对抗新教改革，又要对抗似乎已然不可阻挡的伊斯兰教的崛起，奥尔塔的萨克罗山便被奉为欧洲境内的圣地之一。这些新建的圣地是在十字军东征时圣地对虔诚的朝圣者关闭导致强烈抗议之后，专门设立的替代性的朝拜场所。

1580 年，萨克罗山被宣布为"新耶路撒冷"，登上这座山的朝圣之旅将使灵魂获得与朝拜原址同等的荣光。罗马教廷对此地的改造倾注了全部的热情，与此同时，它正以同样的热情将米开朗琪罗的穹顶架设在圣彼得大教堂之上。这座小山被改造成了巴洛克式的风景画家对天堂之旅的构想。一条蜿蜒的小径，圣路或曰受难之路（*a via sacra or via dolorosa*），沿着山坡盘旋而上。两侧巧妙地栽种着圣林，绿色林涛令山下的湖泊或山巅白雪覆盖的壮丽景象时隐时现。登上萨克罗山就像是基督受难之路的户外版本，或是一次穿越玫瑰园的旅程。在这条螺旋式上升的路线上，每到一个转弯，绿云般繁茂的枝叶间就会露出一个新的沉思对象。21 座精巧的矫饰主义风格石制小教堂点缀着这条朝圣之路。每个小礼拜堂都装饰着各种精神象征和符号：漂亮的鱼和扇贝，太阳和月亮，百合、玫瑰和星星。礼拜堂内部饰以壁画，陈设有一群栩栩如生的陶俑，描述着耶稣和圣徒们的神圣故事。

露和尼采的登临已是其创建 300 年后，此时的萨克罗山已然衰败，有着荒疏之美。郁郁葱葱的丛林与灌木盘根错节，半遮半掩地挡住了原本应有的视野。古老的树木陷入土中，仿佛与基督教信仰的衰落保持一致，露和尼采并不为之悲悼，他们所悲悼的乃是灵性的衰微。

他们一边登山，一边谈着自己年轻时与上帝的较量。她开始确信，他和她一样，本质上也是一个宗教信徒。她也同样在早年间丧失了其强烈的基督教信仰。两人都发现自己有着深刻的宗教需求，而这从没得到满足。这令他俩联合起来反对雷，他们一致认为，雷坚持的去灵魂化的唯物主义几乎令人反感。尼采引导着她进行了某种哲学入门测试，对她的知识和信仰进行了严格的质询，他发现她的答案是如此富于同情，如此智慧，以至——他告诉我们——他向她传授了他从未示人的哲学。他没告诉我们那是什么。也许是阐述了他关于永恒轮回的理论，这是他那时思考良多的问题。也许他提到了先知查拉图斯特拉，他那时正考虑以之作为他未来的代言人。也许他谈到了他的另一个秘密——上帝之死，他正在筹备出版的著作《快乐的科学》中已对它有过描述。

后来，他写信给露："早在奥尔塔时，我就构想了一个计划，要引领你一步一步地走向我哲学的终极结论——你是我认为最适合做这件事的人。"[1]

萨克罗山的登顶令他确信，他已在露身上找到了他寻觅良久的门徒。她将是一名不屈不挠的女祭司和他思想的持存者。

而这也令露相信，世界将会在其有生之年把尼采视为一个新宗教的先知，一个招募英雄为其门徒的宗教。

两人都描述了他们对于事物的想法和感受有多么相似，描述了语词是如何在他们之间交缠。他们从对方嘴里接过词语，就像衔过食物一样。当他们完成了彼此的想法，让彼此的句子变完整了时，个人的掌控就消融殆尽了。

他们下山时，他轻声对她说："我感谢你给了我一生中最精致的梦。"

看到他俩下山后容光焕发，脱胎换骨，就像他们曾在山上做爱，露的母亲勃然大怒。雷也因嫉妒而方寸大乱，缠着她问东问西。露粉碎了他小肚鸡肠的刺探，毫不客气地回答："他的笑声本身就是一种施为。"

此后的岁月里，尽管他们之间又发生了许许多多的事，他们谁也不曾否认在萨克罗山上智力与精神交流的深刻重要性，但他们谁也未曾对它做出解释。

---

[1] Julia Vickers, *Lou von Salomé: A Biography of the Woman Who Inspired Freud, Nietzsche and Rilke*, McFarland, 2008, p. 41.

在其后漫长的一生中，露常常被问及，她和尼采是否曾在萨克罗山上接吻。这时候她会收回她遥远的视线，答道："我们在萨克罗山上接吻了吗？我不记得了。"没有人敢问尼采同样的问题。

他径直从奥尔塔去了巴塞尔，拜访他的好友弗朗茨·奥弗贝克和艾达·奥弗贝克夫妇。他看起来黝黑、愉快而充满活力。他和他们共度了五天。尽管其间他在牙医那里接受了两次漫长的诊疗，但他的神经症状一次也没有发作。艾达指出，他唯一的痛苦是想到自己的知名度和读者群是如此之小。每次出版后，他都希望得到热情的赞许，希望被公众当作新星从天而降来迎候，希望找到追随者和门徒。这一切都还没有发生，但现在他坚信会发生。他告诉奥弗贝克夫妇他的希望，即在露身上他找到另一个自我：兄弟姐妹般的大脑的另一半。他告诉他们，如今他将会更多地投入这个世界。他将会不那么孤僻，会更乐于与人和事物有所关联。

住在奥弗贝克家时，谈论光明未来的间歇里，他会一跃而起，去钢琴上弹奏些什么。晚上，他一反常态地熬夜，这让他们大吃一惊。弗朗茨·奥弗贝克和艾达·奥弗贝克为他显而易见的快乐感到高兴。他们是他最靠得住的朋友。他早已把自己的财务事宜托付给了弗朗茨，而艾达则主动尽她最大的努力来为他搞定一切，一想到这一点，尼采就很感激。

抵达奥弗贝克家的当天，即5月8日，他就匆匆给雷写了一封短信："未来已被封印，却并不黑暗。我绝对有必要再跟L小姐（露小姐）谈一次。也许在勒文迦腾（Löwengarten）？感激不尽。你的朋友N。"

卢塞恩的勒文迦腾有一个非常漂亮的浮雕，是一头垂死的狮子，雕刻在岩壁上。它是为了纪念在法国大革命中攻占杜乐丽宫时牺牲的瑞士卫兵的英勇和忠诚。纪念碑上的题词 "*fidei ac virtuti*"

第十二章　哲学与爱欲

（"忠诚和勇敢"）也许包含着与露这次会面的某种潜台词。

他于5月13日抵达卢塞恩车站。露和雷在站台上等候他。他们躲开雷，一起跑到勒文迦腾，露说，在那里，尼采再次向她求婚，而她再次拒绝了他。我们从尼采那里所能得知的是，他精神失常的那些年里在精神病院画的一幅画。画中有非常清晰可辨的狮子纪念碑，以及纪念碑下彼此相拥的两个人。

他们重新与雷会合之后，三人一起去了一家照相馆，在那里，他们摆好姿势拍摄了那张著名的照片，无论对错，这张照片都与尼采在《查拉图斯特拉如是说》中借一位老妇人之口说出的那句话永久地联系在了一起："你要到女人那里去吗？别忘了你的鞭子。"兴许这张无忧无虑的照片是露的主意，也有可能是尼采的。但绝不可能是雷想出来的，他厌恶被拍摄，穿着整洁的西装站在尼采旁边的他看起来十分尴尬。两位男士站在木质农用车的辕杆之间，摆出拉货车的马的架势。露蹲在马车上显得俏皮又坚决，向他们挥舞着鞭子。她用盛开的丁香装饰了这条鞭子。尼采看起来对自己相当满意，既严肃聪明又有点顽劣，似乎很享受这个玩笑。

从摄影师的工作室到特里布申只需步行上一小段路。他俩又一次逃开了雷，尼采领着她在他的福地上转了一圈，引领她体会此地的奥秘。她说，在谈到瓦格纳时他饱含深情。

在某种程度上，他试图指导这位不可思议的女孩的人生，他毫不怀疑她的命运将与他自己的命运休戚与共，他安排她和她的母亲搬到巴塞尔去住在奥弗贝克夫妇那里。也许这个念头是想让弗朗茨和艾达令他们的客人确信尼采的模范性格、忠贞和美德，但露对这个寄宿计划并不十分感兴趣。与这位平凡的神学家及其妻子相处，对她的吸引力远不如结识巴塞尔最著名的学者雅各布·布克哈特。她在短暂到访期间的所作所为让艾达·奥弗贝克得出结论：尽管尼采抱着极高的期望在露身上找到另一个自我，但她并不希望

"融入尼采之中"。

他把他的书《人性的，太人性的》寄给了露，还把露写的一首诗《致悲伤》("*An den Schmerz*")寄给了身在威尼斯的彼得·加斯特，并请加斯特为它谱上曲子。

"这首诗，"尼采在给加斯特的附信中写道，"对我有如此强大的力量，以至每每读到它，我都会泪流满面；它听起来就像是我从童年起就一直等了又等的声音。这首诗是我的朋友露写的，你还没有听说过她。露是一位俄国将军的女儿，今年20岁；她像鹰一样敏锐，像狮子一样勇敢，却仍是个少女般的孩子，也许活不太久了……令人惊讶的是，她对我的思维方式和我的思想观念有着充分的准备。亲爱的朋友，请行行好，一定别把我们之间想象成恋爱关系。我们是朋友，而我会让这个女孩和这份信任变得神圣不可侵犯。"[1]

---

[1] 尼采致彼得·加斯特的信，1882年7月13日。

第十三章
哲学家的门徒

> 巴黎仍然是要去的,但我不知怎的有点担心噪音,想知道那里的天空是否足够宁静。
>
> ——尼采致露·莎乐美的信,1882 年 11 月 8 日

当露和她的母亲前往巴塞尔的奥弗贝克家时,尼采则直接从卢塞恩去了瑙姆堡,为他的出版商准备《快乐的科学》。他雇用了一个破产商人为他服务,伊丽莎白朗读手稿时,这位商人进行听写。在这份手稿中,他第一次宣告了上帝之死。他这样讲道:

> 你们是否听说有个疯子,他在大白天手提灯笼,跑到市场上,一个劲儿呼喊:"我找上帝!我找上帝!"那里恰巧聚集着一群不信上帝的人,于是他招来一阵哄笑。其中一个问,上帝失踪了吗?另一个人问,上帝像孩子一样迷路了吗?或者他躲起来了?他害怕我们?乘船走了?流亡了?……疯子跃入他们之中,瞪着两眼,死死盯着他们看,嚷道:"上帝哪儿去了?让我告诉你们吧!是我们把他杀了!是你们和我杀的!咱们大伙儿全是凶手!我们是怎么杀的呢?我们怎能把海水喝干呢?谁给我们海面,把整个世界擦掉呢?我们把地球从太阳的锁链

下解救出来，再怎么办呢？地球运动到哪里去呢？我们运动到哪里去呢？离开所有的太阳吗？我们会一直坠落下去吗？……还存在一个上界和下界吗？我们是否会像穿过无穷的虚幻一样而迷路呢？那个空虚的空间是否会向我们呵气呢？现在是不是变冷了？……我们还没有听到埋葬上帝的掘墓人的喧嚣吗？我们难道没有闻到上帝的腐臭吗？——上帝也会腐臭啊！上帝死了！永远死了！是咱们把他杀死的！我们，最残忍的凶手，该如何聊以自慰呢？那个至今拥有世界的至圣至强者竟在我们的刀下流血！谁能揩掉我们身上的血迹？……这伟大的功业对我们而言是否太过伟大？我们是否仅仅为了与之相匹配而必须让自己成为上帝？从未有过比这更伟大的功业，因此，我们的后代将生活在比至今一切历史都要高尚的历史中！"

听众默然，异样地看着疯子，而疯子也看向众人："对他们〔后自然神论者〕而言，这件大事还远着呢，比最远的星星还远——但他们竟然已经做到了！"疯子把带来光明的灯笼摔在地上。他离开集市，强行闯入他面前的教堂。在每一座教堂里，他都用亵渎神明的语言为上帝的灵魂唱一支安魂曲。人们被触怒了。他们强行把他逐出了教堂。

"教堂若不是上帝的陵寝和坟墓，又算是什么玩意儿呢？"他问他们。[1]

在同一本书的后面部分，尼采演练了另一个观点，他将在他后来的哲学中对之进行阐发：神死后，它的雕像仍将在一个洞穴当中展示数个世纪，在那里，它将继续在墙上投下巨大而可怖的暗影。上帝死了，是的。但有鉴于人的方式，尼采预言，他所传授的道德

---

[1] *The Gay Science*, Book Ⅲ, Section125, 'The Madman'.

的暗影将持续数千年。这正是精神的阿尔戈英雄们所面临的严峻工作——征服暗影，也征服上帝本身。[1]

这两则故事都给 19 世纪的理性主义者（比方说雷）带来了沉重的负担，他们杀死了上帝，却似乎没有意识到这样一个后果：倘若没有基督教神学，就无法保留基督教的伦理内容。理性唯物主义者还必须解决随之而来的道德力量的转换问题。这其中潜伏着将为人类带来巨大灾难性后果的可能性。尼采在这段话的结尾预言："悲剧即将降临"（*Incipit tragoedia*）。

1882 年夏，拜罗伊特戏剧节迫在眉睫。那将是《帕西法尔》的首演，在这部歌剧中，朱迪特·戈蒂埃取代了科西玛缪斯女神的地位。作为 *Patronatsverein*（拜罗伊特赞助人协会）的创始人之一，尼采有权购买门票。露非常希望能去。拜罗伊特已经成为当代的帕尔纳素斯（Parnassus），是欧洲名流在七八月间聚集的时尚之地。

《帕西法尔》重述了基督教关于圣杯的传说，圣杯是基督在最后的晚餐中喝酒用的杯子。安福塔斯国王（King Amfortas）被选中前去揭开圣杯的面纱，尽管他不配承担这项神圣的任务。正当安福塔斯国王为女巫孔德丽（Kundry）意乱情迷之际，他重创于一把长矛之下。（在第一稿中，安福塔斯伤在生殖器上，不过后来被修改为一个更为基督式的位置。）伤口血流不止。在圣杯骑士当中，谁有资格止住这神圣的血呢？帕西法尔！某个神圣的傻瓜借由基督教的悲悯变成了智者（尼采既鄙视愚昧又鄙视怜悯，他可没法赞成这样的情节线）。尼采对剧本已经很熟悉，他深知自己并不想去拜罗伊特听这部歌剧。

现在，我们有必要回到五年前，当时尼采与玛尔维达一道住在索伦托的鲁比纳奇别墅，而瓦格纳也旅居于附近。正是在这一时

1　*The Gay Science*, Book Ⅲ, Section 108, 'New Battles'.

期，尼采的健康状况令瓦格纳相当担忧，以致他后来写信给尼采的医生，询问这是否因过度手淫而导致。伊丽莎白编造了一个传说，说他二人之间最终的决裂发生在他们最后一次在索伦托散步之时。事实上，自从索伦托相见之后的那个新年以来，他们的鸿雁传书从未间断。1877年到1878年的新年之际，尼采把他刚完成的著作《人性的，太人性的》寄给了瓦格纳，而瓦格纳则把他刚完成的歌剧《帕西法尔》的剧本寄给了尼采。这两部作品几乎在邮路上擦肩而过。尼采把这比作在空中交锋的利剑。

出于很多理由，他不喜欢这个剧本。"更像是李斯特而不是瓦格纳的作品——反宗教改革的精神……太过基督教化，太受时空限制……不丰满又过分血腥。对话听起来充满了翻译腔！"[1]

瓦格纳对《人性的，太人性的》的厌恶也同样强烈。当瓦格纳日益虔敬之时，尼采却已经摆脱了"那些深藏不露的牧师哲学家"，尤其是叔本华。而瓦格纳到死都是叔本华的忠实信徒。思想上的和解已走投无路。

1882年戏剧节《帕西法尔》首演前的几周，尼采研究了乐谱。他发现它十分迷人。拜罗伊特的巫师并没有丧失他的魔力。尼采渴望亲耳听到这音乐的演奏，但自尊心不允许他在没有瓦格纳亲自邀请的情况下前往参加拜罗伊特戏剧节。除非请他坐上瓦格纳的马车去歌剧院，就像他们在奠基仪式上曾经同车而行那样，否则他将不会同意前往。他盼着，等着，然而期待已久的邀请始终没有来。

在为这个节日做准备的过程中，露终于设法摆脱了她的母亲，后者回到圣彼得堡——可想而知——松了一口气。临走前，她正式把这个任性的女儿的监护权委托了雷的母亲。雷夫人偕露一道前往其家族位于斯迪布（Stibbe）的豪华乡间庄园。雷也跟去了。为

---

[1] 尼采致赖因哈特·冯·赛德利茨（Reinhardt von Seydlitz）的信，1878年1月4日。

了独占露，他坚决地告诉尼采，偌大的庄园里已经没有地方安置尼采来加入他们两人了。

这时，雷跟露已开始说起了娃娃话：她是他的"小蜗牛"，而他是她的"小房子"。他们拥有一本"巢中书"（共同日记），记录着他们在斯迪布的"巢"中生活。雷的母亲对外宣称露是她的养女，说时总给人一种咬牙切齿的印象。

尼采可没打算把他那两张拜罗伊特节的门票送给露和雷，让他们两人撇下他去参加艺术节。相反，他会把票给露和他妹妹伊丽莎白。共同的经历一定会令这两位女性结下精神上的姐妹情谊，并令之深化和巩固。以此为目的，他邀请她俩在戏剧节后随他一道去传说中的陶腾堡森林度假。雷不在受邀之列。

就在他等待这个愉快的计划付诸实施的期间，露从斯迪布庄园给他写了几封充满诱惑的信。她不无讨好地把他和雷描述为"过去和未来的两位先知……雷发现了诸神的判决而你摧毁了诸神的黄昏"。她还暗示性地写道，他寄给她的书在床上比任何事物更令她感到愉悦。渐渐地，他写给她的信也不再那么刻板了。他承认，当他独自一人的时候常常大声说出她的名字，仅仅是为了享受听到这个名字的乐趣。

她回信应承了跟他和伊丽莎白一道前往陶腾堡度假，他倾吐了他的喜悦。

陶腾堡，7月2日，1882年

我头顶的天空为之一亮！昨天中午，我简直感觉就像是我的生日一样。你寄来了你的应邀信，这是此刻我所能收到的最可爱的礼物；我的妹妹寄来了樱桃，托伊布纳（Teubner）则寄来了《快乐的科学》开头三页的校样，而最最重要的是，我刚刚完成了我的手稿，我为之付出了整整六年（1876—1882）

的自由思考……噢,我的朋友,每当想到这一点时,我都战栗不已,感怀至深,不知道自己是如何做到的——我的心中充满了自怜感和胜利感。而它的确是一种胜利,彻底的胜利——因为就连我的身体也恢复了健康,所有人都告诉我,我看起来比以往任何时候都要年轻。上帝保佑我不要再做傻事了——不过,从现在开始——无论你什么时候给我忠告,我都会言听计从,不要担心……

完全属于你的,F. N.

关于他身体康泰的消息与其说是事实,不如说是愿望。而37岁的人对21岁的人说他长得年轻,毋宁是一种虚荣的吹嘘,他正洋洋自得于在哲学-情爱的三角关系中智胜了雷。

伊丽莎白和露相约在莱比锡会合。双方都急于给彼此留下好印象。当她们抵达拜罗伊特时,已经用亲昵的"*Du*"[1] 来称呼对方了。伊丽莎白早已为她俩在同一间公寓里安排了房间。亲密关系避无可避。

在瓦恩福里德,每夜都有两到三百人的招待会,其间还有派对。伊丽莎白乐于把自己视为科西玛的亲信,但她痛苦地意识到,她曾经提供的家居帮助并没能在这个高级社交场合中令科西玛对她青眼有加。事实上,这里没人对尼采的老姑娘妹妹感兴趣。

"我还没遇到太多我认识的人,"她在给母亲的信中黯然写道,"不过晚餐倒是挺有趣的,虽然确实很贵。我们开玩笑地说明天得去吃素了。"[2]

相形之下,人们对露的兴趣就浓厚得多了。年轻,美貌,贵族出身,生气勃勃,富有,见多识广,自信而不羁,她被介绍为玛尔

---

[1] 即德语"你"。——译注
[2] 伊丽莎白·尼采致弗兰齐斯卡·尼采的信,1882年7月26日。

维达的学术"自由精灵"之一。露很快就显示出她这个自由精灵可不仅仅是对危险的教义纸上谈兵，而且还提出要在实际上践行它。当她公然表示将在无陪同人的状况下度过即将到来的冬天，跟雷和尼采一道进行研究和哲学工作时，整个拜罗伊特都倒吸了一口凉气。她向人们展示了那张照片——她在她的两位宠物哲学家背上挥舞着鞭子。这是绝佳的节日谈资。然而丑闻并未就此终结。更劲爆的是，瓦格纳与尼采的医生六年前的通信，不知怎么被曝光了。尼采，自慰狂！消息走漏的原因多半是因为大忙人瓦格纳惯于把事务委托出去，他曾通过《拜罗伊特活页报》的编辑汉斯·冯·沃尔措根传递了他与艾泽尔大夫之间的部分书信。[1] 冯·沃尔措根是一个狂热的瓦格纳派和反犹主义者，他可没空考虑尼采，只是嫉妒地认为尼采背叛了大师，因为他抛弃了大师的哲学家（叔本华）、神圣的事业（拜罗伊特），加之现在又跟一个肆无忌惮的女孩（露）和一个性取向可疑的"以色列人"（雷）搅在一起。而尼采则从不掩饰地认为冯·沃尔措根是个智力庸常之辈。

露和伊丽莎白之间也没能缔结精神上的姐妹情谊。露展示的那张照片破坏了尼采的声誉，令他并连带着令母亲和她本人蒙羞。露这个女人厚颜无耻，举止轻佻，对遇到的每个男人卖弄风情。她那惊人的身材无疑得归功于"假奶子"。

谁也不知道当时的伊丽莎白有多困惑，过去的朋友因为对她兄长谣传的性习惯感到厌恶或尴尬而冷落她。露在瓦恩福里德进进出出颇受欢迎，她说，每当有人提到尼采时，瓦格纳都会非常激动地离开房间，并且要求在他面前永远不要提到尼采的名字。这也许可以被认为是一种罪恶感的反应。

凭着她对当下风云人物从不出错的直觉，露与保罗·冯·茹科

---

[1] 这个故事是由马丁·格雷戈尔-德林首次披露的，他叙述于 *Richard Wagner, His Life, His Work*, *His Century*, pp. 451-457.

夫斯基开始了一场热烈的情挑,他 37 岁,是一位令人愉快的同性恋者,《帕西法尔》的布景就是他设计的。和她一样,他也有着半德国半俄国血统。他们有着很多的共同点,包括对通灵的兴趣,而露坚信,她的人生之路之所以与众不同,是由于促狭鬼跟着她并对她施咒,这让事情变得更有趣了。

冯·茹科夫斯基在瓦恩福里德的地位奠定于他去年绘制的一幅极其庸俗的画,画中把瓦格纳的孩子们描绘成了圣家族。齐格弗里德是耶稣,两个女孩是天使,画家本人则是约瑟夫。在勃克林拒绝了瓦格纳请他为《帕西法尔》设计布景和"装饰"的要求之后,冯·茹科夫斯基紧接着就接受了这一任命。他的设计甚至满足了瓦格纳对丝绸、缎子、数以千计的花朵和粉色灯光的偏爱。事实上,他的设计取得了巨大的成功,以至拜罗伊特剧院随后的两百多场歌剧重演中仍然使用着他的设计,直到 1934 年这些布景散架为止。冯·茹科夫斯基知道那些信中的秘密。究竟是他告诉了露,抑或她是从其他渠道知悉,我们不得而知,但考虑到当时的情况,这消息一定不可能逃过她的耳朵。

另一个被露轻松征服的人是海因里希·冯·施泰因(Heinrich von Stein)。冯·施泰因取代尼采成为年轻的齐格弗里德的导师。一个热忱的叔本华主义者(因此才能得到那个职位),他和露起初在哲学问题上意见不一,后来却因这些分歧而热烈地走到了一起,以至冯·施泰因邀请她去哈勒(Halle)拜访他。

总而言之,拜罗伊特的这一周,对露来说美妙无比,对伊丽莎白而言则相当骇人。她在她写的唯一一篇小说里宣泄了她对于露的愤怒、嫉妒和挫败感。[1] 人物几乎毫无粉饰。露就是波兰的"冯·

---

[1] Elisabeth Nietzsche, *Coffee-Party Gossip about Nora*,可能作于 1882 年。英文完整译文见 Diethe, *Nietzsche's Sister and the Will to Power*, pp. 161-193. 故事标题为迪特(Diethe)所起。

拉姆施泰因小姐"（Fräulein von Ramstein），她的腰细得不可思议，胸部却十分丰满，这显然是由于对填充物的大肆使用。她双目炯炯，卷发，肤色发黄。那贪婪的海葵般的饱满红唇永远挑逗性地张着。尽管如此，对于男性，她有着危险的吸引力。她那故作高深的丑态将故事的主人公乔治诱入了陷阱——对尼采几乎没做掩饰。乔治既天真又高尚，他相信冯·拉姆施泰因小姐"关于爱情、哲学和无神论（Freigeisterei）的漂亮演说"，并不知道这个奸诈的姑娘早已对"一位文法学校的教师"（雷）开展过同样的演说和爱情攻势。幸运的是，乔治及时醒悟。他和诺拉（Nora）定了情，诺拉是个好姑娘，有着萨克森人的白皮肤，性格温和，讨人喜欢：这是作者胜利的自画像。

这绝非一部伟大的文学作品，但必须承认，推动故事发展的义愤并不全是无的放矢：露在拜罗伊特期间一直向雷通报着这里发生的一切。他因嫉妒尼采和冯·茹科夫斯基而变得疯狂。他告诉她，他将毫不迟疑地对尼采或任何想要得到她的男人卑鄙地使诈。"你会发现，我是你所遇到过的最荒唐的嫉妒者。"[1]

露不太容易受到音乐的影响，但尼采迫切希望她也能分享他的激情所在。他坚持让她留下来观看《帕西法尔》的第二轮演出。这正中露的下怀，不过，第二轮演出甚至还没开始，伊丽莎白就已经受够了露的无耻行径。最后一根稻草是：露命令冯·茹科夫斯基跪在她的脚下，在她还穿着裙子的时候，为她修改裙摆。伊丽莎白给尼采发了一封电报，然后动身前往陶腾堡。尼采急匆匆地去车站接她，希望得到些关于露的精彩动向，却只听到连篇累牍的抱怨。

冯·茹科夫斯基和海因里希·冯·施泰因反对露前往陶腾堡加

---

[1] Vickers, *Lou von Salomé*, p. 48.

入尼采和伊丽莎白的行列。他们劝她继续留在拜罗伊特。玛尔维达也是。她预见到计划中的三人行只会招致麻烦。露留在了拜罗伊特，告诉尼采她因感冒病倒了。他祝愿她早日康复。由于他并没有提到伊丽莎白或其他任何的不愉快，露认为没必要再装病，于是她写了一封迷人的信，表达了她对伊丽莎白在拜罗伊特共处期间的照顾的诚挚谢意。什么也妨碍不了她为期三周的哲学修习。

对伊丽莎白来说，她已别无选择，只能按原计划行事。如果她此刻卸去陪伴之职，那就相当于扯下了尼采家族名誉的最后一条遮羞布，让它一丝不挂。

左右为难的尼采只是哀求道："你来吧。因为让你受苦，我也痛苦不堪。我们在一起才能更好地承受这一切。"[1]

露于8月6日或7日抵达，伊丽莎白去接她。巧合的是，在从拜罗伊特出发的火车上，露和伯恩哈德·弗尔斯特同乘一节车厢，后者正是伊丽莎白一直大力培养并希望与之结婚的那名教师。现在，伊丽莎白对露的嫉恨加深了——除了试图偷走她的兄长，还妄想窃取她的情郎。一场公开的争吵就此发生。露怎么能跟她遇到的每个男人都调情呢？她怎能以这种方式把尼采这个可敬的姓氏拽入泥潭？对此，露"狂笑着"回应道："是谁先用他的低级设计弄脏了我们的研究计划？当不能从我这里得到其他东西的时候，是谁开启了精神友谊？是谁想要非法同居？正是你那位高贵单纯的兄长！男人只想要一样东西，这东西可绝不是精神友谊！"

伊丽莎白则盛气凌人地反驳说，这类事情也许仅仅在俄国人中司空见惯，可一旦联系到她心思纯洁的兄长身上就显得荒谬可笑。她要求露停止这种下流的谈话。露则告诉她，自己习惯于对雷说更下流的话，还说，尼采曾建议，如果他跟她不能结婚，那最好就一

---

[1] 尼采致露·莎乐美的信，1882年8月4日。

起生活在某种"狂野婚姻"(wilde Ehe)当中,不过,"你千万别以为我对你哥哥有什么企图,或者爱上了他!我可以整夜和他睡在同一个房间而丝毫没有性唤起!"这句粗俗的话,骇人得令伊丽莎白呕吐起来。还用上了止吐绷带。[1]

尼采把两位女士安顿在陶腾堡教区牧师的家中。他自己则恪守礼仪,在附近一户农家租了一间房。争吵后的次日上午,他们三人见面了。尼采用伊丽莎白关于露背信弃义的汇报来质问露。她干脆否认得一干二净,说那一切都没有发生过。伊丽莎白的指责没有事实依据。伊丽莎白说,当时露被要求离开,但她装作生病,去床上躺下了。

为了彰显自己的优势,伊丽莎白在美丽的林间开始了长时间的散步,好让精神振作起来,在那里,"可爱的、蹦蹦跳跳的松鼠们"帮助她恢复了平静。与此同时,尼采则不停地在教区牧师家吱嘎作响的楼梯里上上下下,露把这炸裂声归咎于促狭鬼作祟。她不让他进房间,他就从门底下塞了几张纸条。最终,他被允许进去安慰他"淘气的"露,并亲吻她的手。很快,她就完全恢复了元气,可以下床了。

接下来的三周里,伊丽莎白窝在一旁生闷气,观赏松鼠,并向她的通信者们抱怨:她的牺牲被嘲弄,她本人则被兄长奚落,被露取代。而尼采和露则在陶腾堡森林那幽静的微光中并肩漫步,他戴着他的绿色遮光眼罩,打着阳伞,做了双重防护,她则戴着帽子和红围巾。回到农家的房间后,她会把这条红围巾绕在灯罩上,让灯光变得柔和,这样他那可怜的眼睛能舒服些。他们一直聊到半夜,

---

[1] 我们从伊丽莎白·尼采关于其兄长的回忆录和信件中,尤其是从1882年9月24日至10月2日期间她写给克拉拉·格尔策(Clara Gelzer)的信中,得到了她这一方关于这场争吵的说法。然而,露一向擅长屏蔽掉令她不舒服的现实,无论是在其回忆录中还是在关于尼采的书中,都对与伊丽莎白的争吵只字不提。就像对于尼采是否曾在萨克罗山上吻过她这个问题一样,露又一次发挥了她沉默的天赋。

甚至更晚。这让尼采的房东、那位农夫十分抓狂,因为他不得不熬夜护送她回牧师家,而他还需要在黎明时分给奶牛挤奶。

两人都描述过连续 10 个小时的交谈。尼采越发相信他已找到了"世界上另一个自我",兄弟姐妹大脑的另一半。他们唯一的差异在于写作风格。露仍以一个娇滴滴的女学生那种过度华丽的风格写作,而尼采的散文风格则把精确、简洁与往往令人震惊的、狂放的生命力结合起来。恰如其分地,他认为自己是德语中最伟大的三位文体家之一,另两位是路德与歌德。

他为她起草了一份文体指南:

> 风格要活泼。
> 下笔之前,要清楚地知道自己想要说什么。
> 根据受众调整自己的文风。
> 长句是一种造作。只有气息长的人才有资格用长句写作。

最后,"剥夺读者显而易见的反对意见,此举既不礼貌也不明智。而让读者自己来判断我们智慧的精髓,则是既礼貌又明智的"[1]。

对于他们在陶腾堡这三个礼拜期间的谈话,露的解释是这样的:基本上,除了上帝之外,他们不谈别的。她总结道,尼采因为不信神而更虔诚。正是这种痛苦推动着他的哲学。他整个思想的发展来自其信仰的丧失,来自他融入上帝之死当中的情感。为失落的神祇找到某种替代品的可能性纠缠着他。

谈及达尔文主义,他解释道,从前,人们会把人的崇高感归因于他的神性起源。但现在此路不通了,"因为路口站着一只猿猴,

---

[1] Andreas-Salomé, *Nietzsche*, pp. 77-78.

在其他可怕的动物中,忧心忡忡地龇着牙,像是在说:'别往这个方向走!'"于是,人类不知疲倦地沿着截然相反的道路和方向前进,以此证明自己的崇高。[1] 人们认为人类的伟大乃是建立于摆脱兽性的基础之上。这样做的目的是希望不再被认为是一种动物。或至少,是一种高级动物,一种辩证而理性的存在。[2]

也许,一个人居高临下的知性主义会破坏他的幸福能力。人类甚至可能因为这种对知识的激情而灭亡。然而,与知识的没落相比,人们不是更希望看到人类的衰落吗?[3]

他向她解释说,他希望能够研究并兴许可以摆脱人类中心主义的谬误。不应该从短视而狭隘的人类视角来看待自然现象。为此,他决心花上若干年——也许十年——在维也纳或巴黎的大学里进修自然科学。从现在起,哲学结论将以经验观察和实验为其基础。

他们还谈到了永恒轮回。他表示,他想学习如何将事物的必然性视为至美。"如此,我必将成为令事物变得美丽的人们中的一个。*Amor fati*(爱命运),从今往后,那就是我之所爱了。我无意对丑开战,无意指控,也无意指控控诉者。扭头看向别处,这将是我唯一的否定!一言以蔽之:我只希望在某个时候变成一个说'是'的人!"[4]

爱你的命运,接受它,拥抱它,也就是爱并且拥抱永恒轮回的信条。他促狭地坚称,此举并非在拥抱某种迷信的、占星术式的被动性,或是无所作为的东方宿命论,而是,倘若人类已经认识了自己,成为自己,那么就必须接受其命运。"如果一个人拥有特质,

---

1 Andreas-Salomé, *Nietzsche*, p. 71.
2 Ibid., p. 70.
3 Ibid., p. 71.
4 *The Gay Science*, Book Ⅳ, 'Sanctus Januarius', Section 276.

也就有了典型的经验,而这种经验也会反复地出现。"如果说生命是一条从过去延伸向未来的长线,而一个人处于这条线上的某一点,那么,他正是因其自身的责任而出现在那里的。这使得意识灵魂有责任对这一刻说"是",并做好开心的准备,因为在时间的轮回中,这一刻也许会一次又一次地重演。

人要脚步轻快,人要跳舞。生活并不简单。如果有朝一日,人类敢于建造一个与灵魂本质相对应的建筑,那建筑师将不得不以迷宫为蓝本。一个人体内必须蕴含混沌,方可孕育一颗起舞的星球。务必前后矛盾、思想多变并且渴望流浪。既定的观点是已死的观点,下定的决心是已死的决心,比虫子还不如,应当把它踩在脚底,彻底毁掉。

露认为他们在一起的这三个星期颇有价值,尽管她在八年之后才后知后觉地意识到这一点。从未有人花费三个星期时间被他灌输他的哲学。

三周之后,露终于无法承受这样的强度。8月26日,尼采陪她去了车站。临别之际,露送给他一首诗,名为《生命的祈祷》("*Gebetan das Leben*")。他为这诗谱了曲,向她表达了这样的希望:这就是他们可能共同走向后世的小径——其他的路径也仍然开放着。

尼采怀着兴奋多于敏感的心情委托露易丝·奥特——那位在第一届拜罗伊特音乐节上与他坠入爱河的女人——在巴黎为他的"三位一体"寻找住处。他幻想着,当他们在巴黎相聚之时,会围坐在钢琴旁,听露易丝用夜莺般的歌喉唱着露写的那首《生命的祈祷》,而这诗由他谱成了乐曲。

露逃离陶腾堡之后,直奔雷和"斯迪布之巢"。一直以来她都通过《巢中书》上的连载向他通报着一切。她最终的结论如下:在深究尼采的主观深渊之后,她发现基督教的宗教神秘主义在这里被

第十三章 哲学家的门徒

重新命名为酒神精神,这种精神从本质上讲乃是肉体欲望的面具。"正如基督教(就像每一种)神秘主义在极致的狂喜之中总是抵达原始的、宗教性的感官享受一样,爱的最高理想型也总是回到感官享受上去。"她怀疑这或许是人性中的动物性对精神性的一种报复,或许正是这一点驱使她远离尼采而走向了雷,因为后者不构成性的威胁。

露离开之后的那个周日,尼采坐火车回瑙姆堡的母亲家。伊丽莎白拒绝陪他一起去。她说,她的眼睛哭肿了,不能让母亲看到这情形而受惊吓。

他马上就兴致勃勃地当起孝子来。一切都很平静,直到伊丽莎白的来信将一切和盘托出。这封信引发了一场激烈的争吵,弗兰齐斯卡指责他是个骗子和懦夫。他是他父亲的耻辱,他玷污了父亲的坟墓。她的话里包含着一个母亲的诅咒的基本恐怖。他永远忘不了这些话。

他逃到莱比锡,痛苦地反思着,仍然遭受着他所谓"锁链病"的折磨:在成为你自己的道路上,情感的羁绊始终拖累着你。

> 首先,一个人要把自己从枷锁中解放出来是有难度的,而最终一个人也必须从这种解放中解放他自己!即使砸碎枷锁之后,我们每个人也仍要遭受锁链病的折磨,尽管方式大相径庭。[1]

为了欢迎露和雷来到莱比锡,他组织了一场降神会。他俩都很容易受到这类事情的影响。表演结束后,他本打算对唯心论的这一套无稽之谈进行令人印象深刻的驳斥,以令他们目瞪口呆。但那个

---

[1] 尼采致露·莎乐美的信,1882 年 8 月底。

灵媒实在太不称职，以至他没能得到任何论据来反驳他精心准备好的论点。

"三位一体"意兴阑珊地度过了接下来的几周。他们参加了几场音乐会，但大多时候他们只是坐在一边，构思着聪明的格言。尼采继续修正和润色露的散文，它还没有摈弃掉而且永远不可能摒弃掉，那种过度延伸、过于华丽的玄虚倾向。现在，他在她空白处的批注里大胆地用他对她的爱称"玛辰"（Märchen）来称呼她，这个词既指童话，又指寓言家。

三人写了一些格言来描述彼此。描写露的格言是："女人不会因爱情而死，但会因渴望爱情而憔悴。"对雷的描写是："最大的痛苦是自我憎恨。"描写尼采的是："尼采的弱点：太过敏感。"而对于他们的"三位一体"则是："两个朋友最容易被第三个朋友分开。"[1]

叔本华曾说过，一个天才的国度曾在"成为"的湍流之上建起了一座桥梁，但他们之中没有一人能跨越这桥。没有人诚实行事，也没有人坦荡而言。每个人的"成为"都建立在另外两个人的岩石之上，而每个人都淹没在不断加深的伪装当中。"圣三位一体"已经变成了一个不诚实的三角关系，其中没有一方活得像一个自由精灵。

那年早些时候，尼采曾欣喜若狂地向奥弗贝克夫妇宣布，他将更多地走向世界，更多地与人相处。事实证明，即使是自由精灵构成的所谓"三位一体"这样一个小型的、理想主义的人类单位，也只是成功地将参与者禁锢在全新打造的情感、怨怼和义务的枷锁之上。任何羁绊带来的都是全新打造的锁链病。

11月5日那天，露和雷不辞而别。尼采完全不知道发生了

---

[1] Rudolph Binion, *Frau Lou: Nietzsche's Wayward Disciple*, Princeton University Press, 1968, p. 91.

什么,或是为什么发生。他在信箱边徘徊,不清楚自己眼前的命运,而信却没有来。这样过了10天后,他硬逼着自己从莱比锡前往巴塞尔,他曾答应要去那里参加好友弗朗茨·奥弗贝克的40岁庆生会。而在此地,信箱也是他的世界中心。有信吗?他不停地问艾达·奥弗贝克。她有没有把什么东西放错了地方?是不是丢了什么?她是否对他有所隐瞒?当他离开的时候,她深深震惊于他临别时的凄酸之语:"看样子,我真的要进入彻底的孤独当中了。"

几周后,雷给尼采寄去一张明信片,指责他"抛弃了他们"。永远宽忍、永远纵容的尼采以宽恕的信息回复了露:"更高的灵魂"总能超越责难去行动。他希望她继续执行她"扫清天国"的任务,尽管他感到自己毕生任务的全部尊严已被她的所作所为打上了问号。

从11月到2月之间,他花了大量时间给她写信。有的信他寄出了,有的始终是个草稿。这些信五花八门,其中有爱意,有嫌恶,有轻视,有控诉,有原宥,有责备,也有侮辱。她有着"像猫一样的掠夺欲"。她写着"女学生式的信",她是"一个怪胎,一个只有灵魂雏形的大脑"。鉴于她的能量、意志和思想的独创性,她注定要成就一番大事业,而鉴于她的道德感,她最终很有可能被关进宗教裁判所或疯人院。

他再也没有见过露和雷。他们并没有如他所想的那样前往巴黎。他们在莱比锡躲了他几天,之后去了柏林。在那里,他们住进了一所公寓,其格局恰与她为"圣三位一体"设想的完全一致:一个沙龙两侧各有一间卧室。露效仿玛尔维达设立了一个文学沙龙。它并没有文学特色,却充满了性的张力。雷继续与他的赌瘾作斗争,也挣扎于他在午夜街头与年轻男子刺激的接触当中。在沙龙中,露被尊称为"阁下",雷则被称为"伴娘"。

露带着那本赠书《人性的，太人性的》来到柏林，书中有一首尼采的题诗：

> 亲爱的，哥伦布说，绝不要
> 相信另一个热那亚人！
> 双眼永远注视着那片蓝色，
> 漫游七海。
> 他对他的爱人引诱太甚
> 在空间、时间和无限之中——
> 在我们之上，诸星彼此辉映，
> 在我们周遭咆哮着永恒。[1]

---

[1] *Freundin - sprach Kolumbus - traue*
Keinem Genuesen mehr!
Immer starrt er in das Blaue
Fernstes zieht ihn allzusehr!
Wen er liebt, den lockt er gerne
Weit hinaus in Raum und Zeit -
Über uns glänzt Stern bei Sterne,
Um uns braust die Ewigkeit.
（柯蒂斯・凯特［Curtis Cate］译）

第十四章

我父瓦格纳已死。我子查拉图斯特拉降生。

> 如果神存在，又有什么可创造的呢？
> ——《看哪这人》,《查拉图斯特拉如是说》第 9 节

1882 年 11 月，尼采离开巴塞尔前往热那亚，这里是哥伦布横渡未知的大洋、发现新大陆的起点。哥伦布的魅力之一在于，他并不知道自己能否找到陆地。事实上，尼采也不知道，他曾口吐豪言，说他要像此前的亚历山大大帝和狄俄尼索斯那样远航印度。鉴于他一贯晕船，他显然是在隐喻一次前往人类内心未知地带的航程。

1882 到 1883 年的那个冬天，他的总体健康状况非常糟糕。他服用大剂量的鸦片，徒劳地试图换取飘忽不定的睡眠，并以此缓解被他描述为垂死挣扎的最后一次关乎露的情绪痛苦。12 月中旬，他给露和雷写了一封信，寻求关注："……即使有朝一日我碰巧因某种激情或其他原因而自杀，也不会有太多悲伤，……今夜我将会服用鸦片直到失去意识……"[1] 而这些提及过量吸食鸦片和自杀的信也寄给了奥弗贝克和彼得·加斯特："左轮手枪的枪管目前对我

---

[1] 尼采致保罗·雷和露·莎乐美的信，1882 年 12 月中旬。

来说是比较愉快的思想来源"[1]，等等。他的老友们早就知道自杀的可能性肯定始终存在，而他们同样知道，任何干预都不能，也不会影响最终结果。

一到热那亚，"当代哥伦布"就发现他喜欢的膳宿公寓已经客满，于是他顺着海岸走了下去，在拉帕洛找到一家又小又便宜的旅店。换住处对他那创造性的想象力来说根本无关紧要。精神上的阿尔戈人既可以是哥伦布出发去美洲，也可以是狄俄尼索斯或亚历山大大帝从拉帕洛（Rapallo）出发前往印度，在他的想象中，拉帕洛可以同时代表热那亚和古希腊。

"想象希腊群岛中的一座岛屿，其上散落着森林和山丘，某一天，由于某种意外，这座岛漂流到了大陆，却再也无法游回海中。我的左边是热那亚湾，往上是灯塔。这其中当然有一些关乎希腊的东西……一些海盗式的——出人意料的——掠夺行为……我还从未在真正的鲁滨孙·克鲁索般的孤绝和遗忘中生活过这么久。"[2] 那家旅店挺干净，饭菜却很糟糕。他还没有吃到过一块像样的肉。

在拉帕洛住了两个月后，他收到了母亲寄来的圣诞信，信中充斥着瑙姆堡的美德，这倒令他鼓起勇气回复说，以后的信他将不拆封就退还。是时候摆脱锁链病了。这其中也必须包括伊丽莎白。他嘱咐朋友们不要让他的家人知道他的新地址。"我再也无法忍受她们。我真后悔没早些跟她们决裂。"

圣诞节那天，他独自度过。兴许是这个象征着出生与重生的日子令他振作了起来，就此写下了第一封具有前瞻性的书信。信写给了善良可靠的奥弗贝克。"现在的我极度缺乏自信，"他坦承，"除非我能发现把垃圾变成金子的炼金术，否则我就完了。此时此刻，

---

[1] 尼采致弗朗茨·奥弗贝克的信，1883年2月11日。
[2] 其后在致彼得·加斯特的信中对拉帕洛的描述，1886年10月10日。

第十四章 我父瓦格纳已死。我子查拉图斯特拉降生。

我有一个极好的机会来证明，对我而言'所有经历都有用，所有日子都神圣，所有人都非同凡响！！！'。"[1]

只有准备与无限殊死搏斗的孤独的阿尔戈英雄才能实现炼金术。"……寂寞有七层皮，什么东西也穿透不了这寂寞……"[2] 其结果就是《查拉图斯特拉如是说》一书，这是一部穿越现代道德世界的狂喜的、诗意的、预言性的精神奥德赛。与格列佛的游历、辛巴达和奥德修斯的旅行类似，这本书是一个延伸的寓言，它关注的是其所处时代的命题。在上帝概念消亡之后，古波斯先知查拉图斯特拉从山上下来，目的是指出，如果人类能够升华为上帝，只要有诚实、坚毅和勇气去把洞窟里还保留着超自然信仰阴影的墙壁擦洗干净，那么道德就仍有可能存在于后神的世界。

《查拉图斯特拉如是说》并不是这位波斯先知在尼采作品中首次登场。他的上一本书《快乐的科学》以一长段警句结尾，标题为《悲剧的序幕》[3]，在其中，他令人摸不着头脑地介绍了一个名叫查拉图斯特拉的角色，而该人物此前在书中从来未被提及。"查拉图斯特拉30岁时离别故乡乌尔米湖（Lake Urmi），来到山上"，就此开始《快乐的科学》的最末一节。乌尔米湖到底在哪里？他所说的是什么山？谁是查拉图斯特拉？

《快乐的科学》中的那个段落继续写道：

> 在那里，他以孤独和思考为乐，10年间乐此不疲。然而最终，他还是改变了心意——某个清晨，朝霞满天，他起床后迎着朝阳走去，并对它说：

---

[1] 尼采致弗朗茨·奥弗贝克的信，1882年12月25日。
[2] *Ecce Homo*, 'Thus Spoke Zarathustra', Section 5.
[3] *The Gay Science*, 'Sanctus Januarius', Section 342. 这是当时的《快乐的科学》的最后一节。其后他将增加该书的最后一节，命名为《我们无畏的人》（'We Fearless Ones'）。

"伟大的太阳啊！若是你的光辉不照耀人们，你又有何幸福可言呢？10年来，你每日登临我的穴居之所。倘若没有我，没有我的鹰和蛇，你大概早就厌倦你的光辉和你来我处的路径了。每个黎明我们将你等候，欣然接受你充沛的光明，并虔敬地为你祝福。看啊，我多像一只蜜蜂，聚敛了大量的蜂蜜，对自己的智慧已感厌倦。我急需人们那一双双伸开的手，好把我的智慧馈赠、奉献给他们，直到智者再度因自己的愚蠢而欢欣，穷人再度因自己的财富而快乐。为此，我必须下山，正如你每日傍晚降落在海的背后，并给另一个世界送去光明。噢，你，光热无量的太阳呀！我必须像你一样沉落，下山，到人群中去。"

这里的"沉落"似乎指的是尼采在写作《快乐的科学》期间自己的"沉落"，当时他喜悦地从孤独的高处降临，与露分享他的所思所想，他的"蜂蜜"（他的智慧）将通过她来传布。当他写下这段话时，他仍然相信，她是他找到的第一个门徒。

这一段继续写道："祝福我吧，你那安详的眼睛毫不嫉妒这一无上的幸福！祝福这只将要满溢的杯子吧，水将泛着金光从杯中流泻，载着你那狂喜的余晖流向各处！看呀！这杯子又将空空如也，查拉图斯特拉又将再度变成人了。"如此，揭开了查拉图斯特拉下山的序幕。

1882年出版的《快乐的科学》就此完结。

我们今天所知道的这本书的最终版本包含了他1887年的修订，其中包括新的导言、含有39条新增格言的第五卷，以及不少诗歌。但在写下《查拉图斯特拉如是说》第一部分的1883年，该书正好承接了1882年初始版《快乐的科学》的结尾。在写作这两本书的间隙里，他失去了露——他选定的门徒。不得已而求其次，她确保

第十四章　我父瓦格纳已死。我子查拉图斯特拉降生。

他的人间遗产永世流传的角色被查拉图斯特拉取代了。在书外，尼采常常将查拉图斯特拉称作他的儿子。

尼采为什么会选择查拉图斯特拉？查拉图斯特拉，又称琐罗亚斯德，是一位大致生活在公元前12世纪到前6世纪之间的波斯先知。查拉图斯特拉的圣典《阿维斯陀古经》（*Zend-Avesta*）[1] 告诉人们，远古波斯人所崇拜的是邪神。这样一来，查拉图斯特拉就提供了一把解决邪恶问题的钥匙，这是犹太教、基督教或伊斯兰教永远无法回答的，因为他们全能的神都是至善的。在琐罗亚斯德教中，光明和善良的神被称为阿胡拉·马兹达（[Ahura Mazda] 又作欧莫兹德 [Ormuzd]）。他与暗黑邪恶之神安格拉·曼纽（[Angra Mainyu] 又作阿里曼 [Ahriman]）及其魔怪之间进行着永不停息的斗争。在时间的尽头，阿胡拉·马兹达终将获胜；但在那之前，他无法控制局势。正因如此，琐罗亚斯德教与书中的其他三大宗教不同，它摆脱了全能至善神的悖论，那些全能至善神不得不为许多人认为是不必要的邪恶负责。[2]

查拉图斯特拉从30到40岁之间10年的山中独居岁月，可能代表了尼采后巴塞尔时期历时10年的独立求索，它也常常是在高山之上进行的。查拉图斯特拉下山"到人群中去"那年是40岁，与作者尼采同龄。他带着火降临，就像普罗米修斯带着改变文化与文明的火，也像圣灵在五旬节时带着火舌。火赐予选民（已被启蒙者）"用语言说话"的天赋，亦即，那种可以被普遍理解的语言。它是智慧与启示的同义词。查拉图斯特拉的火具有异能，它能在上

1　尼采远非唯一对查拉图斯特拉感兴趣的人。此前50年间，20项有关《阿维斯陀古经》或其作者的研究以德语发表。见 Friedrich Nietzsche, *Thus Spoke Zarathustra*, Oxford University Press, 2008, introduction by Graham Parkes, p. xi.

2　见 Mark Boyce, *Zoroastrians: Their Religious Beliefs and Practices*, London, 1979, 以及 *The Oxford Companion to Philosophy*, ed. Ted Honderich, Oxford University Press, 2005.

帝死后将生命的意义烧灼为无意义。他（经由尼采）将是第一个在19世纪唯物主义语境下指出虚无主义、绝望和道德生活贬值危机的人。

诸神已死，查拉图斯特拉说。现在我们要让超人活着。我教你们做超人。"人是应被超越的某种东西。"[1]

人是什么？植物和幽灵的混合。超人是什么？他是大地的意义，并对大地忠诚不渝。他从不相信那些奢谈超脱尘世的希望的人——他们是蔑视生命者，将会自我毒害而死。

超人知道，任何看似残酷、随机或灾难性的事件，都不是上界那"永恒的理性蜘蛛"派来惩罚罪人的。永恒的理性蜘蛛不存在，永恒的理性蜘蛛网也不存在。毋宁说，生命是神圣意外的舞池。[2] 务必通过对舞池中的神圣意外说"是"来找到意义。

查拉图斯特拉对村民们宣称，人是桥梁，不是目的。这是人的荣耀。人介于野兽和超人之间，是一根悬在深渊上的绳索。

听了这话，查拉图斯特拉的第一个门徒就越众而出，试图从钢丝上走过深渊。一个小丑跳了上来，把那门徒推了下去，后者就这样堕地死去了。查拉图斯特拉带着他第一个门徒——那位走钢丝者的尸体去埋葬。众人都嘲笑他。尽管如此，他还是决定向他们展示那座彩虹桥——不是瓦格纳那座通往沃尔哈拉众神殿的桥，而是通往超人境界的桥梁。

为达成此举，他向他们赐福（共有十八条；耶稣曾赐福八条）。它们并非训诫，而是不可开释的神秘。第一条是："我爱那些只知道为沉沦而生活的人。因为他们是过桥者。"最后一条是："我爱那些人，他们像沉重的雨点，一颗一颗地从高悬在天上的黑云下降：

---

[1] *Thus Spoke Zarathustra*, 'Zarathustra's prologue', Section 3.
[2] *Thus Spoke Zarathustra*, Part Ⅲ, 'Before Sunrise'.

第十四章　我父瓦格纳已死。我子查拉图斯特拉降生。

它们预告着闪电的到来，而如预告者似的死灭。"[1]

时值正午，他享受着与他的动物们相处的时光。鹰是"太阳底下最高傲的动物"，而蛇则环绕在鹰的颈上。蛇是"太阳底下最聪明的动物"。尼采常以鹰自比，而以蛇比喻露（那条蛇是雌性的，他用同样的词汇 *klügste*[2] 形容着露的聪敏和蛇的聪敏）。这两只动物在一起对他来说具有越来越重要的意义。它们令人想起了诸多象征，包括预示特洛伊陷落的致命征兆（这也可以象征任何学说或文明的陨落），当时阿波罗借由一条蛇诅咒卡桑德拉，她（和尼采一样）被赐予了预知未来的天赋。对卡桑德拉的诅咒（也和对尼采的诅咒一样）是没有人会相信她的话或她的预言。

这时，叙事已被抛弃，尼采为我们提供了 22 则格言式的论述取而代之。其主题从个体美德到罪行的构成，再到如何死得其所。全部罗列如下：

　　论三种变形
　　论道德讲坛
　　论信仰彼岸世界的人
　　论蔑视肉体者
　　论快乐和激情
　　论苍白的罪犯
　　论阅读和写作
　　论山旁之树
　　论死之说教者
　　论战争和战士

1　*Thus Spoke Zarathustra*, 'Zarathustra's Prologue', Section 4.
2　*klügste*，德语，意为"最聪明的"。——译注

论新偶像

论市场的苍蝇

论贞洁

论朋友

论一千零一个目标

论爱邻人

论创造者的道路

论老妪和少妇

论毒蛇的咬啮

论孩子和婚姻

论自由的死

论馈赠的道德

它们以尼采的另一个自我查拉图斯特拉那古旧的、《圣经》式的口吻，向我们展示了尼采关于这些主题的观点。

不出所料，鉴于近来的经历，他现在对女性的态度相当严厉，与他在《快乐的科学》中对女性的温柔理解形成了鲜明对比。"落入一个杀人犯的手中，岂不比落入一个淫荡女人的梦中更好？"他问道。还有那句著名的"你要到女人那里去吗？别忘了你的鞭子"[1]。

《论自由的死》对他那个时代来讲是最具革命性的一节。基督教关于自杀的教义认为，结束自己的生命是不可饶恕的罪过。自杀者被埋在教堂墓地院墙之外的不神圣的地方。这象征着他们的灵魂被永远排除在天堂之外。但尼采建议，那些处于无法忍受的痛苦中的人，那些意识到自己生命的质量已然丧失殆尽的人，或是那些只是觉得自己的时辰已到的人，可以选择自愿安乐死。他建议应该允

---

1 *Thus Spoke Zarathustra*, Part Ⅰ, 'On Little Women Old and Young'.

许这些人自愿结束自己的生命，而不带有犯罪或是永世诅咒的意味。

这 22 则论述中的每一则都在示范如何体面而真诚地生活在超人的理想之中，而超人是无宗教信仰的、独立的、自律的和创造性的。"查拉图斯特拉如是说"——每一则论述都以此作结。本卷的结尾乐观而狂喜：

> 这是伟大的正午，是人类站在野兽与超人之路的中点，庆祝他通往夜晚的旅途，并将之作为其最高的希望：那是通往新的清晨的旅程。
>
> 到那时，堕落者将祝福自己成为过渡者；他的知识的太阳将为他居于正午。
>
> "诸神已死，我们现在要超人活着。——这就是伟大的正午时分，我们最后的愿望！"——
>
> 查拉图斯特拉如是说。

这书很短，只有区区 100 页。它的韵律是诗意的、重复的、催眠的，同时是简洁而有活力的。他说他用 10 天就写成了它（或者说，它写成了他），这 10 天充满了狂喜的灵感和启示。实际上，他可能花了比这更长的时间，将近一个月。

1883 年 2 月 14 日，他把这本书寄给了出版商施迈茨纳，并在附信中将其描述为"第五福音书"。他从拉帕洛前往热那亚去寄发书稿，也许是为了从恰如其分的地点开启象征性旅程的那份喜悦，又或是因为热那亚的邮政服务更为快捷。在那里，他从报纸上得知瓦格纳在前一天去世的消息。他把它当作一种预兆、一种超自然联系：又一对利剑在空中交锋了。他稍稍歪曲了一下事实，声称"终章恰恰是在理查德·瓦格纳死于威尼斯的那个神圣时刻完成的。"

瓦格纳的灵魂之旅已经与其他阿尔戈英雄的精魂汇合了。瓦格纳也曾是一位有远见的先知，也曾被包裹在孤独的七层皮中。如今斯人已逝，瓦格纳更早期、更纯粹的自我可以得到重新伸张。尼采因此有资格将《查拉图斯特拉如是说》称为新的《指环》。他的父亲瓦格纳已死，他的儿子查拉图斯特拉降生了。

瓦格纳死后两周，尼采在给弗朗茨·奥弗贝克的信中透露，他知悉瓦格纳与他的医生那些猥琐通信已经有一段日子了。这是尼采谨慎而心地仁厚的一个标志。"瓦格纳是我迄今为止所知的最完满的人，而在这方面，六年来我已经不得不放弃良多。但我们之间产生了致命的冲突，假使他活得更久一点，可能会发生一些可怕的事。"[1] 4月21日，他更为坦白地致信音乐家彼得·加斯特："瓦格纳富于恶毒的想法，他曾就这个问题与人通信（甚至还跟我的医生），声称他相信我思维方式的改变是由于不自然的淫行，还暗示了鸡奸行为，你对此怎么看？"几个月后，在7月，他还向艾达·奥弗贝克提到了前一年就传到了他耳中的"一场可怕的背叛性报复"。

事实上，可怕的背叛和公开的羞辱不仅来自瓦格纳，而且来自露和雷。

收到《查拉图斯特拉》之后，他的出版商并没有礼敬其为"第五福音书"。事实上，他压根儿没有表现出要出版该书的迹象。当尼采询问时，施迈茨纳含糊其词地抱怨印刷商的延误。尼采用讽刺的口吻回复道，如果施迈茨纳不把钱挥霍在反犹小册子上，也许会有钱付给印厂，但施迈茨纳不为所动。

尼采失望、疲惫又孤立无援。此外，他可能还营养不良，因为

---

[1] 尼采致弗朗茨·奥弗贝克的信，1883年2月22日。

第十四章　我父瓦格纳已死。我子查拉图斯特拉降生。

他找的是城里最便宜的饭菜，而且肯定用药过度。他服用危险药物，开具药方，签上"尼采博士"[1]，他要什么，那位意大利药剂师就给他什么。

他感到强烈的自我厌恶："我一刻都不能忘记，比方说，我的母亲曾说我是已故父亲的耻辱……我眼睁睁地看着自己的一生分崩离析，这整个诡异的、刻意与世隔绝的秘密生活，每六年迈出一步，除了迈出这一步之外，什么都不想要。而同时，其他的一切，我所有的人际关系都与我的面具有关，而我必须是永远过着全然隐蔽生活的受害者。我一直被暴露在最最残酷的巧合之下——或者更确切地说，正是我把巧合变成了残酷……不瞒你说，我现在的处境很坏。黑夜又一次围困了我。我感到仿佛电光一闪……我将不可避免地粉身碎骨，除非发生些什么——我却不知道究竟应该发生什么。"[2]

他看不到活着的意义，但又感到自己不得不起身去进行一场摔跤比赛，仿佛老拉奥孔必须着手打败他的毒蛇。但如果他要活下去，他就不想与人有任何瓜葛。即使寄宿于小小的旅店或是农夫的村舍也有太多的同伴。"为了听到我内心的声音，我需要周遭有无穷无尽的安静、高空和孤独。我希望能有足够的钱在我周围建一个理想的狗舍——我是说一栋有两个房间的木头房子，它将坐落在一个半岛之上，半岛通向锡尔斯湖，那上面曾有一个罗马堡垒。"[3]

他整夜交替地发冷和出汗，发烧并长期处于慢性疲惫状态，没有食欲，味觉迟钝。"头痛的老毛病"从早上 7 点到晚上 11 点持续折磨着他。由于在拉帕洛找不到取暖器，尼采搬回了热那亚。他隐隐期待着有人能把他拽离欧洲，他将自己身心的疾患归咎于欧洲的

1　Dr Nietzsche，也有大夫之意。——译注
2　尼采致弗朗茨·奥弗贝克的信，发自拉帕洛，1883 年 2 月 11 日收到。
3　尼采致卡尔·冯·格斯多夫的信，1883 年 6 月 28 日。他提到贞洁半岛（Chastè peninsula）。

地理和气候。像往常一样，他把自己视为"自然界扰动的受害者"，如同过去责怪云层中的电流带来的问题一样，他现在怪上了埃特纳火山。火山的能量流不断发出轰隆声，而且随时都有喷发的危险，这导致了他的波动症状。[1] 这个想法令他感到安慰。它使他免于指责那些造成他的痛苦的人。

在这样虚弱的身心状态下，他向伊丽莎白那笨拙的和解方式屈服了。很快，她就用她对近来发生的事情的诌媚版本令他陷入了圈套。他是"俄国毒蛇"和"犹太人雷"的彻头彻尾的无辜受害者。他告诉她，他打算"把我眼下有些混乱的人际关系重新理顺，就从你开始。而那台打字机，它出了故障，就像所有那些暂时被弱者拥有的事物一样——机器、问题，或是露，都这样"[2]。

他仍在等待施迈茨纳出版《查拉图斯特拉》，还让伊丽莎白出面干预。她竟然办成了他没办到的事，大概因为施迈茨纳知道她也是一个反犹主义同党。回过头来，伊丽莎白则说服尼采和她一起给当局写信，要求将露作为不道德人士逐出德国、遣返俄国。事实上，这场运动带来了意想不到的结果——把露变成了作家。她意识到，一旦被打上不道德人士的标签，俄国的那笔津贴就可能被取消。那曾是她唯一的收入来源，所以她开始通过写作赚钱。她创作了一部自传体纪实小说 *Im Kampf um Gott*（《为上帝而战》）。尼采的角色是一个苦行僧，热衷于贞洁和娼妇。露本人则是一个名妓，也是"她放纵的下流本性的奴隶"。雷则是她的保护人、"伯爵"。本书以她服毒自尽告终。对情色诱惑的叙述总是被角色之间的哲学争论打断，他们试图在世间找到某种宗教的或非宗教的意义。几年后，当尼采读到它的时候，他从中辨认出"其中有我们陶

---

[1] 尼采致彼得·加斯特的信，1883年2月19日。

[2] 尼采致伊丽莎白·尼采的信，1883年4月，转引自 Binion, *Frau Lou*, p. 104.

腾堡对话的无数回声"[1]。她甚至把这女孩叫作玛辰（Märchen），那是他给她的别名。

伊丽莎白想把露驱逐出境的计划失败了。她毫不气馁地发起了另一场运动，要把她的兄长与"以色列人雷"切割开来。尼采在其哲学中早已摆脱了雷主义。他从雷那里学到了格言写作的艺术，但他已然跨越了雷的唯物主义。这段日子以来，雷在他眼中已是一个全无理想、丧失目标、义务和本能尽皆消逝的人，满足于做露的伴侣，如果不是她的仆人的话。

伊丽莎白怂恿离间，告诉他，正是雷对露说"三位一体"计划一直建立在尼采淫荡的"狂野婚姻"的下流目标之上。尼采相信了她的话，一想到雷背叛了他们的友谊，对露奚落他的哲学，令她与他反目成仇，他就备受折磨。自怜和疑心与日俱增。他写信给雷，指责他是一个鬼祟、阴险、低级猥琐的家伙，而露则是他的想法的"喉舌，可怕的喉舌"。露是个灾星，"一头不育的、肮脏的、恶臭的、假乳房母猩猩"（从对假乳房的提及，我们可以认出伊丽莎白的手笔）。尼采疯狂的指控招致了雷的兄弟格奥尔格（Georg）诽谤诉讼威胁，他挑战尼采，要求用手枪决斗。幸运的是，这项挑战没有下文。

"在此之前，我从来没有恨过任何人，"他在给伊丽莎白的信中写道，"甚至不恨瓦格纳，而他的背信弃义远远超过露。直到现在，我才真正感到屈辱。"[2]

---

[1] 尼采致弗朗茨·奥弗贝克的信，1885 年 10 月 17 日。
[2] 尼采致伊丽莎白·尼采的信，1883 年夏末。

第十五章
有坟墓之处始有重生

在(《查拉图斯特拉》)的第二部里,我几乎像个小丑一样嬉笑。书中的细节中包含了大量个人经历和痛苦,这些只有我才能明了——有些篇幅对我来说几乎淌着血。

——从锡尔斯-玛利亚写给彼得·加斯特的信,1883年8月末

玛尔维达虽然是自由精灵的倡导者,但不能原谅露的不堪行径。她站在尼采一边反对她从前的宠儿,邀请他到罗马去看望她,让他休养生息。他拾掇了他那只现已重达104公斤的书箱,它被命名为"瘸腿"。他于1883年5月4日抵达罗马,与伊丽莎白碰头,后者一直致力于与她的兄长建立更为密切的关系。

伊丽莎白和玛尔维达从不互相敌视。接下来的一个月里,在她们的合作照顾下,尼采停止了服用水合氯醛滴剂来治疗失眠。玛尔维达资助他们的健康旅行,到罗马周遭的春日平原(campagna)上去,那里有野花、村舍和少量的遗迹残垣。当马车把他们载回罗马的博物馆时,在他所看到的所有艺术品当中,最能触动尼采的是两座布鲁图斯(Brutus)和伊壁鸠鲁(Epicurus)颇具阳刚气概的

半身像，以及克洛德·洛兰（Claude Lorrain）[1] 所做的三幅追缅黄金时代的风景画。这些画作的灵感来自艺术家本人的平原之旅。

宣告上帝之死的作者在罗马教会的大本营中寻求精神养分，尼采并没有忽略这其中的荒谬性。他偶尔会称自己为敌基督者，这让两位女士心烦意乱。他对人们膝行爬上圣彼得教堂的台阶的景象深恶痛绝，在写作《查拉图斯特拉》第二部时，他把此举作为宗教白痴的象征。[2]

到了6月，罗马陷入单调沉闷的燠热。他想前往伊斯基亚岛避暑，就像古罗马人那样；但最终他和伊丽莎白去了米兰，他们在那里分道扬镳，他独自去了锡尔斯-玛利亚。这是一次幸运的计划变更。不出一个月，伊斯基亚岛发生了地震，造成了至少3000人死亡。

在户外，尼采总能做出最好的思考。地点对他至关重要。回到他心爱的阿尔卑斯小村落的那一天，他向此地致意道："这里住着我的缪斯，这地方与我血脉相连，甚至不止如此。"[3] 这让他描述了灵感的过程，对他来说，灵感的产生与地方感密不可分。

> 在19世纪末，是否有人清楚地知道鼎盛时代的诗人所谓的灵感是什么？如果没有人知道，那我就来描述一下。如果你身上还残留迷信，那么实际上你几乎不可能否认你自己只是无比巨大力量的化身、代言人、媒介的想法。"启示"这个概念——其含义是，突然间你可以很确切地看到和听到某事物，它能震撼你的内心，并将你撞到掀翻——就是对事实的简单描

---

1 克洛德·热莱（Claude Gelée, 1604/5?—1682），法国画家，更广为人知的名字是克洛德·洛兰。他参考《圣经》、维吉尔和奥维德描绘田园风景。其画作中常常点缀着零星的古典建筑、人物和动物，是18世纪英国风景画运动的主要灵感来源。
2 *Thus Spoke Zarathustra*, Part II, Section 4, 'On Priests'.
3 尼采致卡尔·冯·格斯多夫的信，1883年6月28日。

述。你听到,但是不去寻找;你获得,但是不问给予者。思想如闪电闪过,这是必然的,是毫无迟疑的——我从来没有任何选择。欣喜若狂带来的极度紧张情绪时不时以泪流满面的形式释放出来,你的步伐时而忍不住加快,接下来又忍不住放慢。一种完全出离自己的状态……一切都是不由自主地发生的,但是就好像是在一阵自由的、无条件约束的、充满力量的、神圣的风暴中发生的一样……这就是我在灵感方面的经验;我十分肯定,你必须回溯几千年才能找到一个人能对我说"这也是我的经验"——[1]

《查拉图斯特拉》的第二部是在1883年6月28日到7月8日的十天之间来到了他的脑海的。"所有内容都是在艰苦的登山过程中构思出来的;全然笃定,每一句话都如蒙召唤。"[2]

像第一部一样,它被分为极为精炼的小段落,他得以在四或六小时的徒步旅行中设法组织起来,并在没有任何实际帮助的情况下把它们转移到笔记本上。他的灵感源泉沿着席尔瓦普拉纳湖和锡尔斯湖这两个小湖泊的小径蜿蜒,松石绿的湖水仿佛微光闪烁的地面,烘托出永恒积雪的陡峭山峦上那明亮的悬崖。这是一个全然自足的世界,尼采在这里继续讲述查拉图斯特拉的故事:他的家在乌尔米湖畔,他隐居山中,他把自己的格言宣告为顶点,或山峰。

在《查拉图斯特拉》第二部中,尼采几乎从来不作为其自身的理想范例浮现:"始终说'是'的人"通过将"事情就是如此"转变为"我希望事情如此",就此成功阻断了嫉妒和报复。《查拉图斯特拉》第二部中,对露和雷的影射俯拾皆是。书中充斥着突如其来的狂怒,控诉敌人对他的谋杀。在整本书的叙述里,这些控诉毫无

---

[1] *Ecce Homo*, 'Thus Spoke Zarathustra', Section 3.
[2] 尼采致格奥尔格·布兰德斯(Georg Brandes)的信,1888年4月10日。

第十五章　有坟墓之处始有重生

意义。

在题为《狼蛛》的章节中，露和雷被明确指认为狼蛛，因为其背部有三位一体的象征。"神圣地美丽并且坚定"，狼蛛一咬他，就摄去了他的灵魂，并令其为了复仇而晕头转向。[1]

行文至此，穿插了三首诗。其中第一首《夜之歌》是他早前在罗马写的，马车在原野上那田园牧歌的风景中驰骋，唤起了他对已然远逝的英雄时代的遗憾、对过去的追忆，以及对爱情的渴望。

在第二首诗《舞蹈之歌》中，查拉图斯特拉看到少女在草地上翩翩起舞。他唤醒了沉睡的丘比特，后者与少女们共舞。生命对他开口，说出了露曾对他说过的话，告诉他，她不过是个女人，而且并不忠贞。她还告诉他，女人生性莫测、狂野而善变，并为此深感喜悦。男人却渴望着女性的坚贞、忠诚和神秘，他们将美德赋予女性，并垂涎于他们所想象的一切。

他责备她说，当他把自己最大的秘密交给她时，她却认为这一文不值。"这就是我们三人之间的状况。她善变而固执；我常常看到她咬着嘴唇，把打结的头发梳通。也许她的确邪恶而虚伪，在任何意义上都是一个女性；然而当她说自己坏话的时候，恰恰最是魅惑。"

第三首也是最后一首诗《坟墓之歌》以他旅居威尼斯时窗外的死亡之岛的景象作为开篇。其坟墓中葬着他的青春，还有"爱情温柔的奇迹"和"鸣唱着我的希望的鸟"。

他诅咒他的敌人，他们减损了他的恒久，盗去了他的黑夜，令他陷入无眠的折磨。

书稿完成时，他不禁讶异于该文本的自传性。看到自己的血从书页上滴落下来，他吃了一惊，但他确信只有自己才能看得见。[2]

---

[1] *Thus Spoke Zarathustra*, Part Two, 'Of the Tarantulas'.
[2] 尼采致彼得·加斯特的信，1883 年 8 月底。

在下一本书中，他将追求这样一种理念：所有哲学（不仅仅是他自己的哲学）都是自传。

露想促成一次会面，却不敢直说。得知尼采正旅居于锡尔斯-玛利亚，她和雷就在附近一个名为切菜里纳（Celerina）的小村庄住了下来。他们此行的旅伴是一个新结识的年轻男子，名叫斐迪南·滕尼斯（Ferdinand Tönnies）。他已被吸纳为三位一体的第三位成员，正为此受宠若惊。多年以后，滕尼斯将会成为德国社会学的奠基者，但此刻，他所有的著作和荣光都远在前路，他仅仅是一个感情用事的愣头青，为住进了旅馆的第三个房间而深感荣幸并兴奋不已。

尼采从没见过滕尼斯，所以露和雷派他去锡尔斯-玛利亚传递橄榄枝。但是，看到尼采在户外包着惯用的重重防护，抵御着阳光和云层的电流，并进一步裹在"我湛蓝的孤独当中，我用这孤独在自己周围画圈，画出神圣的边界……"，滕尼斯不敢上前。就这样，没有达成和解，夏天就过去了。

时间已然软化了尼采对露的恨意。他早就对她打开了大门，并向她展示了那条钢索。而她几乎拥有登上它的勇气。尽管她还没有能力接受终极挑战，却已最接近理解，并且，她仍然是他所知道的最聪明的动物。假使他要忠实于自己那个永恒轮回的观念，要求一个人在回首往事时，将每一个"它曾如此"都转变为"我希望它如此"，那么他就必须对露的几近承诺说"是"，并且继续珍视它。

倘若他想要践行自己的理念，成为接受命运的说"是"者，他就必须承认自己在伊丽莎白和露之间的战争中所扮演的角色。当他进一步意识到伊丽莎白是如何操纵他的时候，他过去对于露的敌意和怨恨现在已转化为对伊丽莎白的仇视。她的恶意、谎言和诡计把他卷入了一场漫长而不光彩的、针对露和雷的报复行动当中。她怂恿他写下那些愚蠢的信，唆使他相信那些捏造的事实，而比这一切更糟的是，她成功地令他无法真诚地面对自己了。他又一次屈服于锁链病，屈服于情感和怨恨，屈服于对不光彩的过去的错付的忠诚。

他厌恶伊丽莎白设法在他身上激起持续的怨恨，恰恰在他坚定信念，要公然抨击一切艳羡、嫉妒、复仇和惩罚，并且断言自己除了成为其所是而别无他求的人的时刻。伊丽莎白本人的怨念，她那墨鱼汁般的嫉妒已经为他的大脑笼罩上了"邪恶而黑暗的感受，其中包括对我妹妹的仇恨，她骗了我整整一年，让我失去了我最好的自我征服……就这样，正当我的内心已放弃了一切复仇和惩罚计划的时候，我恰恰成为无情的复仇欲望的受害者。这场冲突令我离疯狂更近了一步。我以最可怕的方式感受到了这一点……也许我跟她的和解是整个事件中最为致命的一环……现在我明白了，这使得她认为她有权向莎乐美小姐复仇。原谅我！"[1]

伊丽莎白寄给他一封踌躇满志的信，告诉他她有多么享受"这场轻松愉快的战争"。这让他疲惫地意识到，他不是注定要成为任何人的敌人，甚至不必成为伊丽莎白的敌人。

此前，他已切断了与母亲和伊丽莎白的一切联系。如果他再这么做，将是另一种消极举动，是否定性的行为。相反，他将会采取折中的方式来保持联络，如在信中通报自己的洗衣需求，并且索取香肠之类的小物件。这些是肯定性的行动。这样一来，他就保持了他的一贯性，而同时也维持了联系的假象。

但这种方便的妥协很快就被打破了。9月，他接到弗兰齐斯卡的一通紧急电话，急召他回到瑙姆堡家中。伊丽莎白——这头固执的大羊驼，正说要前往巴拉圭，把她的终生托付给反犹主义煽动者

---

[1] 尼采致弗朗茨·奥弗贝克的信，1883年8月28日收到。

伯恩哈德·弗尔斯特。

弗兰齐斯卡不想失去她的管家兼女儿。尼采则对伊丽莎白将自己的未来与一个狂妄的煽动者相结合的想法感到骇然,而他对后者的道德和政治观点深恶痛绝。此外,这也给伊丽莎白过去一年来与他的和解蒙上了一层不诚实的色彩:在罗马期间的所谓和解及其之后的所有日子里,她一直瞒着他跟他所鄙视的那个低劣的种族主义者通信。"我无法像她一样热衷于'德国事物',更不热衷于保持这'光荣的'种族的纯洁。恰恰相反,恰恰相反——"[1]

伯恩哈德·弗尔斯特比尼采年长一岁,是一个英俊、体面的纳粹爱国者,具备军人的仪态,穿着剪裁得体。他显然毛发旺盛:异常浓密的棕发梳向脑后,隆起于高高的 V 字形前额之上。他的眉毛突出,漂亮的胡须保持着完美的水平线。他的下巴上留着一部《旧约》先知式的长而弯曲的棕色大胡子,尽管他不会喜欢被比作闪米特人。他的双眼令人不安,虹膜几近透明,颜色如同冰川。那是一双凝望着遥远地平线的理想主义者的眼睛。他狂热地鼓吹露天徒步、素食主义、体操的保健功效,以及禁止酒精和活体解剖。他是一个有着坚定信念的人,而不是一个有智慧的人。像尼采和瓦格纳一样,他也梦想着改造德国,但当前两位都设想通过文化手段来达成目标时,弗尔斯特的路径却是种族主义。犹太人已经成为德国人民身上的寄生虫。必须恢复血统的纯洁。

在双方母亲的撮合下,伯恩哈德·弗尔斯特和伊丽莎白早已若即若离地认识了好些年。这两位母亲同样是瑙姆堡的寡妇和教会的柱石。伊丽莎白一开始并没有谋求两人的交往关系,直到她在巴塞尔为她哥哥当管家的工作失败之后,她才意识到,她既不能指望兄长让她终身有靠,也不能指望跟他交际圈里的任何一个人结婚。面

---

[1] 尼采致弗兰齐斯卡·尼采和伊丽莎白·尼采的信,1885 年 3 月 31 日。

前似乎只剩下照顾年迈母亲这一条黯淡无光的路了。上了岁数的老姑娘，无论德行多好，在瑙姆堡都既没有权力也没有社会地位。她必须马上找个丈夫。

她是在1876年的拜罗伊特戏剧节上结识弗尔斯特的。回到瑙姆堡后，她就挖空心思令弗尔斯特倾倒，此后，她开始给弗尔斯特写信，表示对其事业的强烈支持。"我所有的知识不过是您惊人心智的微弱反映……我的才能是实用的。这就是为什么您所有的计划和宏伟想法都令我激动：它们可以被转化为行动。"[1]

一旦开启了这一番书信往来，我们就会不无滑稽地发现，她在信中很快注入了一个快乐、英勇而鲁莽的女孩的个性，也更加热心于弗尔斯特和他的政治。他仍然端正、拘谨而短视，不明所以。最终，为了吸引他的注意，她不得不给他寄钱用于反犹事业，并对自己的财富夸夸其谈。即便如此，他也花了很长时间才明白，这是在向他提供一个嫁妆足以实现他的梦想的新娘。

1880年5月，弗尔斯特给她寄去了一份他计划提交给俾斯麦的反犹请愿书的副本，让她收集签名。她尽心尽力地收集了。请愿书恳求剥夺正在"毁掉德国"的犹太人的投票权，将他们排除在法律和医疗行业之外，并停止进一步的犹太移民，"以人类种族的净化和重生以及保留人类文化的名义"驱逐那些未归化的犹太人。他们收集到了26.7万个签名。请愿书被马车运送着，大张旗鼓地穿过柏林的街头，呈送给俾斯麦，但被拒收了。几年后，愤怒而沮丧的弗尔斯特在柏林的一辆有轨电车上发表了一通激烈的反犹演说，此举最终演化为一场老拳相向的流血事件，导致他失去了在中学的教职，于是他就此与人共同创立了德国人民党（Deutscher Volksverein），这是一个暴力的种族主义政党，鼓吹民族主义和曲

---

[1] 伊丽莎白·尼采致伯恩哈德·弗尔斯特的信，1884年1月。

解的进化论。亚伯拉罕的子孙和金色牛犊的崇拜者已经永远污染了德国的土壤。人民党将在此前从未遭受种族污染的土壤上建立一个全新的德国,一个纯血统雅利安人的殖民地。为了寻找理想的地点,他花了两年时间在南美洲游荡。

伊丽莎白与他保持着有规律的书信往来。当他告诉她5000马克可以在巴拉圭买到一块相当不错的土地时,她主动表示愿意提供这笔经费,然后又羞怯地道歉,唯恐这笔钱会辱没了他。出于对他在巴拉圭艰苦生活的不安,她给了他800马克让他雇一个仆人。"中世纪时,人们把自己财产的十分之一捐给教会,以示对最高理想的敬意。你又有什么理由拒绝我的捐赠呢?"她接着向他透露自己有两万八千马克的财产。为了防止他抓不住重点,她还把自己描述成一个相当务实的女性、一位优秀的家庭主妇,事实上,恰是一位勇敢先驱者迫切需要的贤内助。她对他的判断是正确的。她的钱虽不足以支撑整个项目,但已远远超过了其他信徒提供的资金。

弗尔斯特回到德国,开始招募殖民者。他写了宣传册,在国内进行巡回演说。他的演讲脚本——如同所有煽动性的脚本一样,在特定的时间点写着"掌声!"或"热烈的掌声!"。

瓦格纳拒绝在弗尔斯特的1880年请愿书上签字。瓦格纳尽管有自己的反犹主义偏见,但很瞧不上弗尔斯特其人,认为他无聊、没修养,而且不甚灵光。不过,这在拜罗伊特并不是个普遍观点,比方说尼采的宿敌汉斯·冯·沃尔措根——《拜罗伊特活页报》的编辑,就很乐意为弗尔斯特提供一个发表他荒谬文章的平台(其中关于教育的那篇文章提议,在他的政党上台的第一天,所有现存的女子学校都应该被警察关闭)。这份报纸在德国上下为拜罗伊特赞助人协会打开了通路。它成为弗尔斯特为他那些有鼓掌提示的演讲吸引听众的主要渠道。

瑙姆堡的1883年9月不甚愉快。当尼采和他的母亲联合起来试图说服伊丽莎白不要跟弗尔斯特同流合污的时候，母亲又跟伊丽莎白共同反对起尼采来，要他停止他那亵渎神明的哲学活动，回大学教书，继续过体面的生活。他是否也可以不再和那些"不太好"的人来往呢？

弗兰齐斯卡和伊丽莎白对他死缠烂打，他却对固执的大羊驼打算嫁给可怕的弗尔斯特的决定全无影响，而他已经花了整整一个月来忍受她令人厌恶的种族主义和盲目的自以为是。是时候离开了。

10月5日，他前往巴塞尔。在那里，他总能从奥弗贝克夫妇那里得到关于伊丽莎白和他的财务状况的合理建议。

健康稍稍恢复后，他便动身去海边过冬。尽管仍然被哥伦布发现新世界的想法所吸引，但他只回热那亚略待了几天就继续前行了。他给出的理由是（这理由显然不真实）他在城里太有名了，无法享受创作所必需的"蔚蓝的孤独"。

他在尼斯定居下来，在圣埃蒂安小街（petite rue St Étienne）上简朴的日内瓦养老院里租了一间斗室。他喜欢尼斯后面的山丘，因为那里有凛冽的风。他赞许风是地球重力的救赎者。有时他乘火车或有轨电车沿着海岸线穿过圣让卡普费拉（St. Jean Cap Ferrat）和维勒弗朗什（Villefranche），爬上崎岖不平的高地，从那里他可以看到——或想象可以看到，科西嘉岛如同深蓝的斑点阻断了海面上光滑的地平线。他特别强调他的脉搏和拿破仑的脉搏有着相同的搏动方式：一样慢，一样不可阻挡，一样是每分钟60次。在这片生机盎然的风景中，随着拿破仑取代哥伦布成为精神的阿尔戈英雄，尼采又一次受到了旋风般的灵感的眷顾。这份灵感令他完成了《查拉图斯特拉》的第三卷，仍然只用了10天。

查拉图斯特拉乘船从被祝福的岛屿穿过海洋。最终，他抵达了他在第一卷中曾到访过的那座最初的小城，但此行并不比初访更具接纳性或更有成效。他回到了他的洞穴，在那里对永恒轮回思想进行了扩充,将其视为对生命的伟大肯定,足以在当下产生巨大的欢愉,从而战胜虚无主义。他以一段对《新约》的最后一书《启示录》的亵渎性戏仿来为此书做结——他一度以为这是《查拉图斯特拉》的最后一卷。他称之为"七印记",它由一首狂喜而神秘的诗文构成,在轮回的婚戒中庆祝着他与永恒的婚姻。七节诗文以同样的语句结尾:

> 我从未觅得我愿与之生育孩子的女人,除了这个女人,我爱的女人:噢,永恒啊,因为我爱你!
> 噢,永恒啊,因为我爱你!

他于1月18日完成此书。两周前,一位年轻的维也纳犹太动物学家尤利乌斯·帕内特博士(Dr. Julius Paneth)到养老院拜访了他。帕内特知道尼采的书,他是来向作者致敬的。帕内特期待着一位先知、一位预言家、一位狂热的演说家,然而和露一样,他惊讶地见到了一位异常温和的人,外表朴实而友善。他身上没有一丝先知的迹象。他们谈了六个钟头,其间尼采表现得自然、安静、无害而毫不装腔作势。尽管他严肃庄重,但也不失幽默,而且对幽默反应灵敏。他们的谈话开始于一些平淡的话题,关于天气和膳宿公寓。当话题转到他的思想和著作时,尼采的态度并没有改变,仍然保持着一种沉静而谦恭的柔和。他告诉帕内特,他一直感到自己有一种使命,他能够在闭上双眼时看到图像,非常生动的图像,总是在变化。它们可以激发灵感,但身体上的不适,比如疾病,会让它们变得丑陋、可怕、令人不快。[1]

在完成《查拉图斯特拉》第三卷的数月后,尼采结识了一位新

---

[1] 尤利乌斯·帕内特博士对1883年12月26日和1884年1月3日在尼斯拜访尼采的描述。

第十五章　有坟墓之处始有重生

朋友。她证实，尼采正如尤利乌斯·帕内特所发现的那样谦逊而低调。雷萨·冯·席恩霍费尔[1]是一位富有的女权主义者，时年28岁。她刚在苏黎世大学——最早招收女学生的大学之一——完成了第一学期的学业就来到了尼斯。接下来，雷萨将会撰写一篇对谢林和斯宾诺莎的哲学体系进行比较的博士论文。她是在玛尔维达·冯·迈森布格的建议下来到尼斯的，后者还没有完全放弃为尼采找一位新娘。

雷萨怀着复杂的心情接受了玛尔维达的介绍。她十分欣赏《悲剧的诞生》，却也曾看过那张臭名昭著的照片——尼采和雷被套在露的马车上。她是露在1882年拜罗伊特艺术节上向其展示过这张照片的那许多人中的一个，她对这张照片的保留态度使得她与尼采会面时有些尴尬，但她的疑虑几乎立即被"他严肃的教授模样"和他朴实的真诚所打消了。1884年4月3日至13日，她在里维埃拉度过了10天，大部分时间他们都在一起。

那时，《查拉图斯特拉》的第三卷已经完成，并已送入印厂。人们可能会以为尼采只愿意谈论自己和自己的作品，但相反，他对她的阅读计划相当感兴趣。他为她推荐了很多法国作家：龚古尔兄弟、圣西门的回忆录、泰纳关于法国大革命的著述，以及司汤达的《红与黑》。他告诉她，司汤达曾"以惊人的笃定"宣称自己将在40年后声名远播，而尼采也完全期待着他会有这样的际遇。

不管这位哲学家和学生之间的心理距离有多大，她都觉得他特别善良、自然、幽默而富于人性。他是一个有着细腻的敏感、温柔和礼貌的人，对遇到的每一个人都彬彬有礼，对女士们（无论长幼）尤为如此。这使他成为日内瓦养老院里广受欢迎的客人，他们

---

[1] 雷萨·冯·席恩霍费尔（Resa von Schirnhofer, 1855—1948）出生于奥地利克雷姆斯，1937年著有对尼采的短篇回忆录《论尼采其人》(*Vom Menschen Nietzsche*)，未出版。

称他为"亲爱的半盲的教授",并为他做些小事,让他的日子能好过些。雷萨很快就觉得和他在一起很自在,什么都可以跟他聊。当她告诉他,她有时会做一些有趣的梦时,他郑重其事地建议她夜里要在手边准备好纸笔,他本人就是这么做的。他很重视梦境和夜间思想的意义:"由于在夜里常常会有稀奇古怪的念头造访,我们应该在夜间醒来后立刻记录下来,因为到了清晨我们通常就找不到它们了,这些念头已随夜之暗影飘散无踪。"[1]

尽管这是一段深情款款的关系,但也仅此而已。尼采的激情没有像遇到露时那样被点燃。雷萨和尼采的争论并不对等。有共鸣,但没有血亲般的理解。她从他心中唤起了那位曾在帕达戈贡中学以指引年轻头脑为乐的老师。他对她说话时认真而谨慎,以免给她太大负担。在一次关于偏见的谈话中,他警告她说,要摆脱偏见是不可能的。她必须时刻意识到这一点。一个抛弃了偏见的人只会落入新的偏见之中。

他送她《查拉图斯特拉》三卷本作为礼物,上面的题记为"*In nova fert animus*"("精神引领人走向新的事物")。他带她去波隆山(Mont Boront)散步,这是他在创作《查拉图斯特拉》第三卷期间的一次灵感之旅。即使是在此地,他也没有扮演神秘主义者或是说教者。他们经过时,无数蝴蝶如同云朵般从芬芳的百里香中飞起。在他们脚下,尼斯天使湾的碧波之间闪烁着白色的船。他谈到了他们要乘船去科西嘉岛。

快到山顶时,他们被法国卫兵挡住了去路,不得不折返回去。他们误闯禁地,侵入了阿尔邦堡(Fort du Mont Alban),这是一座古老的防御工事,在过去的300年间一直对法国和意大利的领土纷争保持戒备。尼采被这段遭遇玩具兵的经历逗乐了。一阵突如其来

---

[1] 雷萨·冯·席恩霍费尔,1884年4月3—13日,转引自 Gilman (ed.), *Conversations with Nietzsche*, pp. 146-158.

的密史脱拉风驱散了云层及其电流,留下澄澈自由的蓝天,这令他兴奋的心情进一步高涨。他带她到一家小咖啡馆,为她介绍了苦艾酒。他一边陪着她皱起鼻子小口啜饮,一边以押韵对句对他们在这个荒谬世界中的冒险进行着天马行空的评论,开头就是关于那座戒备森严的山巅堡垒。

他邀她一道去尼斯观看斗牛。她对此有些犹豫,但他向她保证,这里的斗牛场是受官方规定监管的,禁止使用马匹,也禁止杀牛。擂台上,相互接替的六头公牛似乎与斗牛士一样清楚规则。很快,这些温和的小打小闹就显得十分荒谬,以至两人都忍不住大笑起来。简陋的乐队奏响比才歌剧《卡门》中的音乐,对尼采产生了如同电击般的效果。一瞬间,他从歇斯底里的狂笑进入了迷狂状态。他让她注意脉搏跳动的节奏,而她就此明白了音乐对他的影响之大。这也令她热血沸腾,她写道,她很惊讶,即使在她那热爱动物的灵魂中,这音乐也激起了一种强烈的欲望,想看一场真正的斗牛,带着残忍和野性,以及酒神对于英雄之死的颂扬。

他请她为他朗读《舞蹈之歌》,这是当丘比特与少女在草地上翩翩起舞时,查拉图斯特拉所唱的。她从中看到了"一张由忧郁之线织成的透明的网,正颤巍巍地盘旋在渴求着死亡的黑暗深渊之上"。

他则向她背诵了那首《坟墓之歌》。随后,他陷入了长时间的沉默和悲伤。

他们在一起度过了十天。雷萨离开尼斯的一个礼拜之后,尼采去了威尼斯。在这里,海因里希·科塞利茨(别名:彼得·加斯特)正在尼采的错误鼓励下,继续施展他那一点点音乐天赋去完成一部歌剧。尼采在读到乐谱的那一刻,马上严厉地批评了它,其严厉程度堪比当年冯·比洛批评尼采本人的音乐努力,不过,彼得·

加斯特以更为谦恭的精神接受了尼采的判决。他甚至在尼采的建议下更改了歌词的标题和语言。意大利语的《秘密婚礼》变成了德语的《威尼斯之狮》。这样一种对倒霉的加斯特的毫无必要的权力威压，兴许是尼采在《查拉图斯特拉》前三卷印刷后自信崩溃的表现。

他的出版商对这三卷都兴趣不大。就连曾经理解并相当重视前两卷的雅各布·布克哈特，在被问及对第三卷的看法时，也不无尴尬地闪烁其词，反问尼采是否在考虑尝试剧本写作？

尼采的健康在这个夏天急转直下。他双眼剧痛，还出现了持续数日的呕吐。医生对他的眼睛，对他被毁掉的胃，对任何睡眠的可能，都没有新的答案。就这样，他又开始自行用药，严重依赖水合氯醛粉，这是一种用来缓解失眠和焦虑的强力催眠和镇静剂。一旦这种药物的剂量不正确，就会产生恶心、呕吐、幻觉、精神错乱、抽搐、呼吸和心脏的失常：以上所有这些，事实上，都是尼采正在用它来缓解的症状。

绝望把他带回了他深爱着的锡尔斯-玛利亚，在那里，他给自己在吉安·杜里施的家里租住的那个房间打上了他的印记，他花钱用喜爱的墙纸对房间进行了装饰。那是一种花卉图案的墙纸，有着绿、棕、蓝的柔和色调。[1] 房间很小，也很简单，人们简直难以想象。低矮的天花板，小小的窗户，窄窄的床，窗前一张土里土气的小桌子，以及一个脱靴器，里头常常困着一只靴子。这里勉强能够塞进"瘸腿"——那104公斤书。

8月中旬，雷萨·冯·席恩霍费尔在吉安·杜里施位于锡尔斯-玛利亚的家中拜访了尼采。她在大学的夏季学期已告结束，她正与

---

[1] 墙纸的幽灵驻留在那个房间，而房间所在的住所现已成为锡尔斯-玛利亚尼采之家博物馆。

一位同窗从苏黎世步行回到她的家乡奥地利。雷萨震惊于尼采身上戏剧性的转变，无论是身体还是谈话，他的状况都与他们在尼斯的日子相去甚远。

在她到访的大部分时间里，他都病着，但有那么一刻，他恢复了健康，足以领她散步前往查拉图斯特拉岩石，那里距离吉安·杜里施的家大约45分钟。那个朴实无华的尼采消失了。他激烈而急切地，"以狂热的宣言倾泻出大量观点与想象"；雷萨小心翼翼地强调，尽管尼采的谈话既变幻莫测又惊心动魄，但他说话时既不狂妄也不自夸。他说话时带着天真和无限的惊奇，仿佛这样的滔滔不绝对他而言是一种莫可名状的东西，一种超出他控制的影响。他告诉她，这让他整个人陷入了剧烈的不安之中。

当他们离开查拉图斯特拉岩石，转身穿过树林回家时，一群牛从山坡上向他们冲来。雷萨害怕牛，她跑了起来。尼采只是用他那著名的永恒的同伴——雨伞，指向它们，来回挥舞着。此举把牛吓跑了。他大笑起来，这令雷萨为自己的怯懦感到羞愧。她解释说，在她五岁时，她和母亲曾被一头公牛冲撞，好不容易才逃脱。听了这话，尼采变得庄重起来，并阐述道，童年早期经历的神经冲击的波浪效应往往会贯穿人的一生。

次日，雷萨没有见到他。他又不得不卧床了。一天半后，她来到吉安·杜里施家探望他的病情。她被领进那间低矮、松木镶板的小餐厅里去等候。

突然，门开了，尼采出现在门边，看上去疲惫、苍白、心烦意乱。他倚着门框，勉力撑持着，立即开始谈论他难以忍受的状况。他抱怨说，他没有得到片刻安宁。当他闭上眼睛时，看到的只是一片不断生长变形的可怕丛林，在不停加速的生长与腐坏的循环中，令人作呕的繁茂奇异的花朵盘根错节缠绕不休。雷萨读过波德莱尔。她怀疑他在吸食鸦片或大麻。

他仍然倚在门上,用微弱的声调,带着不安的急切问她:"你不认为这是发疯的初期症状吗?我的父亲就死于脑疾。"

她太困惑、太害怕了,以至无法马上答话。在一种几乎无法控制的焦虑中,他急切地重复着这个问题。她吓得说不出话来。

第十六章

他偷袭我!

顺便一提,整部《查拉图斯特拉》是某种力量的爆发,这力量已经积累了数十年。而这种爆发的始作俑者很容易把他自己炸毁。这是我一直想要的。

给弗朗茨·奥弗贝克的信,1884年2月8日

尼采对《查拉图斯特拉》抱有空前的信心,尽管销量惨淡,并且就连他最铁杆的支持者——奥弗贝克和彼得·加斯特也都赞同其出版商的忠告。所有人都认为他已经写了足够多的查拉图斯特拉之书,也写了足够多的格言体。人们对此已胃口尽失。但查拉图斯特拉并不会放过他。他继续做着更多的笔记。每到圣诞新年期间,有关查拉图斯特拉的灵感就会前来拜访,这似乎已经成为一种模式。1884年12月到1885年4月间,他完成了第四卷,正好在写完第三卷的整整一年后。

当施迈茨纳干脆地拒绝出版此书时,他深感震惊。尼采和施迈茨纳之间的政治和意识形态分歧在前几卷的写作和出版过程中已经大大加剧。作者和出版商之间的不信任逐渐加深,这使得每一卷的出版过程都变得愈发困难。

当第一卷的印制排在50万册教会赞美诗集的后面时,尼采曾感到

些许好笑，但当他得知施迈茨纳正在出版 Antisemitiche Blätter（《反犹时代》[The Anti-Semitic Times]）这本杂志，而这也正反映了出版商自己的政治观点的时候，那就是截然不同的一回事了。

《查拉图斯特拉》第三卷是施迈茨纳为尼采出版的第 11 本书。他俩都没能赚到钱。施迈茨纳印制了 1000 册，而《查拉图斯特拉》每一卷才分别卖出 84 本。难怪他不愿继续下去。

自他从巴塞尔辞职的那一刻起，尼采就几乎对他的个人财务状况不闻不问，全无了解。他那种任性的天真使得他的出版事务混乱不堪。他的主要收入来源是巴塞尔大学的退休金，每年 3000 瑞士法郎（2400 德国马克）。1879 年，尼采与施迈茨纳第一次会面时，抱着迫切的热忱，尼采把自己的薪资积蓄和退休金托付给了他的新出版商，当时总计 1600 马克。他还从祖母埃德穆特、姑妈罗莎莉及其父亲同父异母的兄弟那里继承了一小笔家产。这些钱都被放在谨慎的长期投资中，由他的母亲看管着。弗朗茨·奥弗贝克也在瑞士替他保管着一些钱。每每超支时，他有时向奥弗贝克要瑞士法郎，有时向施迈茨纳要马克。有时他指示奥弗贝克寄钱给施迈茨纳。只有在万不得已的情况下，他才求助于他的母亲，在收到钱的同时还会收到一通关于铺张浪费的说教和金融末日的可怕警告。

施迈茨纳把欠尼采的版税付给了他，此举值得尊敬，不过就在《查拉图斯特拉》第三卷即将付印之际，尼采发现自己需要 500 瑞士法郎来偿还债务，主要是付给一家二手书店。施迈茨纳答应在 1884 年 4 月 1 日前给他这笔钱。这个日期眼看着过去了，尼采开始感到焦虑。施迈茨纳现在持有 5000 或 5600 马克，这笔钱对于尼采的未来保障极为重要。大学的退休金只发放 6 年，到 1885 年 6 月就会结束。尼采非常担心它停发之后，自己将何以为生。施迈茨纳写道："……尽管我对金钱的复杂性感到遗憾，但一个穷困潦倒的人和一个拥有财富却被迫将其投入房屋和出版事业中若干年的人之间有着莫大的区别——后者意味着这些资产都没有办法变成流动资金……"[1]

他建议，如果尼采急着要钱，那么他会把尼采积压的作品库存以2万马克进行清仓甩卖，尼采的钱将从中偿付。这简直是个晴天霹雳。没有哪个作者愿意自己的作品被清仓甩卖。

最终，没有人愿意购买这9723本积压书籍。1885年的元旦过去了，施迈茨纳没有兑现他支付钱款的承诺。尼采聘请了"一位非常聪明的律师"作他的代理，此人是他母亲家的一个远房亲戚，名叫伯恩哈德·德克泽尔（Bernhard Daechsel）。德克泽尔对此事并不乐观。施迈茨纳答应6月付钱，却再次违背承诺。8月，尼采意识到他应该强制拍卖这批书，竞拍其中他想要的那些，这样他就能够以新的形式再版。他只想要《人性的，太人性的》及其补编，即《见解与箴言杂录》《漫游者和他的影子》，还有《查拉图斯特拉》的前三卷。

8月下旬，他指示他的律师要求强制拍卖施迈茨纳的整个出版社。发现自己竟被锁在自己的出版社门外，这足以令施迈茨纳受到震慑，他在10月偿付了尼采5600马克。这意味着施迈茨纳既不用卖掉自己的出版社，也不用卖掉尼采作品的库存。这对施迈茨纳是个好结果，对尼采却不然，他认为他的作品现在"永远埋在了反犹主义的大坑里"[2]。

他还清了莱比锡那家二手书店的债务，并纵容自己以音乐赞助人的身份为他的门徒彼得·加斯特安排了一场特别的私人演出，演奏了《威尼斯之狮》的序曲。他还为其父亲的坟墓新置了一块精美的大理石墓碑，这令他的母亲感到高兴。就我们所知，是尼采撰写

---

[1] 欧内斯特·施迈茨纳致尼采的信，1884年10月2日，转引自Schaberg, *The Nietzsche Canon*, p. 113.

[2] 尼采致弗朗茨·奥弗贝克的信，1885年12月初。转引自 *The Nietzsche Canon*, p. 118.

了其上的铭文。他遵循基督教的惯例写道："此地安息着卡尔·路德维希·尼采，勒肯、米希利茨（Michlitz）和博特费尔德（Bothfeld）的牧师，生于1813年10月11日，卒于1849年7月30日，在这里，他的幼子路德维希·约瑟夫也随他步入永恒，生于1848年2月27日，卒于1850年1月4日。爱是永不止息。《哥林多前书》13.8。"

他写信给卡尔·冯·格斯多夫，请他资助一次小规模的印刷，印制约20本《查拉图斯特拉》第四卷。[1] 冯·格斯多夫甚至没有回信。幸运的是，巴塞尔大学决定将他的退休金再延长一年，于是他决定个人印刷这本书。

《查拉图斯特拉》第四卷读起来像是一个扩展的复仇幻想，报复对象是一生中困扰过他的一切，从上帝到被大夫绑在他脑袋上吸血的水蛭。

查拉图斯特拉和他的动物们一起居住在洞中，动物们鼓励他登上山顶。在这里，他与"高人们"进行了对话，这些人至今仍是文化先锋。他们包括国王、教皇、叔本华、达尔文、瓦格纳，甚至还有尼采本人。

一个接一个地，查拉图斯特拉把他们打发到他的洞穴，在那里他们将发现智慧。当查拉图斯特拉抵达洞穴时，他发现这些人正在膜拜一头驴。如果没有神可供膜拜，人类将膜拜任何东西。查拉图斯特拉为他们提供了最后的晚餐，并在席间向他们宣讲了更高的人，即超人。他警告他们不要欲求自身力量之外的事物，不要相信他会纠正他们搞砸的一切。他拒绝指引闪电远离他们。他主持了一场末日审判，一个愤怒的审判日。他战胜了一切。

瓦格纳，"巫师，他的音乐最甜美地表达了危险、本能、善意和良知的毁灭"，他抓起竖琴试图用一首歌夺走查拉图斯特拉的信

---

[1] 尼采致冯·格斯多夫的信，1885年2月12日。

徒。漫游者的影子从他手中抢走了竖琴，并用一首又长又古怪的歌来还击，歌中充斥着夸张的意象。出现了"充满疑虑的猫咪姑娘"和"金鬃的狮子怪兽"，以及其他怪异的混合体和幻觉，在文学中，这些都让人联想到塞缪尔·泰勒·柯勒律治（Samuel Taylor Coleridge）在鸦片酊影响下最为巴洛克的风格。这个段落有多少得归功于尼采的安眠药，又有多少是出于对《启示录》进行戏仿的欲望，关于这一点，可以无休止地争论下去。还有人认为这是在回顾他在莱比锡妓院中的经历。

这首诗的叙述者被指认为"棕榈树下第一个欧洲人的声音"。他"像一头道德的狮子在沙漠的女儿们面前"咆哮，表现出西方人对东方人常有的复杂反应，沉浸在对"摇曳于风中的棕榈树"的欣赏当中。他也渴望这么做，于是他这么做了，却在过程中失去了一条腿。他并不气馁，单腿走着，"在最好的空气中畅饮，鼻孔涨大得像杯子"，他咆哮着。最终，查拉图斯特拉离开了他的洞穴，光芒四射，强壮有力，"仿佛从黑暗的山间升起的清晨的太阳"，并且就此结束了他所谓的"这一整个可怕的、丰富的、大胆的航海传奇"。

尼采本人相信《查拉图斯特拉如是说》是他最重要的作品，而尽管，或者说也许正由于，它有着神秘的复杂性，此书成为他最畅销的作品，这并不是说在其有生之年此书曾为他带来任何赞誉。《查拉图斯特拉》发展出了他成熟的哲学中的关键主题：永恒轮回、自我超越，以及通过强烈而令人费解的想象激发我们对于自身的思考，从而成为超人。

这是尼采最令人沮丧、最具讽刺意味的特征之一：他厌恶干扰我们的思想自由，拒绝向我们展示成为超人的路径，但他实际上也没有告诉我们什么是超人。我们知道，尼采把超人设想为未来的强者，是几个世纪以来欧洲堕落和教会统治所造就的道德和文化侏儒的解药。他是这样一个人物，即便上帝已死，他仍不屈从于怀疑主义和虚无主义，而是凭借从信仰之下解脱出来的自由壮大了自己的生命。他不受宗教信仰的束缚，同样也拒绝把信仰转移到科学上。超人不需要借助信仰来感受一个稳定的世界。

超人是如何达到这种状态的呢？尼采从未告诉我们。他对此最接近的描述也很宽泛，并且令人恼火地抽象。在《看哪这人》中，超人被描述为是由坚硬、温柔而芬芳的木头雕琢而成的。他琢磨出如何修复损伤，也能从灾祸中汲取益处。他还懂得如何忘却。他足够强大，以至无论什么都能变成好结果，凡不能毁灭他的，终将使他更加强大。[1] 在《人性的，太人性的》当中，超人又被描述为一个旅人，他知道自己的目的地并不存在。但这并不令他的生命委顿，相反，他的解脱恰恰在于从不确定性与无常中获得快慰。他欢迎每一次崭新的黎明，因为它将带来思想的演进。尽管欠缺理想或神性，但他生存的苦难可以得到缓解。[2]

很典型地，在这些段落中尼采启发我们去追求更高的事物，却不曾提供章法。尼采乐于将自己称为精神上的阿尔戈英雄，同时也是"也许"的哲学家，他没有指出需要解决的人类状况的具体问题，但他对于超人的宽泛描述鼓励着我们每一个人走向自己独立的解决方式。

康斯坦丁·古斯塔夫·瑙曼（Constantin Gustav Naumann）在莱比锡为尼采私人印刷了40册书，花了他248马克40芬尼。1885年5月，书全数印好之后，尼采珍藏此书，讳莫如深，不让任何可能评论或宣传它的人看到。理由是，"宣传"和"公众"这两个字眼在他耳中听起来就像"妓院"和"妓女"一样。[3] 他只寄出7册

---

[1] *Ecce Homo*, 'Why I am so Wise', Section 2.
[2] *Human, All too Human*, Book I, Section 638.
[3] 尼采致卡尔·冯·格斯多夫的信，1885年2月12日。

第十六章 他偷袭我！

赠书：给冯·格斯多夫、奥弗贝克、彼得·加斯特，以及保罗·维德曼（Paul Widemann）——刚开始陪同加斯特一起到巴塞尔的那位朋友。还有一位名叫保罗·兰斯基（Paul Lansky）的新近崇拜者也收到了一本。兰斯基正打算写一本关于尼采的书，但他这人令尼采恼火，因为他看起来像个鞋匠，而且有叹气的习惯。布克哈特没有收到赠书。一本赠书给了伊丽莎白，还有一本，非常奇怪地，给了伯恩哈德·弗尔斯特。

尼采与瑙姆堡保持着距离。伊丽莎白即将迎来39岁生日，她向弗尔斯特建议于1885年3月回到德国，这样他俩就可以在5月22日，即瓦格纳70周年诞辰那天举行婚礼。这份恭维被拜罗伊特方面看在眼里，科西玛已经掌管了这里的戏剧节运作及其他一切事务。科西玛的反犹主义一向比瓦格纳来得强烈。而她的寡妇身份又为其发展壮大提供了充分的空间，瓦格纳协会的关系网成了遍及德国的种族偏见的回音室。

尼采平静而超然地获知了伊丽莎白准备结婚的消息。他明确表示，他不会参加婚礼，也无意会见未来的妹夫。伊丽莎白要求他把丢勒创作于1513年的铜版画《骑士、死神与魔鬼》送给她作为结婚礼物。他钟爱此画。在特里布申那段时光中，他曾把这画的副本送给瓦格纳，那时他们认为骑士象征着他们两人骑马前去拯救德意志文化。他自己这幅铜版画副本是他离开巴塞尔时少数没有卖掉的财产之一。当他浪迹四方的时候，他一直把它托付给奥弗贝克。这画太脆弱、太珍贵了，不能放在书箱中跟他的书磕磕碰碰。他请奥弗贝克把画寄去瑙姆堡送给伊丽莎白，它及时出现在了婚礼现场。新婚夫妇千恩万谢，这让他以为他送的礼物已经超出了这种场合慷慨赠礼的正常界限。他表示，希望这对新人的未来能比画中描绘的更幸福。

他的家书委婉而不动声色，但还是禁不住要拿鸡毛蒜皮的小事来取笑那只大羊驼。弗尔斯特对伊丽莎白的爱称是"伊丽"(Eli)。他俩是否意识到这是希伯来语中上帝的名字?尼采想知道,像弗尔斯特这样的狂热的素食主义者能否成功地建立一个殖民地?英国人最擅长此事,而看起来他们的成功几乎全然建立在痰液和烤牛肉的基础上。据他观察,滴酒不沾的素食主义饮食结构会引发烦躁和忧郁,这与冒险所需要的恰恰相反。他本人最近的饮食几乎完全由肉、蛋黄、米、大黄、茶、法国白兰地和烈酒构成。他推荐说,这是从最少的食材中获取最多营养物质的最佳手段。

尽管他的信戏谑轻浮,不过一旦时机成熟,他还是给伊丽莎白写了一封关于信仰问题的信,这是他自小学以来写给她的最严肃的一封信。他称之为"对我生活的某种描述",他告诉她,他的生命对他而言似乎是一连串疲惫的尝试,以期融入虚假的环境。

> 我几乎所有的人际关系都是由于孤独感发作而产生的……我心头背负着上千个羞耻的记忆,关于那些软弱的时刻,那些我绝对无法再忍孤独的时刻……我身上存在着非常疏远而异质的事物,同样的文字,在我这里和在别人那里有着不同的色彩……迄今为止我所写出的一切都未曾到来;对我而言,真正的事物开端于破折号之后……这些事物于我是某种消遣,不过,它们首先是藏身之处,我可以在它们后面坐上一小会儿。
>
> 请不要就此认为我疯了,我亲爱的大羊驼,尤其要原谅我没来参加你的婚礼——这样一个"病重"的哲学家是为新娘送行的最坏人选!致以千万个深情的祝福,你的 F。[1]

婚礼当天,他在威尼斯的利多岛(Lido)度过,与来自巴塞尔

---

[1] 尼采致伊丽莎白·尼采的信,1885年5月20日。

的一家人一起海水浴。他那封深沉内敛的信，连同他在婚礼前后显而易见的淡定，似乎令那则他对妹妹存有不伦之爱的经久不息的传说不攻自破了。

值得注意的是他那个请求："不要认为我疯了。"在锡尔斯-玛利亚，他曾在雷萨·冯·席恩霍费尔面前表现出对遗传性精神错乱的恐惧。与雷萨谈话时，他还让她注意到了达尔文的表兄、优生学的创始人弗朗西斯·高尔顿（Francis Galton）的著作《人类的才能及其发展研究》（*Inquiries into Human Faculty and Its development*，1883）一书。

19世纪50年代，也就是尼采生命的第一个10年，人们对遗传疾病传播的理解初见曙光。这也催生了可遗传的"堕落"或是"坏"血统的观念。由于其父亲及家族中不少远房成员都罹患不同程度的精神失常，尼采很难从当代准科学思想中的这种带有道德堕落倾向的观念里解脱出来。这个理论在尼采的一生中不断壮大，终于在1892年出版的马克斯·诺道（Max Nordau）的畅销作品《堕落》（*Degeneration*）中登峰造极，此书带有骇人听闻的种族主义色彩，影响甚巨。它通过宣扬由血统决定的不可逃避的命运，迎合了人类对于确定性的渴望。尼采在《查拉图斯特拉》中曾谈到这一点，他提出我们不仅仅要面对死去的思想和信仰的幽灵，还必须面对我们从父母那里继承的流淌在血液中的东西。只有这样做，每个人才能发挥自身的潜能，成为其所是。

在与雷萨·冯·席恩霍费尔的同一次交谈中，尼采曾强调，遗传并不一定意味着不可避免的命运。对外国文化的同理心和对"他者"的理解兴许也会对人生的结果产生影响。雷萨曾说，无论是他的外貌还是他的"精神本质"都没有给她留下典型的德国人的印象。他头颅的形状令她想起了在维也纳一家画廊里看到过的扬·马泰伊科（Jan Matejko）的一幅肖像画，这位波兰画家以对其民族中的英雄所绘的历史肖像画而闻名。

尼采欣然采纳了这个想法。从现在开始，他将可以无拘无束地告诉人们，他其实不是德国人而是波兰人。他是波兰贵族的后裔，家族姓氏为尼耶茨基（Nietzky）。作为一个曾经的语言学家，他对这个名字的所谓词源深感高兴，他说，它在波兰语中的意思是"虚无主义者"。

这是一个绝佳的面具。无论从血统还是从文化倾向上，他都立刻变成了一个优秀的欧洲人。这使他远离了瑙姆堡的美德，以及他的新妹夫正在全国上下大肆鼓吹的德意志民族主义。

那对新婚夫妇并没有立即前往巴拉圭履行他们的使命。弗兰齐斯卡提议，在事情定下来之前，弗尔斯特应该成为阿滕堡三位公主之一的孙辈的监护人，这三位公主曾短暂地接受过伊丽莎白父亲的教导。弗兰齐斯卡最大的希望寄托在亚历珊德拉公主身上，她现在已是俄国的康斯坦丁大公夫人。她的女儿是希腊王后，有七个显然需要教导的儿子。弗兰齐斯卡急于促成此事，主动请缨说合，尽管她承认可能会有语言上的障碍，更何况，她还阴沉地补充道，犹太人的势力正日益壮大。

伊丽莎白的建议则更为实际，她认为，对她的爱人来说，在德国筹集资金并继续招募殖民者，要比在巴拉圭的前沿阵地有利得多。这无疑是正确的，从婚礼到登船前往巴拉圭之间的10个月里，弗尔斯特走遍了全国上下的瓦格纳协会，这些协会的成员都自视颇高，不愿意去做第一批殖民拓荒者；他还走遍了农民、木匠和其他技术工匠的低级组织，他们也都不太愿意成为打头阵的急先锋。

他的目标是招募20个家庭。每家必须拿出1000到10000马克。当总金额达到10万马克时，将能够"确保"一片合适的土地，而每个家庭都将得到属于他们的那一块。他们可以按照自己的意愿耕种自己的地,并将其世代传承下去。但他们绝不可以交易或卖掉它。难怪招募工作举步维艰。大多数处于这种地位的熟练技工移民美国要容易得多,成本也低,还没那么多条件,弗尔斯特对这一事实感到痛心:"每当一个德国人成为一个美国佬时,人类就蒙受了一点损失。"

这边厢,弗尔斯特四处演讲大吹法螺,那边厢,伊丽莎白正享受着把母亲位于瑙姆堡的房子变成她丈夫冒险事业宣传中心的乐趣。终于,她可贵的头脑和组织才干有了用武之地。每一位联系人都遭到了信件轰炸,信中充斥着在巴拉圭投资的绝佳机会的相关信息。她还帮忙准备出版她丈夫的书:*Deutsche Colonien im oberen Laplata-Gebiete mit besonderer Berücksichtigung von Paraguay: Ergebnisse eingehender Prüfungen, praktischer Arbeiten und Reisen 1883-1885*(《德国在上普拉塔地区(尤其是巴拉圭)的殖民地:通过 1883—1885 年的研究、实践和旅行得出的结论》)。此书予人全然误导性的图景,把巴拉圭描绘成德墨忒尔[1]的花园,那里深沉的、肥沃得惊人的红色土壤几乎连碰都不需要碰一下,就能喜获丰收,富饶无比。简而言之,这是一个在物产和精神上都很富足的地方,就像德国在过去那些美好岁月里一样,远在外国人的到来令祖国蒙受其堕落的污染之前,是他们让德国变得"不是祖国母亲,而是祖国后妈"。"你的德国"(Ur-Germany)可以也终将在巴拉圭的土地上再次崛起。100 名未被外国血统和思想腐蚀的纯种殖民者,将有机会把德国的价值和美德传给子孙后代。

在筹备该书出版期间,伊丽莎白逾越了妻子的从属地位。她改进了丈夫乏味的文字,并重写了序言。他不喜欢这样。他更不喜欢她请她的兄长来做编辑顾问。弗尔斯特为此书的卷首插图挑选了一

---

[1] 德墨忒尔(Demeter),古希腊神话中的农业、谷物和丰收的女神,奥林匹斯十二主神之一。——译注

张漂亮的照片，照片上的他看起来棱角分明，身上挂满勋章，下面是一则振奋人心的座右铭："扫除一切障碍，坚守你的立场！"尼采对伊丽莎白说，这是一种荒唐的虚荣行为。弗尔斯特很生气。这张照片是一个必要工具，用以说明他的男子气概足以率领人们跨越半个世界。他们互相写了愤怒的信件。伊丽莎白指责弗尔斯特轻视她的判断力，而他则指责她背叛了他，站在她兄长一边与他作对。这是他们的第一次争吵。这本书出版了，带着照片和座右铭。

对伊丽莎白而言，在她动身去往巴拉圭之前让她的丈夫和兄长见上一面，这一点很重要。尼采将日期选在1885年10月15日，他41岁生日当天，因为他觉得在这一天见到他会令母亲和妹妹感到高兴。他在瑙姆堡待了两天，两位男士平生第一次也是唯一一次见面了。他们握手，为彼此的健康干杯，并祝对方好运。尼采松了一口气，弗尔斯特不像他想象的那么可怕。他发现他本人并不讨厌。弗尔斯特显然有足够的体力来完成这次冒险，看在大羊驼的份上，这令人感到释怀。

与弗尔斯特见面两天后，他写信给弗朗茨·奥弗贝克，告诉他，在瑙姆堡的这几天里他一直感到不舒服，却说不清这种感觉是"由内而外的，还是由外而内的"。他表示希望这次可怕的庆生会是他今生最后一次回到瑙姆堡，但即使是在落笔的这一刹那他也知道，这愿望不可能实现。一旦大羊驼去了国外，瑙姆堡的锁链病就会落在他一个人身上，这使那链条变得更加沉重。至于与弗尔斯特的会面，尼采告诉奥弗贝克，伦敦的《泰晤士报》上刊发的对他妹夫的描述一语中的。该报道称："他和他的许多同胞一样，只有一个想法，那就是德国是德国人的，而不是犹太人的。"[1] 尼采证实，他发现弗尔斯特在反犹主义上的专注是一味地偏执。但他早已知道

1　*The Times*, 1 February 1883.

这一事实；他并没有打算通过在这一点上挑战他来改变任何事情，所以他决定，他可能会尝试从这次会面中获取一些有用的东西——对弗尔斯特思维能力的评估。对此，尼采的结论是，这几乎不是一个值得尊敬的人，不仅像宣传中的那样抱有偏见，而且鲁莽又狭隘。而在弗尔斯特看来，尼采则相当可鄙：一个典型的不切实际的教授，身体孱弱，绝非他的殖民地所需要的类型。让他欣慰的是，尼采拒绝了伊丽莎白让他加入他们的巴拉圭之旅的邀请。

第十七章
向虚空宣告

正如我了解和经历过的那样,哲学就是选择生活在冰雪之中、高山之上,哲学就是探寻现实中一切陌生和可疑的事物——任何仍被道德禁锢的事物。

《看哪这人》,《前言》第 3 节

随后的两年里,尼采游走在欧洲最美的风景中,住廉价的膳宿公寓和旅店,愈加深陷于自我当中。他安静,谦和,驼着背,越来越寒酸,这副模样很容易被其他客人视若无物。他们一旦向他说了声"早上好,教授"或"祝您好胃口",就可以轻易避免进一步的交谈了。在公共餐厅里,他坚持简陋又特殊的饮食习惯,基本上只以清茶、鸡蛋和肉为食,不过有时他也只吃水果、喝牛奶,这使得他与那些大吃大嚼的食客进一步疏远了。他希望这样的自我克制能让他免受肠道的闪电袭击,但一切都无济于事,他依然遭受着持续七天的呕吐、痉挛、太阳穴的灼痛和腹泻。他缠绵病榻,在租来的床铺上痛苦地辗转,完全仰赖着陌生人的善意。

尽管健康状况恶劣,但整个夏季,他都在阿尔卑斯的高山中散步,一连数小时,同时在他的笔记本上写着什么。冬季,他乘坐火车往返于法国和意大利扇形海岸的度假胜地之间,无休止地追寻着干燥的空气和阳光,以温暖他的骨头,又不至于晃瞎他的双眼。佛罗伦萨"微妙、干燥、散发着马基雅维利芬芳的空气"一度令他愉悦,但很快他就对鹅卵石路上来来去去的咖啡研磨机的轰隆声产生了反感。

尼斯算是个不错的地方,但也仅止于1887年2月23日,那一天,他的墨水瓶突然活了过来,像一只表演的跳蚤一样在书桌上蹦来蹦去。房屋摇摇欲坠,抖个不停。周遭其他房屋崩塌、倒下了。衣衫不整的人潮涌上破败的街头。他此前从未目睹过大恐慌。唯一对这普遍的恐惧无动于衷的是一位非常虔诚的老妇人,她坚信仁慈的上帝无权伤害她。这场地震摧毁了他在日内瓦养老院写作《查拉图斯特拉》第三章和第四章的那个房间。此事令他对事物的无常产生了严重的不安,而现在这其中显然包括了他近期的个人史。[1]

他清点了自己的世俗财产,包括一些衬衫、长裤、两件外套、拖鞋和便鞋,剃须和写作用具,"瘸腿"和一只伊丽莎白送给他但从没派上过用场的炖锅。他已出版了15本书。最近一本卖出了100册。他靠着一所基督教大学的退休金过活。随着其书中日益显著的反宗教色彩,他预计这笔退休金随时会被撤销。

据他自己估计,他已有七八分瞎了。明亮的光线总是令他疼痛难忍。一种新的全面模糊,加上在他视野中舞动的斑点,这使他每天都有眼前的理由去思考我们所认为的现实的本质。

表面看来,尼采在1886年到1887年的生活是平静而无害的,然而正是在这段时间里,他以被忽视的先知的全部愤怒,在其成熟的哲学著作中审视着我们的道德和知识传统的基础,并对它们举起了锤子。

他的哲学中肯定性的部分已然完成。查拉图斯特拉已在生命的

---

[1] 尼采致弗朗茨·奥弗贝克的信,1887年3月24日。

路径上设置了路标,为"说是者"指明了方向,而这个后宗教的人准备独自承担这个世界的怀疑、矛盾和恐怖。但他的呼告还没有被听到。新书的任务是"尽其所能的明晰":查拉图斯特拉将被阐明。

这一次,尼采将不再以《圣经》式的戏仿或是英雄史诗般的传说来表达自己的思想。他也不会任这本新书埋没。由于没有出版社对出版他的作品有丝毫兴趣,他将会自行出版它。他将自费私人印制 600 册。如果他能卖出 300 册就能回本。这当然不是不可能的吧?

《善与恶的彼岸》(1886)的副标题是《未来哲学的序曲》。与《查拉图斯特拉》不同,这是一本将近 200 页的大部头,即便如此,他仍认为有必要再写一本书来厘清这本用来厘清《查拉图斯特拉》的书。就这样,在《善与恶的彼岸》之后的下一本书名为《论道德的谱系》(1887),副标题是《以澄清和补充我上一本书的方式》。

他扮演着危险的"也许哲学家"和良知洞穴里的牛头怪,愤怒地反对着社会上那些懒惰、天性善良、道德冷漠地坚持犹太-基督教的道德准则而不再相信宗教本身的人。这就是活在虚伪和不真实之中!像四分之三的基督徒那样活着!

尼采预言,上帝死后 100 年,其阴影仍会投射在洞穴的岩壁之上。洞穴中的牛头怪将探索"危险的可能",以便将岩壁擦拭干净,重新定义善与恶的观念——如果善与恶确实存在的话。这一番审视需要对文明本身进行批判,对现代性的基础、现代科学、艺术和政治进行批判。因此,这是在对他所描述的现代性的堕落"说不"。这样的"说不"只有从对真理的审视开始,才是有效的。[1]

"假定真理是一个女人,"《善与恶的彼岸》前言的第一句话就相当扣人心弦,"为什么不呢?难道没有理由怀疑,所有哲学家,

---

1 *Ecce Homo*, 'Beyond Good and Evil', Section 2.

就他们是独断论者而言,都不曾真正理解女性吗?"

我们将什么视为真理?欧洲思想的高楼广厦。但它们是以独断论者为基石的,这些独断论者从远古以来就把他们的理论建立在民间迷信(比如对灵魂的迷信)和一些大胆的归纳之上,后者来自非常有限的、过于人性化的人类经验。

没有这些谎言,人就活不下去。倘若不以纯粹虚构的体系,如哲学、占星术和宗教来衡量现实,他就无法忍受生活。古往今来,这三只怪兽已在地球上逡巡良久,我们依照它们的形象塑造了我们迷信信仰的架构。人类起初生而自由,却已将自己禁锢在信仰之中,疯狂地建造拜火教的天文台、希腊和罗马的神庙、埃及的古墓金字塔和基督教的大教堂。他选择建造一座充满恐惧与敬畏的建筑,其基础恰是这样一种恐怖:死亡导致的可能不是遗忘,而是虚无。我们任由自己被牧师、占星家和哲学家所奴役。他们影响巨大,而且对人的心理状态而言是危险的。

我们必须质疑我们关于善恶是永恒的绝对真理,而不是转瞬即逝的约定俗成这样一种观念。质疑的起点就是那个曾反复灌输"存在着绝对真理"这一虚幻观点的人——柏拉图。

在过去的两千年里,最为旷日持久的错误,就是柏拉图对纯粹精神的发明。借由这个发明,柏拉图在感性的彩虹旋风——他所谓感性的乌合之众——上撒下了一张阴暗、冰冷、灰色的概念之网。[1]

真理的本质的确能在柏拉图那个著名的洞穴中被发现吗?在那里,人们被锁在墙上,无法回头,也就无法意识到,他们在洞穴的岩壁上看到的仅仅是真实事物的影子,由他们身后燃烧的火焰投射而成。他们被蒙蔽了,把影子戏当成了现实或曰"真理"。就这样,柏拉图向我们施加了表象与现实之间的差异的观念。他的理念论假

---

[1] *Beyond Good and Evil*, 'On the prejudices of philosophers', Section 14.

定，每一个事物都存在着一个理想型。从红色的理念到正义的理念，显然存在着某种终极的、最终不可知的、对每一事物和品质的基准。叔本华在其意志与表象的理论中援引了柏拉图的理念论，而尼采在《人性的，太人性的》一书中已然驳斥过这一纯粹虚构世界的理论，他抓住伏尔泰明亮的理性火炬，将其耀眼的光芒投射到洞穴中那满是阴影的岩壁之上。[1]

哲学家不外乎是其自身偏见的诡辩家，将个人观点加封为"真理"并狡猾地为之代言。[2] 哲学家是灵魂的奸商，推销着骗人的万灵油。他们的教条相当于把自我暴政强加于人的本性。哲学总是按照自己的形象创造这个世界；它不能不这么干。哲学是对普遍性的颂扬，是强加的。它试图使一切存在仅仅按照它的形象而存在。哲学是一种"暴虐的冲动，是对权力、对世界的创生、对第一因（causa prima）的最具精神性的意志"。[3]

至于科学，也好不到哪里去。知识的显微镜学家所得出的结论并不能比哲学家提供更多的真理。科学的意图并非宗教。然而不知何故，科学正在取代宗教。现代世界错把科学理论当成了道德教条。

"如今，有五六个头脑开始明白过来，就连物理学也不过是对世界的阐述与安排（要按我们的意愿来！如果可以这么说的话），而并非对世界的解释。然而，就物理学建立在对感性信念上的程度来看，它发挥了更多的作用，而且在未来很长一段时间里，它还将作为解释来发挥更多的作用。它有我们的双眼和手指为其盟友，还有视觉证据与可触性为其佐证。这有助于它利用平民百姓的基本品位来迷惑、劝说并令一个时代信服。"然而被解释的又是什么呢？

1　*Ecce Homo*, 'Human, All Too Human', Section 1.
2　*Beyond Good and Evil*, 'On the prejudice of philosophers', Section 5.
3　Ibid., Section 9.

不过就是所见及所感的事物罢了。[1]

"达尔文主义者与反目的论者"对于世界的阐述,使得尼采从早前对柏拉图理念论的彻底谴责中退了回来。后者至少为我们提供了"某种享受",与之形成对比的是,科学家们"尽最大可能的愚蠢"并且"尽最小可能的努力"来吸引"一个由未来的机械师和桥梁建造者组成的粗鲁而勤劳的种族"。[2]

当人们为自然法则狂热欢呼之时,他们真正想要的是颠覆自然的理论。"活着——不正是一种区别于自然而存在的愿望吗?难道活着不就是评估、偏好、不公平、受限制、想要与众不同吗?"[3]

在各个方向都播下了令人警醒的疑虑之后,他指出,"危险的也许哲学家"发现不真实的观念与真实的观念同样有趣。为什么不从多维视角考察真理呢?比方说,从青蛙的视角?[4] 正如他已经告诉过我们的,真理就像女人的本性一样神秘,于是他又回到了这样一个观点上来,即,永恒的女性无法承受真理,因为"女人与真理有何相干!从一开始,就没有任何叫女人感到比真理更陌生、更让人抵触、更敌对的东西了——女人最伟大的艺术在于欺骗,她们最关心的是皮相与美貌"[5]。

一切真理都无非是个体阐释。我们不过是我们存在于所属社会中的记忆和精神状态——上一段最末一句话无疑印证了这一说法。他晚期的哲学是一种报复性的厌女主义。露过去拒绝他的求婚,理由是作为自由精灵的她永远不会结婚,然而近日她宣布与弗雷德·安德烈亚斯(Fred Andreas)订婚了,这给了他一个沉重的打击。尼采没有回复她的来信。除了在一封写给玛尔维达的未公开的信件

---

1 *Beyond Good and Evil*, 'On the prejudices of philosophers', Section 14.
2 Ibid., Section 14.
3 Ibid., Section 9.
4 "青蛙的视角"无须多加解释,但它原本为艺术家的术语,意指自下而上的视角。
5 *Beyond Good and Evil*, 'Our virtues', Section 232.

中曾轻蔑地评论说"没人知道这个安德烈亚斯是谁"之外，他把自己的想法和情感深埋于心。[1]

在考察了真理的本质之后，《善与恶的彼岸》接着考察了自我的本质。在一个精湛无比的段落中，他考察了说出"我思"的后果，从而解构了笛卡尔那个著名的论断"我思故我在"，由此动摇了西方思维的根基。

"人们曾说，'我'是条件，'思'是谓语和被决定的——思维，是一种活动，为此，就必须把一个主体设想为其原因。"如果反过来才对呢？如果"思"是条件，而"我"是被决定的呢？这样一来，"'我'就是一个综合体，是通过思考这件事本身而生成的"。[2]我们不可能确定有一个思着的"我"，不可能知道这个"我"必须是在思着的某个东西，而"思"是被认作原因的某个实体的行为和活动。我们不可能知道被指定为"思"的东西已然被确定了——我知道什么是思。难道"我"不仅仅是一个由思考生成的综合体吗？

"无论是谁认为自己可以通过援引某种直观的知识来立即回答那些形而上学的问题，就像说出'我思，并且知道起码这就是真的、实际的和确切的'的那个人一样——此人将在今天的哲学家那里看到一个微笑和两个问号。'亲爱的先生，'哲学家可能将使他明白，'你不可能没弄错；但是为什么要坚持真理呢？'"[3]

我们在梦中所经验的事物，就成为我们灵魂全部家当的一部分，就像某种"真实"经验过的东西。理解这个世界的关键，是心理学而不是教条。[4]

在对自我的本质提出质疑，并宣称客观真理是不可能的虚构之

---

1 尼采致玛尔维达·冯·迈森布格的信，1887年5月12日。
2 *Beyond Good and Evil*, 'The religious character', Section 54.
3 Ibid., 'On the prejudices of philosophers', Section 17. (此条脚注有误，应是第16节，而非第17节。——译注)
4 Ibid., 'On the natural history of morals', Section 193.

后，他又恶作剧般地指出，断言客观真理是虚构的，就是对客观真理做出某种声明，而这个声明本身必然也是虚构的。

这就使得我们如同凝视着连绵不绝的镜子中令人眼花缭乱的镜像——什么？真理？——抑或是无穷无尽的眩晕视角？我们只能自己来解决这个问题。尼采怀疑所有的体系建构者，也坚定地拒绝为我们建构一个体系。他热衷于在观念的领域中自我驳斥，并迫使我们成为独立于他的自由精灵。

要确证某个人是否准备好了独立，此人便不应执着于任何事物，甚至不应执着于自己那份超然的感觉。[1] 几乎没有人是为这样的独立而生的。这是走钢索者的特权，是那些胆大妄为到不顾一切的人的特权。

尼采把对自由精灵的沉思停留在了这个可怕的节点，转而以他典型的强势和引人注目的开场白讨论起宗教问题来，他激进地断言，在过去的近两千年间，通过将宗教教义强加给个体，已然监督了理性旷日持久的自我了断。借由自己所亲历的对宗教教义的自我实现与自我否定之间的冲突，尼采认为自己有资格得出结论，即，人类对宗教的第一份献祭，就是自己的天性。

我们是如何心甘情愿地接受把我们变成驯顺的牛群的犹太-基督教价值观的呢？我们又是为何要采用被尼采称为奴隶道德的东西呢？他之所以使用这个术语乃是基于这样一个事实：历史上的犹太人和基督徒都是奴隶，先是巴比伦的奴隶，后来又臣服于罗马帝国的统治。奴隶们无力将自己的意志强加于世界，却又对权力充满了欲望，对主人的怨恨吞噬了他们。为了实现他们唯一可能的报复，他们将一腔愤懑融入一种宗教当中，将荣耀强加在他们自身的苦难

---

[1] *Beyond Good and Evil*, 'The religious character', 'On the natural history of morals', Section 40.

处境之上，从而颠覆了价值观。[1]

感官享受和权欲被妖魔化。"财富"和"权力"成为邪恶的同义词。基督教是对生命意志的否定，并成其为一种宗教。基督教憎恨生命，憎恨人性；它通过否定人性的真实来毒害世界，把一切都变成了"应该"与"就是"之间的冲突。诞生于奴隶制中的道德观令奴隶制永久化，为被压迫者的虚无主义赋予持续不断的意义。

尼采特地选取法语"怨憎"（ressentiment）这个词来描述奴隶道德的基础。"怨憎"一词的含义比单纯的愤恨和嫉妒更为全面。它是一种神经官能症，一种对自身和他者施加痛苦的需求。怨憎包含了一种无助的愤恨状态，他们缺乏（或享受着这种缺乏）通过复仇来消除怨恨的手段。因而，怨憎使得奴隶们"将自己的弱点谎称为强大"，为了"报复罗马及其高贵而轻佻的宽容"，他们颠覆了以往那种权力和优越感的道德，并用受害者的道德优越感和被压迫者的荣耀取而代之。

正如圣奥古斯丁所言，怨憎就像服下毒药，然后希望对方死去。

这样一种诡异的价值颠覆是怎么发生的？禁欲主义又是如何战胜了肯定生命的价值观？

尼采在《善与恶的彼岸》中提出并部分回答了这个问题，但他并不打算止步于此。1887年6月，他开始写作《论道德的谱系——一篇论战檄文》（On the Genealogy of Morality, A Polemic），这个题目显然证明了现时代后达尔文主义对世系问题的关注。一如既往地，他写得很快，大约用了四个星期。此书包含三篇长论文，其目的是挖掘道德族谱的根系，并提出会掘进到比犹太基督教更为久远

---

[1] *Beyond Good and Evil*, 'The religious character', Section 46.

的时代。它将会追溯调查到"人类离开海洋开始用双脚行走的那个时代"。

他推测,在史前的某个时刻,出现了一些对社群有害的具体行为。这样的行为招致了惩罚。这就是道德建设的时刻,这就是我们的本能首次被惩罚性的社会所制约的时刻。随着时间的推移,惩罚的实施导致了反省。反省产生了良知。

故而,良知就是社会结构的代价,是犹太-基督教的禁欲传统以"汝不可"将我们最自然的本能埋葬在罪恶感的致命负担之下时,灵魂所承受的代价。未经释放的本能会转而内化。背负着坏的良知,我们在原罪传说和牧师强加的禁欲主义的煽动下,在痛苦与自厌中背叛了自己。存在主义神经官能症的概念以后才会出现,但这无疑正是尼采所描述的,他描绘了一幅现代人的图景:"没有外部的敌人或阻碍,却自我撕裂,自我迫害,自我啃噬,让自己不得安宁,他就像一头困兽,在笼栅上把自己撞得遍体鳞伤。"[1] 我们怎样才能从禁欲主义的牧师所建造的牢笼中、从坏的良知和自我厌恶的桎梏中得以解脱?奴隶道德的解药是超人道德,是自由、肯定、独立的精神。这个更高级的人的道德品质由其生命力、其权力意志所驱动。尽管尼采仅仅将进化论视为某种保存生命的非道德手段,但他的"权力意志"显然很大程度上要归功于达尔文的适者生存学说,而将之发挥得更加淋漓尽致。尼采的权力意志既象征着人的潜能,又寓意着自我克服的重要性。

有机生命的任何部分都不是静态的。从婴儿时期开始,我们就追求力量。所有有机生命都持续不断地处于动态和混沌的状况之中——创生与腐坏,压制与被压制。树根摧毁基岩,是权力意志。冰面膨胀崩裂悬崖,重塑海岸线,是权力意志。它存在于宫殿屋顶

1　*On the Genealogy of Morality*, Second Essay, Section 16.

瓦片间那至微至小的苔藓孢子之中，其萌发而成的绿色海绵，会引来拎桶的仆人们四处奔走——甚或导致屋顶和政权的崩塌。权力意志从不静止。它是每一种个体关系，以及群体之间和国家之间所有关系不断变化的动力。

他说，权力意志是一种情绪，一种命令的情绪。所谓意志的自由本质上是对那些必须服从之物的带有敬意的优越感。但这种事物不一定外在于我们。尼采也谈到了自我控制。"意愿者有了实行者的快感，这功勋卓著的工具，它是可提供服务的'下等意志'或'下等灵魂'——我们的肉体的确只不过是各种灵魂的社会架构——连作为发号施令者的快感也一并算在他的名下。"[1]

掌握了自己的人能经受住"可能"在各个角度上所播种的不确定性。一旦拥有抛弃确定性的勇气，任何"结果"或"结论"的观念就都是过时的。于是乎，"更高级的人"或"超人"或"自由精灵"或 *Übermensch* [2] 或"未来的哲学家"或"也许哲学家"或"精神的阿尔戈英雄"——随你怎么称呼他——可以玩心大发。生命不再是一张法则表。而是一场伴随着"如果……会怎样……"之乐的舞蹈。对自身和对周遭世界的认识都依赖于这样一种观念，即，我们最终既不了解自己，也不了解世界。凝视虚空的人会发现虚空也在凝视着他。这可不是一个舒适的处境。然而，倘若你没有勇气按照"如果……会怎样……"的原则来生活，你就有祸了，因为这样一来你就成为"末人"，那些通过执着于过时的确定性来享受舒适的宗教的四分之三基督徒。

的确没有所谓的真理——也许吧。

《论道德的谱系》这本书中，有一头金发野兽（"*die blonde*

1　*Beyond Good and Evil*, 'On the prejudices of philosophers', Section 19.
2　即德语"超人"。——译注

Bestie")潜上了舞台。尼采的污名也许正是拜它所赐——正如拜其他字眼所赐一样。金发野兽已然被解读为一头种族分类和具有政治目的的生物：尼采笔下的雅利安超人预言了希特勒1935年关于日耳曼荣誉和日耳曼血统的种族法。但这是一种怪诞的歪曲。尼采笔下有三个涉及"金发野兽"的段落，但都与种族分类无关，更不用说优等种族的观念了。

第一个段落中，尼采探究了好、坏和恶的概念是如何在早期文明中最初产生的。他描述了最古老的国家形式如何从史前的迷雾中诞生。他没有道明他谈论的是哪个历史时期，甚至没有道明是世界的哪个部分，但有一点是笃定无疑的，那就是，率领人们建立最初国家的金发野兽，是所有种族共同的野蛮祖先。

> 这些高贵种族的本性无异于野兽，无异于威武的、贪婪地渴求战利品和胜利的金发野兽。这种隐蔽的本性不时地会爆发出来，一旦如此，野兽就必然会重新无拘无束，必然会重归野蛮状态——罗马的贵族、阿拉伯的贵族、日耳曼的贵族、日本的贵族、荷马史诗中的贵族、斯堪的纳维亚的维京人——他们在这种需求上是完全一样的。高贵的种族在所有他们去过的地方都留下了"野蛮人"的概念，甚至从他们最高级的文化中也透露出这方面的一种意识，而且是引以为荣的。[1]

此处把阿拉伯人、希腊人和日本人都包括在内，无疑表明，尼采更喜欢"金发"和"野兽"这两个词放在一起的悦耳发音，而不是对种族类型的准确描述。这个段落越发危险地继续写道：

---

[1] *On the Genealogy of Morality*, First Essay, Section 11.

> 数世纪以来，欧洲人就怀着这种恐惧冷眼旁观金发的日耳曼野兽的震怒……如果人们惧怕所有高贵种族内心深处的"金发野兽"，并且加以防备，那是完全有理由的；但是，如果人们同时也能看到，他们在这种情况下不再有可能摆脱失败者、渺小者、萎靡者、中毒者的令人恶心的眼光，那么，他们将不会不再惧怕，而是经常地感到毛骨悚然……那群失败者、病人、疲倦者，今日的欧洲已然开始散发他们的臭气了……[1]

第二次提到金发野兽是在《论道德的谱系》的第二篇论文里。他又一次推测了地球上最早的国家的形成。

> 我使用了"国家"这个字眼，我的意思在这里是不言而喻的：一群掠食的金发野兽，一个征服者和优等种族，他们为战争而组织起来，并且有组织的力量；他们不加顾忌地把魔爪伸向那些在数量上或许占有优势，却没有组织形态、四处漫游的人民。"国家"就是这样在地球上兴起的。[2]

这群掠夺成性的征服者和主人没有丝毫道德感或责任感。对臣民的愧疚，连同对臣民的责任和考虑，对他们而言就像遵守契约的想法一样毫无意义。

也许在不知不觉中，尼采对由狮子模样的金发野兽所统治的早期世界的心理学描述，可以追溯到瓦格纳在《指环》组剧中所描绘的那个神话世界，以及其诸神和英雄的道德与心理。瓦格纳笔下的诸神和英雄在他们的原始森林里游荡，就像尼采的金发野兽一样：

---

[1] *On the Genealogy of Morality*, First Essay, Section 11.
[2] Ibid., Second Essay, Section 17.

目无法度，奸淫掳掠。瓦格纳的诸神治下没有道德界限，没有社会或个体的良知。但在那四部歌剧的循环之中，瓦格纳也证明了，即使是在纯粹利己主义的框架里，他那无所不能的金发野兽们也发现了一个不可避免的事实，即，行为会导致后果，后果导致法律准则，而法律准则导致惩罚——尽管无论是瓦格纳，抑或是他的《指环》中的诸神与英雄，都没有进步到遵守契约的程度，也没有发展出多少良知。

第三次也是最后一次提到金发野兽，是在尼采的最后一部作品《偶像的黄昏》（*Twilight of the Idols*，1889）中。在一篇题为《人类的"改善者"》的激愤之文里，他再次怒斥牧师和哲学家鼓吹不存在的现实。他们的道德观是反自然的，他们的教义无非是用以制服和驯养人类这头原始的金发野兽的工具，而人类的文明是在其自身付出惊人代价的前提下实现的。

> 把对一头动物的驯化称作对它的"改善"，在我们听来简直是开玩笑。知道动物园里正在发生什么事的人，会怀疑野兽真会得到"改善"。它们变得虚弱，不再那么有害，由于恐惧的沮丧情绪、疼痛、伤口和饥饿，变成病恹恹的野兽。——牧师们"改善"的、被驯服之人的情况与之别无二致。在中世纪早期，当教会实际上主要是一个动物园的时候，人们到处猎取"金发野兽"的最佳样本——比如被"改善"了的条顿贵族。可是，这样一个被引诱到修道院里的条顿贵族，那个"被改善者"，看上去情况如何？如同一张人类的漫画，如同一个怪胎；他成了"罪人"，蹲在笼子里，被囚禁在许多十分可怕的概念中间……他躺在那里，身心交病，憎恶自身；充满对生命驱动力的仇恨，充满对一切健壮和幸福之人的猜忌。简而言之，一个基督徒……教会懂得这一点：它败坏人，它使人虚弱——可

它竟声称，它"改善了"他们。[1]

以上就是尼采自己的著述中涉及金发野兽的内容。它们绝不是呼吁金发野兽作为德国优越种族的代表，经由权力意志的推动，将人性践踏于其长筒靴之下。然而，这其中无疑包含着丑陋的成分，可以进一步发展为对种族主义和极权主义的煽动。如果简单地忽略它们，仅仅将其视为思想传播感染的连接力量之起点，那就未免太天真了。

这是当时的文学评论家兼《联邦报》（*Der Bund*）的编辑 J. V. 维德曼[2]提出的观点，他写了一篇颇具前瞻性的对《善与恶的彼岸》的书评，题为《尼采的危险之书》：

> 修建圣戈特哈德（St Gotthard）隧道时使用的炸药库存都被标以黑旗，表明有致命的危险。仅仅在这个意义上，我们才把哲学家尼采的新书称为危险之书。这个称谓并不意味着对作者及其作品的指摘，正如那面黑旗也不是用以指摘爆炸物。我们更不会想到要通过指出他这本书的危险性，把这位孤独的思想家送到讲堂里的乌鸦和布道坛上的白嘴鸦面前。智力的炸药和物质的炸药一样，可以相当管用，不一定非要用于犯罪的目的。当一个人清楚地说出炸药存放的位置，说出"这里有炸药"时，这是好事。尼采是第一个找到出路的人，但那是一条如此可怕的路，实在令人寒毛倒竖……[3]

---

[1] *Twilight of the Idols*, 'Improving Humanity', Section 2.
[2] 约瑟夫·维克多·维德曼（Joseph Victor Widmann, 1842—1911），有影响力的瑞士文学批评家。与尼采一样，他也是牧师之子。
[3] 这一评论出现于 1886 年 9 月 16 日和 17 日的《联邦报》。

终于作为一个强大而危险的思想家被人注意到,这令他十分激动。一周之内,尼采抄下这则书评(考虑到他的眼疾,这是一个艰难的过程)寄给了玛尔维达。这是很长时间以来,他的作品得到的第一则评论,这使得该书仅仅卖出 140 册的事实变得不那么重要了。

第十八章
羊驼之地

我妹妹是一只复仇的反犹蠢鹅！

——给玛尔维达·冯·迈森布格的信，1884年

1886年2月，伊丽莎白和伯恩哈德·弗尔斯特，以及他们那一小撮纯血统的反犹主义爱国者，从汉堡乘坐乌拉圭号启程，前往巴拉圭。尼采仍然只见过他妹夫一次，那时两人握了手。他没有到码头去为他们送行。临行前，伊丽莎白送给尼采一枚戒指，上面刻有她本人和她丈夫名字的首字母，她还怂恿他投资殖民事业。如果他投资，她会以他的名字命名一块土地。不如就叫它羊驼之地吧，他冷冷地回应道。[1]

他认为，新日耳曼尼亚建立的原则是奴隶心态的当代表现。祖国主义、超级爱国主义和反犹主义不过是对无能者嫉妒和仇富情结的掩饰。考虑到这些新书的内容，尼采把它们送给伊丽莎白，这本身就是咄咄怪事。

1887年10月15日，他43岁生日这天，他又一次来到威尼斯，与始终忠诚的彼得·加斯特一起花上一个月沉浸在音乐中休养生

---

[1] 尼采致伊丽莎白·尼采的信，1886年2月。

息。随着尼采视力的恶化，他的笔迹也演变成了象形文字。加斯特是目前唯一能够为印厂破译这些文字的人。当年，正是在这座城市里，瓦格纳因迷恋上一位年轻的英国女高音而与科西玛发生争吵，随后就死去了，而如今尼采正在这里做些关于狄俄尼索斯和阿里阿德涅的笔记，追忆着他创作《悲剧的诞生》时在特里布申的田园生活。作为某种回响，他正在起草一个有关萨提尔的剧本。

随着他把心思更多地聚焦于当下，他也正在做心理学方面的笔记。他开列出一份变形状态的清单，证实了我们对生命的欲望。为首的是性冲动，接下来是醉酒、饮馔和春光。他在笔记中承认，当一个目标（比方说天堂）被移除，而最高价值遭到贬抑时，虚无主义恰是一种正常的默认立场。他还留意到了对主人道德的强烈担忧："伟大等同于可怕；切勿让任何人在这一点上受骗。"[1]

生日当天，他收到的唯一的问候来自他的母亲。他回信说了一个会让弗兰齐斯卡高兴的消息：她这封信到的时候，他正在给"远在南美的大羊驼写信"。伊丽莎白在家书中描绘了她的殖民地欣欣向荣的图景，他为妹妹的成功感到高兴，尽管他对其背后的理念无法苟同。[2]

启程去往巴拉圭之前，弗尔斯特的招募活动只有 14 个家庭愿意签约。其中大多数来自萨克森州——理查德·瓦格纳和伊丽莎白·尼采的出生地。在这些目光呆滞的新成员的心中，涌起对于古老祖国血统与土地的怀旧之情，这情绪如此强烈，以致他们完整诠释了尼采笔下那种驱使奴隶道德的怨憎。每个人都是愤怒的民族主义者，这个小团体由农民、工匠和小商贩构成，他们自感已遭时代遗弃，其生命价值因工业、经济、社会和政治的无情进步而遭到了贬低。他们没有一个是艺术家或知识分子。

---

[1] Notebook 9, autumn 1887, note 94.
[2] 尼采致弗兰齐斯卡·尼采的信，1887 年 10 月 18 日。

乘坐最廉价的船前往南美，长达一个月的航程艰苦而颠簸。接下来，他们任由一群冷漠的棕色皮肤船员摆布着，沿巴拉圭河（Rio Paraguay）逆流而上，开始一段惊心动魄的河流之旅。这些单纯的、来自乡下的德国殖民者听不懂耳边的语言，看不懂夜空中的星象，更无法弄懂树叶和草地的生长。不明生物不时闪现于陌生的林木之间，更令他们心惊肉跳。他们莫名其妙地发起烧来。他们产生了幻觉。他们被晒伤，起了水泡，因蚊虫叮咬而红肿。他们的一个孩子，一个小女孩，死去了。他们将她埋在河岸上一个匆匆掘成的墓穴里，然后很快就继续赶路。

终于，他们抵达了巴拉圭的首都亚松森（Asunción）。对德国人来说，"首都"二字意味着石头建造的秩序和政府中心。但这里的街道满是泥巴，房屋是泥巴做的，那些蜂拥而至、投机取巧而不友好的居民也是泥巴色的。经年的战争令为数不多的石头建筑被炸得千疮百孔。总统官邸和海关大厦呈现出狂乱的轮廓和凹凸。高大的树木冲破了舞厅地板。藤蔓的触角吞没了天花板的石膏装饰。

1886年的巴拉圭仍未从三国同盟战争（1864—1870）的漫长摧残中复原。在这场战争中，巴拉圭英勇抗击了巴西、阿根廷和乌拉圭的列强联军，却以失败告终。根据当时的资料，该国的战前人口数为1 337 439，战后，这一数字为221 079。[1]

巴勃罗·埃斯科瓦尔将军（General Pablo Escobar），一位战争英雄，在伊丽莎白到达前两年已经掌权。由于欠下了近500万英镑的国际债务[2]，殖民者是他的国家生死攸关的资金来源，也是令这片满目疮痍的土地重焕生机的一种手段。

1886年3月15日，39岁的伊丽莎白下了船，仿佛瑙姆堡美德踏上了教会野餐之旅。在温室般滞闷的高温下，她身着黑色长袍，

---

1 Chambers, *Encyclopedia*, 1895, Vol. VIII, pp. 750-751.
2 Ibid., pp. 750-751.

高髻上覆着一顶无边软帽，鼻梁上架着眼镜。（伊丽莎白的斜视一向比她哥哥的更加明显，尽管这双眼睛从未给她带来类似的痛苦。）汗流浃背的雇工紧随其后，挣扎着把她的钢琴沿着鳄鱼脊背般的狭窄舷梯挪下来。盖世英雄在他妻子之后现身了：浆过的高领，黑色双排扣长礼服，突起的胡须，胸前的饰品闪闪发光。弗尔斯特全然的"领袖"形象，就像他那本书的扉页照片一样，尼采曾蔑称其为作者的一点虚荣心。尾随着这对耀眼夺目的夫妻的，是一小群精疲力竭的文化战士，他们汗如雨下，面黄肌瘦，肠胃已被连月来船上的卫生条件糟蹋得不成样子。

没有人确切知道新日耳曼尼亚的所在。弗尔斯特夫妇带出他们的同胞去充实一个概念、一个构想、一个虚无之地。

弗尔斯特和伊丽莎白此前的一生中从未达成过商业交易，但他们遇到了一个名叫西里利奥·索拉林德（Cirilio Solalinde）的人，此人颇有闯劲儿，声称自己拥有坎波卡萨西亚（Campo Cassacia），这是一片面积约 600 平方公里（约合 2317 平方英里）的区域，位于亚松森以北 150 英里处。据索拉林德说，此处有可开发的森林和肥沃的优质农田。只要乘船沿巴拉圭河溯游而上，即可很容易地到达。他提出以 17.5 万马克的价格把这块地卖给他们。但这远远超出了他们的支付能力。于是索拉林德促成了一项交易：他以 8 万马克的价格将土地廉价卖给政府，而政府则以 2 千马克的首付款授予弗尔斯特殖民权。倘若他在 1889 年 8 月底之前成功安置了 140 户人家，他就能获得土地的所有权。如果做不到，那么土地就将被没收。这些条款并没有对外公布。伊丽莎白和弗尔斯特从未将自己说成是新日耳曼尼亚的所有人，或统治者。

伊丽莎白在亚松森等待了两年，等着殖民者们为她建造一个适合居住的家。终于，在 1888 年 3 月 5 日，一切准备就绪了。

"我们到达了新的家园，像国王一样驾临其中。"在给母亲的一封志得意满的长信中,她这样写道,她还描述了自己如何像古老的北欧女神一样骑坐在6头牛拉的车上。沿着她的凯旋之路,身着节日盛装的殖民者们聚在泥砖小屋前欢呼雀跃。一看到她,他们近乎宗教性质的爱国狂热就被激起。他们为她献上鲜花和雪茄,把自己的孩子举给她,请她祝福。忽然之间,不知从哪里冒出八名英姿飒爽的骑手,牵着弗尔斯特最钟爱的马,马身装饰着红、白、黑三种民族主义色彩的玫瑰花环。弗尔斯特敏捷地纵身跃上马鞍。在这对王室夫妇的身后,人们列队行进,伊丽莎白乘坐着她的牛车,弗尔斯特骑着他那匹身披爱国主义盛装的骏马。其后是马背上的骑士,以及他们身后"一长串的人"。在这无比荣耀的氛围中,伊丽莎白诚实而遗憾地告诉母亲,他们经过时并没有响起礼炮,而代之以许多"欢快的枪声"。"一辆迷人的小马车"出现在眼前。它被饰以大量棕榈叶,里面还有一个红色的王位供她落座。这一切听起来就像是一部拜罗伊特出品、冯·茹科夫斯基设计的瓦格纳歌剧。

游行队伍向着弗尔斯特勒德(Försterröde)走去。这是他们给即将成为首府的地方起的名字。首席殖民者——某位埃尔克先生——在此处发表了庄严的欢迎辞,然后他们继续前进到计划中的城市广场,那里已竖立起一座凯旋门。美丽的少女们向伊丽莎白献花。大家的发言都感恩戴德。人们高呼:"殖民地之母万岁!"殖民者们是如此英勇:他们先向她敬酒,然后才是弗尔斯特,此举令她非常高兴。一阵激昂的"德意志高于一切"("*Deutschland, Deutschland über Alles*")的合唱之后,他们从矗立在弗尔斯特大宅(Försterhof)前的第二个凯旋门下穿过。弗尔斯特大宅是她与弗尔斯特即将安居其中的宏伟宅邸。更多的发言。更多的鲜花少女。伊丽莎白承认这座豪宅的外观相当丑陋(有照片为证),但她说,其内部装饰可谓奢华:高高的天花板,挂着帷幕的宽大的门,柔软的椅子,舒适的沙发,当然还有她的钢琴。她说,她还拥有"5个小牧场和3个中等规模的牧场"、数百头牛、8匹马、一个拥有价值数千马克货品的商店,以及20个仆人——他们付给这些仆人颇高的薪水。她虔诚地感叹自己拥有了太多的世俗财富。

弗兰齐斯卡喜不自胜。科西玛·瓦格纳或许是拜罗伊特女王,伊丽莎白却是整个殖民地的王后!伊丽莎白在世界上的优越地位与其兄长个人的无足轻重形成了鲜明对比。她所罗列的世俗财产完全碾压了他的!瑙姆堡的小道消息几乎肯定弗尔斯特会是下一任巴拉圭总统。

伊丽莎白仍在催着尼采投资这项冒险。当他能够从她的新世界中获得惊人回报时,又何必固守着呆板、安全的旧世界担保呢?奥弗贝克则反对这样做。这使得伊丽莎白对他的怨恨又加深了一层,以奥弗贝克对露的立场来看,伊丽莎白将会永生永世对他和他的妻子怀恨在心。尼采试图以幽默来缓和他的拒绝,他说,他无法支持"从我身边跳开的大羊驼一头扎进反犹主义者当中"。这恐怕没法让她感觉好笑。她确实设法从弗兰齐斯卡那位忠实的老仆人阿尔文（Alwine）那里榨出了些钱来,这位老太太再也见不到这笔钱了,这是她承受不起的损失。

到1888年7月,只有40户家庭来到巴拉圭,而其中的一些人已经打点行装回家了。透支的钱越来越多。利率高得惊人。伊丽莎白的嫁妆和殖民者的首付款都已花光。没有资金可以用于道路和卫生等基本设施的建设与发展,甚至没有干净的水供定居者饮用。

伊丽莎白清楚租赁条款。从入住弗尔斯特大宅的那一天起,她有18个月的时间将殖民者的数量增加到140户。她给每一个认识的人写信,也给许多不认识的人写信。她还向德国为组织和支持此类冒险而成立的各种殖民协会发出了信件和呼吁。但她最成功的工作是在《拜罗伊特活页报》上开展的报纸宣传。由此,她认识到了自己作为一个民粹主义者的能力。这让她看到了通俗文学作品所能发挥的巨大影响力，也看到了错误信息可以何其轻易地造就一个传奇。新日耳曼尼亚的传奇为她后来围绕其兄长所编造的传说做了很好的预演。

伊丽莎白那些塞壬之歌式的文章把殖民地描绘成了欢乐的黄金国度，树上到处悬挂着色彩艳丽的吊床。她承认，吊床上覆盖着蚊帐，但这些蚊帐更主要的是为了防止沉重的夜露，而不是为了抵御少数、极少数咬人的虫子。当地人被称作"雇工"。种族主义者无须害怕他们。"雇工"是些讨人喜欢的仆人，快乐，顺从，精力充沛。主人一出现在门口，他们就会争先恐后地听从他的命令。像孩子一样，他们喜欢礼物。几根雪茄，或是一些新鲜出炉的面包，就能令他们抢着满足主人的每一个愿望。新日耳曼尼亚人过着神仙般餍足无忧的日子。早晨，他们饱餐美味的咖啡、面包和糖浆，之后他们去监工水果和蔬菜的耕种，这片福地实在肥沃，农作物几乎是自发自愿地从地里冒出来。伊丽莎白所说的"数百头牛"是战前牛群的残余，它们的主人都已在三国同盟战争中死去，之后牛群就野化了。被驯服后，这些牛可以为素食的殖民者们提供牛奶、黄油和奶酪，不过，四处游荡的野生公牛带来了持续存在的问题。

1888年3月，伊丽莎白的克星降临了，这是一个农民出身的裁缝，名叫尤利乌斯·柯林拜尔（Julius Klingbeil）。作为真正的信徒，他花了5000马克来追随他的英雄伯恩哈德·弗尔斯特。

一到这里，柯林拜尔就发现情况与伊丽莎白在文章中所讲的故事截然不同。气候酷烈，蚊虫无情。热带昆虫会引发不知名的可怕高烧。这片备受称颂的土地贫瘠不堪，难以耕作。巴拉圭仆人们闲散，阴沉，心怀愤懑，不服从命令，而且因为沉迷于饮用马黛茶（maté tea），长期处于轻度麻醉的昏聩状态，总是懒洋洋的。每个殖民者都花钱买下来一小块土地，彼此相隔一英里。他们忍受着孤独、无聊、抑郁、疾病和营养不良的折磨。生活的意义已然消失。

他们试图在恐怖电影的背景音中，在美洲豹、美洲狮、中美貘、野猪、野牛、吼猴和其他莫可名状的动物的咆哮、低吠和尖叫声里创造出新的生活，许多人已在惰性和恐惧中丧失了理智。巨蟒在树上悬荡。恶毒的蚊子被汗水吸引，成群结队地跟着他们。河流中潜藏着短吻鳄、说不上名字的有齿鱼，血吸虫，甚至更为密集的蚊网，以及一条据说长达 8 码的水蛇。[1] 为获取清洁的水源必须掘井，而且通常只有掘得很深才找得到。热带降雨把丛林小径变成泥石流，把新开垦的农田变成了巧克力湖。

一切都由弗尔斯特夫妇把持着。每个殖民者都必须签署一份协议，不得在殖民地之外做生意。任何小生意，比方说卖黄油、乳酪或是小木雕，都必须经由弗尔斯特的商店。这个商店也是他们唯一能买到必要的给养和药品的地方。他们当初移民时，曾达成一项协议，即如果他们希望回到德国，那么股份将被归还给他们，但这是弗尔斯特不可能兑现的条件。无能为力，也无法获得公正，他们的困境被这对与腐败分子合谋统治殖民地的专横夫妻所无视了。

像所有新的殖民者一样，柯林拜尔应召前往奢华的弗尔斯特大宅，去拜见他所敬仰的领袖，并被说服买下那块支付 5000 马克才争取到的土地。柯林拜尔原以为能见到书籍扉页上那位面容坚毅、剑眉星目的雅利安英雄。然而，他所见到的是一个鬼鬼祟祟、浑身颤抖的躯壳。弗尔斯特坐立不安。他是"坏心眼的化身，无法直视你的眼睛"[2]。他絮絮叨叨，闪烁其词，无法集中精力，也无法维持思路。柯林拜尔当即彻底幻灭了。他意识到，其他殖民者告诉他的都是真的。伊丽莎白才是殖民地的主人。

伊丽莎白衣着优雅，健谈而强硬，她轻快地绕着桌子走动，把

---

[1] Chambers, *Encyclopedia*, 1895, Vol. VIII, 750-751.
[2] Klingbeil quoted in H. F. Peters, *Zarathustra's Sister: The Case of Elisabeth and Friedrich Nietzsche*, Crown, 1977, p. 110.

一张地图推到柯林拜尔面前。它显示了被分割为若干小块的新日耳曼尼亚。除了其中一个地块之外，每个地块上都写有一个名字。她骗他说，除了他自己的那片土地，其他所有土地都已经卖掉了。只要他马上提出购买价格，就可以保有它。不过柯林拜尔可不好骗。没多久他就发现，弗尔斯特夫妇对他们所出售的土地没有合法所有权。

柯林拜尔旋即回到德国，戳穿了这对骗子夫妻的名声。最终，他出版了一本 200 页的书，《启示录：关于伯恩哈德·弗尔斯特博士在巴拉圭的殖民地新日耳曼》。[1]此书揭穿了弗尔斯特夫妇作为欺诈者、撒谎精、江湖骗子和暴君的真面目。柯林拜尔也毫不含糊地指出，伊丽莎白是她那个软骨头丈夫的幕后推手，她让丈夫对她唯命是从。殖民者的处境甚至比家乡最穷困的日雇工还要糟糕。当这对傲慢的夫妇坐在欧洲的家具上，喝着酒，甚至不顾殖民地的素食原则在精心打磨过的餐桌边大快朵颐之时，殖民者们却在受苦受累，生不如死。

伊丽莎白从来无惧冲突，事实上，她还乐在其中。她飞速发表了反击：柯林拜尔是叛徒加骗子，是耶稣会安插到殖民地去的破坏者。她的丈夫则是一位光荣的领袖、一个理想主义的天才，他不知疲倦地追求着无私的梦想——为人类谋求更大的幸福。她和弗尔斯特为了忠诚不屈的工人们，不惜牺牲自己的一切。

冯·沃尔措根继续在《拜罗伊特活页报》上发表她新写的童话故事，但其他人都受够了。伊丽莎白已名誉扫地。就连开姆尼茨殖民协会（Chemnitz Colonial Society）也停止了刊发她的反驳文章。

再来看看巴拉圭，弗尔斯特或多或少已然崩溃。他大多时候都

1　Julius Klingbeil, *Enthüllungen über die Dr Bernhard Förstersche Ansiedlung Neu-Germanien in Paraguay* (*Revelations Concerning Dr Bernhard Förster's Colony New Germany in Paraguay*), Baldamus, Leipzig, 1889.

待在圣贝纳迪诺（San Bernardino）的一家旅店里，抱着酒瓶自我麻痹，把殖民地的未来交到他妻子那双强有力的手中。

"巴拉圭的情形已糟到无以复加，"1888 年尼采给弗朗茨·奥弗贝克的圣诞信中这样写道，"被诱骗到那里的德国人正在叛乱，要求退回他们的钱款——可是没钱。暴力事件已经发生，我担心会有最坏的结果。"[1] 然而，伊丽莎白自欺欺人的天赋毫无下限可言。她在家信中继续用她的荣耀和名声来讥讽她的兄长，并将其与他悲惨的默默无闻两相对照。

他明白，她对新日耳曼尼亚的行径就和当初她对露的行径如出一辙。

弗兰齐斯卡仍然相信伊丽莎白。尼采把克服同情和克服锁链病一并视为高尚的美德之一。他把怜悯作为自己内在的敌人。尽管如此，他仍不忍心亲手造成母亲的幻灭。在写给奥弗贝克的那封信中他继续说道："我的母亲至今一无所知——这是我的杰作。"[2]

1　致弗朗茨·奥弗贝克的信，1888 年圣诞节。
2　同上。

第十九章
我是炸药！

我的抱负是，用十句话说出别人用一本书说出的话——别人用一本书也没说出的话。

——《偶像的黄昏》第51节

1887到1888年的那个冬天，尼采回到了尼斯，地震后的日内瓦养老院已经重新装修。他们允许他为现在的"他的"房间挑选墙纸，这令他高兴得像个孩子。他挑了一种上面有条纹和斑点的红褐色墙纸。他们还给了他一张软榻（chaise longue）和一张床。他得知他们向"亲爱的半盲的教授"收取每天5.5法郎的费用，而其他客人则是在8到10法郎之间。这是"对我自尊心的折磨"，但又能怎么样呢？他已经在为支付房租发愁了。他正在为自己的书筹措出版资金，却发现自己常常向奥弗贝克申请预支退休金和投资的财产，这令人忧心。

那年冬天，尼斯的天气令人失望。一连下了10天暴雨，天气很冷。朝南的房间会暖和些，但他负担不起。手指冻得发青而且抖得厉害，他担心自己的笔迹只有那些能解读他思想的人才能明白。加斯特和弗兰齐斯卡来营救他了。加斯特送他一件温暖的晨袍，而弗兰齐斯卡寄来一个小火炉，他手指的颜色恢复了正常。他把这火炉命名为他的火之偶像，围着它跳跃舞蹈像个异教徒，以便重振自己的血液循环。从今往后，这个装有燃料的小火炉将会和"瘸腿"一道，跟随他踏上旅程。

他曾为露的诗《友谊赞歌》配乐，并将之重新命名为《生命赞歌》[1]，彼得·加斯特为合唱队和管弦乐队编排了这支曲子。这将是他唯一出版的乐谱，他付给弗里奇一笔钱，请他用花体字和其他华丽的装饰把它漂漂亮亮地印出来。他和加斯特把乐谱寄给他们认识的所有指挥家，甚至勇敢地寄给了汉斯·冯·比洛。没有人愿意演奏它。尽管如此，尼采仍然很高兴将它付梓。他表示，希望在未来的某个时候人们能够奏响这支曲子来纪念他，他的意思大概是指他的葬礼。他还重申了这样一个想法，即，至少以这样一种微小的方式，他和露在后人面前结合在了一起。

在J. V. 维德曼将《善与恶的彼岸》描述为炸药之后，尼采现在终于乐观地认为自己的书也可能得到后世的青睐。受此鼓舞，他寄出了66本赠书。与他前一部作品《查拉图斯特拉》第四卷的7册赠书相比，这显然是一个天文数字，而且那7册书中还附上了偏执的说明，指示受赠者对书中的智慧保密，因为它过于珍贵，不可轻传。而今时今日，他最希望的就是自己的话语能被世人听闻。

维德曼还带给他一个令人欣慰的消息：作曲家约翰内斯·勃拉姆斯（Johannes Brahms）对《善与恶的彼岸》相当感兴趣，而且他现在又注意到了《快乐的科学》。尼采见有一线希望，便把《生命赞歌》的乐谱寄给了他。同时，他也希望能令勃拉姆斯对彼得·加斯特那部苦苦挣扎的歌剧《威尼斯之狮》产生兴趣，不过勃拉姆斯遇到过太多这类企图了。他只是寄回了一封正式的回执。

雅各布·布克哈特忐忑不安地收到了《善与恶的彼岸》。此前

---

[1] *Hymnus an das Leben für gemischten Chor und Orchester*，1887年10月20日出版。有关其曲折的出版经过，详见Schaberg, *The Nietzsche Canon*, pp. 140-149.

他曾被《查拉图斯特拉》的最后一卷弄得颇为尴尬。尼采接下来到底又会搞出什么名堂？这个住在面包店楼上的安静男人一贯倾向于谨慎的疏离；完全可以预见得到，他在对这本书的回应中，一开始就说自己对哲学几乎毫无了解。以此为前提，他接着称赞了尼采的论证及其观点，即，在禁欲主义牧师圈养下的牧群所形成的奴隶心态导致了当代社会的堕落。

布克哈特对民主毫无兴趣。尼采对于必须创造未来强者的描述，恰好与布克哈特曾经描绘过的意大利王公的利己主义、贪婪、暴力和残忍的图景相吻合，他们的权力意志促使文艺复兴取代了中世纪，并因此深具讽刺意味地，促成了接下来 500 年左右的自由人文主义。

尼采也将新书寄给了法国文学评论家、历史学家伊波利特·泰纳（Hyppolite Taine），泰纳热衷于通过环境因素来对历史进行解释。与尼采和布克哈特一样，泰纳也曾痛心疾首地谴责法国大革命。他回信鼓励道，他把《查拉图斯特拉》放在床头柜上，入睡之前总会读一读它。[1]

《龚古尔日记》的第二卷那时刚刚出版，其中记叙了温文尔雅的龚古尔兄弟流光溢彩的巴黎生活，以及那些定期举行的戏剧派对和晚宴，用尼采充满艳羡的话来说，就是巴黎"最聪明与最具怀疑性的头脑在这里风云际会了"。这些思想一流的用餐者中包括了泰纳与文学评论家圣伯夫（Sainte-Beuve）、小说家福楼拜（Flaubert）和泰奥菲勒·戈蒂埃。有时屠格涅夫（Turgenev）也会加入其中。尼采羡慕这些群贤毕至的聚会，在其中，"恼怒的悲观主义、犬儒主义和虚无主义之间交织着无穷的欢乐与幽默"[2]。他说，他本人

---

[1] 尼采告诉雷萨·冯·席恩霍费尔有这么一封信，尽管之后伊丽莎白告诉她不存在这样的信。

[2] 尼采致彼得·加斯特的信，1887 年 11 月 10 日。

在那里应该也会很自在。要是他也能找到像这样的圈子就好了。

由于缺乏志趣相投的聚会圈,他去拜访了莱比锡学生时代的同窗老友埃尔温·罗德。罗德现在是一位哲学教授,很快他就将成为海德堡大学的副校长。对于这次会面双方都相当不满意。尼采抱怨罗德在交谈中言语乏味,一无可取。而罗德则描述说,尼采身上有一种难以言传的陌生感,某种不可思议的东西,就好像他来自某个荒无人烟的国度。罗德是第一个觉察到出了严重问题的人。他对尼采那些全新的崇高主张无动于衷,尼采声称伟大的命运已降临在他的身上,他是这个时代第一个哲学家,"一些决定性的、充满末日气息的东西,正横亘在两个千年之间"[1]。在罗德耳中,这些话听起来像是狂妄自大。他的反应是撤退。他不再回复尼采的信件,也不再答谢尼采不断寄给他的新出版的作品。罗德觉得这些书越来越琐碎轻浮而不切实际。这两个人再也没有见过面。

一封来自丹麦的信给了尼采一个惊喜,信是作家、评论家格奥尔格·勃兰兑斯[2]写的。尼采给他寄赠过《人性的,太任性的》和《善与恶的彼岸》。终于,在 1887 年 11 月,收到《论道德的谱系》之后,勃兰兑斯迅速而热情地回复了。

格奥尔格·勃兰兑斯是北欧最重要的文学评论家,作为一名政治和宗教激进分子,他创造了 *indignationslitteratur*("愤慨文学"或"抗议文学")一词,用以形容在 19 世纪 80 年代那些可敬的丈夫向妻女隐瞒、主教们在宝座上布道反对的书籍,那些常常被审查或禁止的书籍。勃兰兑斯拥护"危险"的自由精灵,如克尔凯郭尔、易卜生、斯特林堡、克努特·汉姆生、巴尔扎克、波德莱尔、左拉、陀思妥耶夫斯基和托尔斯泰。他被政治宗教机构视为堕落偶像,他们称之为敌基督者。

---

[1] 尼采致赖因哈特·冯·赛德利茨的信,1888 年 2 月 12 日。
[2] 格奥尔格·勃兰兑斯(Georg Brandes,1842—1927),丹麦文学评论家、传记作者。

在英国，勃兰兑斯的朋友有萧伯纳（George Bernard Shaw）和约翰·斯图尔特·密尔（John Stuart Mill）。他于1869年将密尔的《女性的屈从地位》[1] 一文翻译成丹麦文，对斯堪的纳维亚半岛的女权运动产生了巨大影响，这反映在了易卜生的戏剧当中（易卜生的妻子苏珊娜是一位狂热的女权主义者）。在俄国，勃兰兑斯与革命家克鲁泡特金[2]交好，他还推动普希金、陀思妥耶夫斯基和托尔斯泰在本土之外获得更多的知名度。他的著作《十九世纪文学主流》（The Main Currents in nineteenth-Century Literature）最终达九卷，并为他赢得了广泛的国际赞誉。他在巴尔干半岛、波兰和芬兰讲学。前往希腊演讲时，他下榻于总理的寓所。在大获全胜的美国巡回演讲之旅期间，他不断地被戴上桂冠。作者们山呼海啸般给他寄去自己的作品。有时他一天能收到三四十封信。被勃兰兑斯注意到，对于持不同政见者或寂寂无闻的作家来说，就是一个扩音筒。

1877—1833年间，勃兰兑斯旅居柏林时结识了保罗·雷和露·莎乐美。他们一定曾讨论过尼采，但那时勃兰兑斯没有写过任何关于尼采的文章。尼采在《查拉图斯特拉》中的写作方向欠缺感染力。那种古老的、诗篇式的语言和诡异的宗教神秘主义，不符合他松弛的、现代化的文学原则。然而，《人性的，太人性的》和《论道德的谱系》完全不一样。11月26日，他写信给尼采，告诉他，在他身上他发现了"一种崭新的原创性精神的气息。我还没有完全理解我所读到的内容；我并不总是清楚您所面对的是什么问题。但是，有许多地方与我自己的思想和同情相吻合——对禁欲主义理想的蔑视，以及对民主平庸的深切义愤，您的贵族激进主

---

[1] Qvinnans underordnade ställning, 1869.
[2] 彼得·阿历克塞维奇·克鲁泡特金亲王（Prince Pyotr Alexeyevich Kropotkin, 1842—1921）。

义……"

贵族激进主义！12月2日，尼采在一封激动而又相当混乱的信中回复道，这是他读到过的关于自己的最敏锐的评论。他向勃兰兑斯诉说他的孤独，并且引用了刻在笛卡尔墓碑上的那句奥维德的谚语"*Bene vixi qui bene latuit*"（"善生活者，故隐其名"）。随即他又自相矛盾地说，他期待着有朝一日能与勃兰兑斯见上一面。在他的签名下面，他迟疑地补充道："须知，我是个四分之三的盲人。"[1]

勃兰兑斯必须有权进入他的洞穴！他指示弗里奇把他所有著作的最新版本寄给勃兰兑斯，这些书现在有了新的序言。他甚至吩咐彼得·加斯特从少量印刷的《查拉图斯特拉》第四卷中给勃兰兑斯寄去一册。

勃兰兑斯提议春天在哥本哈根大学讲授尼采。这引发了大量袭来的信件，告知勃兰兑斯每部作品的背景，有些有用，有些则毫不相干。《人性的，太人性的》："都是在艰苦的行进中构思出来的，是一个人灵感的完美典范。"《悲剧的诞生》："成书于卢加诺，当时我和陆军元帅毛奇的家人一道住在那里。"

他还附上了一份关于罕见怪癖的履历表。

> 1844年10月15日，我出生在吕岑（Lützen）战场。我听到的第一个名字是古斯塔夫斯·阿道弗斯（Gustavus Adolfus）[2]。我的祖先是波兰贵族（Niëzky）……在国外我常常被认为是波兰人，就在今年冬天，尼斯的游客名单还把我登记为波兰人。我还听说我的脸出现在马泰伊科的画作当中……

1　尼采致格奥尔格·勃兰兑斯的信，1887年12月2日。
2　古斯塔夫·阿道夫或古斯塔夫斯·阿道弗斯，瑞典国王及德国新教领袖，在"三十年战争"期间，他于1632年的吕岑战役中击败天主教帝国军队而丧生。也是在这里，1813年的拿破仑也取得了战斗的胜利。

1868—1869年冬，巴塞尔大学授予我教授职位。当时我甚至还不是一个博士……从1869年复活节直至1879年，我住在巴塞尔；我不得不放弃自己德国公民的权利，因为作为一名军官（骑兵炮兵），我会被频繁征召，而这会干扰我的学术职责。不过我依然掌握了两种武器：马刀和大炮……从巴塞尔生涯的开端起，我就与理查德·瓦格纳和科西玛·瓦格纳结下了难以言喻的亲厚关系。当时，他们住在卢塞恩附近的特里布申庄园，就像住在一个孤岛上，断绝了与过去的一切联系。几年间，我们拥有了所有那些大大小小的共同点，也拥有毫无保留的信任。由于这样的关系，我结识了一大批人士（和"女士"），事实上，几乎结识了从巴黎到彼得堡的一切。到了1876年前后，我的健康每况愈下……直到这种习惯性的痛苦达到了极致，那时候，一年之中我有200个日子都饱受煎熬。这种问题一定完全是由局部原因所导致，而没有任何形式的神经病理基础。我从未有过精神错乱的症状，甚至没有发烧，也没有昏厥的症状。当时，我的脉搏和拿破仑一世一样慢（＝60）……有报道称我住在疯人院里（并且事实上，我已经死在那里了）。没有什么比这更离谱的了……毕竟，我的病对我而言是相当有用的。它释放了我，令我恢复了我行我素的勇气……我是一头勇敢甚至善战的动物。您问我是不是一个哲学家？——但这又有什么关系！[1]

1888年4月，勃兰兑斯在哥本哈根大学进行的两场讲座《弗里德里希·尼采：一场贵族激进主义的讨论》的开场，就用这段记述介绍了尼采。讲座向公众开放。勃兰兑斯的权威和声望如此之高，

---

[1] Georg Brandes, *Friedrich Nietzsche*, William Heinemann, 1909, pp. 80-82.

以至有 300 多人前来听他谈论这位名不见经传的哲学家。

"我之所以想要唤起对他的重视，主要是由于斯堪的纳维亚文学似乎已在过去 10 年中所提出和讨论的观念上停留了相当长的时间，"最后一次演讲如此总结道，"一点达尔文主义、一点女性解放、一点关于幸福的道德感、一点自由思想、一点对民主的崇拜等等。伟大的艺术要求知识分子们在对例外性、独立性、反抗性和贵族式的自我优越性的当代思考上，与最鲜明的个人特质具备同样的水准。"

整个讲堂欢声雷动。这些掌声当然不是给他自己的，勃兰兑斯告诉尼采。这令人深感欣慰。也使得尼采陷入沉思，丹麦人对主人道德观念的理解，是否出于他们对冰岛萨加[1]的熟悉。

他给所有的朋友写信，告诉他们这个巨大成功的好消息。他也告诉了伊丽莎白，而后者从巴拉圭的回信却带着极大的不屑，信中说，她猜她的兄长也想要像她这般声名远播。而借助像格奥尔格·勃兰兑斯这样"舔遍了所有盘子"的犹太渣滓而成名，当然也不失为一桩好事。[2]

凭着对这类事的敏锐嗅觉，她已经嗅出格奥尔格·勃兰兑斯是犹太人。他的家族，像许多在丹麦的犹太家族一样，将原本的姓氏科恩（Cohen），改成了更像丹麦语的勃兰兑斯。这样更有利于融入。

尼采写了一封信，告诉伊丽莎白，在读了几遍她的回信后，他感到不得不和她永远分道扬镳。这是一封疼痛而煎熬的信，却并不苦涩。在其中，他试图解释那个沉重的任务，那个他感觉悬在头顶的可怖命运，那些在他耳畔回响的强大的金属乐，这一切宿命性地

---

[1] 萨加（saga），指古代北欧讲述冒险经历和英雄业绩的长篇故事。——译注
[2] 伊丽莎白·尼采，尼采在 1888 年圣诞节从都灵写给弗朗茨·奥弗贝克的信中引述了这封信。

把他区别于粗俗和平等的庸常。以可怕的指责挑战人类整体,这不是他的个人选择,而是他的命运。"我的名字上附着一些不可言说的厄运。"末了,他请求伊丽莎白继续爱他。他在信上签了名:"你的兄长"。他从未寄出这封信。它始终是一份草稿。[1]

维德曼、泰纳、布克哈特和勃兰兑斯对其作品的关注,使得尼采在斗争中受到了鼓舞,他在给伊丽莎白的信中提到过这场斗争。罗德是对的:他确实感到自己来自一个荒无人烟的国度。那年夏天,他觉得怪怪的。他的生物钟变得疯狂。通常情况下,他在饮食和作息方面都恪守铁律——他得靠严格的制度来控制自己那不受控的病症——但他发现自己会在半夜醒来、穿衣并且工作。他写道,当他为即将到来的艰巨任务做好准备之时,某种划时代的变化降临到了他的身上:不亚于完成迄今为止人类为所推崇、所热爱的一切所做的无情的地下斗争。他将写作若干本书,也许是四本。它们将共同完成他开始于《人性的,太人性的》和《论道德的谱系》的那项工作:对一切价值的重估。他正考虑将书名定为:《权力意志:重估一切价值的尝试》(*The Will to Power. Attempt at a Revaluation of All Values*)。这一次,他将拆毁整座大厦,而不仅仅是部分。他将会推翻一个又一个哲学家、一个又一个导师、一个又一个宗教。

首先,他必须找个地方。他发现自己又一次面临着那个一年一度的问题:春天的时候,该往哪儿去?春日里,法属、意属里维埃拉的阳光灿烂得令人难以忍受,而他所钟爱的群山依旧千里冰封。他向仍然身在威尼斯的彼得·加斯特征询此事。兴许是出于自我保护的考虑,加斯特建议他去都灵。

从尼斯前往都灵的火车旅程相对便捷。尽管他将不得不在萨沃

---

[1] 尼采致伊丽莎白·尼采的信(草稿),1888年12月。

纳（Savona）换乘，但会有搬运工帮他搬行李。他成功进行了换乘，行李也被安放在了新的列车上，他就此放了心，觉得可以四下里逛逛。后来他回到列车上，却不是正确的那一列车。这列火车上没有载着他的行李。它向着错误的方向驶去，驶往热那亚，与都灵恰恰相反。他不得不在一家旅馆里卧床休息了两天，拍了一连串电报，才得以从这场灾难中复原。事情终究得到了解决。4月5日，他总算抵达都灵，与他的行李团聚了。

格奥尔格·勃兰兑斯的"贵族激进主义"一词始终萦绕在他的脑海。都灵城符合这个描述。他对都灵的第一印象是优雅、高贵而严肃。都灵是执政的萨伏依王朝（House of Savoy）的所在地。它慢条斯理，温文尔雅，并且全然是"欧洲式的"。这里没有意大利城市那种花里胡哨的特征。这是一个为他搭建的舞台，一个在他看来"不合时宜"的所在：在时间之外。在这里他看到了高贵、冷静和淡定的结合体。他赞美这座城市的谦逊中正，这种气质甚至延伸到了城市建筑和谐的色调当中，从淡黄色调经由赤土色过渡到他所钟爱的红褐色。每一个庄严肃穆、干净整洁的广场上，都有一座欢声笑语的喷泉或是一尊高贵的青铜英雄，它们都是古典风格的不朽代表。

城市的西北方向，地平线上高耸着他心爱的白雪皑皑的山峰。他相信，正是由于这些山峰的深远影响，这里拥有与锡尔斯-玛利亚一样干燥的空气。这适合他的体质，并能激发他的头脑。锡尔斯-玛利亚拥有幽暗宁静的森林，为他的眼睛提供柔和的光线，而都灵则有着长达10 020米的拱廊，他相信是这个长度。它们为他这只半盲的鼹鼠提供了理想的照度，让他能够在阳光明媚的日子里做些运动，同时酝酿思绪，并将它们草草写在笔记本上。在雨天，他可以在拱廊下漫步数小时之久，而不会把纸弄湿。都灵满足了他对一个跨季节归属地的渴望。他决定让此地成为他在地球上的年度巡游的第三个家：另外两个是尼斯和锡尔斯-玛利亚。

在这一年中，他时不时感到一阵阵狂喜。他与都灵的初见就引爆了这样一种过度的热情。他在信中反复述说都灵拥有一切最好的东西：从意式冰激凌到空气质量。咖啡馆是他见过最漂亮的，冰激凌是他吃过最美味的。食物非常容易消化。都灵的小餐馆无一例外地提供着这世上最价廉物美的餐食！他的肠胃与这地方的一切都合拍。

他在市中心找到了住处，高居于卡洛·阿尔贝托广场6号的三层。从他的窗口望出去风景绝佳：隔着宏伟的广场，是卡里尼亚诺宫那粉白相间的、波浪般起伏的巴洛克式外墙，意大利国王维托里奥·埃马努埃莱二世[1]就出生在这里。尼采乐于把这个事实告诉他的许多通信对象。

紧挨着尼采的公寓就是苏巴尔皮纳拱廊街（Galleria Subalpina），这是一座大约建造于10年前的玻璃铸铁巨型建筑，彼时正值兴建水晶宫这一国际热潮的巅峰期。苏巴尔皮纳的长廊具备火车站的规模，却没有火车的纷扰。50米长、3层楼高的苏巴尔皮纳是都灵可堪与威尼斯圣马可广场相媲美的代表物，有望成为欧洲最伟大的公共客厅之一。在它的拱形玻璃之下，涵盖了闲散的资产阶级所可能欲求的一切。这里有盆栽棕榈树，有管弦乐队，有咖啡馆——只要勇气足够，一份冰激凌一杯水就可以一直待下去，还有古籍书店，又可以消磨很多时间。最令尼采心满意足的是那里的音乐厅。只要打开他自己房间的窗户，就能听到《塞维利亚理发师》向他飘来，而不用花钱买票。他真希望他们上演的是《卡门》。

都灵这个现成的公共剧场令他得以不受干扰地孤立存在。不像在威尼斯，身边始终徘徊着彼得·加斯特亲切的身影。不像在锡尔

---

[1] 维托里奥·埃马努埃莱二世（Vittorio Emanuele Ⅱ，英语为 Victor Emmanuel Ⅱ），意大利统一后的第一位国王。——译注

斯-玛利亚，避暑的人们都以小心翼翼的慈爱看顾着他。也不像在尼斯，总有好心人对他的视力和经济状况给予体贴的关照。在都灵，他可以成为自由精灵，而不受他人同情心的束缚。

尼采被自己生活中的矛盾困扰着。他向弗朗茨·奥弗贝克和彼得·加斯特倾诉了自己的忧虑，担心自己的判断正变得过于苛刻、过于严厉，而他长期脆弱的健康状况在其体内滋生了过度的强硬。他忧心这种态度会把他拽入怨憎的深渊。尽管如此，他对重估一切价值所抱持的必要的严厉性却是开弓没有回头箭的。关于道德重估的相同观念，已经出现在他早期的、不那么雄心勃勃的作品——他的《不合时宜的沉思》——当中了，新作品的大纲与他的观念前后呼应，但从根本上说，重估将在《善与恶的彼岸》和《论道德的谱系》中业已阐述过的主题上加以扩展。欧洲悲剧时代的入口是他在笔记本上多次画线强调的一个想法。它将与永恒轮回的思想联系起来。

然而，首先，他必须再写一篇关于瓦格纳的文章。这位作曲家已经去世差不多五年了，而尼采还不能让他安息。他花了几个星期来写作《瓦格纳事件：一个音乐家的问题》（*Der Fall Wagner. Ein Musikanten-Problem*）。

这本薄薄的小册子大约有 40 页的篇幅，读起来像是一场持续的并终究无望的挣扎，以摆脱瓦格纳对他的感官所施展的魔魅。这几乎很难说是一通连贯的论证。整本书都在诉说他对于瓦格纳音乐操纵他情绪的能力的怨怼，以及他为自由意志被其强大吸引力所剥夺而做的斗争。

《瓦格纳事件》开篇就称赞《卡门》是比才的杰作。尼采宣称这部歌剧是完美的。他发誓，每次听到它，都会使他成为一个更好的哲学家。这直接走向了对整个德国浪漫主义的攻击，尤其是对瓦格纳的攻击。

瓦格纳操纵他的听众进入高涨的情感状态，这一绝妙到骇人的能力绝不健康。这是颓废。有时是准宗教的颓废（《帕西法尔》），有时是民族主义的颓废（《名歌手》）。瓦格纳是颓废的艺术家。说到底，瓦格纳是一个人吗？抑或他压根儿就是一种疾患？难道他的音乐没有令人类生病？成为瓦格纳的门徒是要付出沉重代价的。我们必须承认所有现代音乐都是病态的。颓废已入膏肓。[1]

最后，他的确承认，其他所有现代音乐家与瓦格纳相比都不值一提[2]，尽管拜罗伊特完全是对其创建者的误解：它就是一个白痴行径。

这本书的结构颇为奇特。尼采附上了两则后记，正是在这两则后记中，他终于承认了自己对《帕西法尔》的赞赏。它是瓦格纳最伟大的杰作。"我欣赏这部作品，甚至希望是自己写出了它。"[3]

6月5日，他离开都灵，前往锡尔斯-玛利亚避暑，在那里，他住进了吉安·杜里施家中的旧房间。那年夏天的瑞士暴风骤雨，天气寒冷。天气每三小时就变一次，他的心情也随之起伏。尽管下起了零星小雪，人潮却早已如期而至，这群阿尔卑斯游客中夹杂着几位女学者。今年还来了几名优秀的音乐家。尼采在阿尔彭罗斯旅馆用餐，跟吉安·杜里施家就一桥之隔。天气不好的早晨，他会到旅馆的"聊天室"里聆听或谈论音乐。

雷萨·冯·席恩霍费尔今年没来，不过他很享受梅塔·冯·萨利斯-马施林斯[4]的陪伴，这是他四年前在苏黎世结识的一位激进女性。梅塔是一位端庄美丽、有贵族血统的黑发女郎，是富有而高贵

1　*The Case of Wagner*, First Postscript.
2　Ibid., Second Postscript.
3　Ibid., First Postscript.
4　梅塔·冯·萨利斯-马施林斯（Meta von Salis Marschlins, 1855—1929), 1897年出版的 *Philosoph und Edelmensch*（《哲学家与绅士》[*Philosopher and Gentleman*]）一书的作者，本书叙述了她与尼采的友谊。

的瑞士马施林斯家族的最后一个成员。而她的头脑和决心甚至比她高贵的血统还要优越。她比尼采年轻10岁,是一名新女性,一位女权主义者,以玛尔维达·冯·迈森布格为楷模,并在后者的激励下开始了独立知识分子的生涯。她曾在苏黎世大学学习法律和哲学,并在前一年成为第一位获得博士学位的瑞士女性。梅塔写作诗歌,出版书籍,为女性争取平等的机会,尽管不是为所有的女性。她那种选择性的女权主义,真正称得上是贵族激进主义。她对群体的 *Herdenglück*(幸福)毫无兴趣,而只关心把公民权利扩展到那些天生高贵而有智识的女性,无论她们是何出身。这将使得世界更加贵族化,而不是更加民主。她的这一准则不仅适用于女性,而且适用于男性。在她的回忆录中,她把尼采归入 *Élitemensch* 一类:那些拥有高贵思想而超越了其卑微血统的人。

他们谈到了陀思妥耶夫斯基,梅塔是在娜塔莉·赫尔岑(就是尼采认为可堪一娶的那位娜塔莉·赫尔岑,如果她有钱的话)的推荐下注意到他的。而尼采则是偶然发现了陀思妥耶夫斯基,他在一家书店遇到了《地下室手记》(*Notes from the Underground*)的法文译本。就像他在21岁偶然发现了叔本华,在35岁偶然发现了司汤达一样,陀思妥耶夫斯基也在电光石火间与他有了关联。陀思妥耶夫斯基的文字像是"某种未知的音乐",而他的心理洞察力有着天才的力道。[1] 这第一本书使得尼采继续找来更多他的作品。接下来,他又读了《死屋手记》(*The House of the Dead*),同样是法译本。陀思妥耶夫斯基对自己在西伯利亚的流放和监禁岁月的描述,感人至深而毫无保留,对他产生了强烈的影响。尼采曾呐喊:"把你们的家园建在维苏威火山旁!"而陀思妥耶夫斯基正是这么做的。他是真理的恶魔、清醒的恶魔,一个凶猛的野人,一位精神的阿尔

---

[1] 尼采致弗朗茨·奥弗贝克的信,1887年2月23日。另见尼采致彼得·加斯特的信,1887年3月7日。

戈英雄，他所经历的苦难与尼采所经历的相当。陀思妥耶夫斯基在长年累月的监禁生涯中所遭受的无限屈辱，等同于尼采在长年累月的疾病和文学层面的忽视中所遭受的持久屈辱。

陀思妥耶夫斯基与尼采有着所有这些共同之处，更有甚者，他对于福音书的透彻了解也堪与尼采比肩。他能够呈现原始基督教、大公基督教，以及未被后来的干预和诠释剥夺其纯洁性之前的神圣宗教状态。陀思妥耶夫斯基是一位圣洁的无政府主义者。他明白救世主的真正心理与牧师、国家宗教或秩序无关。它也与奴隶道德的怨毒无关。试图"科学地"对其进行证明，简直就是驴唇不对马嘴。基督教已经被这类东西引入歧途。尼采感到他们都认为基督教已被它的遗产，亦即所谓的"宗教"所污染了。它已出于生存于世上的必要性而做出了让步，这种必要性势必把救世主变成一个圣洁的傻瓜。

傍晚时分，当尼采和梅塔·冯·萨利斯-马施林斯在湖畔朝着查拉图斯特拉岩散步时，她说，他谈起《死屋手记》时热泪盈眶。尼采告诉她，这部作品使得他开始谴责自己所抱有的一系列强烈感情，不是因为他缺乏这些感情，而是因为他对它们的感受过分强烈，而他知道它们的危险性。梅塔没有告诉我们这是些什么感情，不过他大概是在谈论怜悯的危险性及其削弱作用，以及它在实际中的无用性。此后不久他就写到了这个问题。怜悯是颓废的。它是对虚无主义的践行。怜悯否定生命。它令人们向虚无投降，尽管它不以虚无为名。它被称为"超越"，抑或上帝，抑或"真实生命"，抑或涅槃，抑或救赎。亚里士多德理解这一切。众所周知，他将怜悯视为一种危险的病态，需要不时地从系统中清除掉。希腊悲剧就是净化剂。[1]

---

[1] *The Anti-Christ*, Section 7.

第十九章 我是炸药！

前一年的夏天，梅塔曾教尼采在湖上划船。他们泛舟探险，这期间他谈了关于他的童年、求学生涯和母亲的许多事。他说自己是个奇怪的孩子。他的母亲有一双非常美丽的眼睛。梅塔从他身上察觉到了一种前所未有的悲伤和疲惫的气息。

不过，从前的顽皮并没有全然消失。美不胜收的山间度假胜地总会有那么一些业余艺术家，他们在户外支起画架，大展才华。他经过一位正在琢磨野花的爱尔兰女孩，建议她画上一些丑陋的东西，这样一来，花朵的美感就能通过对比得到强调。几天后，他抓了一只癞蛤蟆放在裤兜里，带给了那位艺术家，并为此沾沾自喜。而女孩则报复性地抓了几只草蜢放进了糖果罐。她知道他非常喜欢吃糖。他一拧开盖子，草蜢就蹦了出来。夏季游客的亲密圈子里都把这视为一番极好的恶作剧交锋。[1]

7月中旬，他写完了《瓦格纳事件》。7月17日，他把手稿邮寄给了出版商C. G. 瑙曼，由他代为出版。瑙曼发现手稿完全无法辨认，就寄了回来。尼采只得又把它寄给了一向有耐心的彼得·加斯特，后者一如既往地把自己的工作放在一边来解决尼采的问题。该书于9月印刷出版。

他预估每本书的制作成本是1000法郎。他从巴塞尔得到的退休金是3000法郎。梅塔明白了。她巧妙地给了他1000法郎，帮他支付了印刷费。7月，他又收到了保罗·多伊森为同样的缘故送来的2000法郎，还附有一张字条，说自己是在传递一份匿名的礼物，"有几个人想要弥补人类对你犯下的罪"。尼采怀疑这份礼物就是来自多伊森自己，或是来自雷，那时雷也在柏林。他计算出了他每年的出版开销：1885年为285马克，1886年为881马克，1887年为1235马克。朋友们的馈赠让他得以自由地继续乃至升级对其著作

---

[1] 卡尔·贝尔努利 (Carl Bernoulli)，1888年6月6日—9月20日，转引自 Gilman (ed.), *Conversations with Nietzsche*, p. 213.

的刊印，而不必担心入不敷出。

他那时正在写作《偶像的黄昏》（Götzen-Dämmerung）。这个标题显然是对瓦格纳的挑战。瓦格纳的第四部，亦即《指环》组剧的最后一部歌剧题为《诸神的黄昏》。该书将是伟大重估的开山之作。其副标题《或怎样用锤子从事哲学思考》表明，他打算用锤子敲打所有现存价值观，看它们是真实还是空洞。倘若真实，那它们就可能成立。

该书的开篇却无关宏旨。它直接进入了《格言与箭》一节，有44条格言，其中包括最广为人知的那些：

  人仅仅是上帝的一个失误？抑或上帝是人的一个失误？
  凡不能毁灭我的，终将使我更强大。
  一个人倘若洞悉了他生命中的"为何？"，就几乎能容忍所有的"如何？"——人并不追求幸福；只有英国人这么做。
  完美的女性搞文学就好像在犯一件小小的罪行，动手时和结束时环顾四周，看是否有人注意她，并且使得有人注意她。
  "恶人没有歌"——为什么俄罗斯人有歌呢？
  为了追根溯源，一个人变成了螃蟹。历史学家向后看；最后他们也向后信仰。
  称心如意使人免于感冒。可曾有过一个自知穿戴漂亮的女人患感冒？
  幸福所需要的东西是多么少！一支风笛的声音。——没有音乐的生活是一个错误。德国人甚至推想上帝也在唱歌。
  我不信任一切体系构造者并且避开他们。构造体系的意志是一种不诚实的表现。

第十九章 我是炸药！

表面看来随意，简单，乃至轻浮；在尼采拿起锤子砸向书中那些作为标靶的偶像之前，《格言与箭》用聪明劲儿把读者迷住了。苏格拉底、柏拉图、德国、自由意志和"正在改善"的人类都遭到了猛烈的攻击，其中最重磅的大锤留给了那些"病态的蛛网编织者"——牧师和哲学家。

在《偶像的黄昏》当中，尼采感到自己已经完成了闭环。正如他在书的最后一句中所承认的那样，他已完成了整个循环：

> 就这样，我回到了起始之处——《悲剧的诞生》乃是我对所有价值进行的第一次重估：如今我回归了我的欲念、能力得以生长的那片土壤——我，哲学家狄俄尼索斯最后的门徒——我，永恒轮回的导师……[1]

---

[1] *Twilight of the Idols*, 'What I owe the Ancients', Section 5.

第二十章
都灵的黄昏

与怪兽搏斗者须得注意,他自己不会变身为怪兽。而当你长久地注视着深渊时,深渊也注视着你。

——《善与恶的彼岸》,第四章,第 146 节

1888 年 9 月 2 日,他完成了《偶像的黄昏》。这已是他那年写作的第二部作品。次日,他又动笔写作另一本书。

就在前不久的 8 月他还在想,这部大作将是《权力意志》。此前数月间,他曾为此做了大量的笔记,但是就在 9 月 4 日[1],也就是他开始新书写作的那一天,他改了主意,草草勾勒出他所谓的重估一切价值的终极计划。以撼动思想地基为其旨归,这部作品现在将由四本书构成:

第一本书将是:《敌基督者:基督教批判的一次尝试》;
第二本:《自由精灵:批判作为虚无主义运动的哲学》;
第三本:《悖德者:批判最致命的无知形式——道德》;
第四本:《狄俄尼索斯:永恒轮回的哲学》。

尼采那时正处于一种持续的不稳定和亢奋状态,对自身喜不自

---

[1] 9 月 2 日的次日应该是 9 月 3 日,但不知为何作者写为 9 月 4 日,疑为笔误。——译注

禁，对世界不求甚解。他甚至忽略了从前那个像空中独裁者一样操控着他的情绪和能力的气象条件。

1888年夏末，锡尔斯-玛利亚的天气简直是一场气象学丑闻。豪雨从天而降。他在写作第一本书的空档中给他的通信者们写信时，带着近乎父母般的自豪感，以毫米级的精确度，附上了降雨量的统计数据。在他常来常往的七年间，湖泊曾是此地标志性的风景，但现在它们正像阿米巴原虫一样变形，并四处蔓延。它们将空间据为己有，改变了对他而言非常重要的光线质量。惯常的散步已经举步维艰。头顶的树叶噼噼啪啪地滴着雨水。一蓬蓬倒伏的草木淤塞了脚下的小径，这对一个半盲的人来说无异于险途。曾经，查拉图斯特拉岩的一侧矗立于湖畔，另一侧升起于湖中，在两种元素之间形成了象征性的过渡，如今，它已完全被水环伺。而那座他曾梦想在其上建造自己的隐士小屋的贞洁半岛，已经不再是一个半岛，而是一个岛屿。

他也同样如此。

梅塔·冯·萨利斯-马施林斯结束了她对锡尔斯-玛利亚的夏季造访。他音乐上的伙伴冯·霍尔滕修士（Abbé von Holten）也已离开此地。而与这位好心的修士关于瓦格纳的谈话也随之而去。这位修士曾不厌其烦地练习彼得·加斯特的曲作，以便让尼采享受到聆听友人作品的乐趣。其后有短短的几周，尼采痴迷地专注于明确古代诗歌韵律（他称之为"时间韵律"）与植根于"野蛮"世界的晚近诗歌韵律（他称之为"情绪韵律"）之间的区别。他得出的结论是这样的：古典世界的"时间韵律"是被当作"水面上的油"来使用的，是一种掌控情感的手段，对激情进行控制，并在一定程度上化解它。而"情绪韵律"则发端于原始时期。它被教会音乐所驯服，成了"我们日耳曼人的蛮族韵律"，被用作煽动情绪的手段。

1888年9月20日，他离开锡尔斯-玛利亚前往都灵。这趟旅程并非一帆风顺。科莫（Como）周围数英里的土地发了洪水。有一次，火车不得不在火把的引导下通过一座木桥。通常而言，这一切足以令这位慢性病患者痛苦地病倒好几天，然而，他的精神因水的力量而感到释然。液体元素解放了它的权力意志。

上次逗留都灵期间，他感受到了这座城市的丰富、自由与骄傲；它使得他的健康状况有了奇迹般的改善，并焕发出旺盛的创造力。如今，当他归来时，他发现此地唤起了某种甚至更伟大的东西。漫步于阴影交错的拱廊与波光粼粼的河岸，他心醉神迷，感到自己终于达到了超人那种积极的精神状态。如果他的整个生命都能在当下找到属于自己的片刻，那么他将心满意足地对整个循环说是，亦即对过去的和未来的一切说是。当下涵盖了所有，它无比辉煌。"现在，我是世上最感恩的人……这是我的收获季……一切对我来说都变得容易了……"[1]

这个时期他写给通信者的信里仍然一如既往地将都灵的一切都描述为他所经历过的最好的，但现在，由于奥斯塔公爵（Duke of Aosta）、前西班牙国王阿马德奥亲王（Prince Amadeo）与比他年轻22岁的侄女玛丽亚·莱蒂西娅公主（Princess Maria Laetitia），即拿破仑·热罗姆·波拿巴（Napoleon Jerome Bonaparte）之女、拿破仑皇帝的侄孙女的婚礼庆典，这座城市的贵族格调更上一层楼。都灵的日常现实变得拜罗伊特化了。波拿巴和萨伏依家族的王室成员在城市中宏伟的宫殿之间川流不息。人行道上挤满了身披金色饰带的少爷兵政要及其伴侣，后者穿着颇具闺阁气的绫罗绸缎，令人不禁联想起瓦格纳更为私密的品位。这座城市已然演变为一个巨大的剧场，无比适合那位孤独者——其超卓的自我意识正滑向狂妄。

---

[1] 尼采致弗朗茨·奥弗贝克的信，1888年10月17日。

第二十章　都灵的黄昏

当时的一份报纸[1]在对王室婚礼进行了连篇累牍的报道之后，绝无讽刺意味地刊发了一篇题为《卫生婚姻》的文章，文中称，在美国，"多种血统的融合发展出了一种全新的种族。我们的移民由于与那些优越于他们的人通婚，其后代具备更灵敏、更进取的精神类型，而达尔文曾指出，这些后裔的四肢和躯干也明显比他们的先辈修长……不久，我们将在婚姻中推行物竞天择的法则……还有一些年轻男女，因为其虚弱，压根儿就不应该结婚"。优生学风靡一时。七年后，阿尔弗雷德·普勒茨（Alfred Ploetz）将会出版他关于"种族卫生学"的开创性著作，他将自己对尼采的"超人"概念和达尔文"适者生存"的恶臭解读胡拼乱凑在一起，为他的生物选择理论提供伪造的验证支持。[2]

尼采回到了他之前在都灵的住所，卡洛·阿尔贝托大街 6 号的三楼，正对着雄伟的卡里尼亚诺宫，那里还在为那场尊贵的婚礼而自命不凡地忙碌着。尼采快乐的心情犹如艳阳普照的高地，他注意到房东大卫·菲诺（David Fino）是多么温柔地迎候着他的归来，他的妻女也一样。大卫·菲诺在楼下经营着一家小小的报摊，也卖文具和明信片。他只收取每月 25 法郎的房租，还包括擦洗鞋靴的服务。这比尼斯可便宜得多，在那里，尼斯每天含餐费在内要付 5.5 法郎，而都灵小餐馆的伙食费只花了他 1 法郎 15 生丁。仅仅 20 生丁就能让他喝上一杯咖啡，并且是全世界最上乘的咖啡！小餐馆的店主和蔼可亲，一点儿也不像尼斯和威尼斯那些贪财鬼一样

---

[1] *The Maitland Mercury and Hunter River General Advertiser*, New South Wales, 30 October 1888. 该报将《波士顿先驱报》(*Boston Herald*) 当作《卫生婚姻》("Sanitary Marriage") 的最早来源。

[2] Alfred Ploetz, *Die Tüchtigkeit unserer Rasse und der Schutz der Schwachen. Ein Versuch über Rassenhygiene und ihr Verhältnis zu den humanen Idealen, besonders zum Sozialismus* (*The Industriousness of Our Race and the Protection of the Weak: An Essay on Racial Hygiene and its Relationship to Humane Ideals, Especially in Socialism*), 1895.

唯利是图。店主们提请他注意他们所能提供的最好的美味佳肴，而他也相当慷慨地欣然接受他们善意的建议。这里没人盘算着要小费，所以他给了一次，10个生丁的小费能让他得到国王般的待遇。

都灵的风景绝佳。沿着波河（River Po）宏伟的河岸，高大的树木在青金石般的天空下闪着金光。他对尼斯的忠诚纯粹是痴心错付！他怎么会对里维埃拉一带那片白垩化的、没有树的愚蠢景色赞许有加？在都灵，他长长久久地生活着，一个在古典风景中漫游的不合时宜的形象，一位克洛德·洛兰某幅田园油画中的永恒居民。还有这里的空气！再没有比它更清新的空气了。日复一日，太阳升起，带着一模一样的无尽完美与充沛。（事实上，都灵的气候相当恶劣，平均降雨天数为117天，10月和11月降雨量最大，而正是在这两个月里，尼采为他的通信者们描绘了一幅关于此地的完美图卷。）他所居住的那条卡洛·阿尔贝托大街，曾被人形容为一条抑郁的街道，黑暗单调得就像汽车轮胎。然而，感知就是一切，而他确实感知到了，并报告说这是一处完美的所在，同时，他身上正在发生不同寻常的变化。头痛和恶心突然无影无踪。他胃口大开，可以消化任何食物。他的睡眠前所未有的好。某种神化正在发生。

更为锦上添花的是，大卫·菲诺家中有一架钢琴。他会在傍晚弹上数小时。菲诺的女儿对音乐有所了解，她说隔墙飘来的音乐颇有瓦格纳的风格。

在都灵期间，他没有同伴，甚至没有访客。他每天都在疯狂地写作他在锡尔斯-玛利亚开始写的那本书，忙得不可开交。

《敌基督者》的副标题为《对基督教的诅咒》，这是一部短小精悍的作品，充斥着对基督教的谩骂。"敌基督"（Antichrist）一词在德语中也许意味着"反对基督"或"反对基督教"。在对以耶稣基督的名义发展起来的那个宗教进行抨击的同时，尼采始终对耶稣其人保留着敬意。

该书用了很大的篇幅来重新审视他在《偶像的黄昏》和《论道德的谱系》中说过的话。

他重申了他对基督教的欺骗性的想法,认为它以假定的来世生活贬低了现有在世的生命。正是这种对于棉花状云朵般的永恒性的错误偏爱,无视于垃圾堆般的日常生活现实,助长了怨憎情绪,而这种复仇、嫉妒和道德优越的心理被牧师们用以制服全体信众,并成功地将他们降格为奴隶心态。

宗教的整个虚构世界植根于对自然的仇恨和对现实的深刻不安。正是因此,整个基督教世界的后续道德领域都是无效的,因为万事万物都出自这种虚构的因果概念。基督教对现实的敌视无与伦比。一旦"自然"这一概念被打上与上帝观念相悖的烙印,那么整个自然界也就被打上了应受谴责的烙印,包括人的本性,如果不能被改善,它也将会被判定为该诅咒的。

尼采明确表示,他的谴责是针对教会和牧师的,而并不针对该宗教的创始人耶稣基督,后者是他所钦佩和敬畏的人。

在某一次不经意地提及陀思妥耶夫斯基时,他暗示道,基督这位唤醒卑贱者、被放逐者和罪人以反抗统治秩序的神圣无政府主义者,如果放在今时今日,将会被流放到西伯利亚。基督是为政治而非宗教原因而死。十字架上的铭文就是力证。"犹太人的王"这样的字眼无疑是炸药。只要犹太人还没有属于自己的领土,它就永远是一个威慑性的头衔。

基督,"报喜者",如其所生活、所教导的那样死去了——不是为了救赎人类,而是为了示范人应怎样活着。他给予人类的遗赠是他所践行的一切。在审判官面前、在卫兵面前、在各种嘲弄和诽谤面前,以及最终在他被钉上十字架的时候,他所承受的一切无不证明了这一点。对邪恶之人、不公之事不做抵抗,甚至去爱它:这是最高形式的无怨憎。这是爱命运（amor fati），是永恒的肯定。

后来的基督教会是由二流阐释者圣保罗打造的。是他把基督典范式的生活变成了最可憎、形式最野蛮的有罪牺牲传说。无辜之人为了罪人的罪孽而行血祭——何等残暴的异端！是保罗将仇恨聚焦于尘世和肉体。也正是他抓住一切机会散布怨憎。保罗已然猜到，如何利用一个小小的宗派运动来点燃世界之火，如何利用十字架上的神的象征，接管脚下的一切、那些充满隐秘背叛的事物，以及罗马帝国中隐蔽的无政府主义活动的全部遗产，并把它们联合为强大的力量，形成基督教会。[1]

这是一个将基督教转化为政治的过程，如果没有书中最后一节，即尼采通过发布最后的审判来扮演上帝的角色，会更有说服力。正如他在这期间的许多作品一样，我们无法判断这究竟是在践行斯威夫特式的极端讽刺，抑或是极端严肃，又或者它仅仅代表了一条正在趋于不稳定的思维曲线中某个暂时的峰值。

它的标题为：

《针对基督教的法条》
颁布于救赎日，第一年的首日
（——1888年9月30日，根据虚假的纪年法）

针对恶习的殊死之战：恶习即基督教。

所有牧师都应被关押。

参与教会服务是对公共道德的攻击。

基督教孵化其蛇怪之蛋的可憎之地［以色列？耶路撒冷？］应当被夷为平地。作为大地上最堕落的所在，它应当被千秋万

---

[1] *The Anti-Christ*, Section 58.

代视为畏途。应当让毒蛇在这片土地上繁衍。

贞洁的鼓吹者是真正的罪人。

牧师应当被放逐、被饿死并被驱赶到各种蛮荒之地。

"上帝""救世主""救赎者"这些字眼应该被当作脏话,用以指称罪犯。

余者以此类推。

这是该书的最后一页,然后他署名为"敌基督者"。

他完成《敌基督者》的那一天,即9月30日,被记录为"大胜之日,第七日"(这是《圣经》上的说法:上帝在六天内创造了世界,并在第七日休息)。他"就像一位休憩的神袛"般度过了这一天,在壮阔的波河岸边,徜徉于被太阳镀上一层金边的白杨树下。

《瓦格纳事件》的印刷本到了。他把这批书寄往四面八方。自从格奥尔格·勃兰兑斯在哥本哈根进行了那次系列讲座之后,尼采就把自己想象成了一位国际人物。他吹嘘美国对他的兴趣。全世界都已成为他的听众。至于要把新书寄给谁,以及要对他们作何要求,他已百无禁忌。

他把书寄给了比才的遗孀,据称她能读德语。他还把书寄到了巴拉圭,这令他的妹夫极为恼火,因为他在新日耳曼尼亚的整个旅行推销生涯都建立在瓦格纳巡演和瓦格纳崇拜的基础之上。伊丽莎白也同样感到不快。如果没有科西玛的赞助,她将一事无成。

格奥尔格·勃兰兑斯对此反响热烈,并附上了圣彼得堡一些出身高贵的激进分子的地址。尼采有几本著作曾在俄国遭禁,包括《人性的,太人性的》《见解与箴言杂录》和《漫游者和他的影子》,主要是由于它们对基督教的攻击(直到1906年才解禁)。勃兰兑斯推荐了乌鲁索夫亲王（Prince Urussov）和安娜·德米特里耶芙娜·蒂尼切夫公主（Princess Anna Dmitrievna Tinichev），称他们为"卓越的鉴赏家"，他们将促使他的作品在俄国激进知识分子当中广为人知。他的建议无疑是精明的。从那时起直到19世纪90年代，就这期间出版的尼采作品的数量来看，俄国对尼采的兴趣比任何一个欧洲国家都要浓厚。[1]

尼采把《敌基督者》寄给了雅各布·布克哈特，并衷心请求道："您哪怕是说一个字都能令我快乐。"一直以来，布克哈特的意见对尼采而言，都比尼采的意见对布克哈特来说更重要。在巴塞尔大学的校园里，布克哈特安于他精心构筑的孤独中，连一个可说的字都找不到，所以他始终沉默着。

尼采把书寄给了伊波利特·泰纳，希望他能"开启通往法国的巴拿马大运河"。关键是要把书译为法文。尼采不可能支付得起。在请求泰纳进行翻译的同时，他还怀着同样的期许寄了三册书给玛尔维达·冯·迈森布格。

玛尔维达在罗马的寓所里有一尊威严的瓦格纳半身像，从高高的基座上俯视着所有来访者。对她而言，在支持尼采的同时保持对这位作曲家的忠诚，这从来都不是个问题。玛尔维达终其一生都是走钢索艺术的专家。她成功地以建制派成员的身份在铺张特权的安逸中生活了几十年，同时保有她作为无政府主义者的声誉。她曾坐在一张软垫扶手椅中被拽上了加里波第的游艇，这或许是她一生的写照，那张扶手椅是资产阶级客厅的道具和象征。在尼采-瓦格纳的战场上，玛尔维达一直设法在两个阵营中都占有一席之地，然而《瓦格纳事件》的到来，所提出的要求甚至超出了玛尔维达圆滑的中立。在写给尼采的信中，她指出了攻击的不妥之处，这封信现已

---

[1] 见 Herbert W. Reichert and Karl Schlechta (eds.), *International Nietzsche Bibliography*, Chapel Hill, University of North Carolina Press, 1960.

遗失无考，但她本人将它描述为"尽可能的体贴"。考虑到她一贯的温和姿态，这一点可以取信。

尼采的回应则是爆炸性的："我不允许任何人在这些事上反驳我。我是……地球上最高的上诉法院……"[1]

他的信中出现了一些新的特征。这些信件越来越咄咄逼人、好斗而且专横。信中时不时地提到他的神性。他开始对自己的地位和权力提出奇特的要求。他断定，世界历史上从未有过比这更加重要的时刻。人类是如此不负责任，如此心不在焉，它并没有认识到那些重大的价值问题已经由他一个人提出并解决了。

他的重估将令世界数个世纪以来头一次回归正轨。他的身体状况为他提供了无可辩驳的证据，证明他确有能力这样做。当他揽镜自照，他看到的是一个堪称楷模的年轻人。他看上去从来没有这么健康，这么滋润。他看起来比实际年龄年轻十岁，而且精力旺盛。

上一次他对自己的镜中影像有如此这般的感受，那还是当他对露的爱达到巅峰，并且对他们共同的未来充满信心之际。

正值 1888 年 10 月，他期盼着自己 44 岁生日。他感到自己完美地融洽于这个时刻，融洽于自己生命的秋天，并且融洽于他周遭的这个世界。都灵周围的葡萄园里，丰盈的葡萄已经成熟，在口中绽出甘甜。他口中的话语同样如此。他是一个丰裕而成熟的人。一切都井然有序。

10 月 15 日，他欢喜而宿命性地迎来了自己的 44 岁生日。这当然是动笔写作另一本书的好日子！看在全世界的份儿上，这个生日值得写一部自传。他又一次推迟了那伟大的重估。但他没有考虑这个问题。反正来日方长。他希望把整个故事和盘托出：他的作品、

---

[1] 尼采致玛尔维达·冯·迈森布格的信，1888 年 10 月 18 日。

他的观点、他生命中的插曲，以及他的心理。世界将被允许见证他的转变，从每一个"事情就是如此"到"我希望事情如此"。曾对他不屑一顾的人类，终于将有幸看到他揭露出他自己的"光明与恐惧"。[1]

他将自己设定为已故上帝的继任者，将自传称为《看哪这人》。他从《圣经》中选取了《约翰福音》[2] 中这句宿命之语，这是罗马的犹太省总督本丢·彼拉多判处耶稣基督死刑的那一刻说出的话。据称，彼拉多此后逃到了瑞士，出于悔恨将自己溺毙在了皮拉图斯山中一个小黑湖中，这座山就在特里布申附近。"看哪这人"，彼拉多宣判时这样喊道，他的囚犯耶稣基督受了鞭打，流着血，被捆绑着，头戴荆棘冠冕，供人们审判，人们就把这位永活的神定了罪，判他被钉死在十字架上。

整部《看哪这人》当中，尼采继续将自己设定为基督的竞争者，或作为第二个基督——另一个被判处死刑的永活的神。尼采这里所谓的判处死刑，指的是被遮蔽，被忽视，对他的思想缺乏兴趣。《看哪这人》中包含了大量对《圣经》的引用和戏仿，从开篇第一句开始："可以预言，我不久就要向人类提出比以往更为严峻的要求。因此，我觉得有必要说明我是什么人。"[3]

书中的一切都如游丝，如难题，如谜语，如舞蹈，但首先，如挑衅。"当我真正承担人类命运之时，做小丑、做萨提尔，都是对我力量的考验。最深刻的心灵也必须是最轻浮的心灵，这几乎是我的哲学的一个公式。"[4]

1　尼采致信予弗朗茨·奥弗贝克，描述《看哪这人》，1888 年 11 月 13 日。他在九天前完成了《看哪这人》这部作品。

2　John 19:5.

3　*Ecce Homo*, Preface.

4　尼采致费迪南德·阿芬那留斯（Ferdinand Avenarius）的信，发表于 *Der Kunstwert*, 2 (1888—1889), p. 6.

继夸张的书名之后，还有令人啼笑皆非的章节标题：《我为什么这样有智慧》《我为什么这样聪明》《我为什么能写出这么好的书》《我为什么就是命运》。这些章节尽其所能地告诉了我们，他究竟为什么这么有智慧，这么聪明，等等。它们也讽刺了整个自传体裁本身。它们承认了这样一个事实：不论作者如何掩饰，自传都可能是现存最荒谬的自负行为。在《看哪这人》中，他揭露了约定俗成的惯例，即隐藏在谦逊、自嘲以及对于留存历史记录的无可指摘的借口背后的那份作者的虚荣。何不把自传与其他一切亟待重估的事物一道重估？何不把自传用于夸夸其谈和坑蒙拐骗，用于夸大其词，用于躁动的自吹自擂，将确曾发生过的与未曾发生过的事情掺杂在一起，并大量地采用多元主义的视角？事实并不存在，存在的仅仅是解释。

他在第一章《我为什么这样有智慧》中，以一个谜语开篇："作为我的父亲，我已死去；作为我的母亲，我仍活着并在渐渐变老。"他同时涉足于两个世界。他是谁？非圣，非妖，只是狄俄尼索斯的门徒。与其做个圣人，他宁愿做一个萨提尔。与其树立偶像，他宁愿把偶像打倒在地。他最不愿意做的就是声称自己是人性的"改善者"。他请我们看一看他的双腿，并指出，它们是泥做的。

他继续证明自己的健康无可挑剔。老实说，这完全是虚构，是医学幻想。此刻，由于已对他的人生略知一二，我们也许可以把这段自我描述理解为：这是专门用以驳斥在那个梅毒肆虐的年代中，笼罩在每一位承受着莫名其妙的健康问题，并且父亲死于"大脑液化"的男人头上的灾变危机。他煞费苦心地告诉我们，他的身体有多么健康。是的，他的确有一些健康问题，但那无非是"某种绝对无法证明的局部退化"的后果。这种局部的小退化导致了胃部系统的总体疲惫和极度虚弱，他承认，这已令他的身体和精神系统遭遇极大的考验。因为这个缘故，他具备了颠覆视角的技巧和知识。他把自己比作受了伤的外科医生,把自己的病痛转化为对社会健康的有益关注。也只有他,这位受伤的文化医师,才具备重估一切价值的能力。

当他再次告诉我们,他对于人类伟大的公式乃是"爱命运",不期许除此之外的其他任何事物,不期许未来,不期许过去,不期许永恒时,我们怀疑他一定是认真的。[1] 他还说,当他望着他的母亲和妹妹时,唯独她们会令他对"爱命运"和永恒轮回产生最深刻的不情愿。"如果要寻找与我完全相对立的东西,十分卑劣的天性,那么我总是能在我母亲和我妹妹身上找到——与这种乌合之众有血缘关系就是对我的神性的亵渎。我母亲和妹妹对待我的方式,至今都令我毛骨悚然,那真是一个已经启动的定时炸弹……我没有力量抵抗有毒的蠕虫……我得承认,对'永恒轮回'——我最深不可测的思想——最大的妨碍始终是我的母亲和妹妹……人们与自己的父母最是无缘,与父母关系密切是至为粗鄙之事。"[2]

他接着扯了一个弥天大谎,说他是一个血统纯正的波兰贵族,身上没有一滴"坏的"德国血统。尼采并未暗示弗兰齐斯卡跟伊丽莎白与他有着相同的波兰血统。可他仍然称她们为"我的母亲"和"我的妹妹"。所以,当他庄严地向我们保证他比任何其他思想家都要真实的时候,我们又该相信什么呢?

接下来的那篇文章《我为什么这样聪明》则着意于他对其肺部和胃部的痴迷,认为它们是整个哲学训练的核心。他摇身一变,成为饮食-运动达人。如果你不喝咖啡,并生活在干燥的空气中,你就能跟他本人一样健康。奇怪的是,他一边禁止喝咖啡,一边却对都灵的世界顶级咖啡乐此不疲。他建议人们居住在巴黎、普罗旺斯、佛罗伦萨、耶路撒冷或是雅典。最要紧的是,别住在德国,那

---

[1] *Ecce Homo*, 'Why I am so Clever', Section 10.
[2] Ibid., 'Why I am so Wise', Section 3.

第二十章 都灵的黄昏

里的气候对肠道没好处，不论它们多么健康。强健的肠道对哲学家大有裨益。

绝不要相信你在室内产生的想法。让你的心灵表面摆脱一切伟大命令的影响，并且不要试图了解自己。与他迄今所有建议相反，他恳切地劝告道，一个人成为其所是的先决条件，是不要对自己是什么抱有丝毫成见。[1]

"我们这些生长于50年代泥潭的孩子"对德国"文化"必然是悲观的，因为当这个国家掌控在偏执狂手中时，文明的思想怎么可能存在呢？尼采只信任法国文化。一旦涉及文化命题，他就会情不自禁地转向瓦格纳，那是他人生中第一次深呼吸。他坦承，自初次听到《特里斯坦与伊索尔德》以来，他就一直在寻找一部同样甜美并令人无限战栗的作品。科西玛·瓦格纳是德国迄今天性最高贵的人，也是德国品位最好的人。他在特里布申的那些岁月是千金不换的。

《我为什么能写出这么好的书》一文对他所有已出版作品进行了逐一介绍。正如他对其出版商自荐的那样，他也可以为自己的书写作书评。此前从未有人这样做过。

《我为什么就是命运》一文如此开篇：

> 我知道我的命运。有朝一日，我的名字将与对某个重大事件的记忆密不可分，——某种地球上空前未有的危机，一场最深刻的良心冲突，一项与人们迄今所相信、所要求、所奉为神圣的一切相悖的决定。我不是人，我是炸药。

这些话常常被认为是对第三帝国的某种诡异的预言或预感，有

---

[1] *Ecce Homo*, 'Why I am so Clever', Sections 2.

时，甚至被视为对这类事件发生的预先应允。但《我为什么就是命运》这篇并不算短的文章的其余部分，却完全清楚地表明了，他这里所指的并非什么未来的末日灾变事件，而是他为自己设定的挑战既往一切道德的任务。

该书的最后一句话是："你们理解我了吗？狄俄尼索斯反对那个钉在十字架上的人……"像他很多作品一样，这本书以省略号作结。

11月4日，他完成了《看哪这人》。写作这本书用了三个礼拜。那期间，他在这座满是陌生人的城市里孑然一身。人们几乎注意不到他那瘦小的身影，穿着蓝色衬里的风衣，戴着巨大的英式手套，游走在街头。漫步于都灵长长的石拱廊的斑驳光影中，他的头始终以某个角度偏向一边。他写着这本书的时候，冬天正悄然降临，清寂的天穹下，城外连绵的远山已经为雪白头。

都灵又一次成为重大国事活动的舞台。皇家婚礼让位于国葬，白缎子换作黑丝带，节日的盛况转为墓穴的凄凉。同样拥有特权的皇家飞地充斥于都灵，这一次是为了罗比朗伯爵（Count Robilant）庄严的葬礼。尼采出于对好大喜功的热爱，把罗比朗夸张为国王卡洛·阿尔贝托的儿子，尽管实际上他只不过是国王的副官。

11月6日，他把《看哪这人》的手稿寄给了他的印刷商瑙曼，并在附上的信中平静地向瑙曼保证，该书的灵感来自尼采一生中独一无二的、不可思议的幸福感。瑙曼务必马上进行排版。

那时的瑙曼还没有像后来一样成为出版商。他的工作不是编辑，而只是为出钱的作者印制书籍。尼采当时正催促他把《看哪这人》放在《敌基督者》之前付印，瑙曼必须把后者先放一放。《看哪这人》是宣告之书。其任务，就像施洗者约翰一样，是铺平道路。文本周围不能有边框。字体线条必须变宽。瑙曼建议用更便宜

第二十章　都灵的黄昏

的纸张。这可把尼采吓坏了。

向瑙曼发出指示之后，尼采开始了修改。他增加了一些章节，要求把手稿寄回给他，又于1888年12月再度寄出，"准备付印"，加入些诗歌，变了主意，又改回来。他有那么多事要做。但没有一件是伟大重估的下一本书。他收集了自己创作于1883年到1888年间的9首诗作，并为出版制作了漂亮的复本。几番周折之后，他选取《酒神颂》（*Dionysos-Dithyramben*）作为它的名字。"酒神颂"一词原初的含义是希腊歌队咏唱的酒神赞美诗，但随着时间的推移，它的内涵已经拓展到所有对酒神或酒神节的赞美诗或韵文。

在《悲剧的诞生》中，尼采用酒神来表征狂喜的弃绝，与阿波罗那明晰而可控的创造力相对立。随着其思想的进阶，酒神式的奥秘已开始表征生命的根本意志。"希腊人以这样的神秘仪式为自己保证了什么？永恒的生命，生命的永恒轮回；过去所承诺的未来，以及被供奉给未来的过去；对于超越死亡和流变之生命的胜利认定；借由生育和性的神秘仪式而延续的真正的生命。"[1]

与狄俄尼索斯关系最明显的诗是《阿里阿德涅的控诉》。诗中描述了被忒修斯遗弃在纳克索斯岛上的阿里阿德涅，如何悲叹着自身的命运，并被酒神狄俄尼索斯所造访。尼采在《查拉图斯特拉如是说》的第四卷中首次印出了这首诗，在题为《巫师》的那一节，查拉图斯特拉击败了老巫师瓦格纳。

在特里布申时期，公认的神话是这样的：瓦格纳是狄俄尼索斯，相应地，科西玛是阿里阿德涅，而尼采和冯·比洛则是忒修斯；而现在，他一直公开使用狄俄尼索斯这个名字，而科西玛/阿里阿德涅也越发频繁地出现在他的作品中。

自封为狄俄尼索斯的尼采早已不再是二十出头那个为禁忌所困

---

[1]　*Twilight of the Idols*, 'What I owe to the Ancients', Section 4.

的囚徒。情欲倾泻而出。诗作《阿里阿德涅的控诉》是百无禁忌的狂想，开篇就是绝望的阿里阿德涅张开双臂，颤抖着向神明求告。"云层中的猎手"狄俄尼索斯以闪电之箭击倒了她。她认他为神，在他冰冷锐利的箭锋之下蜷曲，扭动，受尽折磨。就这样，她屈服了，委身于那永恒的猎手、不知名的神。他搂她搂得太紧，以至钻进了她的思绪。她听之任之，陷入狂喜。她的绞刑之神折磨着她。"回来吧，"她喊道，"我的痛苦，我最后的幸福。"他在一道闪电中现身。全诗以"吾乃汝之迷宫"作结。在这最末一行之前，狄俄尼索斯和阿里阿德涅这对情人，谁说了哪一句话是很清楚的，但谁说了这句"吾乃汝之迷宫"却毫无头绪。结论一定是两个人都说了这话。

尽管很少将自己的书题献给什么人，但他把《酒神颂》题献给了"伊索林诗人"。破译一下，这是指卡蒂勒·孟戴斯，那位被誉为"尿中百合"的作家，他曾陪伴朱迪特·戈蒂埃前往特里布申。

孟戴斯曾为歌剧《伊索林》（*Isoline*）写过剧本，这是一个关于仙后泰坦尼亚和仙王奥伯龙的童话故事，里面出现了龙，这部歌剧将于次月（1888年12月）在巴黎首演。自特里布申一别，他和孟戴斯之间似乎并没什么联系，甚至在尼采看来也是如此。然而这则诏媚的题献，是否出于尼采打算找孟戴斯把他的书译成法语的考虑？玛尔维达·冯·迈森布格已经拒绝了他。伊波利特·泰纳则声称自己的德语不够好，并将这任务推给了让·布尔多（Jean Bourdeau），而后者以没时间为托词婉拒了。通往法国的巴拿马运河没能开掘成功。

凭着与格奥尔格·勃兰兑斯的关系，尼采去信给瑞典剧作家奥古斯特·斯特林堡（August Strindberg），请他将《看哪这人》译为法语。在信中，尼采用如今已司空见惯的方式向斯特林堡介绍自己，讲述了他的波兰血统、他无可挑剔的健康状况、他在世界上的声望，以及他令德语达到了何种完美的境界；"我说的是世界主宰者的语言。"他进一步诱惑斯特林堡，承诺俾斯麦亲王和年轻的德皇都将收到该书的预印本"连同一份书面的战争宣言——如此，军人就无法采取警察措施进行报复了"。[1] 斯特林堡本人也正处于他一生中精神最不稳定的时刻。他身无分文，与他所崇拜的妻子的第一次婚姻正在崩溃，彼时他们住在一座破旧城堡的翼楼里，孔雀和野狗在其中横冲直撞，城堡由一位自封的女伯爵及其同伴统治着，那同伴是个敲诈者、炼金术士、魔术师和小偷。这种过分焦灼的境遇，催生出了斯特林堡最伟大的剧作《朱莉小姐》（*Miss Julie*），但即便是在如此混乱的情形下，斯特林堡仍然意识到尼采有很大的问题。尼采疯了吗？斯特林堡问勃兰兑斯。

斯特林堡将会再次问到这个问题，因为尼采在写给他的信中表达了对两名罪犯的痴迷，他们可怕的行径占据了欧洲八卦报纸的许多专栏版面，包括尼采在都灵、斯特林堡在瑞典读的那些。第一个罪犯是神秘"普拉多"（Prado），这是一个化名为"林斯卡·德·卡斯蒂隆"（Linska de Castilon）的西班牙人。他在秘鲁将第一任妻子的财产挥霍殆尽，据说有 120 万法郎之多，之后他跑到法国，劫杀了一名妓女。还有一个是亨利·尚比热（Henri Chambige），一个法律系学生，他谋杀了一位定居在阿尔及利亚的法国男人的英国妻子。尼采坚称，这个犯罪天才相当迷人。他在自控力、智力和精神饱满程度等方面，是比其法官甚至比他的律师都更为优越的类型。而斯特林堡恰恰就生活在这种犯罪类型者的辖制之下，对尼采全然无法苟同。一个月后，当尼采写信给雅各布·布克哈特时，这两个罪犯已经在尼采越来越多的身份中占据了一席之地。他不仅是狄俄尼索斯和敌基督者，他还是亨利·尚比热和普拉多，甚至也是

---

[1] 尼采致奥古斯特·斯特林堡的信，1888 年 12 月 7 日。

普拉多的父亲。[1]

他开始对自己的表情失去了控制。他兴高采烈地写信给彼得·加斯特告知此事。这没什么大不了！没什么可担心的！他跟自己玩了那么多愚蠢的把戏！音乐会上，音乐是那样深刻地影响着他，以至他无法收起自己脸上的愁容。他不可抑制地垂泪。他咧嘴笑了起来。有些时候，他只能站在大街上咧嘴笑上半个钟头。从11月20日到25日，整整四天里，他发现自己的脸上无法展露严肃的表情。他断言，凡是达到这种境界的人一定已然成熟到足以成为世界的救主。两个月之内，他的名字就将成为世间最重要的名字。在都灵，最引人瞩目的是他对所有阶层和状况的人们所施展的全面魅力。当他走进一家大商场或公共空间，所有面孔都会为之一变。无需名字、地位或金钱，他们总会无条件地把他放在首要位置。[2] 只需惊鸿一瞥，他就会被奉若亲王。人们为他开门的方式都带着一种极其尊贵的神气。侍者们神采奕奕，举止优雅，为他上菜就像服侍一位君主。他在心里记下了所有这些在他寂寂无闻的时期就已发现了他的人。他未来的厨师已在伺候着他，这并非完全不可能。没人把他当成德国人。[3]

关于伟大重估的四本书很快就将问世，他告诉加斯特。他正在放出大招。作为一名老炮兵，他将把人类历史一轰两半。这是一个有些冻感的计划，他打趣道，适合于正在降临的冬天，这让他非常高兴。不过首先，他要在11月20日前再对瓦格纳打上一枪，他曾计划要在这一天离开都灵前往尼斯，或科西嘉岛。[4]

前往尼斯——或者科西嘉岛——的计划，一经制订就被取消

---

1 尼采致雅各布·布克哈特的信，1888年1月6日。
2 尼采致梅塔·冯·萨利斯-马施林斯的信，1888年12月9日。
3 尼采致弗朗茨·奥弗贝克的信，1888年圣诞节。
4 尼采致弗朗茨·奥弗贝克的信，1888年10月18日。

了。此时此刻的科西嘉岛已毫无意义。强盗们都被干掉了，国王们也被干掉了。[1]

思想也如同旅行计划一样，在形成的瞬间即告消失。他的房间里，白色的纸山越堆越高。他过往和此刻的写作如同雪片般从书桌飘落到地板上，他写了大量的信件，并把以前书中的段落草草拼凑在一起，形成了《尼采反对瓦格纳》，这是他那一年写就的第四本书，如果算上《酒神颂》就是第五本，这也是第二本书名中出现瓦格纳的著作。

"瘸腿"终于从尼斯运来。这下他可以阅读他自己的书了。它们可真是精彩。他折服于自己的才华。最不可思议的是，他的思想具有对物理事件的控制力。巧合已不存在。他只要想到某个人，他们的信就会翩然而至。当他考虑到自己在9月3日到11月4日之间所犯下的巨大罪孽时，他认为都灵也许很快就会发生一场地震。

12月15日，他将《尼采反对瓦格纳》的薄薄的手稿连同《酒神颂》一并寄给了瑙曼。其他书籍的印刷必须延后。瑙曼务必放下一切开始印制《尼采反对瓦格纳》。两天后，这命令被取消了。瑙曼收到一份电报，上面写着"*Ecce vorwärts*"，继续印制《看哪这人》。"《看哪这人》超越了文学的范畴……即便是在自然界当中也没有能与之相提并论的事物。毫不夸张地说，它把人类历史轰击成了两半。它是最高烈度的炸药。"

圣诞季到了。是时候写圣诞信件了。

致他的母亲——

---

[1] 尼采致梅塔·冯·萨利斯-马施林斯的信，1888年11月14日。

总而言之，你的老家伙如今已是大名鼎鼎的人物：并不全然是在德国，而且是在世界上其他地方。因为德国人对我崇高的思想而言太过愚蠢粗俗，且总是对我中伤诽谤。我的崇拜者全都卓尔不群，都是杰出又有影响力的人物……最迷人的女性，甚至包括蒂尼切夫公主！当今没有任何一个名字像我的这样拥有此等尊荣与礼敬。幸运的是，我已准备好了我的任务所需要的一切……

你的老家伙[1]

致伊丽莎白——

我的妹妹……我不得不与你永别。现在，我的命运已然明确，我对你的每一句话都有十倍的敏感；你根本不知道与我有着最密切的关系意味着什么，我的命运已被千年问题所决定——毫不夸张地说，我的手心里握着人类的未来……[2]

致彼得·加斯特——

亲爱的朋友，我想找回《查拉图斯特拉》第四卷的所有样书，为此可将生死置之度外。过去的几天里我读了它，激动得几乎死去。如果我在几十年的世界危机——战争！——之后再出版它，那才是适当的时机。

预示与奇迹！来自凤凰的问候[3]

---

[1] 尼采致弗兰齐斯卡·尼采的信，1888年12月1日。
[2] 尼采致伊丽莎白·弗尔斯特-尼采的信，1888年12月。
[3] 尼采致彼得·加斯特的信，1888年12月9日。

第二十章 都灵的黄昏

致彼得·加斯特——

冯·卡里尼亚诺亲王(Prince von Carignano)刚刚去世:我们将举行一个盛大的葬礼。[1]

致卡尔·富克斯(Carl Fuchs)——

未来几年里,世界将会颠覆:因为旧神已经退位,我将从现在开始统治世界。[2]

致弗朗茨·奥弗贝克——

奥弗贝克,亲爱的朋友……两个月内,我的名字就会成为这世上最重要的。我正在为欧洲的宫廷起草一份备忘录……我打算为德意志帝国缝制一件铁甲,并令它陷入一场绝望的战争。在牢牢掌握年轻的皇帝及其所有附属物之前,我是不会罢手的。我们之间!就在我们之间!灵魂全然的平静。十小时安宁无扰的睡眠!

N.[3]

致梅塔·冯·萨利斯-马施林斯——

尊敬的女士……我猜还没有人像我一样收取过这样的信件……来自彼得堡最上流的社交圈。还有法国人!……最值得

---

[1] 尼采致彼得·加斯特的信,1888年12月16日。
[2] 尼采致卡尔·富克斯的信,1888年12月18日。
[3] 尼采致弗朗茨·奥弗贝克的信,1888年圣诞节和1888年12月28日。

一提的是,所有阶层的人都已为我的魅力倾倒……我的作品被人抱着炽热之情印制出来。斯德哥尔摩的科夫勒丝卡夫人([Madame Kovaleska]她是匈牙利过去的国王马加什·科尔温[Matthias Corvin]的后裔)……被认为是唯一在世的数学天才。

您的 N.[1]

致彼得·加斯特——

……您的卡片寄到的时候,我在做什么?……这就是著名的卢比孔河(Rubicon)。我已不知道我的地址,让我们假定不久就会是奎里纳勒宫(Palazzo del Quirinale)。

N.[2]

致奥古斯特·斯特林堡——

我已下令王公们在罗马集会——我意欲枪毙年轻的皇帝。只有一个条件:离婚(Divorçons)……

尼采·恺撒[3]

致奥古斯特·斯特林堡——

唔……毕竟不能离婚?

那个钉在十字架上的人[4]

---

1 尼采致梅塔·冯·萨利斯-马施林斯的信,1888年12月29日。
2 尼采致彼得·加斯特的信,邮寄自都灵,1889年1月4日和1888年12月31日。
3 尼采致奥古斯特·斯特林堡的信,未注明日期。
4 尼采致奥古斯特·斯特林堡的信,未注明日期。

第二十章　都灵的黄昏

致彼得·加斯特——

为我唱一首新的歌谣：世界变幻，诸天欢腾。

那个钉在十字架上的人[1]

致格奥尔格·勃兰兑斯——

您一旦发现了我，找到我就不再是什么壮举：难的是失去我……

那个钉在十字架上的人[2]

致雅各布·布克哈特——

我宽赦自己创世之后的百无聊赖。您是我们最伟大的导师。我，以及阿里阿德涅，只需要成为万事万物的黄金平衡点。

狄俄尼索斯[3]

致科西玛·瓦格纳——

阿里阿德涅，我爱您。

狄俄尼索斯[4]

---

[1] 尼采致彼得·加斯特的信，邮寄自都灵，1889年1月4日。
[2] 尼采致格奥尔格·布兰德斯的信，邮寄自都灵，1889年1月4日。
[3] 尼采致雅各布·布克哈特的信，邮寄自都灵，1889年1月4日。
[4] 尼采致科西玛·瓦格纳的信，1889年1月初。

致雅各布·布克哈特——

事实上，我宁愿做一名巴塞尔的教授，也不愿做上帝，但我的个人利己主义还没有贸然发展到因此而疏于创造世界的地步。您懂的，人必须有所牺牲。我为自己保留了一间小小的学生房。它就位于卡里尼亚诺宫的对面，我在宫中以维托雷·埃马努埃莱的名字降生。在桌前，我能听到楼下苏巴尔皮纳拱廊街传来美妙的音乐。我为此支付25法郎，包括服务费。我自己泡茶，自己购物，忍受着破靴子的折磨……既然我已注定要用拙劣的笑话来逗乐永恒，那么我在这里就有一门写作的生意，这没什么可不满意的。很好，一点也不辛苦……

不要把普拉多的案子当真。我就是普拉多。我也是普拉多的父亲，我敢说，我还是莱塞普（Lesseps）［负责修建巴拿马运河的法国外交官］……我想给我所爱的巴黎人一个全新的观念——关于体面的罪犯。我还是尚比热——这也是一名体面的罪犯。

至于我带到这个世界上的子女，我也略为猜疑，凡进入神的国度的，是不是也来自神。令我的谦恭之心受到困扰的是，历史上的每一个名字都是我。这个秋天，尽可能轻装低调，我两次出席了自己的葬礼。第一次，我作为罗比朗伯爵（不，当我是卡洛·阿尔贝托时，他是我的儿子），但我自己也是安托内利。亲爱的教授，您能明白这样的构想吧。鉴于我对自己的造物毫无经验，您大可随意批评……我穿着我的学生外套四处游走。拍拍某人的肩膀，说："Siamocontenti? Son dio, ho fattoquestacaricatura."［我们快乐吗？我是上帝，这玩笑是我开的］……明天，我儿子翁贝托将会带着迷人的玛格丽塔来访。我会穿着衬衫接待他们。

第二十章　都灵的黄昏

剩下的时间都给科西玛夫人……阿里阿德涅……我们时常练习魔法。

我曾让该亚法［主审耶稣的大祭司］戴上镣铐。我也曾被长时间地钉在十字架上。俾斯麦和所有反犹分子都被干掉了。

只要不让巴塞尔的人们对我有所贬损,你怎么使用这封信都行。

衷心地爱你

你的尼采[1]

这封信上的邮戳是 1 月 5 日。布克哈特在次日收到了它。当天下午,他就把信交给了奥弗贝克。奥弗贝克立即写信给尼采,坚持要他前往巴塞尔。第二天,奥弗贝克收到一封署名为狄俄尼索斯的信,告诉他:"我刚刚下令枪毙了所有反犹分子……"

奥弗贝克匆匆赶到巴塞尔精神病诊所,把信拿给负责人维勒教授(Professor Wille)看,向他讨主意。

---

1 尼采致雅各布·布克哈特的信,日期注明为 1889 年 1 月 6 日,但 1889 年 1 月 5 日邮寄自都灵。

第二十一章
洞中弥诺陶

> 一头驴可能是悲剧性的吗?——在一种既无法担当又无从摆脱的重负下,人会毁灭吗?……哲学家的案例。
>
> 《偶像的黄昏》,《格言与箭》第 11 节

不清楚 1 月 3 日上午究竟发生了什么。据说,他们看到他如常离开大卫·菲诺家位于卡洛·阿尔贝托广场街角的房子。他们早已对这个沉浸在思考中的悲伤而孤独的身影见惯不惊,他们常常在他去往书店的途中看到他,他在书店一坐就是好几个小时,阅读时把书凑得离脸很近,但从来不买。广场上满是疲惫不堪的老马,耷拉在车辙和等活儿的出租马车中间:瘦骨嶙峋,悲惨地被主人驱使,做着难以胜任的工作。当看到一名马车夫无情地鞭打他的马时,尼采崩溃了。怜悯之情汹涌地冲垮了理智,看到那一幕,尼采泣不成声,他伸出双臂护住那匹马的脖子,接着瘫倒在地。至少他们是这么说的。危机的来去只在瞬息之间。目击者看到的真相千差万别。

现场一定有人知道他住在哪所房子里,因为大卫·菲诺被找了来。他们还叫来了警察。如果不是因为菲诺,尼采会被直接带走,很可能永远消失于意大利精神病院的黑暗迷宫当中,不过,大卫·

第二十一章 洞中弥诺陶

菲诺把他领回了家。

一回到他在三楼的房间,尼采就不让任何人进门。一连数日,他大喊大叫,纵声歌唱,语无伦次地喋喋不休。日夜不停。菲诺一家爬上楼梯,听着。他把写给意大利国王和王后的信交给了他们,同时也把写给布克哈特和奥弗贝克的最后的狂想之信交给了他们。在钢琴边他变得异常亢奋,响亮而暴烈地弹奏着他那些瓦格纳式的曲子。他重击;他冲撞。他们忐忑不安地把目光转向上方的天花板,在那里,他的脚步在他们头顶上爬啊,跳啊,踏啊。他跳着舞。赤身裸体,荒诞不经,他正在参加神圣的性爱狂欢,狄俄尼索斯的纵欲仪式。

菲诺联系了德国领事;去了警察局;咨询了医生;联系了奥弗贝克,后者于1月8日上午抵达。

奥弗贝克形容那是"一个格外可怕的时刻"。即便如此,他当时遇到的还只是尼采相对平静的时期。接下来的几天里,他将看到更糟的情况。

进入尼采的房间时,他发现他的朋友正蜷缩在沙发的一角。表面看来,他正在校对《尼采反对瓦格纳》的书稿。他把印好的纸张凑近他那张茫然的脸,像个假装读书的孩子。他知道这项任务所要求的动作。纸张必须离他的鼻子这么远;他必须从左到右,再从右到左地扫视一番。但纸张上的文字显然对他毫无意义。

奥弗贝克一进门,尼采就冲了过去,猛地抱住他哭了起来。然后,他重又陷进沙发,抽搐着,呻吟着,颤抖着。奥弗贝克向来安详稳重,很少流露情绪,然而看到老友这种惨状,他的双腿也难以撑持,他跟跟跄跄,险些倒下。

菲诺一家留在房间里陪着奥弗贝克和尼采。大卫·菲诺咨询过的那位都灵精神病学家卡洛·图里纳(Carlo Turina)教授曾建议道，当病人过度亢奋时，溴化物滴剂可以让他平静下来。[1] 桌上早已备好一杯水。他们淡定地给他喝了一些。这头野兽被驯服了。他开始傲慢地描述起当晚为他准备的盛大招待会。这快乐的插曲并没能持续太久。很快，他就只能说出只言片语，这期间还突然开始抽搐，说着污言秽语，在钢琴上狂性大发，连蹦带跳。出于对尼采思想世界的熟悉，对于那些提法，奥弗贝克多少还能勉强跟得上。尼采说自己是已死上帝的继承者，是所有永恒的小丑，是被撕碎了的狄俄尼索斯。在对神圣狂热的纵情重演中，他扭曲和抽动着自己的身体。然而，与此同时，他流露出一种纯真。他没有引起他们的恐惧或是厌恶，甚至也没有反感。只有巨大的怜悯。他曾常常说起，他认为克服怜悯乃是一种高尚的美德。

此前，当奥弗贝克匆忙带着尼采的信去巴塞尔精神病诊所时，维勒大夫毫不犹豫地认为尼采必须马上被带去他的精神病院。这并不容易，他警告奥弗贝克。他不可能独自完成这项任务。他务必跟一位经验丰富的人同行，此人得善于哄骗和安抚妄想者。奥弗贝克雇用了一个精于此道的德国牙医。

在即将离开都灵前往巴塞尔的短暂期间，奥弗贝克着手整理尼采的书籍和文件，以便之后由大卫·菲诺寄出。尼采躺在床上，拒绝起身。牙医唯一说服他起床的法子就是迁就他那宏大的妄想。皇室成员正等着呢！城里正在为他准备招待会、露天庆典和音乐表演！尼采夺走大卫·菲诺的睡帽，戴在自己头上就像戴着王冠，当他们想把那帽子拿走时，尼采就奋力反抗。

都灵熙来攘往的街道和火车站川流不息的人群足以造成皇家招待会的假象。他被哄上了火车。

抵达诺瓦拉（Novarra）时问题出现了，他们得在那里换乘并

---

[1] Schain, *The Legend of Nietzsche's Syphilis*, p. 44.

第二十一章 洞中弥诺陶

等上三个钟头。尼采想向众人发表演说，拥抱他忠实的臣民，好在训练有素的牙医奉劝他说，像他这样伟大的人物维持隐姓埋名才更相宜。

只要他们配合他的妄想，他就会温顺得像个孩童，但他的思绪会突如其来地把他带到别处，某种棘手的状况就会迸发。还不等他们有机会跟上他的思路，他就已经大为光火。夜里，他们给他服用氯醛让他镇静下来。当火车飞驰过阿尔卑斯山下幽暗的圣戈特哈德隧道时，奥弗贝克听到了尼采清晰而连贯地唱起了《贡多拉之歌》，这是他自己的一首诗作，他把它收录进了自己最后的两部书中，《看哪这人》和《尼采反对瓦格纳》。

> 我的灵魂，一件弦乐，
> 无形中被拨动。
> 它悄然低唱，
> 一支贡多拉船歌，
> 在极乐中战栗不已。
> 有谁在听吗？[1]

抵达巴塞尔时，已经有一辆出租车等在那里。在过去健康较好的日子里，尼采是知道弗里德马特（Friedmatt）这家巴塞尔大学精神病诊所的，他也认识诊所负责人维勒教授，不过，他进去时却似乎毫无印象。奥弗贝克担心，认出教授和精神病院将意味着尼采

---

[1] 《我站在桥上》（'An der Brücke stand' [I Stand on a Bridge]）第二节：
　Meine seele, ein Saitenspiel,
　Sang sich unsichtbar berührt,
　Heimlich ein Gondellied dazu,
　Zitternd vor bunter Seligkeit.
　-Hörte jemand ihr zu?

发现了自己对他的背叛,因此没有为两人做介绍。尼采却郑重地询问,怎么还没人把面前的男人引见给他。这样的行为甚为不妥。当被告知维勒教授的名字时,他非常礼貌地问候了对方,并从那一套皇室的做作中,天衣无缝地切换到了两人七年前关于宗教狂人阿道夫·菲舍尔(Adolf Vischer)的谈话,记忆清晰准确,令人震惊。

专业人士上阵,奥弗贝克就该退场了。当他们进行体检和精神评估的时候,他毫无用武之地。

"为了你,善良的人,我将为明天准备一个最可爱的天气。"尼采被带走时说。

他狼吞虎咽地吃了早餐。他们注意到他很喜欢泡澡。他在诊所里待了八天,他们对他做了检测并准备了一份报告。

> 身体健康,发育良好。肌肉发达。胸腔深厚。心音低沉,正常。脉搏规律70。瞳孔大小不一致,右边大于左边,光感迟钝。舌苔厚重毛糙。膝跳反射夸张。尿液清澈,酸性,不含糖或蛋白。
>
> 病人常常要找女人。说自己近一周来身体不适,常有剧烈头痛。还说他过去曾发作过几次。发作时他感觉特别好,极其亢奋。他会想拥抱和亲吻大街上每一个人。他会想爬上墙壁。很难把病人的注意力集中在任何明确的事物上;他只给出碎片式的或不完整的答案,或根本不做回答。
>
> 无震颤,无语言障碍。语流不断,混乱,缺乏逻辑联系。整晚持续。常常处于高度狂躁的兴奋状态。相当多的淫秽内容。幻想自己房间里有妓女。
>
> 偶尔他会正常地交谈,但随后就会陷入玩笑、舞蹈、混乱和妄想中。会不时地放声唱歌、叫唤和尖叫。
>
> 1889年1月11日。病人整晚没睡,不停地说话,多次起

第二十一章　洞中弥诺陶

床刷牙、洗澡等等。上午过度疲劳……下午，在户外，他处于持续的运动兴奋状态；把帽子扔在地上，偶尔自己也躺倒在地。——胡言乱语，并且不时责备自己造成了几个人的毁灭。

1889 年 1 月 12 日。服用磺胺类药物后，睡了四五个钟头，数度中断。当被问及感受如何时，他回答说，感觉好得难以置信，只能用音乐来表达。

八天后，一种模式出现了。他在床上时比较安静。起床后，狂躁、吵闹、破坏的行为变得严重。在室内，狂暴通过声音宣泄。在户外则更多地诉诸身体，倾向于脱掉衣物，躺在地上。

维勒教授是梅毒方面的权威。他诊所里许多病人都深受脑部梅毒的折磨，这通常可能在梅毒晚期出现。该诊断似乎被尼采阴茎上的一处小伤疤所证实，而他也告诉他们，他曾"感染了自己两次"。人们认为他指的是梅毒。当时他们还没有看到他的医疗记录，这些记录会告诉他们，早年间，当他神志清楚并接受艾泽尔医生的检查时，他承认自己曾两度感染淋病。

八天的诊疗结束时，维勒的诊断是进行性麻痹（paralysis progressive）和全身麻痹性痴呆，即梅毒最后阶段发生的精神崩溃。奥弗贝克此时面临一项艰巨的任务——告知尼采的母亲，她的儿子在精神病院。

一收到消息，弗兰齐斯卡就立即离开瑙姆堡前往巴塞尔，并于 1 月 13 日抵达。她在奥弗贝克家住了一夜，次日一早就去了诊所。在见到儿子之前，她必须接受医生的询问。她不得不把尼采的家史与病史和盘托出。

"母亲给人的印象是智力程度有限，"报告中写道，"父亲是一位乡村牧师，摔落楼梯后患上脑疾……母亲的一个兄弟在神经疗养院去世。父亲的姐妹们歇斯底里,有些反常。——怀孕和分娩都很正常……"[1]

弗兰齐斯卡对自己的责任和愿望十分笃定。她希望能亲自照顾自己的儿子。他们不允许她这么做。弗兰齐斯卡·尼采60多岁,身材娇小,文雅闲散的生活不曾赋予她多少体力。而她儿子比她高,44岁,骨骼强壮,肌肉发达,不理智,生理上不可预测,还有间歇性的暴力倾向。

无疑,他需要的不仅仅是母亲的照料。弗兰齐斯卡绝不会违背来自男性的专业建议,但她也的确取得了一个小小的胜利——把尼采转到了离住在瑙姆堡的她最近的精神病诊所,耶拿的诊所。

他们再次决定雇一位专业陪护。青年医生恩斯特·梅利(Ernst Mähly)被选中了。由于工作量太大,他还将有一名助理。梅利曾是尼采在巴塞尔的学生。他是"秘而不宣的同道者,对重估一切价值的恶魔使徒、《善与恶的彼岸》的创作者充满了压抑的崇敬之情"[2]。他还认识奥托·宾斯万格(Otto Binswanger),耶拿精神护理与治疗诊所的负责人。梅利当然是此次衔接之旅中最完美的一环。他的头脑显然最有可能理解那些碎片化的语言拼图,并将它们拼凑成某种模式,以期为宾斯万格教授提供些许有用的线索。这段经历有一个注脚:恩斯特·梅利的人生最后以自杀告终,而他的父亲将此事归咎于尼采的影响。

1889年1月17日晚,尼采再度被安排去往火车站,然后被送进精神病院。这次奥弗贝克没有同行,但他迫切地希望能与他的朋友道别。奥弗贝克就此经历了人生第二"恐怖又难忘的"时刻——站在那里目送这一小拨人,呆板沉默地,如同送葬队伍般走过车站

---

[1] 《母亲的陈述》,诊所健康报告的一部分,1889年1月。
[2] 卡尔·贝尔努利,转引自 E. F. Podach, *The Madness of Nietzsche*, trans. F. A. Voight, *Putnam*, 1931, p. 177.

大厅。尼采步态僵硬，极不自然，像个机器人。当时是晚上九点，车站刺眼的灯光使得他们的脸庞呈现出面具般阴森可怕的空洞，就像幽灵一样。

在那个古怪僵硬的身影设法从月台迈入车厢后，奥弗贝克也随即登车，进入订好的包厢与他道别。一看见他，尼采就发出一声低沉的咆哮，并跳起来紧紧拥抱了他。尼采告诉他，他是自己最爱的人。然后，奥弗贝克就不得不离开了。

三天后，奥弗贝克写信给彼得·加斯特，说他感觉自己害了朋友，并为此饱受折磨。在都灵他就知道，一切都完了。他不该对他的挚友玩弄这些卑劣的花招和骗术。如今，他的余生都得在把尼采送进精神病院的可怕重负下度过了。他还不如杀了尼采，就在那时，就在都灵。

这番话出自一个温和的神学教授之口是相当奇突的，对他而言，谋杀确乎是一种严重的罪孽。但他的道德困境更加复杂，因为这两位朋友都想到了，尼采可能是在装疯。加斯特和奥弗贝克都了解他摈弃对现实惯常解读的意愿，明白他对于疯癫和疯人的毕生兴趣，以及他是如何被纵欲之神的神圣骚动所吸引。从恩培多克勒到荷尔德林，再到《查拉图斯特拉》中提着灯笼寻找上帝的疯子，他曾如此频繁地浮现出这样的念头：只有疯人脆弱的尖叫才能带领人类的心智越过卢比孔河，为了找到真相，人们必须越过这河。这是必须付出的代价。疯狂是唯一强大到足以通过习俗道德来推进变革的引擎。这"可怕的随从"是神性的假面具和传声筒。柏拉图曾说，全凭疯狂，那些最伟大的好事才降临到希腊。但尼采走得更远。举凡那些不可抑制地想要挣脱既有道德枷锁的超越者，倘若不是真的疯了，就只能装疯。

"我也曾像奥德修斯一样到过冥府，而且将多次造访；为了能同亡者说话，我不仅献祭了公羊，而且不惜奉上自己的鲜血，"他曾写道，"愿生者原谅我，他们有时在我看来恍如幻影……"[1]

尽管他们为这样的想法所震惊，即，认为自己的朋友可能会潜入冥府，戴上疯狂的假面以便到达彼岸，然而，当尼采被关在耶拿诊所时，这份怀疑无法抵消他们在接下来的 14 个月中所观察到的事实。这不是假面，不是狄俄尼索斯式的骗局，不是缪斯女神的垂青，也不是思想强有力的神秘性。他们毫不怀疑，他们此刻观察到的乃是一个正在消散的心灵那最后的余晖。

尼采 15 岁时已与耶拿诊所有过一面之缘。那是在 1860 年的一次暑期旅行中，他注意到了这个庞大的机构，并在日记中记下了它那尖锐冷峻的轮廓令他产生的那些阴森忧郁的想法。巴塞尔诊所是一座外观坚固的布尔乔亚式别墅，在建筑风格和规模上与瓦恩福里德别无二致，而耶拿诊所则是一组令人望而生畏的巨大建筑群，有着高耸入云的塔楼，以及橙色和黑色砖瓦砌成的醒目外墙。其内部有着为人称道的安全措施，如锁和螺栓、意想不到之处的衬垫，以及设有重重栅栏的窗户。

他作为"二等"付费病人被收治。这个决定名义上是弗兰齐斯卡做出的，但毫无疑问她曾求助于奥弗贝克，而后者也会建议她谨慎花销。前一年，巴塞尔大学的退休金从 3000 锐减到 2000 法郎。他们不清楚他将要被监禁多久。二等膳宿当然是出于一种稳妥的考虑。

该机构的负责人奥托·宾斯万格教授曾在维也纳和哥廷根研习神经病理学。在相当年轻的 30 岁，他就被任命为耶拿研究所的主任，同时还在耶拿大学担任精神病学教授。他写过很多脑部梅毒和麻痹性痴呆的论文。他深谙精神病学和神经病理学，其父亲在他之前也曾担任过类似职务。毫无疑问，尼采去了一家对他的病症而言

---

[1] *Human, All too Human*, 'A Miscellany of Opinions and Maxims', Section 408, 'Descent into Hades'.

十分权威的机构。遗憾的是，宾斯万格并没有在尼采到达时对其进行检查，而是采信了随着病人一起从巴塞尔诊所送来的诊断：轻度瘫痪和麻痹性痴呆，痴呆和三期梅毒导致的进行性麻痹。

梅毒不再被视为对罪恶性关系的天谴。精神病也不再是残酷拥挤的疯人院那一档子事，在那里，病人们曾像动物园里表演取乐的动物那样被对待。治愈的方法固然尚未问世，人道的疗法却已出现。冷静，冷静，始终更加冷静，这是宾斯万格的基本疗法。尼采在耶拿精神病院度过的 14 个月里，人们给他注射镇静剂，用水银软膏为他按摩，都是数百年来的疗法。根本不存在治愈或康复的问题。病情是无法医治的。问题仅仅在于等待病人死去。在预期中，这种情况应该会比较快地发生，就在一两年之内。

而事实是，尼采存活了 11 年，加之他并没有出现三期梅毒的某些预期症状，如脱发、钉状牙、鼻腔凹陷等，宾斯万格当初没有亲自检查尼采以进行确诊，这一事实令人遗憾。[1]

在那漫长的数月间，尼采仍然疯癫，妄想，躁动，语无伦次。他龇牙咧嘴。毫无外在动机的尖叫声不绝于耳。对贵族身份的妄想症候还在继续：他谈及公使馆的参赞、阁僚和仆人。还产生了被迫害的妄想。他看到窗棂后有一支来复枪瞄准了他，他试图去抓住枪，手撞在玻璃上划破了。"他们"彻夜诅咒他，用恶毒的诡计坑害他。有时会有可怕的机械装置对他发动攻击。色情妄想继续存在。一天清晨，他报告说夜里有 24 个妓女与他共度春宵。他坚持称呼典狱长为"俾斯麦亲王"。他有时自称坎伯兰公爵（Duke of Cumberland），有时以德皇自居。他说他"最近一次"是腓特烈·威廉四世。他告诉人们，是他的妻子科西玛·瓦格纳夫人把他送来这里的。他经常乞求帮助以摆脱夜复一夜的折磨。他不睡在自己的

---

[1] 20 世纪 20 年代，巴塞尔诊所后来的主任施图茨大夫（Dr Stutz）从记录中发现，许多在巴塞尔诊所被诊断为进行性麻痹症的许多病例实际上是精神分裂症。

床上，而是睡在床边的地板上。他抽搐着。他把头偏向一边。他食量巨大。到了 10 月，他已增重 13 磅。他打碎了一个暖壶，以便让玻璃碎片散落在周围来保护他。他大小便失禁。他尿在水杯里。他涂抹自己的粪便。他有时喝下自己的尿就逃之夭夭。他令人不安地喋喋不休、尖叫和呻吟。在夜里，隔很远都能听到他的声音。他的右侧胡须开始变白了。

在宾斯万格的课堂上，尼采是被作为教具轮流进行展示的病人之一。他全然不以为耻。尽管并不知道自己在这里所为何事，但他显然感到自己是个重要角色。他对医护人员彬彬有礼，一再表示感谢，对待他们就像一位和蔼的主人对待自己的仆从。他感谢他们的盛情款待。他一遍又一遍地试图和宾斯万格医生握手。在内心某处，他明白这位医生有着更为优越的社会地位，就像他本人一样。

有一次，宾斯万格希望展示病人在行进中的一些障碍，尼采走得如此迟缓，以至看不出症状来。"现在，教授先生，"宾斯万格训斥道，"像您这样的老战士一定还能行军！"随即，尼采开始迈着坚定的步伐在讲堂中踱起步来。[1]

在平静的间歇，他也会流露令人心酸的魅力。他微笑着要求医生："给我一点健康吧。"

他不清楚自己身在何处。有时他在瑙姆堡，有时在都灵。他几乎不与其他病人交谈。他偷书。他把自己的名字写在皱巴巴的纸条上。他会把纸条拿出来，大声念出自己的名字，"弗里德里希·尼采教授"，每天念很多遍。

就像离开都灵时他对大卫·菲诺的帽子产生了依恋一样，现在，他对诊所的一顶帽子也产生了强烈的占有欲。他没日没夜地戴

---

[1] 医学生萨沙·西姆肖维茨（Sascha Simchowitz）的回忆，转引自 Krell and Bates, *The Good European*, p. 50.

着它，人们不敢把它拿走。他们猜那可能是他的皇家头饰。散步后，当人们检查他的口袋时，他恼羞成怒，因为他喜欢在口袋里装满石头和其他各种小宝贝。

经过 6 个月的镇静治疗，他的行为得到了充分的控制，院方允许他的母亲来看望他。她于 7 月 29 日抵达。他们评估后认为最好不要在他的房间里见面，也不要在精神病房里见面，他白天通常坐在那儿。见面是在探视室里进行的。他告诉她，这里是他为选定的公众发表演讲的地方。那里散落着一支铅笔和一些纸。他把它们塞进口袋，神秘而愉悦地对她耳语道："这下我爬进我的洞穴之后，应该有事可做了。"[1]

又过了 6 个月，情况几乎没有任何变化。12 月，一个名叫尤利乌斯·朗本（Julius Langbehn）的聒噪骗子跟弗兰齐斯卡取得了联系。朗本深信自己能治好她儿子的病。他需要完全的控制权以实施他的治疗，为此他必须得到许可，以便合法地收养尼采。朗本是畅销书作家，他的最新著作为德国文化的崩溃状态开出了一个药方。《作为教育家的伦勃朗》（*Rembrandt als Erzieher*）这个书名在很大程度上借鉴了尼采的《作为教育家的叔本华》。朗本解决德国危机的方法乃是返璞归真的基督教，就像伦勃朗画作中所描绘的那些善良的、未被腐蚀的德国农民的灵魂一样。伦勃朗是荷兰人这一事实，似乎并没有令他感到困扰。

朗本对德国进行了分析。其问题在于过度教育。教授和专家，以及他们的学术研究和所谓"专门知识"，必须停止被推崇。这样一来，就像黑夜追随白昼一样，德国精神将在本质上善良的德国灵魂中间得以重生。智慧将会存在于土壤之中，存在于户外，存在于纯朴的德国人心里。驱逐异族影响自不待言，尤其是犹太人的影

---

[1] Podach, *The Madness of Nietzsche*, p. 195.

响。他的书在 1890 年的文坛轰动一时。出版的第一年就重印了 29 次。随后他又增加了两个篇幅更大的章节，颂扬尼采的两头"黑色野兽"：反犹主义和罗马天主教。朗本也写诗，并自诩为比歌德更好的诗人。他视自己为"秘密皇帝"，其治愈能力将会在精神上更新德意志帝国。俾斯麦曾多次接见他。

"治愈"尼采这位自封的敌基督者，将是朗本冠冕上一根精美的羽毛。他深思熟虑的观点乃是："像雪莱这样的无神论者和尼采这样的敌基督者，只不过是翘课的小学生，他们必须被重新带入教会。"[1] 他准备了一份法律文件让弗兰齐斯卡签署："我，下面的签署人，在此保证我的儿子弗里德里希·尼采的法定监护权……"等等。他计划把尼采带到德累斯顿，在那里，病人的皇室幻想将得到放任。在宫廷和随扈的环伺之下，尼采将被当作国王和孩子对待。朗本相信他能筹集到足够的资金来负担相匹配的豪宅、精美的家具、衣物和盛装的朝臣（医护与家政人员），以维持皇室假象。弗兰齐斯卡勉强获准作为护士出现，但必须符合朗本的严格规定并得到许可。

宾斯万格似乎与这个国家其他人一样，被这位著名的民族主义民粹主义者所蛊惑。他允许朗本每天和尼采一起散步。朗本无休止的改宗劝说和驱魔尝试最终惹恼了尼采，他掀翻桌子，并冲着朗本挥拳示威。在奥弗贝克的大力支持下，弗兰齐斯卡鼓起勇气，拒绝在领养协议上签字。这对朗本来说显然该是谨慎战胜鲁莽的时刻了。他退出了争斗，去往德累斯顿，开始写作色情诗，他将因此以淫秽罪被起诉。但畅销书《作为教育家的伦勃朗》作为第三帝国意识形态基础的早期构件之一而留存下来。希特勒的私人图书馆里就

---

[1] 1900 年秋天，收到尼采去世的消息后，朗本写给凯普勒主教（Bishop Keppler）的信。转引自 Podach, *The Madness of Nietzsche*, p. 210-211.

有一本。[1]

1890年2月，尼采的嗜睡和驯顺已有所改善，在状态良好的日子里，他被允许与母亲待上几个小时。她在耶拿租了一套公寓。每天早上9点，她都去诊所探视他。弗兰齐斯卡坚信，只要她取得她亲爱的好儿子的监护权，他的心智就会恢复正常。公寓楼下还有一间卧室，弗朗茨·奥弗贝克和彼得·加斯特轮流住在这里为她提供帮助。

每天步行四五个钟头向来是尼采日常作息的重要组成部分。事实上，这也解释了两家诊所的报告中提到的骨骼和肌肉力量。弗兰齐斯卡一向不太喜欢散步，不过如果这就是代价的话，那也算不上什么了。她会挽着他的胳膊，或者他走在她身后不远处，跟着她，有时停下来用他的手杖在地上画画，或者往口袋里塞东西。弗兰齐斯卡对他的顺从感到高兴，而他的两位朋友则惊骇于他孩子气的温顺。散步途中总会发生一两件怪事。他会突然迸出噪音。他会想要打狗，或者打陌生人。他会试图与某些显然以某种莫测的方式吸引了他的人握手。这让女士们害怕。

他们常常散步到一户名叫格尔策-图尔奈森（Gelzer-Thurneysen）的人家。到那里之后，弗兰齐斯卡会让尼采摘下帽子，进入室内。他会害羞地待在客厅门口，而她则走到钢琴前开始弹奏。慢慢地，他会被音乐吸引着走近，并最终把手指放在琴键上。一开始他会站着弹奏，然后她会把他推到琴凳上坐下，这样他就继续弹下去。她知道，当他沉浸在音乐中时，她可以放心地离开他的左右。只要她听见音乐还在继续，她就没有必要待在同一个房间里监管着他。

---

[1] Timothy W. Ryback, *Hitler's Private Library, The Books that Shaped His Life*, Vintage, 2010, p. 134.

1890年3月24日，弗兰齐斯卡获得了她儿子的监护权。他们在耶拿的公寓里又住了六个星期，但有一天尼采从她眼皮底下溜了出去。他在大街上宽衣解带，没准儿是想去游泳，警察发现了他，把他交回给他的母亲。这让她害怕尼采会被送回精神病院。她说服格尔策家中的一个年轻成员帮她把尼采"偷渡"到了火车站，他们在那里搭上了去往瑙姆堡的列车。阿尔文，那位忠实的仆人，满心欢喜地迎接了"教授"的归来。他回到了魏恩加滕街18号，他童年的家。

这座两层楼的小房子对于照顾一个不受管束的病人来说是很理想的：花园小小的，有栅栏和门。一楼的窗户有坚固的百叶窗。房子的一侧是一座葡萄园，另一侧是圣雅各布教堂的墙。

弗兰齐斯卡继续乐观地进行着散步疗法。通常他总是安静地跟在她身边。如果看到陌生人靠近，她就会挽着他的胳膊，让他转过头来，把某处风景指给他看，分散其注意力。一旦警报解除，她就再把他转过来。如果遇到熟人，她停下来说话时，会示意他摘掉帽子。她与人寒暄的时候，他就呆呆地拿着帽子站在那里。听到自己的名字被提及，他会显出困惑的样子。邂逅结束时，她会叫他戴上帽子，然后继续他们的散步。

小时候，他曾在萨勒河里游得"像条鲸"，并引以为傲。这曾是一项给他带来极大乐趣的消遣。身体的记忆机制可能有助于康复，但在尝试了几次之后，她不得不放弃了。游泳太过刺激，令他变得难以控制。

如果"亲爱的孩子"这天异常吵闹或碍事，他也很容易被控制在室内。没有多少邻居会被他的喊声和尖叫所干扰。当他的喧吵变得难以忍受时，她就干脆往他嘴里塞些甜食，比方说一小块切好的水果。咀嚼和吞咽时，他的注意力已得到了转移，猛烈的尖叫也已减弱为可堪忍受的低声咆哮。他吃得非常多。据她说，她没有给他使用氯醛或镇静剂。如果真是如此，那么这毋宁是一种停摆、一种退化，而与此同时母亲则重新获得了对她心爱的、失禁的、听话的男孩的完全控制。

第二十二章

精致的房间，茫然的住客

> 我非常担心有一天人们会称我是"神圣的"。我不想做圣人，宁愿做傻瓜……也许我就是一个傻瓜。
>
> ——《看哪这人》，《我为什么就是命运》

在巴拉圭，伊丽莎白早在1889年就得知了她兄长精神崩溃的消息，当时正值心怀不满的殖民者柯林拜尔出书公开抨击这对骗子夫妻，以及他们波将金式[1]的殖民地。[2] 她回到德国是没有问题的。当她为《拜罗伊特活页报》撰文驳斥柯林拜尔的指控时，她是在为殖民地的生命而战，而且是一个人在战斗。

她的婚姻变得充满对抗性。弗尔斯特跑遍了巴拉圭，从圣佩德罗（San Pedro）到圣贝纳迪诺再到亚松森，把所有时间都用来筹集资金，试图以高得骇人的利息借贷偿还过去的贷款，来避免那必然的破产。当他深陷财务泥潭之时，她则留在新日耳曼尼亚，对丈夫的无能满心怨恨，同时动用她不可小觑的能力从德国招募更多殖

---

1 俄罗斯帝国女皇叶卡捷琳娜二世的情夫波将金，曾经为了使女皇对他领地的富足有个良好印象，不惜在女皇必经之路上建起一批豪华的假村庄。后以"波将金式"比喻表面富丽堂皇，内中却空空如也。——译注

2 Klingbeil, *Enthüllungen über die Dr Bernhard Förstersche Ansiedlung Neu-Germanien in Paraguay*.

民者。与巴拉圭政府议定的指标务必在当年 8 月前完成，否则，他们将失去那块殖民地。

得知尼采崩溃的消息时，伊丽莎白对自己的同情比对他的更多。不错，她是忽视了对其兄长的责任。可怜的乖乖！如果她留在德国，他不至于落到这步田地。但她想告诉她母亲的是，毫不夸张地讲，如果没有她，整个殖民地的建立都会是一件不光彩、不确定的事。她从来都是一个贤妻，而伯恩哈德则是一个可怕的利己主义者，把所有工作都甩给了她，并对她的痛苦无动于衷。[1]

柯林拜尔的指控沉甸甸地压在弗尔斯特心头。他日复一日地徘徊在财务深渊的边缘，酗酒无度。终于，在 6 月 9 日，他放弃了抗争，在圣贝纳迪诺一间酒店的房间里吞服了马钱子碱和吗啡的混合物，自杀了。

伊丽莎白到达圣贝纳迪诺时，报纸已经报道称他死于服用马钱子碱中毒自杀。她的目的只有一个，就是否认自杀的说法。她还不知道弗尔斯特已经给开姆尼茨殖民地协会负责人马克斯·舒伯特（Max Schubert）寄去了一份相当于遗书的信件："……这是我最后的请求：请继续把你可贵的才干、力量和蓬勃的热情投入我所开创的这项富有意义的事业中去。也许这项事业没有了我反而会更加兴盛。"[2]

伊丽莎白就像当年编造其父亲的死是由于英勇地扑灭村里大火所导致的一样，这一次，她也施展自己强大的说服力使得当地医生将弗尔斯特的死因改成了心脏衰竭，而这得归咎于虚假指控和敌人中伤所带来的压力。

不到一个月，她就写信告诉母亲，可惜当时她没有和她心爱的

---

[1] 伊丽莎白·弗尔斯特-尼采致弗兰齐斯卡·尼采的信，寄自新日耳曼尼亚，1889 年 4 月 9 日。

[2] 伯恩哈德·弗尔斯特致马克斯·舒伯特的信，1889 年 6 月 2 日。

丈夫在一起,"不然我就可以像过去那样用敷药和足浴来阻止心脏病的发作"[1]。很难想象伊丽莎白会相信这些手段可以预防心脏病发作。

很快,她就编织了一个传说来解释其兄长的精神失常:是一种不知名的神秘爪哇药物导致了他的中风。

> 我记得是在1884年,他〔尼采〕曾结识了一个荷兰人,那人向他推荐了一种爪哇麻醉剂,并送了他一大瓶。这东西尝起来像是某种烈酒,闻起来颇具异国情调——名字也同样如此,不过我已记不清了,因为我们一直管它叫爪哇麻醉剂。荷兰人再三对我们强调,每次只需在一杯水中滴上几滴。后来,在1885年秋天,他〔尼采〕承认,有一次他喝了太多滴,结果就导致了一阵狂笑……在他写给加斯特的一封信中,他谈到了他的"笑",大概指的就是由爪哇麻醉剂引起的不自然的笑声。最后,我哥哥自己也提供了支持这一理论的暗示。在他精神错乱的早期,他常常私下里对我们的母亲说,他服用了20滴(他没有提到吃的是什么),然后,他的大脑就这样偏离了正轨。也许由于近视的缘故,他倒入了太多,这或许就是那次严重中风的由来。[2]

伊丽莎白以一张她并不拥有的土地的地契为代价,结清了其亡夫在圣贝纳迪诺酒店的账单,并着手操办一场葬礼,它将配得上一位前往瓦尔哈拉神殿的英雄。在写给母亲的信中,她描述了弗尔斯特的葬礼,令人回想起之前那封描述她本人踌躇满志地踏上殖民地的场面的信。"60名骑兵随棺而行,并在他的坟上鸣枪致敬。"有

---

[1] 伊丽莎白·弗尔斯特-尼采致弗兰齐斯卡·尼采的信,1889年7月2日。
[2] Förster-Nietzsche, *The Life of Nietzsche*, Vol. II, pp. 400-401.

第二十二章 精致的房间，茫然的住客

关他自杀的不实消息是由犹太媒体发布的。

伊丽莎白留在巴拉圭，努力筹措资金以保持对殖民地的控制，直到1890年8月，她终于败下阵来。所有权出让给了巴拉圭新日耳曼尼亚殖民协会（Sociedad Colonizadora Nueva Germania en el Paraguay）。12月，她回到瑙姆堡，为德国重获这块殖民地的控制权争取支持。弗兰齐斯卡却以为，她回来是为了照顾她的兄长。

伊丽莎白于圣诞节前几天抵达。她的母亲领着她的兄长去站台上迎候她。弗兰齐斯卡牵着尼采的胳膊，像牵着一个孩子。他步态僵硬，像阅兵式上的普鲁士士兵，怀里抱着一束红玫瑰。弗兰齐斯卡不得不提醒他把花束送给伊丽莎白。这样做的时候，他记起了她是谁，就叫她"大羊驼"。当晚，把他安顿上床之后，母女俩坐下来说话。伊丽莎白听到楼上他的房间里传来野兽般的嚎叫，不由得大为震惊。

伊丽莎白留在家中，写了无数封信，向殖民协会和政府官员请愿，并斥责反犹组织不给她支持。此时，她把文章上的署名由伊丽·弗尔斯特改成了弗尔斯特博士夫人。她出版了她的第一本书，《伯恩哈德·弗尔斯特博士的殖民地：巴拉圭的新日耳曼尼亚》[1]。该书驳斥了柯林拜尔的指控，并呼吁她的同胞们成立一家公司，从那个肮脏的异族人手中回购股份，以此支持一个脆弱无依、伤心欲绝的寡妇。当此书在1891年春末出版时，新日耳曼尼亚现有的殖民者们尤为愤怒，因为她在书中重复了她丈夫最初那些臭名昭著的、关于肥沃得难以置信的土壤和丰富得出奇的净水资源的谎言。

在她写作这本书的6个月间，她兄长那本尚未出版的书出了问题，就是那部在都灵仓促写就的最后的著作。3月底，印刷商兼出

---

[1] 伊丽莎白·尼采，以伊丽·弗尔斯特之名所著：Eli Förster, *Dr Bernhard Förster's Kolonie Neu-Germania in Paraguay*, Berlin, Pioneer, 1891.

版商瑙曼将《查拉图斯特拉》第四卷装帧完毕、印刷成册，准备送往书店。弗兰齐斯卡也收到了一本。她和她的兄弟埃德蒙·厄勒（Edmund Oehler），一位名不见经传的牧师，担任了尼采的法定监护人，但弗兰齐斯卡对文学毫无见解，于是她让加斯特和奥弗贝克非正式地管理着出版事务。

加斯特和奥弗贝克确信未出版手稿的重要性，于是鼓励瑙曼将其付梓。然而，当弗兰齐斯卡收到《查拉图斯特拉》第四卷时，她和伊丽莎白都被那些明目张胆的渎神段落弄得惊惧不已。伊丽莎白吓唬弗兰齐斯卡说，如果该书出版，她将受到刑事指控。弗拉齐斯卡和厄勒于是拒绝授权。这让瑙曼十分恼怒：一种全新的精神正在传布，一种先锋的流派正在激荡，它对尼采的著作有着强烈的兴趣。

1888年，德皇威廉一世龙驭宾天，享年91岁。27年前，他在凡尔赛宫镜厅被加冕为德皇，这令尼采痛心疾首，并忧惧着欧洲会就此失去平衡。这些年里，德皇和他的铁血宰相俾斯麦，在工业化、资本主义、肆无忌惮的扩张主义、新教教会、艺术保守主义和审查制度的基础上打造出名保守而专制的第二帝国。所有这一切都凝结成了一种庞大的、挤迫的、僵化的、民族主义的、压抑的和威权性的世界性政权——正如尼采曾经所担心发生的那样。即便是在尼采心智的锋刃日益磨损之际，他也没有放下对第二帝国的恐惧。他在都灵的最后一次狂言乱语始终沉浸在他想象的权力之中，想要枪毙德皇、俾斯麦和所有反犹分子。

19世纪的最后10年，本应是一个乐观主义的时期、一个艺术创新的时代，就像在法国一样。然而，新君威廉二世的黎明，未能照亮德国的地平线。即使是1914年随他参加第一次世界大战的他手下的军官，也曾在1891年私下里形容新皇帝"过于善变，过于任性,尤其是在细枝末节上。不谨慎的言论太多。他似乎不清楚自己想要什么。传言说他有心理障碍"[1]。

政治上的不确定性与精神上的焦虑不安如影随形,而一个世纪行将落幕之前总是伴有此种精神状态。革命的反传统者都到哪儿去了?当时在莱比锡大学读书的哈里·凯斯勒伯爵问道:"一种秘密的弥赛亚主义在我们心中潜滋暗长。每一个救世主都需要的沙漠就存乎心头,而突然之间,它的上空出现了流星般的尼采。"[2] 那位失望的老军人正是向当时还是学生的哈里·凯斯勒伯爵吐露了他们对于新任德皇心理素质和精神品格的不信任。

哈里·凯斯勒融入了整个欧洲最高级别的社交、政治和军事圈层。他的家族富有阔绰,母亲美貌绝伦:人们普遍揣测他的父亲乃是德皇威廉一世,而这一不实的揣测(时间上说不通)对他没有造成任何伤害。俾斯麦和德皇都视之为最钟爱的希望之星。哈里·凯斯勒将会成为秘密特工和"一战"军官,1918 年德国驻华沙大使,艺术活动家、艺术赞助人和博物馆馆长。他将在《春之祭》公演首日与尼金斯基共乘一车,如果说尼采在死后有所遗憾,他会使其瞑目的。他是个如假包换的世界主义者。倘若尼采还具备理解能力,他一定会同意哈里·凯斯勒成为尼采档案馆的创始理事。

1891 年,时年 23 岁的大学生凯斯勒像灰猎犬般清瘦优雅,精通多种语言,博闻强记,交游广阔,但从来不是大贵族,他在空气中嗅了嗅,发现了尼采哲学式的未来。在接下来的 40 年中,他通过欧洲的剧院、出版社、艺术家工作室和公爵夫人的客厅来推广这一新的愿景,直到 1933 年纳粹上台之后,历史被另一段故事所占据,他逃离了德国。

---

[1] Harry Kessler, *Diary*, 23 July 1891, in Easton (ed.), *Journey into the Abyss*, p. 30.
[2] 转引自 Laird M. Easton, *The Red Count, The Life and Times of Harry Kessler*, University of California Press, 2002, p. 41.

作为19世纪80年代末到90年代初的大学生，哈里·凯斯勒是"拉斯科尼科夫一代"：陀思妥耶夫斯基的小说《罪与罚》对他们产生了深远影响。凯斯勒曾在一起审判中担任证人，他的一位出身高贵的同学枪杀了自己劳动阶级的女朋友，随后，凶手试图自杀，但没能成功，因为他向着自己胸口射击时没有瞄准。[1] 此举是受陀思妥耶夫斯基作品启发的一种虚无主义行径，给后基督时期绝望的第一代留下了不可估量的印象。在臣服于"巨大的厌恶"、虚无意志的学生中发生了一连串类似的谋杀事件，这被称为"拉斯科尼科夫效应"——以陀思妥耶夫斯基书中那位反英雄为名。[2]

沉浸在此种世纪末的虚无主义、叔本华式的悲观主义、道德绝望当中，并且困惑于为何而奋斗（如果有的话）的情绪，凯斯勒描述说，尼采的影响是如此深远而广泛，就像拜伦之于上一代人。

遇难的灵魂在怀疑主义和对平静的渴望之间绝望地求索，尼采把意义从生命之外的虚幻之处移除，代之以生命本身，这一代人仿佛抓住了救命稻草。他们推崇他为真正的自由精神，是歌颂个人主义的孤独声音，既为信仰的衰落提供了另一条出路，也为科学对人类自我的拟人化假设的持续攻击提供了另一种方案。尼采为他们创造了意义作为全然个人化的事物的可能性，而不是像费希特所说的："一个无生命的家居用品，人们可以随心所欲地把它捡起或放下。"如果信仰已死，那么，哲学的价值就在于它有能力为采纳和适应了它的人的灵魂进行辩护。

对凯斯勒影响最大的一部作品是《善与恶的彼岸》，书中的阿尔戈之魂航行于未知的海域，寻求诠释世界的全新方式，以及适应

---

[1] 1891年8月20日，策德利茨-诺伊曼男爵（Baron Zedlitz-Neumann）枪击了玛丽·伊丽莎白·迈斯纳（Marie Elisabeth Meissner），然后试图开枪自杀。他后来成为一名记者。

[2] 关于在挪威发生的类似事件，参见 Sue Prideaux, *Edvard Munch: Behind the Scream*, Yale University Press, 2005, pp. 72-74.

于现代境遇的全新道德价值。杀死上帝，是的，但要让超人来取代他的位置。借由存在于每一个人和每一个事物中的权力意志，超人即个人形而上斗争的结果——尽管书中所描绘的斗争并不一定是针对他人的，而是针对自己内心的微小情绪，比方说嫉妒和怨恨。

令《查拉图斯特拉》一书在世纪末备受推崇的概念，与其说是权力意志，不如说是超人。对前卫派而言这是一部开创性著作，它为摆脱僵局和颓废提供了一条出路。它使人间神圣，而无须通过天堂和地狱来为其佐证。尼采把希腊诸神的欢快舞蹈与对教会的依赖性两相对立，依赖性导致了基督教-欧洲人的退化和降格，使之成为完美的牧群。爱命运把绳索抛过了虚无主义的深渊，抛过了数个世纪以来的嫉妒与怨憎——正是它们把个体拖到了末人（Untermensch）的水准。

哈里·凯斯勒写道："我们必须抗争，不是为了共苦，而是为了同甘，尽最大可能增加世间的欢乐，从而提升世间的生命力……这一思想从根本上来说就是尼采哲学的内核。"[1] 离开大学五年后，凯斯勒又补充道："今时今日的德国，大概没有一个二三十岁受过良好教育的年轻人，不把他的世界观部分归功于尼采，或是不曾或多或少地受到尼采的影响。"[2]

瑙曼决定利用这一波关注的浪潮，顺势将其转化为图书的销量，1891年，他再版了《善与恶的彼岸》《瓦格纳事件》和《论道德的谱系》。伊丽莎白诉诸法律。她当时还在瑙姆堡的家中，帮助母亲照看尼采，她推迟了回到巴拉圭的计划，直到瑙曼答允了一份令人满意的合同，为出版遗稿而支付给她3500马克。伊丽莎白意识到彼得·加斯特是唯一一个真正有能力阅读这些即将成书的手稿的人，于是她任命他为编辑，并为这个作品集的廉价版本做了初步

---

[1] Harry Kessler, *Diary*, 22 June 1896, in Easton (ed.), *Journey into the Abyss*, p. 160.
[2] Harry Kessler, *Diary*, 28 January 1895, in ibid., p. 128.

安排，之后就于1892年7月启程前往巴拉圭处理她自己的事务了。

在殖民地，她的归来，加上她在新书中编造的荒唐说法，令殖民者们大为恼火，他们致信开姆尼茨殖民协会负责人马克斯·舒伯特，也就是弗尔斯特临死前写遗书给他的那个人。殖民者们生硬地告诉舒伯特，伊丽莎白回到祖国的那段日子，并没有令她的狂妄自大有任何好转。相反，他们发现她比以往更加自负专横。

新日耳曼尼亚陷入了僵局。伊丽莎白带着她的厨子和仆人留在弗尔斯特大宅，通过第三方和报纸专栏与殖民者们进行着唇枪舌剑的辩论，直到次年4月，她成功将弗尔斯特宅邸卖给了一位冯·弗兰肯贝格-吕特维茨男爵（Baron von Frankenberg-Lüttwitz）。这样一来，她就成功回笼了一部分在这场巴拉圭冒险中损失的嫁妆。钱到手后，她让弗兰齐斯卡给她发了一封电报，说家中急需她回去照顾生病的兄长。

《殖民地新闻》刊登了一则驱逐启事："要想有效地改善新日耳曼尼亚事务，首先需要驱逐弗尔斯特博士夫人。"多亏了她母亲那封电报，这则启事刊出之时，伊丽莎白已然离开殖民地，去履行她为人姐妹的慈爱使命了。

1893年9月，她从巴拉圭回到了瑙姆堡，伊丽莎白·弗尔斯特博士夫人成为伊丽莎白·弗尔斯特-尼采。

这是至关重要的一年。在这一年里，尼采的作品在柏林和巴黎的艺术先锋派中大放异彩，通过绘画、剧作、诗歌和音乐产生了广泛的影响。斯堪的纳维亚人点燃了尼采哲学的燎原之火：丹麦文学批评家格奥尔格·勃兰兑斯用他的讲座唤醒了世界，并把尼采介绍给了瑞典剧作家奥古斯特·斯特林堡。其直接结果就是，斯特林堡写就了话剧《朱莉小姐》，它取代亨里克·易卜生早前的话剧《群鬼》，成为在欧美各地实验舞台和私人戏剧俱乐部上演的最震撼人心的作品。易卜生的《群鬼》将梅毒题材搬上了舞台，而斯特林堡的《朱莉小姐》则讲述了一个贵族和她父亲的贴身男仆之间的故事，更加令人不安。它没有引入梅毒这样的生理危机，却是一部尼采式的心理剧，以心理学为依托，通过狄俄尼索斯式的性冲动，精确地追溯了由彼此怨憎所引发的屈从与控制的力场，以及超人与末人之间冲突的权力意志。

1892 到 1893 年间，斯特林堡住在柏林，并通过一个名为 *Zum Schwarzen Ferkel*（"小黑猪"）——以他们最钟爱的酒馆命名——的放荡不羁的波希米亚圈子传播着尼采的名声。挪威艺术家爱德华·蒙克正是其中一员，斯特林堡介绍给他的尼采作品产生了深刻影响，蒙克因此画出了《呐喊》。它绝无仅有地捕捉到了时代的精神。考虑到上帝之死的后果，以及随之而来的人类寻求生命意义和真谛的责任，蒙克创作出了存在主义恐怖的最佳肖像。通过石版画和印刷品的迅速复制，它席卷了德国和巴黎的画廊和杂志。

第四个令尼采声誉渐隆的人，是露·莎乐美。1889 年，奥托·布拉姆（Otto Brahm）在柏林开办了他的实验剧场"自由舞台"。露·莎乐美当时正与奥托·布拉姆比邻而居。她写了大量关于尼采的文章，常常首发于报纸《现代生活的自由舞台》（*Die freie Bühne für modernes Leben*）[1] 上，这是奥托·布拉姆在剧场创办同年刊行的一份报纸，由他本人进行编辑。这时的露自己也已声名鹊起。她的文章增进了人们对尼采的兴趣，1894 年，她出版了有关尼采生平和著作的第一批重要研究之一——《作品中的尼采》（*Nietzsche in seinen Werken*）。

尼采作品的形式也对 19 世纪 90 年代的艺术产生了巨大而直接的影响。这种形式实则是迫于尼采的疾病的：他那短促的、格言式

---

[1] 自由舞台剧场建立于 1889 年，报纸创办于 1890 年。1893 年报纸名称改为《新德意志评论》（*Neue Deutsche Rundschau*）。

的并常常是无序的爆发,乍看之下显得杂乱无章、尚未完成的作品,也被发展成为某种直接的和极其现代的交流方式。斯特林堡的戏剧因抛弃了经典戏剧三一律(时间、地点、情节三者的一致)而恶名昭彰,也因其不遵循逻辑发展而在纸面上令人费解,而这同样的一切在舞台上却令人振奋。蒙克不清理滴落或飞溅的颜料;他的画布上有大块的裸露和留白。这相当于绘画上的犹抱琵琶半遮面,其效果是强大的,而尼采是在索伦托初次发现了格言的这种暗示性,并以此为基础建立了"也许哲学家"这一强大而又异常现代的策略。这种立场使得他有能力以省略号来结束一句格言、一系列思想乃至整本书,由读者负责得出结论,同时,也承认客观真理对于人类而言甚至是不可信的,对它的追求只是一种幻觉。

1893年,在国际社会对其兄长作品异乎寻常的关注声浪中,伊丽莎白回到了瑙姆堡省。

她的首要任务是整理海量的文件。弗兰齐斯卡忠实地保留着儿子的信件和著作。此外,还有奥弗贝克从都灵带回尼采时,极为妥善地整理好并交给弗兰齐斯卡的所有资料。母亲毕生的情感档案,加上尼采多年来行李中的文件,其数量是巨大的:笔记本、散记、早已废弃的草稿、收到的信件、已寄出信件的草稿,以及从未寄出的信件的草稿。

伊丽莎白推倒了她母亲家的一楼墙壁。她用查拉图斯特拉的动物雕刻品来装饰这个随后被扩大了的房间:蛇、狮子和鹰。后者看起来很像是日耳曼的帝国之鹰。她称这里为尼采档案馆,并开始致力于打造一个全新的传奇,为此,她过去将弗尔斯特拔高为具有英雄气概的先知的行径,只不过是一次短暂的预演。

她去信给尼采的通信对象,要求他们提供手头所有信件及其他资料,并警告他们版权属于档案馆。只有科西玛和奥弗贝克没有照

第二十二章　精致的房间，茫然的住客

办。科西玛对伊丽莎白的才能和倾向有着相当的了解。无论伊丽莎白对尼采与瓦格纳之间互动的真相是什么说法，都不可能与她自己的版本一致。尼采档案馆将不会得到她的襄助。伊丽莎白则把科西玛的反应解读为女性的报复和档案馆的竞争，因为科西玛本人在拜罗伊特建立的瓦格纳档案馆大获成功。

至于奥弗贝克拒绝交出文件一事：他找不到合作的理由，因为长期以来他一直都是尼采关于其锁链病、其对于妹妹的憎恨和蔑视的倾诉对象。奥弗贝克的拒绝加深了伊丽莎白对他的宿怨，其源头要回溯到他在露的事件上没有支持她，并因为他建议尼采不要在新日耳曼尼亚投资而进一步加深。奥弗贝克就这样变成了她不共戴天的仇敌。他"很可能是犹太人"。他和弗兰齐斯卡对尼采的现状负有责任。伊丽莎白对他们在尼采第一次发病时的所作所为，除了批评，还是批评。他们应该把他送去医院，而不是精神病院。奥弗贝克找来护送尼采从都灵到巴塞尔的牙医是个犹太人加骗子（他确实有一半犹太血统）。伊丽莎白与尤利乌斯·朗本通信，站在他那一边反对母亲。奥弗贝克和弗兰齐斯卡应该花钱选择"一等"疗法，这样结果就会截然不同。

彼得·加斯特是另一个知根知底的人。愚蠢的是，他向伊丽莎白透露，他打算写一本尼采传记。她直截了当地告诉他，除了她自己，没人有资格这样做，并免去了他作为档案馆编辑的职务。取而代之的是比她年轻14岁的语言学家、音乐家弗里茨·克格尔[1]，她曾与之共度一个情意绵绵的夜晚。克格尔容貌英俊，是沙龙里的万人迷，一头狂野的乱发颇具罗曼蒂克的魅力。他看不懂尼采的笔迹，但没有关系。最初几年间，这个档案馆实际上就是伊丽莎白的待客沙龙，总编辑克格尔对她谄媚，与她调情，并在钢琴旁愉快地

---

[1] 弗里茨·克格尔（Fritz Kögel，1860—1904），语文学家、作曲家、作家。

唱歌以娱访客。钢琴上方悬挂着三幅画：尼采的照片、凡·戴克骑士像，以及丢勒的《骑士、死神与魔鬼》。楼上不时传来动物的咆哮，扰乱了斯文优雅的气氛。

由于进行性瘫痪同时在大脑和身体中蔓延，尼采的爆发变得太过猛烈，太过不可预知，弗兰齐斯卡无法继续进行户外散步疗程。尼采，这位曾那么热衷于高山漫游的人，现在却被限制在二楼的两个房间和一个小小的封闭式阳台中。他常常需要被人领着从房间走到几步开外的阳台，他自己不一定能找得到。他日常所做的就是笼中困兽的运动。他在阳台上来回踱步，那里特意种满了茂密的植物，这样他就不会被外界看见了。弗兰齐斯卡生怕自己心爱的、精神失常的儿子会被当局发现，然后被从她身边夺走。

上午大部分时间他都在睡觉。洗漱完毕、穿戴整齐后，他会在另一个房间度过接下来的一天，呆呆地枯坐上几个钟头。有时他会玩玩洋娃娃或其他玩具。他的母亲为他朗读直到嗓音嘶哑。他不理解那些词汇的意思，但喜欢听它们的发音。他讨厌访客。如果有理发师来为他修剪浓密的胡须，或是按摩师来为他按摩萎缩的肌肉以促进血液循环时，他都强烈地抗拒。尽管他们常常到访，但他坚信他们是来加害于他的。为了让工作得以完成，弗兰齐斯卡会抚摸着他，给他安慰，并往他嘴里放一点甜食。有时她会念诵童谣。偶尔，他能记起其中的只言片语，一道念起来。每当他变得吵闹和暴力的时候，弗兰齐斯卡和她忠实的管家阿尔文都很怕他，但对他被带走的恐惧超过了她们为制服他而进行的肉搏所造成的痛苦。

弗兰齐斯卡定期写下"我病中好儿子的语录"。1891年，他还记得儿时在勒肯老家的果园。他能叫出各种果树的名字。他也记得走廊尽头的图书馆，以及炸毁所有窗户的那场粉尘爆炸。忆及这些，他大笑起来，然后严肃地说："好了小丽莎，你的宝贝洗澡小子得救了，我把他装在裤兜里。"然而此后，弗兰齐斯卡的零星记

第二十二章　精致的房间，茫然的住客

录表明，随着时间的推移，记忆在逐渐磨损和飘散。1895 年，在能够说出果树名字的四年之后，他再也无法与母亲共同回忆他的童年时光了。反应思维已经崩溃。他的母亲记录了一个典型的事件，当她问他要不要吃饭时，他答道："我有嘴吃饭吗？我应该吃吗？我的嘴巴，我说，我想吃……这是什么？耳朵这是什么？鼻子这是什么？我不喜欢的双手。"不过，在那个迷宫般的头脑中还留存着一些什么，如果不是某种回忆的话，至少还有过去的他的一点稀薄的投影：如果有什么事物令他愉悦，或令他觉得美，他会称之为"一本书"，他还纠缠于自己是否愚蠢的问题。"'不，我亲爱的儿子，'我对他说，'你不蠢，你的书现在震撼了世界。''不，我很蠢。'"

令人欣慰的是，这似乎是他最接近于瞥见他曾经拥有而现在已经失去了的伟大的时刻。

1894 年 10 月 15 日是他 50 岁生日。瑙曼往他的账户中汇入了一万四千马克。他的书终于有了销路。尼采却一无所知。

旧日的朋友前来祝他生日快乐，但他已认不出他们是谁。这些日子以来，他只认得母亲、妹妹和好心的阿尔文。罗德形容他既不快乐，亦非不快乐，仿佛以某种可怕的方式"超越"了一切。保罗·多伊森带来一捧生日花束。有那么一瞬间，这些花朵引起了他的注意，但随后他就将其抛于脑后。多伊森告诉他，他已经 50 岁了，但这对他而言已毫无意义。他只对蛋糕的到来感兴趣。

次年，充斥着可怕咆哮呐喊的兴奋期与彻底的虚脱期交替出现。奥弗贝克的一次到访恰逢后者。他发现尼采的身体状况与他在都灵发现他时一模一样，半蜷在沙发一角。双眼毫无生气。他令奥弗贝克想起一只受了致命伤的动物，走投无路，渴望死亡。

此后奥弗贝克再也没有见过尼采。伊丽莎白公开指责奥弗贝克

窃取了部分未出版作品。真正的原因是他拒绝交出那些往来书信，她知道其中有对她不利的内容，并且不一定支持她对某些事件的说法。这些信件最终于1908年出版，但伊丽莎白早已将此案告上法庭，并赢得一项判决，规定将有争议的段落用空格代替，这一审查制度使得她信誉扫地。

母女之间的关系已不可调和。楼上，弗兰齐斯卡和阿尔文服侍着呆滞的尼采；楼下，则是伊丽莎白活跃的音乐沙龙；一屋之内的反差令人无法忍受。

伊丽莎白写了一封长达10页的信，谴责弗兰齐斯卡不适合照顾尼采。她希望成为他的监护人，将他及其作品一道转移到新的档案馆，然而，家庭医生拒绝支持伊丽莎白对其母亲的要求。

可想而知，弗兰齐斯卡非常难过。1895年，伊丽莎白出版了其兄长传记的第一卷，《弗里德里希·尼采的生活》（*Das Leben Friedrich Nietzsches*）。这让弗兰齐斯卡更加心烦意乱。她抱怨说，她几乎看不出其中有任何事实真相。但由于弗兰齐斯卡几乎没有受过教育（正如宾斯万格在耶拿诊所注意到的那样），她无法把对女儿说法的反驳诉诸纸面。弗兰齐斯卡也从未栽培过有影响力的人脉，可以为她辩护。奥弗贝克支持她，可他把伊丽莎白觊觎的信件捐给了巴塞尔大学，就此从这场令人不快的争斗中全身而退。奥弗贝克把一切留待后人评说，这很有他的风格。

1895年12月，伊丽莎白起草了一份合同，授予她本人尼采手稿和文件的唯一版权。她向母亲开出三万马克的价码，以换取尼采作品的所有版权和版税。弗兰齐斯卡不情愿地让步了。她并不想让女儿完全掌控这笔文学遗产，但另一方面，这笔钱应该足以保证她自己和儿子未来无虞。从他作品的收入来看，这并不算是一个大数目，他的书仅在过去一年就已带来了这个数目的一半。尼采作品此时已拥趸甚众，伊丽莎白在筹钱方面不费吹灰之力。她兄长的三个富有的崇拜者为她提供了这笔资金：尼采的老朋友梅塔·冯·萨利斯-马施林斯，一位名叫罗伯特·冯·门德尔松（Robert von Mendelssohn）的银行家，他是犹太人（伊丽莎白的反犹主义并没有扩展到财务领域），还有哈里·凯斯勒伯爵。

从这时起直到 1935 年伊丽莎白去世为止，尼采所有作品的出版、编辑、使用和版权，以及他过去的往来信函，都将被伊丽莎白一手掌控。她已把自己置于这样一种地位，即她可以行使任何她想要的审查制度，以塑造她兄长的作品和生活故事，并获得她允许出版的任何作品的版税。

1897 年 4 月，母女间的暴风骤雨（sturm und drang）终于止息。疲惫不堪、郁郁寡欢的弗兰齐斯卡去世了，终年 71 岁，可能是死于子宫癌。伊丽莎白终于获得了对尼采这个人及其作品的完全控制权。

首先要做的是把他和档案馆迁往一个更合适的处所。瑙姆堡是一潭死水。在她看来，魏玛似乎是个不错的选择，在那里，他可以在德国文化的万神殿中占据一席之地。

随着歌德在 1775 年的驾临，魏玛早已成为德国的缪斯之城。黄金时代的文化巨擘们已然完成了朝向"我们德国的雅典"的改造：费希特（Fichte）、赫德（Herder）、洪堡、谢林（Schelling）、席勒和威兰（Wieland）。1848 年，李斯特承袭文化衣钵，成立了文化社团——"新魏玛协会"（Neu-Weimar-Verein），并在宫廷剧院执导了瓦格纳的早期歌剧作品，从而开创了白银时代。

歌德和席勒的档案都被保存在魏玛，而伊丽莎白盘算着，分享这份荣耀将进一步增加尼采档案馆与瓦格纳档案馆平起平坐的机会，伊丽莎白对科西玛在拜罗伊特的那个档案馆充满了愤愤然的艳羡之情。

卖掉瑙姆堡的小房子，买下魏玛的大宅第，这需要资金。梅塔·冯·萨利斯-马施林斯乐于解囊相助。还有比这更好的方式来回报那些与尼采在锡尔斯-玛利亚共度的夏日吗？梅塔教会他的仅仅是泛舟于席尔瓦普拉纳湖上，而作为交换，他教会了她，一个女人同样可以成为超人。

梅塔找到了新落成的"银景别墅"（Villa Silberblick）[1]，一座相当丑陋的四方形砖石结构宅邸，位于魏玛南郊。它的规模比瓦恩福里德要小，但由于无须容纳一个音乐厅，也就足够大了。银景别墅以其位置著称，因其银色的景观而得名。它过去和现在都坐落于徐徐上行的洪堡大街（Humboltstrasse）顶端，俯瞰着这座城市最美的景致，因此也是欧洲伟大的新古典主义风景之最，这是歌德结束其意大利之旅归国后的手笔。像尼采一样，歌德爱上了罗马周遭的平原和乡间，也爱上了它们在画家克洛德·洛兰画布上的呈现。归来后，歌德着手将魏玛平原起伏的轮廓重塑为世外桃源（Arcadia）的缩影。牧场变为乐土。蜿蜒的伊尔姆河（River IlM）的曲折处建起了庙宇和石窟。从银景别墅的窗口望去，景致绵延至少十英里，这是对尼采心爱风景的再现，正是那片风景赋予了尼采灵感，在对露的苦恋中，创作了《夜之歌》。

银景别墅的双层玻璃阳台是尼采余生的三年中日日落座之处。如果他的双眼能够看见这片景色——但这是完全无法确定的——那么他将会记起与露一道登上萨克罗山的那次改变命运的远足，彼时的原野和风景，平展地铺陈上图林根平原，而其边缘则被埃特斯堡森林汹涌的黑色林涛所吞没。

在梅塔看来，这似乎是最适合她亲爱的朋友的所在。她以39万马克的价格买下了这座别墅及其土地。在没有知会梅塔的情况

1　建于1899—1900年。建筑师：特奥多尔·赖因哈德（Theodor Reinhard）和H. 容汉斯（H. Junghans）。

下,伊丽莎白开始了一项穷奢极欲的建筑工程,这里砸掉一个浴室,那里打掉一个阳台,然后把账单寄给梅塔,这些毫无必要的装修改造费用令梅塔愤慨。但她发现,更糟的是伊丽莎白对于公众的狂热。梅塔读到一篇记者文章,描述尼采是如何为了获利而被展览示众:先是睡觉,接着醒来,然后蜷在一张椅子上,被喂了几块蛋糕。对梅塔而言,这太过分了。她切断了联系。[1]

1897年7月,随着改建工程的竣工,伊丽莎白组织了一次广而告之的秘密夜间旅行。哲学家坐在轮椅上由火车从瑙姆堡运抵魏玛,到达车站专门开辟的私人入口。这里通常是为萨克森-魏玛大公(Grand Duke of Saxe-Weimar)保留的专用通道。从抵埠那一刻起,人们就再也没有见过伊丽莎白靠自己的双脚在城中走动过。她只乘坐马车出行,随行的还有坐在车厢上的一名车夫和一名男仆。[2]

最早的到访者之一是哈里·凯斯勒伯爵。8月他抵达时,惊讶地发现一个身着制服的仆人正在车站迎候他,那仆人的镀金纽扣上夸耀性地装饰着贵族的五角形冠冕。[3] 凯斯勒是来谈《查拉图斯特拉如是说》的。理查德·施特劳斯(Richard Strauss)的同名音乐作品已于去年首演,引起了轰动。凯斯勒提议让先锋艺术新锐设计师亨利·范德费尔德(Henry van der Velde)来为《查拉图斯特拉》设计一个豪华藏书版。凯斯勒还意欲敦促晚期诗作,以及尚未出版的《看哪这人》的出版。伊丽莎白对此无动于衷。除了想要压制《看哪这人》中对她本人不利的段落,她更倾向于在她关于其兄长的传记文章中吝啬地释出该书中的小片段。此举维护了她作为看

---

[1] 梅塔·冯·萨利斯-马施林斯致厄勒博士的信,1898年7月14日,特引自 Peters, *Zarathustra's Sister*, p. 164.
[2] 彼得·加斯特致弗朗茨·奥弗贝克的信,1900年8月4日。
[3] Harry Kessler, *Diary*, 7 August 1897, in Easton (ed.), *Journey into the Abyss*, p. 186.

守者、作为唯一有权接触这本宝贵自传的人的特权地位：这是一个相当有力的武器，能够用来让任何可能质疑档案馆发布内容的真实性的人（柯林拜尔的阴影）噤声。她牢牢把持着《看哪这人》，直到11年后才准其出版。即使那时，她也只允许凯斯勒以所谓"银行董事版"的形式出版，这是由范德费尔德设计的150册豪华限量版，以黑色和金色墨水印制，让她赚了29 500马克。

哈里·凯斯勒初次到访银景别墅之时，伊丽莎白更乐于讨论与尼采相衬的丧葬安排，尽管他还在楼上活得好好的。她已决意要把兄长安葬在银景别墅的土地上，就像瓦格纳被安葬在瓦恩福里德一样，但这令市政当局十分为难。哈里·凯斯勒认为，锡尔斯-玛利亚的贞洁半岛兴许是更为适宜的地方，但伊丽莎白对此不感兴趣。不过，她仍提议由他来担任档案馆编辑之职。尽管时年61岁的伊丽莎白施展万种风情向29岁的凯斯勒抛出了这个提议，他还是没有接受。

伊丽莎白有着维也纳人的习气，热衷于跟年龄只有自己一半大的美男子调情。档案馆的第一任编辑弗里茨·克格尔爱上了一个年纪相仿的女孩，并与之订婚，因此被解雇了。随后，伊丽莎白雇用了年轻的鲁道夫·施泰纳（Rudolf Steiner），此人后来加入了布拉瓦茨基夫人（Madam Blavatsky）的宗教通神学教团，其后又根据他青年时期所经验到的幻象，创立了自己大杂烩式的"精神科学"，名曰"人智唯灵论"。鲁道夫·施泰纳除了在尼采档案馆的编辑工作外，伊丽莎白还聘请他指导自己学习其兄长的哲学，此事以失败告终——坏脾气的幻视者无法指导顽固的大羊驼。施泰纳放弃时声称，她既不能接受指导，也无法理解其兄长的哲学。这两点恐怕都是对的。

由于凯斯勒的拒绝，档案馆的编辑职位出缺了。新近从锡尔斯-玛利亚运来了大量文件。尼采最后一次离开锡尔斯时，在杜里施家中他的房间里留下了各种笔记和便条。他告诉杜里施说那是垃圾,应该烧掉。杜里施只来得及把它们放进橱柜,还没顾得上点火,朝圣者就来了,他们要走遍查拉图斯特拉的山,触摸他的石头。他们紧紧攫住一切神圣的遗泽,不管上面写的是"我忘带伞了"[1],抑或是对被钉在十字架上的基督和被撕成碎片的狄俄尼索斯之间不同含义的推测。伊丽莎白风闻此事,马上要求把所有东西都送去魏玛,它们在那里加入了那笔文学遗产越垒越高的故纸堆中。

最终,伊丽莎白不得不纡尊降贵,把彼得·加斯特请回来担任编辑。他的确是唯一能够读懂那些晚期笔迹的人,此事对伊丽莎白的野心而言至关重要,她要把那笔混乱的文学遗产塑造为她自己的书,并以尼采的名义出版。她打算将其命名为《权力意志》,并推它为尼采的代表作,他对所有价值的重估。她丝毫不怀疑,她可以从文学遗产的残章断句中创造出这部作品,在理智之光照临的最后一年里,尼采偶尔会提到这本他正在考虑写出的书,或者说他已经写出,又或者说在完成了《敌基督者》后不再需要写出的书。

尼采从来都不富裕。他有穷人那种悭吝的习惯,翻来覆去地使用同一个笔记本,直到本子上再无余地。除非笔迹中出现明确的退化,否则往往没有表明时间或思考顺序的线索。他有时从前往后写,有时又从后往前写。有的页面和段落被划掉或覆盖。同一页上既有深奥的内容,又有潦草的购物清单。

正当加斯特埋首于文学遗产之际,银景别墅已然成为一处朝圣之地,在其中,尼采的文本、照片、旧版书和镶着花边的面纱,巴拉圭民间工艺品,以及先驱者弗尔斯特博士的半身像陈列在一起。弗尔斯特博士是崇高的雅利安主义和反犹主义殖民事业的英雄。伊

---

[1] *"Ich habe meinen Regenschirm vergessen"*.

丽莎白在周六举办沙龙，周中举行许多聚会。到访者兴奋地意识到，如某人所说，就在他们上方"只隔一层横梁"的地方，躺着尼采-查拉图斯特拉的偶像。有来头的访客被允许远远眺望一眼楼上的身影，他现在总是穿着从圣像图录中借鉴过来的白色长袖亚麻及地长袍。

多愁善感的来访者很容易将尼采神化，出版物中开始出现半宗教性的描述。它们往往着力描述他的双眼。这位崇高的智慧之王拥有一双具备神秘能力的眼睛，超越一切在世之人，能凝视人心之深渊，能企望冰峰之层巅。尼采那双可怜的半盲的眼睛被比作双星、天体，乃至星系。"那时，任何一位见过尼采的人，"鲁道夫·施泰纳写道，"看到他蜷在打褶的白色长袍中，看到他那张高深莫测、充满疑问的高贵的脸，看到他那狮子般雄伟的思想者的头颅，都会有这样一种感觉：这个人不会死，但他的双眼将会生生世世安息于人类与整个世界的表象之上，在无边无涯的狂喜中睡去。"[1] 伊丽莎白请来为其兄长设计纪念碑的建筑师弗里茨·舒马赫（Fritz Schumacher）说："看到（他）的人都不会相信，自己所看到的是一具精神已然逃逸的肉体。人们不得不相信，自己看到的是一位超越了日常琐事的人。"[2]

伊丽莎白乐于在晚餐后展示他。她常常把他布置在半透明窗帘的后面，若隐若现，像降神会上的幽灵。[3] 很少有人能像哈里·凯斯勒那样真真切切地看到他。凯斯勒恐怕是最常看见尼采的人，当他有业务要与伊丽莎白讨论时，常常在银景别墅过夜。他会被吵

---

[1] Hollingdale, *Nietzsche, the Man and his Philosophy*, p. 253.
[2] 弗里茨·舒马赫 1898 年的回忆，载 Easten (ed.), *Conversations with Nietzsche*, pp. 246-247.
[3] Karl Böttcher, *Auf Studienpfaden: Gefängnisstudien, Landstreicherstudien, Trinkstudien, Irrenhausstudien*, Leipzig, 1900, 以及 Walter Benjamin, "Nietzsche und das Archiv seiner Schwester", 1932, 转引自 Paul Bishop (ed.), *A Companion to Friedrich Nietzsche*, Camden House, NY, 2012, p. 402.

第二十二章　精致的房间，茫然的住客

醒，听到尼采发出"长而嘶哑的声音，用尽全力向着夜空尖叫；之后，一切重又归于平静"[1]。

凯斯勒从尼采身上看到的不是一个病人，或先知，甚至也不是疯子，他看到的仅仅是一个空空如也的信封，一具行尸走肉。裸露在外的双手，其上的静脉血管青紫相间，如同死尸的手一般蜡黄而肿胀。蓄得过长的胡须，覆盖了整张嘴和下巴，是为了刻意掩饰陷入茫然的白痴状态，遮住不受控制的嘴。与朝圣者们不同，凯斯勒从尼采的眼里什么也没看到——没有疯狂，没有恐惧，没有灵魂。"我倒宁可把他的目光描述为某种忠诚，但同时又欠缺理解，一种徒劳的智力探索，就像你在一只高贵的大狗身上常常会看到的那样。"[2]

1898年夏天，尼采第一次中风。第二年又发生了一次。1900年8月，他患上感冒，并出现呼吸困难。一个也许是担心遭到伊丽莎白长期报复而不愿透露姓名的证人，报告了尼采的死亡。其描述听起来像是一位照顾该病人多年的护士所做。

他，也许是她，注意到，在被转移至魏玛后，尼采丧失了阅读、理解乃至清晰的语言表达能力，尽管这位不幸的患者从来不乏访谈。但这些访谈极少当面进行。所有接触都通过伊丽莎白来推动，所有报告都得经她的手，而尼采则瘫在一旁，无助地躺在那位证人所说的"床垫墓穴"里，被推起的家具包围着，以防止他逃跑。他无法自如行动，尤其是因为，他一看到闪亮的物件就会试图把它塞进嘴里。除此之外，他总体上是一个听话的好病人。他境况凄凉，毫无希望，但他很少有身体上的痛苦。

哈里·凯斯勒证实了以上描述，不过伊丽莎白的新闻简报讲述了一个截然不同的故事。尼采从他最喜爱的作家——显然是莫泊

---

[1] Harry Kessler, *Diary*, 2 October 1897, in Easten (ed.), *Journey into the Abyss*, p. 190.

[2] Harry Kessler, *Diary*, 3 October 1897, in ibid., pp. 190-191.

桑——那里，得到了极大的乐趣。据她说，尼采"直到最后一刻都还保留着他的语言能力。他是多么经常地赞美着我所做的一切。当我看起来悲伤的时候，他又是如何安慰着我。他的感激之情令人动容。'你为什么哭呢，莉丝贝？'他会说，'我们多幸福啊。'"[1]。

关于他的死亡，也有两种不尽相同的说法。他的濒死状态是痛苦的，但持续得并不长，匿名证人写道，此人显然有临终观察的经验，他（她）接着评价说，鉴于尼采予人深刻印象的体格——"即使在棺材里也威风凛凛"，如果他有足够的求生意志，也许会挣扎得更久。[2]

伊丽莎白对这次死亡的叙述有所不同。将近午夜，她坐在他的对面，一场可怕的风暴正在酝酿。中风令他神色大变，倒在地上，不省人事。（伊丽莎白喜欢中风这种事。）"看来，这个伟大的心灵就要在电闪雷鸣中毁灭了，然而，他又醒了过来，并试图说话……即将凌晨两点，我给了他一杯提神的饮料，他推开灯罩，以便能看到我……睁开他那双非凡的眼睛，他最后一次凝视着（我的）双眼，高兴地喊道：'伊丽莎白！'然后，他猛地摇了摇头，心甘情愿地闭上眼睛，死了……查拉图斯特拉就这样死了。"[3]

他逝世于1900年8月25日。

伊丽莎白召唤来哈里·凯斯勒。他中断了对巴黎世界博览会的观览，在那里，人们点亮埃尔菲尔铁塔以庆祝电力的奇迹，世界正在迎接新世纪的降临。凯斯勒抵达魏玛，看到尼采躺在档案室的棺材里，被盆栽棕榈和鲜花紧紧簇拥着。

遗容面具的制作通常由雕刻家来完成。伊丽莎白曾请马克斯·

---

[1] Förster-Nietzsche, *The Life of Nietzsche*, Vol. II, p. 410.
[2] 匿名，转引自 Gilman (ed.), *Conversation with Nietzsche*, pp. 260-261.
[3] Förster-Nietzsche, *The Life of Nietzsche*, Vol II, p. 410.

第二十二章 精致的房间，茫然的住客

克林格（Max Klinger）和恩斯特·盖格尔（Ernst Geyger）来做，但他俩都太忙了，所以这项任务就落在了哈里·凯斯勒身上。凯斯勒拉来一位年轻的学徒，着手干起来，那位学徒原是来帮忙布置葬礼装饰的。头颅已歪向一边，他们不得不把它抬高一些，以便扶正。任务完成后，他们都松了一口气。伊丽莎白制作了遗容面具的副本，并把它们作为"铭记汝之将亡"（memento mori）的纪念送人。但没过多久，她就觉得这个遗容面具不够出色。于是又做了第二批改良版，并赠给那些她特别中意的人。额头被加高，堪与苏格拉底相媲美，而55岁的尼采的发量也增加了，简直像是一位头发浓密的青年阿波罗。

尼采早已告诉人们，他希望像一位诚实的异教徒那样入土为安。至于音乐，只需要他为露谱曲的那首《生命赞歌》。不要基督教仪式。最重要的是，不要牧师。

档案室里，在棺材边举行了长时间的基督教仪式。音乐来自勃拉姆斯和帕莱斯特里纳（Palestrina）。一位名叫库尔特·布雷西希（Kurt Breysig）的艺术史学家发表了一篇冗长又迂腐的悼词。有人说，如果尼采听到这悼词，一定会把布雷西希从窗口扔出去，而众人也会跟着他这么干。[1]

次日，所有东西都搬到了勒肯，在那里，装饰着银色十字架的灵柩被安葬在一排家族墓地的中央，那里埋葬着他的父亲、母亲和他年幼的弟弟约瑟夫。伊丽莎白后来对这一安排又有了新的考虑，就像她对遗容面具那样。她让人把尼采的棺木从中间挪到尽头。当她的时间到了，她希望在中央度过永生永世。

伊丽莎白在尼采去世后继承了三万六千马克。尼采档案馆正式成立，哈里·凯斯勒被任命为其理事之一。他担任魏玛大公国工艺

---

[1] 悼词由艺术史学家库尔特·布雷西希（1866—1940）撰写。对悼词的评价则是由建筑师弗里茨·舒马赫做出的。1923年，布雷西希提名伊丽莎白为诺贝尔文学奖候选人。

美术博物馆的馆长，并着手组织魏玛的下一个文化时代，使之成为以尼采为中心的整体艺术（Gesamtkunstwerk），正如它的第一个黄金时代以歌德为中心一样。这是为实现尼采与瓦格纳曾经共同的梦想而做出的又一次尝试：创造某种一致的新日耳曼文化认同，将所有艺术兼容并蓄于统一的愿景当中。

哈里·凯斯勒延请亨利·范德费尔德来领导魏玛的工艺美术学校，并对银景别墅的内部进行改造，如今，这里被称为尼采档案馆（Nietzsche-Archiv）。范德费尔德是比利时最新风格的倡导者，该风格在德国被叫作"青年风格"（Jugendstil），而在法国则被叫作"新艺术"（Art Nouveau）。在被凯斯勒请到魏玛之前，范德费尔德曾为巴黎著名的艺术商萨穆埃尔·宾（Samuel Bing）的"新艺术之家"（La Maison de l'Art Nouveau）做了室内设计，正是这位萨穆埃尔·宾把这种风格推向了市场。

青年风格对自然形态和手工制作的强调，与尼采关于自然世界的次逻辑和非理性力量比机器力量更为强大的观点不谋而合。德皇曾说，范德费尔德的内饰中波浪形线条让他有晕船之感，但伊丽莎白乐于看到档案馆变成一个备受关注的现代主义风格地标。以青年风格的遒劲线条写就的字母"N"代表尼采，装饰着从木质镶板到门把手的一切。

整体艺术的核心必然是尼采已经出版的文本。哈里·凯斯勒委托范德费尔德设计出一种简洁的新字体，将尼采飞扬的文字从传统德国黑体字那古旧的哥特式花体中解放出来。

范德费尔德负责装饰艺术，凯斯勒则负责美术。凯斯勒与颇具传奇色彩的巴黎艺术商安布鲁瓦兹·沃拉尔（Ambroise Vollard）和保罗·迪朗-吕埃尔（Paul Durand-Ruel）相熟。他的魏玛画廊成为巴黎先锋艺术的前哨，展出印象派、后印象派和表现主义的作品。他与许多艺术家都有私交，包括莫奈、雷诺阿、德加、博纳尔

（Bonnard）、雷东（Redon）、维亚尔（Vuillard）和雕塑家马约尔（Maillol），他打算委托后者创作一尊象征超人的巨型裸体雕像，作为 1906 年尼采大型纪念活动计划的一部分。该纪念活动的倡议委员会体现了 20 世纪初人们对尼采的广泛兴趣。它包括萧伯纳、乔治·摩尔（George Moore）、W. B. 叶芝、吉尔伯特·默里（Gilbert Murray）、威廉·罗滕施泰因（William Rothenstein）、哈利·格朗维尔-巴克尔（Harley Granville-Barker）、埃里克·吉尔（Eric Gill）、奥古斯特·罗丹（Auguste Rodin）、莫里斯·德尼（Maurice Denis）、阿纳托尔·法朗士（Anatole France）、亨利·柏格森、夏尔·莫拉斯（Charles Maurras）和莫里斯·巴雷斯（Maurice Barrès）。该计划因第一次世界大战的爆发而搁浅。

1906 年，爱德华·蒙克受邀前来魏玛，为已故的尼采画一幅"思想肖像"。画布的尺寸往往反映了蒙克对主题重要程度的看法，而这幅尼采的"思想肖像"是他最大的作品之一。如同《呐喊》中那个人物一样，尼采靠着栏杆站立，栏杆从画布中斜穿而过，通往无限。[1]《呐喊》中的栏杆从右下往左上，而尼采这幅则是从左下到右上，这是蒙克如何看待每个人物不同心路历程的有趣表达。尼采巨大的身影使得坐落在风景中的小教堂显得尤其渺小；蒙克，与尼采一样，原本被其宗教狂热的家庭指定了神职一途，而与尼采一样，他也走上了一条截然不同的道路。

伊丽莎白与蒙克不睦。但她还是想让他为她画一幅肖像。蒙克挑了一块比例怪异的画布，对她荷叶褶边的裙子大做文章，并给了她一张刽子手般冷硬的脸。[2]

---

[1] Edvard Munch, *Friedrich Nietzsche*, 1906, oil on canvas, 201 × 160 cm, Thiel Galleriet, Stockholm.

[2] Edvard Munch, *Elisabeth Förster-Nietzsche*, 1906, oil on canvas, 115×80 cm, Thiel Galleriet, Stockhom.

在属于她的那座青山上，伊丽莎白感到自己总算获得了与科西玛同等的地位，成为永恒德国的女祭司——在她的葬礼上，人们将用这个称谓向她致敬。科西玛于1930年去世，伊丽莎白于1935年去世，她负责尼采作品的时间是尼采出版第一部著作《悲剧的诞生》到写出最后一书《看哪这人》的16年的两倍有余。这些年间，伊丽莎白是盘踞在尼采档案馆中央的一只蜘蛛，把兄长的话语编织成她自己的网，并通过把兄长描述成她自身信念的神秘预言家来自高身价。

伊丽莎白从来不曾理解作为其兄长思想之基底的观念地震。也从来不曾理解他对所有将世界简化为单一体系的制度和哲学的抗拒。正是出于对确定性的革命性反对，他把自己描述为"也许"的哲学家，这完全超出了她的理解范围。他自认为是一个恶作剧者，一个宁可被当作傻瓜也不愿做圣人的哲学家，这样的想法，被她无视了。他认为，真理没有单一的定义，但可以被当作一个能够从不同视角加以有效检视的问题，这样的想法，也被她无视了。他声称，"永恒理性的蜘蛛"是不存在的，只有生命舞池中的种种意外，而存在的意义并不因此稍减，这样的想法，仍然被她无视了。她全面掌控着他的作品，却完全不理解他的主要智力探索背后的目的：如何在一个理想和神性尽皆缺席的不确定宇宙中找到价值和意义。

1901年，尼采去世仅一年后，伊丽莎白出版了《权力意志》（*Der Wille zur Macht*），作为文集的第15卷。此书由483条格言组成，都选取自文学遗产——尼采从未打算让人读到它，遑论出版。对于最终出版的内容，尼采总是几近神经质地严格把关，这从他与加斯特，以及与出版商的通信中就可见一斑。伊丽莎白在《权力意志》中所刊发的并不代表他对任何事物的最终看法。而到1907年再版时，伊丽莎白将该书的篇幅扩充了近三倍：483条格言膨胀到了1067条。这就是遗作编辑的控制权。

第二十二章　精致的房间，茫然的住客

形象是尼采传奇的重要组成部分，伊丽莎白委托制作了肌肉虬结的雕像、光芒四射的画作和神采奕奕的照片。尼采甚至被描绘为头戴荆棘冠冕的基督。她负责管理文学作品，出版书籍和文章，并精选他的作品片段。由于没有人可以驳斥她的说法，她信口开河地写出了传记的第二卷《孤独的尼采》，编制了不可靠的《瓦格纳-尼采通信》记录，以及一本关于尼采与女性的书，继续发泄她对于露的宿怨。拜《权力意志》扩充版所赐，伊丽莎白获得了1908年诺贝尔文学奖提名。她还将因为从事关于其兄长的写作而再获得三次提名。[1] 耶拿大学授予她荣誉博士学位，这样一来，她的签名有了终极模式：荣誉哲学博士伊丽莎白·弗尔斯特-尼采夫人（Frau Dr. Phil. H. C. Elisabeth Förster-Nietzshe）。

在第一次世界大战之前的几年间，哈里·凯斯勒仍有一定权力的时候，人们对于档案馆的兴趣是世界性的、智识性的。它更多地吸引着批评家、创意作家和艺术家，而不是哲学家。已经证实的尼采主义者包括胡戈·冯·霍夫曼斯塔尔、斯特凡·乔治（Stefan George）、里夏德·德默尔（Richard Dehmel）、理查德·施特劳斯、托马斯·曼、海因里希·曼（Heinrich Mann）、马丁·布伯（Martin Buber）、卡尔·古斯塔夫·荣格（Karl Gustav Jung）、赫尔曼·黑塞（Hermann Hesse）、保罗·海泽（Paul Heyse）、赖纳·马利亚·里尔克、马克斯·布罗德（Max Brod）、阿尔伯特·施魏策尔（Albert Schweitzer）、安德烈·纪德、舞蹈家瓦斯拉夫·尼金斯基（Vaslav Nijinsky）和伊莎多拉·邓肯（Isadora

---

[1] 伊丽莎白·弗尔斯特-尼采历次诺贝尔文学奖提名：1908年，由德国哲学家汉斯·费英格（Hans Vaihinger）提名；1916年，由汉斯·费英格和哈拉尔德·耶内（Harald Hjärne）——一位瑞典历史学家提名；1917年，由汉斯·费英格提名；1923年，由语文学家格奥尔格·格茨（Georg Goetz）提名；1923年，由库尔特·布雷西希提名，他在尼采的葬礼上的发言冗长无比；1923年，由汉斯·费英格提名（再次）。

Duncan），以及飞行员格拉夫·齐柏林（Graf Zeppelin）。其他早期的追随者包括如萧伯纳和W. B. 叶芝、H. G. 威尔斯（H. G. Wells）、詹姆斯·乔伊斯、温德姆·刘易斯（Wyndham Lewis）、赫伯特·里德（Herbert Read）和T. S. 艾略特。H. L. 门肯（H. L. Mencken）大概是最早的美国热衷者，其后是西奥多·德莱塞（Theodore Dreiser）、尤金·奥尼尔（Eugene O'Neil）、埃兹拉·庞德（Ezra Pound）和杰克·伦敦（Jack London）。在法国有伊波利特·泰纳、让·布尔多、安德烈·纪德、保罗·瓦莱里、阿尔弗雷德·雅里（Alfred Jarry）和欧仁·德·罗贝蒂（Eugène de Roberty）。在意大利则有加布里埃尔·邓南遮（Gabriele D'Annunzio）和贝尼托·墨索里尼。

这对尼采而言已经足够惊人了，他曾经常常表达对于拥有门徒的恐惧，然而这种尼采狂信的政治调门只会令他更为惊惧。第一次世界大战的迫近推动了某种好战形式的尼采主义，将权力意志作为道德教义，支持暴力与残酷，超人是最伟大的暴徒，而金发野兽则是对种族繁殖计划的一种激励手段。伊丽莎白在报纸上发表文章鼓励这些扭曲的解读，热情地将她的兄长描述为战争之友。

15万册《查拉图斯特拉》被印成了袖珍特制版，分发给第一次世界大战中的德国士兵，与《新约》、歌德的《浮士德》一道被带上战场。人们不禁要问，他们到底要用这些书来干什么，正如人们不禁要问，对泛德军国主义敌视已极的尼采就这一事态发展会有何看法。

"如果我们能阻止战争，那就更好了，"在晚年的一本笔记中，他这样写道，"这样我们就能为欧洲每年因维护武装和平而花费的120亿找到更好的用途，除了在部队医院里，一定还有其他途径向生理学致敬……将这样一批千挑万选的青春、活力和能量置于大炮面前——这真是疯了。"[1]

第一个意识到尼采哲学如何能够适用于他自己的民族主义和施暴观念的主要政治人物，是墨索里尼。早在上台之前的青年时期，他就已经是从尼采那里找到希望的那一代人。[2] 1931年，正当档案馆与纳粹党人的关系变得越来越密切之际，墨索里尼成为意大利的法西斯独裁者，与希特勒也相交甚笃，他给伊丽莎白发了一封电报，祝贺她的85岁生日。她非常仰慕墨索里尼，并着手说服魏玛剧院上演他与人合写的剧本《五月广场》（*Campo di Maggio*）。[3] 1932年2月该剧公演时，希特勒带着冲锋队出现在了剧院，并向伊丽莎白献上了一大捧红玫瑰。次年，他们再度相见，是在纪念瓦格纳逝世50周年的《特里斯坦》演出中。当时的希特勒已经成为德国总理。

"我们热血沸腾，因为有伟大的总理阿道夫·希特勒这样了不起的——事实上是非凡的——人物领导着我们的政府，"伊丽莎白滔滔不绝地说道，"人民，帝国，元首。"[4]

尼采档案馆之长期沦为纳粹阵营，始于两次世界大战之间的魏玛共和国时期（1918—1933），其时德国正因在第一次世界大战中的惨败而愤懑不平，还遭受着大萧条和恶性通货膨胀的骇人危机，有600万人失去了工作，随之而来的，是共产主义和国家社会主义政治的兴起。

---

[1] Late notebook, W 13, 646, W 13, 645, 转引自 Krell and Bates, *The Good European*, p. 213.

[2] 早在1912年，墨索里尼就撰写了一篇有关尼采的传记性论文——《弗里德里希·尼采的一生》（*La Vita di Federico Nietzsche*），发表于《前进报》（*Avanti*）。

[3] 尽管并非直译，但 *Campo di Maggio* 的英译名一直是 *The Hundred Days*（即《百日复辟》——译注）。

[4] 伊丽莎白·弗尔斯特-尼采，未发表的信件，魏玛，1933年5月12日，转引自 Peters, *Zarathustra's Sister*, p. 220.

魏玛共和国时期，档案馆处于政治的风口浪尖，因为伊丽莎白欢迎国家社会主义者（纳粹），他们那种激进的民族主义和反犹主义与她自己的观点不谋而合。她任命表弟马克斯·厄勒（Max Oehler）为首席档案员。厄勒是一名职业军人，从第一次世界大战归来后，他对德国的失败痛心疾首，于是加入了国家社会主义党。他将在档案馆担任这一职务直到希特勒垮台。

伊丽莎白和厄勒让档案馆中充斥着国家社会主义者，这些人将以尼采的名义书写他们政党的哲学。银景别墅变成了尼采曾预见并警告过的那座复仇狼蛛的巢穴：

> 我的朋友，我不愿与他人混杂，被误认为他人。有一些人，他们宣扬我那有关生命的教义，但同时又是……狼蛛……"我们所说的正义，恰恰是世界充满了我们复仇的风暴"——狼蛛们这样彼此交谈着……他们仿佛受到启迪，但启迪他们的不是内心——而是复仇。而倘若他们变得优雅而冷静，也并非发自精神，而是出于嫉妒。是他们的嫉妒引领他们走上思想者的路径，而这便是他们嫉妒的标志……报复在他们所有的哀叹中作响，恶行就在他们所有的赞颂中存在，而充当法官在他们看来就是幸福。但是我的朋友们，这是我的忠告：不要信任那些有着强烈的惩罚冲动的人！他们是一些出自坏的种族和血统的民众；他们的面容隐隐现出刽子手和侦猎犬的神色……[1]

狼蛛都是位高权重之人，他们被任命为档案馆的编辑或委员会成员。这些人当中有耶鲁大学法哲学教授卡尔·奥古斯特·恩格（Carl August Enge），他是图林根政府未来的纳粹部长，也是1933

---

[1] *Thus Spoke Zarathustra*, Section 29, 'The Tarantulas', trans. R. J. Hollingdale.

年 3 月 300 名大学教师声援希特勒宣言的一位重要签署人。另一位编辑是哲学家奥斯瓦尔德·斯宾格勒（Oswald Spengler），他在篡改尼采思想方面最有害的影响乃是出于他对社会达尔文主义的信仰：达尔文那一套通过冲突和适者生存来达成进化至上理论的糟粕，终究会被转译为日耳曼种族的至上性，借以为优生学正名，并为"最终解决方案"[1] 辩护。"超人"和"主人道德"这两个概念简直就是送给斯宾格勒的礼物。对于斯宾格勒在档案馆里的碌碌无为，以及没完没了地狂喷陈腐琐碎的口号，哈里·凯斯勒感到怒不可遏，蔑视不已。

德累斯顿大学和柏林大学的哲学教授阿尔弗雷德·博伊姆勒（Alfred Bäumler）为尼采文本的再版做了准备，包括另一个版本的《权力意志》，该版本再次给人以它是尼采本人所写就的印象。博伊姆勒领导着阿尔弗雷德·罗森贝格（Alfred Rosenberg）治下的知识与意识形态教育监督部的科学与学术部门[2]，该部门为学童编写教科书，将种族和血统理论作为事实来教授。博伊姆勒被描述为最该为建立起尼采和希特勒之间的联系负起责任的那个人。[3]

博伊姆勒督办了臭名昭著的柏林焚书事件。就在数日前，哲学家马丁·海德格尔在一次充斥着卍字饰的公开仪式上加入了纳粹党。他出现在讲台上，支持大学的纳粹化，并呼吁在全国范围内焚烧更多的书籍。[4] 海德格尔也担任了档案馆的编辑，与博伊姆勒共事，他们都抱持着一种不同寻常的观点，认为尼采的出版作品几乎无足轻重，因为真正的哲学存在于 Nachlass 即伊丽莎白为所欲为地操纵着的那一批文学遗产当中。把它们擢升到《圣经》的地位，

1　"最终解决方案"（The Final Solution），纳粹德国针对欧洲犹太人的系统化的种族灭绝计划及其实施。——译注
2　阿尔弗雷德·罗森贝格，1934—1945 年间任纳粹党知识与意识形态教育监督部部长。
3　Yvonne Sherratt, *Hitler's Philosophers*, Yale University Press, 2013, p. 70.
4　*Breisgauer Zeitung*, 18 May 1933, p. 3.

是让档案馆里的哲学家和编辑们能够剪切粘贴那些散佚的片段,进行重组,以传达他们自身想法的关键。

哈里·凯斯勒沮丧地看着:"档案馆里,从门卫到馆长,每个人都是纳粹分子……这足以令人潸然泪下……透过敞开的门,我看到了尼采曾经坐过的那张沙发,我最后一次见到他时,他就像一只病恹恹的鹰……神秘、费解的德国。"[1]

凯斯勒流亡异乡,离开了他心爱的德国和心爱的哲学家,尼采那狄俄尼索斯式的、积极的生命之舞,正在被德国的新主子们变成骷髅之舞(danse macabre)。

1933年11月2日,希特勒在档案馆拜会了伊丽莎白,这是他们第一次见面的后续。这位德国总理带着他惯用的鞭子,在全副武装的护卫下造访。他在档案馆里待了一个半小时。当他再度出现时,鞭子不见了,取而代之的是伊丽莎白赠予他的尼采的手杖。[2] 她还给了他一份1880年伯恩哈德·弗尔斯特提交给俾斯麦的反对犹太人请愿书的副本。希特勒派人将一小包德国的土壤送到巴拉圭,撒在了弗尔斯特的坟头。

希特勒醉心于自己是哲人领袖的想法。他热衷于提及那些声名显赫的人物。无法证明希特勒是否研读过尼采。人们普遍认为他没有。1924年他在狱中写作《我的奋斗》期间,图书馆里已知的现存藏书中并不包括任何尼采作品。[3] 当然,也有可能这些书是他当时藏书的一部分,后来遗失了,不过他晚近的图书馆也没有留存任何时常翻阅的版本。那部关于1934年纽伦堡集会的臭名昭著的电

---

[1] Harry Kessler, 'Inside the Archive...', 7 August 1932, in Count Harry Kessler, *The Diaries of a Cosmopolitan, 1918-1937*, ed. and trans. by Charles Kessler, Phoenix Press, 2000, pp. 426-427.

[2] 这则目击者的陈述出自希特勒的钢琴师恩斯特·汉夫施滕格尔的回忆录:Ernst Hanfstaengl, *The Unknown Hitler*, Gibson Square Books, 2005, p. 233.

[3] 见 Ryback, *Hitler's Private Library*, pp. 67-68.

第二十二章　精致的房间，茫然的住客

影《意志的胜利》，尽管被刻意冠以尼采式的标题，然而，当导演莱尼·里芬斯塔尔（Leni Riefenstahl）问他是否喜欢读尼采的书时，他回答道："不，我确实跟尼采没什么关系……他不是我的引路人。"[1]

书中所包含的深奥思想对他而言百无一用，但那些简单的口号和标题，诸如超人、权力意志、主人道德、金发野兽、善与恶的彼岸等等，却可以被无限滥用。希特勒的钢琴师恩斯特·汉夫施滕格尔曾至少陪同希特勒参观过尼采档案馆一次，他犀利地把他的元首描述为一个天才调酒师，可以把任何材料都掺进他那杯有毒的种族灭绝鸡尾酒里。[2] 尼采远不是唯一一个以这种方式被选择性滥用的哲学家。从康德和其他人那里筛选的引文，也被用以支持反犹主义、民族主义和日耳曼优等民族例外主义。正如汉夫施滕格尔所观察到的那样："罗伯斯庇尔对让-雅克·卢梭的教诲所进行的那种斩首式的扭曲，在希特勒和盖世太保对尼采那些彼此对立的理论的政治性简化中再度发生了。"[3]

不过，就算是在档案馆的宣传员和空谈家篡夺尼采的词句和意义之际，纳粹党内部也已有人意识到他们的党挪用尼采的荒谬性。著名的纳粹理论家恩斯特·克里克（Ernst Krieck）不无讽刺地评价道，如果抛开尼采不是社会主义者、不是民族主义者并且反对种族思想这些事实之外，他本可以成为首屈一指的国家社会主义思想家。[4]

1934年希特勒参观了银景别墅，并带来了建筑师阿尔伯特·

---

[1] 见 Ryback, *Hitler's Private Library*, p, 129.
[2] Hanfstaengel, *The Unknown Hitler*, p. 224.
[3] Ihid., p. 224.
[4] 恩斯特·克里克，海德堡大学教育学教授，转引自 Steven E. Ascheim, *Nietzsche's Legacy in Germany*, University of California Press, 1992, p. 253.

施佩尔（Albert Speer），此人因设计了举世瞩目的第三帝国凯旋门而深得他的欢心。令伊丽莎白高兴的是，施佩尔将会设计一座尼采纪念碑。墨索里尼的贡献则是送来了一尊大得不可思议的希腊酒神雕像。

此时的伊丽莎白已年近九十。她大部分时间都躺在床上，让人为她朗读《我的奋斗》。去世前九天，她写道："如果一个人像我一样了解这个伟大、高尚的人，就不可能不爱他。"[1]

死神对伊丽莎白是仁慈的。她染上了流感，几天后就毫无痛苦地、平静地死去了，那一天是 1935 年 11 月 8 日。

伊丽莎白死时与她在生时一样，丝毫没有自我怀疑的困扰。在说服自己相信她想要相信的事物方面，她毫无障碍，而她至死都相信自己是她兄长的最爱。她也真诚地相信，正是她的伟大成全了他的不朽。是她，而不是她的兄长，建立了档案馆。是她，而不是她的兄长，获得了诺贝尔奖提名。是她，而不是她的兄长，获得了古老的耶拿大学的荣誉博士学位。是她，而不是她的兄长，促成了他的著作的巨大销量。是她，而不是她的兄长，与这片土地上至高无上的那个人——德国总理本人——缔结了友谊，并为此欢欣鼓舞。

在伊丽莎白的安息仪式上，希特勒坐在档案室的前排。他献上了华丽的花圈，甚至跟着她的灵柩前往勒肯的安息之地。希特勒通常不允许自己被拍到悲伤的神情，这一次他却允许了。

尼采曾写道："也许有朝一日，会有完全不够格且不合适的人动用我的权威，一念及此，我就深感恐惧。但这是人类每一位伟大导师必经的痛苦：他明白，在一定的条件和时机下，他既可能成为人类的灾难，也可能成为人类的福音。"[2]

成为政治理论的来源，从来就不是尼采的目的。对他的滥用中

---

1 伊丽莎白·弗尔斯特-尼采致埃内斯特·蒂尔（Ernst Thiel）的信，1935 年 10 月 31 日。
2 致伊丽莎白·弗尔斯特-尼采的信，发自威尼斯，1884 年 6 月中。

最具讽刺意味的是，他只对作为个体的人感兴趣，而不是作为一种牧群动物的人——无论是政治的还是宗教的牧群。

尼采把人描述为"病态的动物"，因为人已坐拥一切，却感染了对于形而上学永不满足的需索，而这种需索是永远无法平息的。为了满足这样一种永恒而坚不可摧的需求，他的许多同代人都转向了科学和达尔文主义，但正如尼采所指出的，科学的意义不是宗教，而进化论也绝非一条道德之路。进化论所谓的"好"与"坏"仅仅等同于"更有用"和"更没用"，而这道德或伦理毫无干系。

尼采那条"上帝死了"的声明，说出了一个不愿承认显而易见的事实的时代向来讳莫如深的话：一旦失去了对神的信仰，过去两千年来所建立的文明中的规条也就不再有任何道德权威可言。

在人类取消了其赖以建立文明大厦的道德准则之后，会发生什么？当从形而上学的中心目的里得到解脱时，生而为人意味着什么？是否会出现意义的真空？如果是，那用什么来填补这个真空？未来的生活已被废止，终极意义就存在于此时此地。被赋予了脱离宗教而生活的权力后，人就必须对自己的行为负起责任。然而，尼采看到他的同代人仍然满足于生活在惰性的妥协之中，拒绝检视其自身的不真实性：拒绝向偶像挥动锤子，看它们听起来是否真实。

这仍然是一个彻底的现代挑战。也许尼采经久不衰的魅力就在于他不愿意为我们提供答案。我们得为自己找到意义和答案（如果有的话）：这才是超人真正的完成。

人们可以拒绝把科学当作信仰，也可以拒绝宗教信仰本身，却仍能保持道德价值感。首先，人必须成为他自己。其次，爱命运，他必须接受生活带来的一切，避免走入自厌与怨憎的死胡同。最后，人可以战胜自己，找到作为超人的真正实现，成为一个自洽的人，从尘世目标中寻得快乐，为生存的纯粹壮丽而欢欣，为死亡的有限性而满足。

对尼采而言，可悲的是，战胜自我的需要被公然扭曲为战胜他人的需要，以至掩盖了他以如此辉煌而挑衅的方式提出永恒问题的能力。同样，他致力于审视真理的每一个面相，并且从不建议"也许……"以外的答案，也为解释提供了无限可能。

今时今日，倘若你前往银景别墅参观，花园里早已长满了树木，遮蔽了别墅因之得名的绚丽风光。但如果你走出树林，来到花园旁的田野，你就能欣赏到从尼采的玻璃阳台上曾经可以看到的景象。你的目力所及，乃是歌德对古典完美性的启蒙运动式的华丽再现，这样你就会被喜悦征服，惊叹于人类利用自然界简单的土壤和石头、水和植物等材料的能力，并通过自己的崇高理想将它们塑造成某种对于地球完美性的象征景观。这一超凡脱俗的景致绵延十英里，在其尽头，美丽的溪流和羊群点缀的草地消失在埃特斯堡森林的墨色林涛之中，而此处，一个新的地标在地平线上的树木之中升起：布痕瓦尔德集中营那高大的、被熏黑了的焚尸炉烟囱。

恰如那耸立在风景之中的可怕烟囱，曾是为了阐明人类最高的文化与知识抱负一样，尼采预言性的表达也仍然被令人生畏的内涵蒙上了阴影。

"我知道我的命运，"他写道，"有朝一日，我的名字将与对某个重大事件的记忆密不可分——某种地球上空前未有的危机，一场最深刻的良心冲突，一项与人们迄今所相信、所要求、所奉为神圣的一切相悖的决定。我不是人，我是炸药。"[1]

被历史塑造的心灵沉沦于这则预言。然而，只有在我们的想象

---

[1] *Ecce Homo*, 'why I am a Destiny', Section I.

中，在后知后觉的漫长阴影的笼罩下，这才是一个人想要向世界释放邪恶的呐喊。事实上，它是一个人胜利的呼告，他炸开了一条隧道，炸开了他所在的时代对于上帝之死的钝重冷漠，从而为英勇无畏的精神斗士们开辟了到达新世界的道路。

格言录

最糟糕的读者是那些像掳掠抢劫的兵匪一样的人：他们滥用一些他们可能需要的东西，把剩下的弄得又脏又乱，并对一切加以谩骂。
——《人性的，太人性的》，第二卷第 137 节

一百多年来，人们始终在尼采的格言中认识自己。以下是个人选摘的一些似乎具有强烈当代共鸣的内容。它们往往相互矛盾，提示着我们，自称为"也许"的哲学家的尼采是何其热衷于挑衅。这些格言的精悍有力，加上读者恰好能够从中看到的意涵（与鲍勃·迪伦的歌词颇为相似），意味着他的许多语录已然渗透到了流行文化当中。鉴于他的思想是通过各种不同的译本汇入了时代潮流当中，下面的章节给出了在其作品中的出处，但文本是从最流行的版本里折中选取的。

深渊

人类是一条伸展在动物和超人之间的绳索——一条高悬于深渊之上的绳索。
——《查拉图斯特拉如是说》，《查拉图斯特拉的序言》第一部分第 4 节

与怪兽搏斗者须得注意,他自己不会变身为怪兽。而当你长久地注视着深渊,深渊也注视着你。

——《善与恶的彼岸》,《箴言与间奏曲》第 146 节

艺术

艺术是此生的最高使命,是真正的形而上学活动。

——《悲剧的诞生》,《致理查德·瓦格纳》前言

无聊

即便诸神也无法逃脱无聊。

——《敌基督者》,第 48 节

人生苦短,哪能用来无聊?

——《善与恶的彼岸》,《我们的美德》第 227 节

人类所有安排的目标都建基于此——通过分散一个人的思绪来令他感觉不到生活。

——《不合时宜的沉思》,《作为教育者的叔本华》第 4 节

匆忙是普遍的,因为每个人都正在逃避他自己。

——《不合时宜的沉思》,《作为教育者的叔本华》第 5 节

基督教

基督教对于那些步履不稳的人来说,是一种浪漫的疑病症。

——笔记 10,1887 年秋,第 127 节

"天国"乃是一种心灵状态——而非某种悬于"大地之上"或者"死后"降临的东西。

——《敌基督者》,第 34 节

"基督教"一词本身就已经是一种误解——根本来说,只有一个基督,并且已经死在十字架上。

——《敌基督者》,第 39 节

对《路加福音》第 18 章第 14 句的改进——自卑的必欲升为高。

——《人性的,太人性的》,《关于道德感的历史》第 87 节

对家人感到恼火

人们与自己的父母最是无缘,与父母关系密切是至为粗鄙之事。

——《看哪这人》,《我为什么这样有智慧》第 3 节

命运

一个人要成为不朽,务须付出高昂的代价:当其在生之时,不得不为此死好几回。

——《看哪这人》,《查拉图斯特拉如是说》第 5 节

我不是人,我是炸药。

——《看哪这人》,《我为什么就是命运》第 1 节

成就伟大的公式

关于人类如何成就伟大，我的公式如下：爱命运。不期许除此之外的其他任何东西，未来不要，过去不要，永远都不要。不仅仅是忍受必然性——而且要爱它……

——《看哪这人》，《我为什么这样聪明》第 10 节

上帝

上帝死了；然而按照人的本性，还会有洞穴被建起以展示上帝的阴影，也许会长达数千年。——而我们——我们也必须战胜上帝的阴影。

——《快乐的科学》，第三卷第 108 节

上帝死了！永远死了！是我们把他杀死的！我们，最残忍的凶手，该如何聊以自慰呢？那个至今拥有整个世界的至圣至强者竟在我们的刀下流血：谁能揩掉我们身上的血迹？用什么样的水可以清洗我们自己？我们必须为自己发明什么样的赎罪庆典和神圣游戏呢？这伟大的功业对我们而言是否太过伟大？我们是否不应仅仅为了与之相匹配而自己成为上帝？

——《快乐的科学》，第三卷第 125 节

人仅仅是上帝的一个失误？抑或上帝是人的一个失误？

——《偶像的黄昏》，《格言与箭》第 7 节

生命

成为你之所是。
——《快乐的科学》,第三卷第 270 节

人是桥梁,不是目的。
——《查拉图斯特拉如是说》,《查拉图斯特拉的序言》第 4 节

没有人能够为你建造一座你必须用以跨越生命之河的桥梁,除了你自己,没有其他人。
——《不合时宜的沉思》,《作为教育者的叔本华》第 1 节

生命本身就是权力意志。
——《善与恶的彼岸》,《论哲学家的成见》第 13 节

去过危险的生活!把你们的家园建在维苏威火山旁!
——《快乐的科学》,第四卷第 283 节

一个人体内必须蕴含混沌,方可孕育一颗起舞的星球。
——《查拉图斯特拉如是说》,《查拉图斯特拉的序言》第一卷第 5 节

我们要做我们生命的诗人——首先要从那些最细微、最日常的事开始。
——《快乐的科学》,第四卷第 299 节

凡不能毁灭我的,终将使我更强大。
——《偶像的黄昏》,《格言与箭》第 8 节

一个人倘若洞悉了他生命中的"为何?",就几乎能容忍所有的"如何?"。

——《偶像的黄昏》,《格言与箭》第 12 节

人并不追求幸福;只有英国人这么做。

——《偶像的黄昏》,《格言与箭》第 12 节

对于生存,人们应采取大胆而危险的态度:反正无论如何,我们都注定会失去它。

——《不合时宜的沉思》,《作为教育者的叔本华》第 1 节

人如何能够认识自己?人是一件隐晦而遮遮掩掩的事物,如果说兔子有七层皮,人就能脱下七七四十九层皮,而且还不能够说:"这确实就是你了,这不再是外壳了。"

——《不合时宜的沉思》,《作为教育者的叔本华》第 1 节

没有一个胜利者相信偶然的机遇。

——《快乐的科学》,第三卷第 258 节

记性差的好处在于,一个人可以**多次**享受同一件好事的初体验。

——《人性的,太人性的》,《独处的人》第 580 节

美德不再与信仰有所关联;它的吸引力已然消失。必须有人设法重新对它进行推广,也许是作为某种不同寻常的冒险或过分的形式。

——笔记 9,1887 年秋,第 155 节

婚姻

有些男人因为妻子被人诱拐而唉声叹气,但大多数男人是因为没人想要诱拐他们的妻子而唉声叹气。

——《人性的,太人性的》,《女性与孩童》第 388 节

数学

数字的法则建基于这样一个事实,即世上有若干相同的事物,然而事实上世上没有相同的事物。

——《人性的,太人性的》,《关于最初与最后的事物》第 19 节

如果人们从一开始就知道,自然中没有精确的直线,没有真正的圆,也没有绝对的大小尺寸,那么数学也就肯定不会产生了。

——《人性的,太人性的》,《关于最初与最后的事物》第 11 节

形而上学的世界

一个世界的存在还从未被如此出色地证实过,但可以肯定地说,关于这个世界的知识是一切知识中最无关紧要的一种:甚至比暴风雨中的水手眼里关于水的化学分析的知识还要无关紧要。

——《人性的,太人性的》,《关于最初与最后的事物》第 9 节

怪物

可怖属于伟大的一种,在这方面,不要被任何人误导。

——笔记 9,1887 年秋,第 94 节

胡子

即使是最生性温和、平易近人的人,如果他留着一副大胡子,他的和善与平易似乎也会完全消失在大胡子的阴影中,那么他通常就会被认为不过就是那一副大胡子的附属物,也就是一种好勇斗狠、易怒的,并且偶尔会使用暴力的个性——并且据此对他做出反应。

——《曙光》,第四卷第381节

音乐

没有音乐的生命,也许是个错误。德国人甚至想象上帝也在歌唱。

——《偶像的黄昏》,《格言与箭》第33节

瓦格纳是一个人吗?难道他不更像是一种疾病?凡他触碰之物,他都使之患病——他使音乐患病了。

——《瓦格纳事件》,第5节

音乐与药物

要摆脱难以负荷的压力,你需要大麻,好吧,那我需要瓦格纳。瓦格纳是所有德国事物的解药。

——《看哪这人》,《我为什么这样聪明》第6节

民族主义

"德国,德国高于一切"("Deutschland, Deutschland über Alles"),我恐怕这已是德国哲学的终结。

——《偶像的黄昏》,《德国人欠缺什么》第1节

我是一个糟糕的德国人,但无论如何我都是一个非常优秀的欧洲人。

——给他母亲的信,1886年8月

哲学

想要独自生存,必须是动物或是神,亚里士多德说。不过你也可以两者皆是——哲学家。

——《偶像的黄昏》,《格言与箭》第3节

柏拉图枯燥乏味。

——《偶像的黄昏》,《我感谢古人什么》第2节

倘若没有那些俊美的雅典青年,根本就不会有柏拉图哲学。更确切地说,柏拉图的哲学应被定义为某种情欲之辩。

——《偶像的黄昏》,《一个不合时宜者的漫游》第23节

今时今日的哲学家想要享受那不可理解性的神圣法则。

——《曙光》,第五卷第544节

神秘的诠释被视为深奥;事实是,它们从来就没有肤浅过。

——《快乐的科学》,第三卷第 126 节

对一切事物刨根究底,是一种自寻烦恼的个性。它令人始终圆睁双眼,而最终发现的事物比自己希望的要多得多。

——《快乐的科学》,第三卷第 158 节

哲学为人提供了一处暴政无从侵入的避难所,内在的洞穴,心灵的迷宫,而这令暴君们不得安宁。

——《不合时宜的沉思》,《作为教育者的叔本华》第 3 节

思想是我们情感的影子——思想总是比情感更幽暗、更空洞而更简单。

——《快乐的科学》,第三卷第 179 节

那一则苏格拉底的等式,即理性=美德=幸福,与古希腊人的一切本能相悖。

——《偶像的黄昏》,《苏格拉底的问题》第 4 节

哲学/教学

对一位老师最糟糕的回报,就是仅仅做一个学生。

——《看哪这人》,《前言》第 4 节

如何毁掉一个年轻人:教导他仅仅推崇那些与他一致的想法。

——《曙光》,第四卷第 297 节

照片

被独眼巨人以拍摄的方式处刑。每一次我都试图阻止灾难发生，它却不可避免地总会发生——我显影了，以永垂不朽的全新形象：海盗、杰出的男高音歌唱家，或是一位沙俄贵族。

——给玛尔维达·冯·迈森布格的信，1872年12月20日

政治

道德乃是个人的群体直觉。

——《快乐的科学》，第三卷第116节

每一个曾建立起"新天国"的人，都是从他自己的地狱中储集了所需的力量。

——《论道德的谱系》，第三章第10节

思考过多的人不适宜做党徒：他太快地把党的问题彻头彻尾想了个遍。

——《人性的，太人性的》，《独处的人》第579节

没有人比打心眼儿里怀疑自己权利的人更有激情地谈论自己的权力了。

——《人性的，太人性的》，《独处的人》第597节

占有

占有之物因为占有而变得不再重要。

——《快乐的科学》，第一卷第14节

一个人持有他的见解，就像持有一条鱼——也就是说，他得先拥有一个鱼塘。一个人得去钓鱼，得有运气，然后他才有他的鱼，他的见解。我在这里讨论的是活的鱼，活的见解。别的人只要拥有一个鱼类标本陈列柜，或是在他们的头脑当中有信念，就心满意足了。

　　　　——《人性的，太人性的》，《漫游者和他的影子》第 317 节

后真理

　　对真理来说，信念是比谎言更危险的敌人

　　　　——《人性的，太人性的》，《独处的人》第 483 节

　　堕落时代的人风趣而擅进谗言；他们知道，除了匕首和突袭之外，还有别样的杀人手段；他们知道，举凡动听的话语都能取信于人。

　　　　——《快乐的科学》，第一卷第 23 节

　　要破坏一件事，最奸猾的方法是：故意用歪理来为之辩护。

　　　　——《快乐的科学》，第三卷第 191 节

真人秀

　　没有残酷就没有庆祝：最悠久、最古老的人类历史如是教诲我们——而且就连惩罚中也有那么多喜庆！

　　　　——《论道德的谱系》，第二章第 6 节

看别人受苦令人快乐，使别人受苦令人更加快乐。

——《论道德的谱系》，第二章第 6 节

浪漫主义英雄

不幸中所包含的褒扬之意（好像感到幸福就是浅薄、平庸和粗俗的标志似的）如此之大，以至如果有人对我们说"你多么幸福啊！"，我们往往会抗议。

——《人性的，太人性的》，《独处的人》第 534 节

对于那些需要安慰的人来说，再也没有一种劝告比断言他们的处境没有任何手段安慰更能令他们感到安慰的了：这意味着一种莫大的殊荣，他们立刻就昂起了他们的头。

——《曙光》，第四卷第 380 节

真理？

没有道德现象，只有对现象的道德阐释。

——《善与恶的彼岸》，《箴言和间奏曲》第 108 节

一件事经常性地、可预见地发生，这个事实并不意味着它就必然会发生。

——笔记 9，1887 年秋，第 91 节

某一事物的非理性绝不是反对该事物存在的理由——相反，是这事物存在的条件。

——《人性的，太人性的》，《独处的人》第 515 节

没有事实,只有解释。

——笔记,1886年夏—1887年秋,第91节

性

性欲:对于所有蔑视肉体者而言,它是眼中钉、肉中刺,它嘲笑和愚弄所有导师……

性欲:对于乌合之众而言是文火,他们在这火上饱受情欲煎熬……

性欲:对于自由的心灵而言,它纯真而自由……

性欲:我要在我的思想和心灵周遭筑起藩篱,不让那些猪猡和盗匪闯入……

——《查拉图斯特拉如是说》,第三卷,《论三种恶行》第2节

国家

国家想让人们对它报以曾经对教会所报以的那种偶像崇拜。

——《不合时宜的沉思》,《作为教育者的叔本华》第4节

国家无论说什么都是撒谎,而它拥有的一切都是它偷窃而来。

——《查拉图斯特拉如是说》,第一卷《论新偶像》

国家是所有冷酷怪物中的最冷酷者。它冷酷地撒谎,这便是从它口中爬出的谎言:"我,国家,即人民。"

——《查拉图斯特拉如是说》,第一卷《论新偶像》

旅行杂记

正如我一向所了解、所经历的那样,哲学就是选择生活在冰雪之中、高山之上。

——《看哪这人》,《前言》第 3 节

即使风景绝佳之地,我们只要住上三个月,就不再为我们所钟爱,而某处遥远的海滨则刺激起我们的贪念。

——《快乐的科学》,第一卷第 14 节

永远不要相信你在室内产生的思想。

——《看哪这人》,《我为什么这样聪明》第 1 节

薪水奴隶

过度工作、求知欲和同情心——我们的现代恶习。

——笔记 9,1887 年秋,第 141 节

活动家的不幸在于,他们的活动几乎总是带着点非理性的成分。你不可以问聚敛钱财的银行家,他那孜孜不倦的活动目的何在:这活动是非理性的。活动家就像一块石头般按照机械的愚蠢法则滚动。

——《人性的,太人性的》,《高级文化与低级文化的标志》第 283 节

现在,就像古往今来任何时候一样,所有人都分成两类:奴隶和自由人。谁要是 2/3 的日子都不归他自己所有,那他就是奴隶,

不论他是何身份：政治人物也罢，商人也罢，官员也罢，学者也罢。

——《人性的，太人性的》，《高级文化与低级文化的标志》第 283 节

战争

凡是靠着与敌人斗争而活的人，都希望敌人活下去。

——《人性的，太人性的》，《独处的人》第 531 节

宗教的洪水消退了，留下沼泽和死水；各民族又分裂成相互敌对的，恨不得把对方撕成碎片。

——《不合时宜的沉思》，《作为教育者的叔本华》第 4 节

女性

上帝创造了女人。这的确立刻给无聊画上了句号——但许多别的东西也被画上了句号！女性是上帝的第二个败笔。

——《敌基督者》，第 48 节

真正的男人要的是两件事：冒险和游戏。所以他需要女人，把她当作最危险的玩物。

——《查拉图斯特拉如是说》，第一卷《论老妪与少妇》

女人了解这最精美的佳肴：油腻一点点，清淡一点点——哦，多少命运就系于这一点点！

——《查拉图斯特拉如是说》，第三卷《论沉重的精神》第 2 节

你到女人那里去吗？别忘了带上鞭子！

——《查拉图斯特拉如是说》，第一卷《论老妪与少妇》

作家们

看到那些喜欢使用长袍般绵绵不绝、窸窣作响的长句的作家，总有滑稽之感：他们试图借此来避免露出马脚。

——《快乐的科学》，第四卷第 282 节

只有肺活量巨大之人才有权用长句写作。

——为露·莎乐美制定的写作规则

诗中之思。诗人风风火火地引领着他那乘坐韵律之车的思想：往往是因为这些思想无法步行。

——《人性的，太人性的》，《出自艺术家与作家的心灵》第 189 节

如果森林会变得越来越稀疏，岂不是有朝一日就到了把藏书当柴火的时候吗？由于大多数的书都是从大脑的烟雾中诞生的，也许它们的确应该回到那个烟雾的国度中去。而如果它们自身当中没有火，那么，火就应当为此惩罚它们。

——《不合时宜的沉思》，《作为教育者的叔本华》第 4 节

我是德国第一位精通格言的人，而格言是永恒的形式。我的抱负是，用十句话说出别人用一本书说出的话——别人用一本书也没说出的话。

——《偶像的黄昏》，《一个不合时宜者的漫游》第 51 节

生平年表

1844　弗里德里希·威廉·尼采生于10月15日。牧师卡尔·路德维希·尼采和弗兰齐斯卡（本姓厄勒）的第一个孩子，出生在萨克森州勒肯镇。

1846　其妹伊丽莎白·尼采生于7月10日。

1848　其弟路德维希·约瑟夫生于2月27日。

1849　卡尔·路德维希·尼采于7月30日死于"脑软化症"。

1850　弟弟路德维希·约瑟夫于1月4日夭折。举家搬迁至瑙姆堡。尼采就读于公立小学。

1851　尼采就读于韦伯教授的私立学院。

1854　尼采就读于瑙姆堡大教堂中学。

1858　弗兰齐斯卡、弗里德里希和伊丽莎白搬到瑙姆堡魏恩加滕街18号。同年秋，尼采开始就读于舒尔普弗尔塔。

1860　与友人古斯塔夫·克鲁格和威廉·平德一起创办了文学音乐俱乐部日耳曼尼亚。开启了与埃尔温·罗德终生的友谊。

1864　9月从舒尔普弗尔塔毕业。10月进入波恩大学，学习神学和古典语言学。加入法兰克尼亚兄弟会。

1865　离开波恩前往莱比锡大学。放弃神学。在弗里德里希·里齐尔教授门下学习古典语言学。发现了叔本华。逗留于科隆的一家妓院。

1867　服兵役。开始在第四野战军团第二期兵营受训。

1868　因骑马事故受伤。听到了理查德·瓦格纳的《特里斯坦和伊索尔德》以及《名歌手》，被深深吸引。对语言学越来越没有兴趣。11月，见到瓦格纳。

1869　被任命为巴塞尔大学古典语言学特聘教授。放弃普鲁士国籍。前往卢塞恩的特里布申别墅，拜访理查德·瓦格纳及其情妇科西玛·冯·比洛。初次登上皮拉图斯山。为《从音乐的精神看悲剧的诞生》做笔记。科西玛为瓦格纳生下儿子齐格弗里德时，他就在特里布申。在特里布申过圣诞节。

1870　晋升为正教授。做了关于"古代音乐戏剧""苏格拉底与悲剧"以及"俄狄浦斯王"的公开讲座。7月，德法宣战。在普法战争中担任医疗护理员。在护理伤员的过程中染上白喉和痢疾，住院治疗。返回巴塞尔。与神学教授、新教批评家弗朗茨·奥弗贝克建立了友谊。瓦格纳迎娶科西玛。

1871　申请巴塞尔大学哲学系教席，被拒绝。写作《从音乐的精神看悲剧的诞生》。普法战争结束。德意志第二帝国宣告成立。威廉一世加冕称帝。

1872　与瓦格纳共乘一辆马车参加拜罗伊特节日剧院的奠基仪式。《悲剧的诞生》出版。乌尔里希·冯·维拉莫维茨-默伦多尔夫，对该书进行了严厉的批评，尼采的朋友埃尔温·罗德则坚决捍卫着它。古典文学专业的学生没有一人报名参加他关于希腊语和拉丁语修辞学的冬季课程。理查德和科西玛·瓦格纳离开特里布申，前往拜罗伊特。

1873　开始写作《希腊悲剧时代的哲学》，这是一篇未竟稿。遇见保罗·雷。《不合时宜的沉思》的第一卷《大卫·施特劳斯：忏悔者与写作者》于8月出版。写了虚张声势的《告德意志人民书》一文为拜罗伊特筹款。此文未获采纳。

1874　出版了两卷《不合时宜的沉思》：《历史学对于生活的利与弊》和《作为教育者的叔本华》。瓦格纳完成《指环》，并邀请尼采到拜罗伊特消夏。尼采在黑森林进行健康疗养。

1875　开始写作《不合时宜的沉思》第四卷《瓦格纳在拜罗伊特》。健康状况很差，但继续教学。伊丽莎白来到巴塞尔照料他。结识他的终生支持者海因里希·科塞利茨（后以彼得·加斯特之名为人所知）。在冬天病得很重。

1876　《不合时宜的沉思》第四卷《理查德·瓦格纳在拜罗伊特》出版，正好赶上第一届拜罗伊特戏剧节开幕。与露易丝·奥特调情。突然离开拜罗伊特。开始创作《人性的，太人性的》。向玛蒂尔德·特兰佩达克求婚，被她拒绝了。10月，从巴塞尔大学获批病假。前往热那亚，第一次看到大海。与玛尔维达·冯·迈森布格和保罗·雷一起去了索伦托。阅读伏尔泰和蒙田。最后一次与瓦格纳相见。

1877　五月初之前一直在索伦托。参观卡普里（Capri）、庞贝和赫库兰尼姆（Herculaneum）。接受奥托·艾泽尔医生大夫的医学检查。眼睛糟透了。在彼得·加斯特当文书助理、伊丽莎白当管家的帮助下，于秋天重新开始授课。

1978　出版《人性的，太人性的》。寄给瓦格纳。瓦格纳则给尼采寄《帕西法尔》的剧本。两人都不喜欢对方的作品。瓦格纳在《拜罗伊特活页报》上对尼采进行攻击。伊丽莎白返回瑙姆堡。与弗朗茨·奥弗贝克及其妻子友谊甚笃。

1879　出版《见解与箴言杂录》，作为《人性的，太人性的》的附录。5月，尼采以健康不佳之故从巴塞尔大学辞职。获得每年3000瑞士法郎的退休金，以6年为限（后延长）。写作《漫游者和他的影子》。全年有118天忍受着严重的偏头痛发作。打算成为一名园丁，以瑙姆堡城墙上的一座塔楼为家。

1880　旅行到了蒂罗尔州南部，与彼得·加斯特在加尔达湖畔的里瓦相聚。他们前往威尼斯。漂泊的一年，在热那亚度过了圣诞节。写作《曙光》。

1881　继续前往雷科阿罗（Recoaro）、科莫湖和圣莫里茨。发现斯宾诺莎。第一次到访锡尔斯-玛利亚；体验到永恒轮回的启示。查拉图斯特拉的第一份草稿。《曙光》的出版。回到热那亚；以哥伦布自居。第一次听到比才的歌剧《卡门》。

1882　尝试使用打字机。出版《快乐的科学》。写作《墨西拿田园诗》。到墨西拿旅行。4月到罗马，见到了露·莎乐美和保罗·雷；露提议他们在自由精灵的"非神圣三位一体"中共同生活。在奥尔塔的山上，尼采向露求婚；她婉拒了。在巴塞尔，拍摄了那张声名狼藉的照片：尼采和雷站在马车的车辕间，而露正向他们挥舞着鞭子。尼采把露带到了特里布申，却拒绝陪同伊丽莎白和露前往拜罗伊特。他与她们在陶腾堡碰头，在那里，他向露揭示了永恒轮回。与伊丽莎白及母亲决裂。"非神圣三位一体"计划在巴黎共同生活和学习，但露和雷私奔了。他靠鸦片减轻痛苦，并写到了自杀。

1883　1月创作《查拉图斯特拉如是说》第一卷。2月，瓦格纳逝世于威尼斯。尼采在锡尔斯-玛利亚避暑，写作《查拉图斯特拉如是说》第二卷。他在尼斯过冬，写作《查拉图斯特拉》第三卷。伊丽莎白宣布与伯恩哈德·弗尔斯特订婚。

1884 出版《查拉图斯特拉》第三卷。与出版商发生问题：尼采的书严重滞销。遇见梅塔·冯·萨利斯-马施林斯和雷萨·冯·席恩霍费尔。自称有波兰血统。与伊丽莎白和解。写作《查拉图斯特拉如是说》第四卷。

1885 私人印制了少量《查拉图斯特拉》第四卷。伊丽莎白嫁给弗尔斯特。尼采为父亲的坟墓购置了一块新墓碑。写作《善与恶的彼岸：一种未来哲学的前奏》。

1886 私人出版《善与恶的彼岸》，从这时起他所有的书都将如此。出版商恩斯特·弗里奇买下了尼采早期作品的版权，并且再版了《悲剧的诞生》《人性的，太人性的》（现在有了由《见解与箴言杂录》与《漫游者和他的影子》组成的第二卷）以及《曙光》。弗朗茨·李斯特在拜罗伊特去世。伊丽莎白和伯恩哈德·弗尔斯特前往巴拉圭，去建立一个"种族纯正"的雅利安殖民地——新日耳曼尼亚。

1887 在尼斯遭遇地震。读到陀思妥耶夫斯基的法文译本。露·莎乐美宣布与弗里德里希·卡尔·安德烈亚斯订婚。尼采致力于将露的诗《友谊赞歌》谱成音乐，并将其私人印制为《生命赞歌》。徒劳地尝试让它上演。听了《帕西法尔》，沉醉于它的音乐之中。出版《论道德的谱系：一篇战斗檄文》。增订后的新版《曙光》和《快乐的科学》。

1888 格奥尔格·勃兰兑斯在哥本哈根关于尼采作品的讲座之后，尼采终于享誉世界。与写作"尼采式"戏剧的瑞典剧作家奥古斯特·斯特林堡通信。尼采发现了都灵，在这里，他写下了《瓦格纳事件：一个音乐家的问题》。放弃《权力意志》。接二连三地完成了《偶像的黄昏：或怎样用锤子从事哲学》、《敌基督者：对基督教的诅咒》、他最后的自传《看哪这人：或如何成为你之所是》、《尼采反对瓦格纳：一个心理学家的笔记》。将他在80年代写下的诗歌结集成册，取名为《酒神颂》。从他越来越怪异的书信写作中可以窥见他分崩离析的端倪。

1889　1月3日在都灵崩溃。忠诚的朋友奥弗贝克护送他前往瑞士。被诊断为梅毒感染引起的进行性麻痹。被送进耶拿的一家精神病院。《偶像的黄昏》于1月24日出版。在巴拉圭，伯恩哈德·弗尔斯特自杀。伊丽莎白为殖民地的留存而抗争。

1890　出院，由母亲看护，住在童年时期瑙姆堡的家中。越来越深地陷入精神错乱和肢体麻痹，失去了理智和语言能力。

1896　他的作品风靡于先锋派之中。理查德·施特劳斯创作并首演了《查拉图斯特拉如是说》。

1897　4月20日，弗兰齐斯卡·尼采去世。伊丽莎白把尼采和他的文件迁往魏玛，在那里成立了尼采档案馆。

1900　8月25日，尼采去世。被安葬于勒肯的家族墓地。

1901　伊丽莎白出版了她根据尼采著作的片段炮制的第一版《权力意志》。

1904　伊丽莎白出版了大幅扩充的《权力意志》"最终版"。

1908　尼采自传《看哪这人》终获出版。对伊丽莎白不利的内容都已删去。

1919　伊丽莎白的表弟马克斯·厄勒，一个狂热的国家社会主义者，出任尼采档案馆的首席档案员。

1932　作为墨索里尼的热情崇拜者，伊丽莎白说服魏玛国家剧院上演墨索里尼参与编剧的《五月广场》。希特勒前往伊丽莎白的包厢拜会了她。

1933　希特勒参观尼采档案馆。伊丽莎白把尼采的手杖赠予他。

1934　希特勒与建筑师阿尔伯特·施佩尔一道参观档案馆，并被拍到注视着尼采的半身像。

1935　伊丽莎白去世。希特勒出席了她的葬礼并献上了花圈。她的兄长曾被埋葬在家族墓地的中央，后被移葬，伊丽莎白自己占据了这个重要位置。

参考文献选录

标准德文版作品集为 *Kritische Gesamtausgabe: Werke*, ed. Giorgio Colli and Mazzino Montinari, Walter de Gruyter, Berlin, 1967- .

尼采引文来自"剑桥哲学史文本系列"(Cambridge Texts in the History of Philosophy Series),除此之外的其他引文来自 *Selected Letters of Friedrich Nietzsche*, edited by Christopher Middleton, Hackett Publishing, Indianapolis, 1969.

Andreas-Salomé, Lou, *Looking Back: Memoirs*, trans. Breon Mitchell, Paragon House, 1990

Andreas-Salomé, Lou, *Nietzsche*, trans. Siegfried Mandel, University of Illinois Press, 2001

Bach, Steven, *Leni, The Life and Work of Leni Riefenstahl*, Abacus, 2007

Binion, Rudolph, *Frau Lou, Nietzsche's Wayward Disciple*, Princeton University Press, 1968

Bishop, Paul (ed.), *A Companion to Friedrich Nietzsche, Life and Works*, Camden House, 2012

Blanning, Tim, *The Triumph of Music: Composers, Musicians and their Audiences, 1700 to the Present*, Allen Lane, 2008

Blue, Daniel, *The Making of Friedrich Nietzsche, The Quest for Identity 1844–1869*, Cambridge University Press, 2016

Brandes, Georg, trans. A. G. Chater, *Friedrich Nietzsche*, William Heinemann, 1909

Brandes, Georg (ed.), *Selected Letters*, trans. W. Glyn Jones, Norvik Press, 1990

Burckhardt, Jacob, *The Civilisation of the Renaissance in Italy*, Penguin, 1990

Cate, Curtis, *Friedrich Nietzsche, A Biography*, Pimlico, 2003

Chamberlain, Lesley, *Nietzsche in Turin, The End of the Future*, Quartet, 1996

Detweiler, Bruce, *Nietzsche and the Politics of Aristocratic Radicalism*, University of Chicago Press, 1990

Diethe, Carol, *The A to Z of Nietzscheanism*, Scarecrow Press, 2010

Diethe, Carol, *Nietzsche's Sister and the Will to Power*, University of Illinois Press, 2003

Diethe, Carol, *Nietzsche's Women, Beyond the Whip*, Walter de Gruyter, 1996

Dru, Alexander, *The Letters of Jacob Burckhardt*, Liberty Fund, Indianapolis, 1955

Easton, Laird M. (ed.), *Journey into the Abyss, The Diaries of Count Harry Kessler, 1880–1918*, Alfred A. Knopf, 2011

Easton, Laird M., *The Red Count. The Life and Times of Harry Kessler*, University of California Press, 2002

Feuchtwanger, Edgar, *Imperial Germany, 1850–1918*, Routledge, 2001

Förster-Nietzsche, Elisabeth, *The Nietzsche–Wagner Correspondence*, trans. Caroline V. Kerr, Duckworth, 1922

Förster-Nietzsche, Elisabeth, *The Life of Nietzsche*, Vol. I, *The Young Nietzsche*, trans. Anthony M. Ludovici, Sturgis and Walton, 1912

Förster-Nietzsche, Elisabeth, *The Life of Nietzsche*, Vol. II, *The Lonely Nietzsche*, trans. Paul V. Cohn, Sturgis and Walton, 1915

Gautier, Judith, *Wagner at Home*, trans. Effie Dunreith Massie, John Lane, 1911

Gilman, Sander L. (ed.), and David J. Parent (trans.), *Conversations with Nietzsche, A Life in the Words of His Contemporaries*, Oxford University Press, 1987

Gossmann, Lionel, *Basel in the Age of Burckhardt, A Study in Unseasonable Ideas*, University of Chicago Press, 2002

Gregor-Dellin, Martin, *Richard Wagner, His Life, His Works, His Century*, trans. J. Maxwell Brownjohn, Collins, 1983

Gregor-Dellin, Martin, and Mack, Dietrich (eds), *Cosima Wagner's Diaries*, trans. Geoffrey Skelton, Vols I and II, Helen and Kurt Wolff Books, Harcourt Brace Jovanovich, Vol. I 1978, Vol. II 1980

Grey, Thomas S. (ed.), *Richard Wagner and His World*, Princeton University Press, 2009

Hanfstaengl, Ernst, *The Unknown Hitler*, Gibson Square, 2005

Hayman, Ronald, *Nietzsche, A Critical Life*, Weidenfeld and Nicolson, 1980

Heidegger, Martin, *German Existentialism*, trans. Dagobert D. Runes, Philosophical Library Inc., 1965

Hilmes, Oliver, *Cosima Wagner, the Lady of Bayreuth*, Yale University Press, 2010

Hollingdale, R. J., *Dithyrambs of Dionysus*, Anvil, 2001

Hollingdale, R. J., *Nietzsche, The Man and His Philosophy*, Cambridge University Press, 1999

Johnson, Dirk R., *Nietzsche's Anti-Darwinism*, Cambridge University Press, 2010

Kaufmann, Walter (ed.), *Friedrich Nietzsche, The Will to Power*, trans. Kaufmann and R. J. Hollingdale, Vintage, 1968

Kessler, Charles (ed. and trans.), *The Diaries of a Cosmopolitan*, Phoenix Press, London, 2000

Köhler, Joachim, *Nietzsche and Wagner, A Lesson in Subjugation*, trans. Ronald Taylor, Yale University Press, 1998

Krell, David Farrell, and Bates, Donald L., *The Good European, Nietzsche's Work Sites in Word and Image*, University of Chicago Press, 1997

Levi, Oscar (ed.), *Selected Letters of Friedrich Nietzsche*, trans. Anthony M. Ludovici, Heinemann, 1921

Love, Frederick R., *Nietzsche's St Peter, Genesis and Cultivation of an Illusion*, Walter de Gruyter, 1981

Luchte, James, *The Peacock and the Buffalo, The Poetry of Nietzsche*, Continuum Publishing, 2010

Macintyre, Ben, *Forgotten Fatherland, The Search for Elisabeth Nietzsche*, Macmillan, 1992

Mann, Thomas, *Doctor Faustus*, trans. H. T. Lowe-Porter, Penguin, 1974

Meysenbug, Malwida von, *Rebel in a Crinoline, Memoirs of Malwida von Meysenbug*, trans. Elsa von Meysenbug Lyons, George Allen & Unwin, 1937

Middleton, Christopher (ed.), *Selected Letters of Friedrich Nietzsche*, Hackett Publishing, Indianapolis, 1969

Millington, Barry, *Richard Wagner, The Sorcerer of Bayreuth*, Thames and Hudson, 2013

Moore, Gregory, *Nietzsche, Biology and Metaphor*, Cambridge University Press, 2002

Moritzen, Julius, *Georg Brandes in Life and Letters*, Colyer, 1922

Nehemas, Alexander, *Nietzsche, Life as Literature*, Harvard, 2002

Peters, H. F., *Zarathustra's Sister: The Case of Elisabeth and Friedrich Nietzsche*, Crown, 1977

Podach, E. F., *The Madness of Nietzsche*, trans. F. A Voight, Putnam, 1931

Roth, Samuel (purportedly by Friedrich Nietzsche), *My Sister and I*, trans. Dr Oscar Levy, AMOK Books, 1990

Ryback, Timothy W., *Hitler's Private Library, The Books that Shaped His Life*, Vintage, 2010

Safranski, Rüdiger, *Nietzsche, A Philosophical Biography*, trans. Shelley Frisch, Norton, 2003

Schaberg, William H., *The Nietzsche Canon, A Publication History and Bibliography*, University of Chicago Press, 1995

Schain, Richard, *The Legend of Nietzsche's Syphilis*, Greenwood Press, 2001

Sherratt, Yvonne, *Hitler's Philosophers*, Yale Univérsity Press, 2013

Small, Robin, *Nietzsche and Rée, A Star Friendship*, Clarendon Press, Oxford, 2007

Spencer, Stewart, and Millington, Barry (eds), *Selected Letters of Richard Wagner*, Dent, 1987

Storer, Colin, *A Short History of the Weimar Republic*, I. B. Tauris, 2013

Tanner, Michael, *Nietzsche, A Very Short Introduction*, Oxford University Press, 2000

Vickers, Julia, *Lou von Salomé, A Biography of the Woman Who Inspired Freud, Nietzsche and Rilke*, McFarland, 2008

Walker, Alan, *Hans von Bülow, A Life and Times*, Oxford University Press, 2010

Watson, Peter, *The German Genius, Europe's Third Renaissance, The Second Scientific Revolution and the Twentieth Century*, Simon & Schuster, 2010

Zweig, Stefan, *Nietzsche*, trans. Will Stone, Hesperus Press, 2013

唱片选

Albany Records, USA, *Friedrich Nietzsche*, Vol. I, *Compositions of His Youth, 1857–63*, Vol. II, *Compositions of His Mature Years, 1864–82*.

Deutsche Grammophon, *Lou Salomé* (Opera in 2 Acts) by Giuseppe Sinopoli. Lucia Popp, José Carreras and the Stuttgart Symphony Orchestra.

引文致谢

感谢下列机构和人士允许我们转载版权材料。

摘录于《尼采:〈道德的谱系〉及其他著作》(*Nietzsche: On the Genealogy of Morality and Other Writing*),第二版,基思·安塞尔-皮尔逊(Keith Ansel-Pearson)编辑,卡罗尔·迪特(Carol Diethe)翻译,剑桥大学出版社(Cambridge University Press),2006年,版权归剑桥大学出版社所有,1997年。经出版商许可转载。

摘录于《尼采:〈不合时宜的沉思〉》(*Nietzsche: Untimely Meditations*),第二版,丹尼尔·布雷齐尔(Daniel Breazeale)编辑,R. J. 霍林戴尔(R. J. Hollingdale)翻译,剑桥大学出版社,1997年,版权归剑桥大学出版社所有,1997年。经出版商许可转载。

摘录于《尼采:〈查拉图斯特拉如是说〉》(*Nietzsche: Thus Spoke Zarathustra*),罗伯特·皮平(Robert Pippin)编辑,阿德里安·德尔·卡罗(Adrian Del Caro)编译,剑桥大学出版社,2010年,版权归剑桥大学出版社所有,1997年。经出版商许可转载。

摘录于《尼采:〈曙光:论道德偏见〉》(*Nietzsche: Daybreak. Thoughts on the Prejudices of Morality*),第二版,莫德玛丽·克拉克(Maudemarie Clark)、布莱恩·莱特(Brian Leiter)编辑,

R. J. 霍林戴尔翻译，剑桥大学出版社，1997年，版权归剑桥大学出版社所有，1997年。经出版许可转载。

摘录于《尼采:〈人性的，太人性的:一本献给自由精灵的书〉》（*Nietzsche: Human, All Too Human. A Book for Free Spirits*），第二版，R. J. 霍林戴尔编译，剑桥大学出版社，1996年，版权归剑桥大学出版社所有，1986年，1996年。经出版商许可转载。

摘录于《尼采:〈善与恶的彼岸:未来哲学序曲〉》（*Nietzsche: Beyond Good and Evil. Prelude to a Philosophy of the Futrure*），罗尔夫-彼得·霍斯特曼（Rolf-Peter Horstmann）编辑，朱迪思·诺曼（Judith Norman）编译，剑桥大学出版社，2002年，版权归剑桥大学出版社所有，2002年。经出版商许可转载。

摘录于《好欧洲人:文字与图像中的尼采工作场所》（*The Good European: Niezsche's Work Sites in Word and Image*），大卫·法雷尔·克雷尔（David Farrell Krell）和唐纳德·L. 贝茨（Donald L. Bates）翻译，芝加哥大学出版社，2000年，版权归芝加哥大学出版社所有，1997年。经出版商许可转载。

摘录于《弗里德里希·尼采书信选》（*Selected Letters of Friedricn Nietzsche*），克里斯托弗·米德尔顿（Christopher Middleton）编译，哈克特出版社（Hackett），1996年。经哈克特出版公司许可转载。

摘录于《尼采:〈敌基督者〉〈看哪这人〉〈偶像的黄昏〉及其他著作》（*Nietzsche: The Anti-Christ, Ecce Homo, Twilight of the Idols. And Other Wrights*），亚伦·里德利（Aaron Ridley）编辑，朱迪思·诺曼翻译，剑桥大学出版社，2011年，版权归剑桥大学出版社所有，2005年。经出版商和亚伦·里德利教授许可转载。

译名对照表
（按汉语拼音顺序排列）

A

阿道弗斯，古斯塔夫斯　Adolfus, Gustavus

阿尔贝托，卡洛　Alberto, Carlo

阿尔伯特亲王　Albert, Prince

阿尔文　Alwine

阿芬那留斯，费迪南德　Avenarius, Ferdinand

阿马德奥亲王　Amadeo, Prince

埃尔马纳里希　Ermanarich

埃马努埃莱，维托雷　Emmanuele, Vittore

埃斯科瓦尔，巴勃罗　Escobar, Pablo

埃斯库罗斯　Aeschylus

霭理士　Ellis, Havelock

艾略特，T. S.　Eliot, T. S.

艾略特，乔治　Eliot, George

艾泽尔，奥托　Eiser, Otto

爱默生，拉尔夫·沃尔多　Emerson, Ralph Waldo

爱因斯坦，阿尔伯特　Einstein，Albert
安德烈亚斯，弗雷德　Andreas，Fred
安德烈亚斯，弗里德里希·卡尔　Andreas，Friedrich Karl
安福塔斯国王　Amfortas，King
安吉尔，米茨　Angel，Mitzi
安塞尔-皮尔逊，基思　Ansel-Pearson，Keith
安托内利　Antonelli
安托瓦内特，玛丽　Antoinette，Marie
奥巴内尔，泰奥多尔　Aubanel，Théodore
奥伯龙　Oberon
奥芬巴赫　Offenbach
奥弗贝克，艾达　Overbeck，Ida
奥弗贝克，弗朗茨　Overbeck，Franz
奥凯西，肖恩　O'Casey，Sean
奥尼尔，尤金　O'Neil，Eugene
奥斯塔公爵　Aosta，Duke of
奥特，露易丝　Ott，Louise
奥维德　Ovid

B

巴尔扎克　Balzac
巴赫　Bach
巴雷斯，莫里斯　Barrès，Maurice
巴森海姆伯爵夫人　Bassenheim，Countess
贝茨，唐纳德·L.　Bates，Donald L.
贝尔努利，卡尔　Bernoulli，Carl
贝克韦尔，莎拉　Bakewell，Sarah

贝伦森，伯纳德　Berenson，Bernard
比才　Bizet
比德曼，卡尔　Biedemann，Karl
比弗，安东尼　Beevor，Antony
比洛，埃利泽·冯　Bülow，Elise von
比洛，布兰丁　Bülow，Blandine
比洛，丹妮埃拉　Bülow，Daniela
比洛，汉斯·冯　Bülow，Hans von
彼拉多　Pilate
俾斯麦　Bismarck
毕希纳，路德维希　Büchner，Ludwig
宾，萨穆埃尔　Bing，Samuel
宾斯万格，奥托　Binswanger，Otto
波德莱尔　Baudelaire
波将金　Potemkin
波塔斯，索菲　Portas，Sophie
伯恩哈特，莎拉　Bernhardt，Sarah
柏格森，亨利　Bergson，Henri
柏拉图　Plato
勃克林　Böcklin
勃拉姆斯，约翰内斯　Brahms，Johannes
勃兰兑斯，格奥尔格　Brandes，Georg
博纳尔　Bonnard
博斯，耶罗尼米斯　Bosch，Hieronymus
博斯科维奇　Boscovich
博伊姆勒，阿尔弗雷德　Bäumler，Alfred
布伯，马丁　Buber，Martin

443

布登西格　Buddensieg

布尔多，让　Bourdeau, Jean

布赫宾德　Buchbinder

布克哈特，雅各布　Burckhardt, Jacob

布拉姆，奥托　Brahm, Otto

布拉瓦茨基　Blavatsky

布莱恩，费莉希蒂　Bryan, Felicity

布兰德斯，埃尔斯贝特　Brandes, Elsbeth

布兰德斯，格奥尔格　Brandes, Georg

布雷弗恩，克劳迪娜·冯　Brevern, Claudine von

布雷齐尔，丹尼尔　Breazeale, Daniel

布雷西希，库尔特　Breysig, Kurt

布里奇斯，罗伯特　Bridges, Robert

布鲁图斯　Brutus

布伦纳，阿尔伯特　Brenner, Albert

布罗德，马克斯　Brod, Max

布罗克豪斯，赫尔曼　Brockhaus, Hermann

布罗克豪斯，欧蒂莉叶　Brockhaus, Ottilie

布洛克，彼得·安德烈　Block, Peter André

C

策德利茨-诺伊曼男爵　Zedlitz-Neumann, Baron

柴可夫斯基　Tchaikovsky

D

达菲特，路易丝　Duffett, Louise

达根，蒂姆　Duggan, Tim

达古伯爵夫人，玛丽　d'Agoult, Comtesse Marie

戴维森，安娜　Davison, Anna

德·斯塔尔夫人　Madame de Staël

德尔·卡罗，阿德里安　Del Caro, Adrian

德加　Degas

德克泽尔，伯恩哈德　Daechsel, Bernhard

德莱塞，西奥多　Dreiser, Theodore

德利尔-亚当，维里耶　de l'Isle-Adam, Villiers

德默尔，里夏德　Dehmel, Richard

德尼，莫里斯　Denis, Maurice

邓肯，伊莎多拉　Duncan, Isadora

邓南遮，加布里埃尔　D'Annunzio, Gabriele

狄奥多西　Theodosius

迪奥达蒂伯爵夫人　Diodati, Countess

迪朗-吕埃尔，保罗　Durand-Ruel, Paul

迪伦，鲍勃　Dylan, Bob

迪特　Diethe

迪特，卡罗尔　Diethe, Carol

第欧根尼·拉尔修　Diogenes Laertius

蒂尔，埃内斯特　Thiel, Ernst

蒂尼切夫公主，安娜·德米特里耶芙娜　Tinichev, Princess Anna Dmitrievna

丢勒　Dürer

杜里施，吉安　Durisch, Gian

多姆·佩德罗二世　Dom Pedro II

多纳泰罗　Donatello

多伊森，保罗　Deussen, Paul

E

厄勒，埃德蒙德　Oehler, Edmund

厄勒，弗兰齐斯卡　Oehler, Franziska

厄勒，马克斯　Oehler, Max

恩格，卡尔·奥古斯特　Enge, Carl August

恩培多克勒　Empedocles

F

法朗士，阿纳托尔　France, Anatole

范德费尔德，亨利　van der Velde, Henry

菲诺，大卫　Fino, David

菲诺基耶蒂，妮丽娜　Finochietti, Nerina

菲舍尔，阿道夫　Vischer, Adolf

菲舍尔-比芬格尔，威廉　Vischer-Bilfinger, Wilhelm

腓特烈一世　Frederick Barbarossa

费尔巴哈，路德维希　Feuerbach, Ludwig

费林，塔尼娅　Fehling, Tanja

费希特　Fichte

费英格，汉斯　Vaihinger, Hans

弗尔斯特，伯恩哈德　Förster, Bernhard

弗尔斯特-尼采，伊丽莎白　Förster-Nietzsche, Elisabeth

弗莱舍尔，卡佳　Fleischer, Katya

弗兰肯贝格-吕特维茨男爵，冯　Frankenberg-Lüttwitz, Baron von

弗朗西斯，艾米　Francis, Emmie

弗里奇，恩斯特·威廉　Fritzsch, Ernst Wilhelm

伏尔泰　Voltaire

浮士德　Faust

福尔克曼　Volkmann

福楼拜　Flaubert

富克斯，卡尔　Fuchs, Carl

富兰克林，本杰明　Franklin, Benjamin

G

该亚法　Caiaphas

盖格尔，恩斯特　Geyger, Ernst

盖斯勒，兰德沃格特　Gessler, Landvogt

高尔顿，弗朗西斯　Galton, Francis

戈蒂埃，泰奥菲勒　Gautier, Théophile

戈蒂埃，朱迪特　Gautier, Judith

哥伦布　Columbus

歌德　Goethe

格茨，格奥尔格　Georg, Goetz

格顿，洛伦兹　Gedon, Lorenz

格尔策，克拉拉　Gelzer, Clara

格尔策-图尔奈森　Gelzer-Thurneysen

格拉尼耶，雷蒙德　Granier, Raimund

格朗维尔-巴克尔，哈利　Granville-Barker, Harley

格雷戈尔-德林，马丁　Gregor-Dellin, Martin

格林得罗德，约翰　Grindrod, John

格斯多夫，卡尔·冯　Gersdorff, Carl von

古特雅尔　Gutjahr

H

哈茨费尔特-特拉琴贝格公主　Hatzfeldt-Trachenberg, Princess
哈桑，劳拉　Hassan, Laura
海明威，欧内斯特　Hemingway, Ernest
海泽，保罗　Heyse, Paul
汉夫施腾格尔，恩斯特　Hanfstaengl, Ernst
汉姆生，克努特　Knut, Hamsun
荷尔德林，弗里德里希　Hölderlin, Friedrich
荷马　Homer
赫德　Herder
赫迪夫　Khedive
赫尔岑，奥尔迦　Herzen, Olga
赫尔岑，娜塔莉　Herzen, Natalie
赫尔岑，亚历山大　Herzen, Alexander
赫尔米内　Hermine
赫西俄德　Hesiod
黑格尔　Hegel
黑塞，赫尔曼　Hesse, Hermann
亨德尔　Handel
洪堡，卡尔·威廉·冯　Humboldt, Karl Wilhelm von
洪堡，亚历山大·冯　Humboldt, Alexander von
霍尔腾修士，冯　Holten, Abbé von
霍夫曼，E. T. A.　Hofmann, E. T. A.
霍夫曼斯塔尔，胡戈·冯　Hofmannsthal, Hugo von
霍林戴尔，R. J.　Hollingdale, R. J.
霍斯特曼，罗尔夫-彼得　Horstmann, Rolf-Peter

J

吉尔，埃里克　Gill，Eric

纪德，安德烈　Gide，André

加里波第　Garibaldi

加斯曼　Gassmann

加斯特，彼得　Gast，Peter

杰内利　Genelli

K

卡莱尔，简　Carlyle，Jane

卡里尼亚诺亲王，冯　Carignano，Prince von

卡门　Carmen

卡斯蒂隆，林斯卡·德　Castilon，Linska de

凯斯勒伯爵，哈里　Kessler，Count Harry

凯特，柯蒂斯　Cate，Curtis

坎伯兰公爵　Cumberland，Duke of

康德　Kant

考夫曼，沃尔特　Kaufman，Walter

柯勒律治，塞缪尔·泰勒　Coleridge，Samuel Taylor

柯林拜尔，尤利乌斯　Klingbeil，Julius

科贝尔施泰因　Koberstein

科恩　Cohen，Baron

科尔温，马加什　Corwin，Matthias

科克特　Köckert

科塞利茨，约翰·海因里希　Köselitz，Johann Heinrich

科瓦勒丝卡　Kovaleska

克尔凯郭尔　Kierkegaard

克格尔，弗里茨　Kögel, Fritz

克拉克，肯尼斯　Clark, Kenneth

克拉克，莫德玛丽　Clark, Maudemarie

克拉奇　Kratzsch

克拉斯，埃德穆特　Krase, Erdmuthe

克雷尔，大卫·法雷尔　Krell, David Farrell

克里克，恩斯特　Krieck, Ernst

克林格，马克斯　Klinger, Max

克龙，伯恩哈德　Cron, Bernhard

克鲁格，古斯塔夫　Krug, Gustav

克鲁泡特金，彼得·阿历克塞维奇　Kropotkin, Pyotr Alexeyevich

克吕格尔，奥托　Krüger, Otto

克罗科伯爵　Krockow, Count

孔德丽　Kundry

库珀，阿尔忒弥斯　Cooper, Artemis

L

拉布吕耶尔　La Bruyère

拉罗什富科　La Rochefoucauld

拉姆施泰因，冯　Ramstein, von

拉斯科尼科夫　Raskolnikov

莱昂提乌斯　Leontius

莱蒂西娅公主，玛丽亚　Laetitia, Princess Maria

莱塞普　Lesseps

莱特，布莱恩　Leiter, Brian

赖因哈德，特奥多尔　Reinhard, Theodor

译名对照表

兰克，利奥波德·冯　Ranke, Leopold von
兰斯基，保罗　Lansky, Paul
朗本，尤利乌斯　Langbehn, Julius
朗格，弗里德里希·阿尔伯特　Lange, Friedrich Albert
劳伦斯，D. H.　Lawrence, D. H.
雷，保罗　Rée, Paul
雷东　Redon
雷诺阿　Renoir
雷泰尔，安娜　Redtel, Anna
李斯特，弗朗茨　Lizst, Franz
里德，赫伯特　Read, Herbert
里德利，亚伦　Ridley, Aaron
里尔克，赖纳·马利亚　Rilke, Rainer Maria
里芬斯塔尔，莱尼　Riefenstahl, Leni
里奇尔，阿尔布雷希特　Ritschl, Albrecht
里斯，埃莉诺　Rees, Eleanor
里特尔，卡尔　Ritter, Karl
里特尔，汉斯　Ritter, Hans
刘易斯，温德姆　Lewis, Wyndham
卢卡斯，乔治　Lucas, George
卢梭，让-雅克　Rousseau, Jean-Jacques
鲁普雷希特，克内希特　Ruprecht, Knecht
路德维希二世　Ludwig Ⅱ
伦巴赫　Lenbach
伦敦，杰克　London, Jack
罗丹，奥古斯特　Rodin, Auguste
罗德，埃尔温　Rohde, Erwin

罗尔，贝尔塔　Rohr，Berta

罗贝蒂，欧仁·德　Roberty，Eugène de

罗比朗伯爵　Robilant，Count

罗伯斯庇尔　Robespierre

罗蒙德，海因里希　Romundt，Heinrich

罗森贝格，阿尔弗雷德　Rosenberg，Alfred

罗森塔尔，汤姆　Rosenthal，Tom

罗舍尔，威廉　Roscher，Wilhelm

罗斯，塞缪尔　Roth，Samuel

罗素，伯特兰　Russell，Bertrand

罗滕施泰因，威廉　Rothenstein，William

洛恩男爵　Loën，Baron

洛兰，克洛德　Lorrain，Claude

洛马克斯，罗杰　Lomax，Roger

M

马尔帕斯，吉莉恩　Malpass，Gilian

马泰伊科，扬　Matejko，Jan

马西尼，鲁道夫　Massini，Rudolf

马约尔　Maillol

马志尼，朱塞佩　Mazzini，Giuseppe

玛格丽塔　Margherita

迈尔，罗伯特　Mayer，Robert

迈尔，玛蒂尔德　Meier，Mathilde

迈森布格，玛尔维达·冯　Meysenbug，Malwida von

迈斯纳，玛丽·伊丽莎白　Meissner，Marie Elisabeth

麦克莱伦，希拉里　McClellen，Hilary

曼，海因里希　Mann，Heinrich

曼，托马斯　Mann，Thomas

毛奇伯爵，冯　Moltke，Count von

梅里美，普罗斯佩　Mérimée，Prosper

梅里修斯，赫西基奥斯　Milesius，Hesychius

梅利，恩斯特　Mähly，Ernst

梅特涅，波琳　Metternich，Pauline

梅耶贝尔　Meyerbeer

门德尔松，费利克斯　Mendelssohn，Felix

门德尔松，罗伯特·冯　Mendelssohn，Robert von

门肯，H. L.　Mencken，H. L.

蒙克，爱德华　Munch，Edvard

蒙田　Montaigne

孟戴斯，卡蒂勒　Mendès，Catulle

弥尔顿　Milton

米德尔顿，克里斯托弗　Middleton，Christopher

密尔，约翰·斯图尔特　Mill，John Stuart

摩尔，乔治　Moore，George

莫比乌斯，保罗·尤利乌斯　Möbius，Paul Julius

莫拉斯，夏尔　Maurras，Charles

莫鲁瓦，安德烈　Maurois，André

莫奈　Monet

默里，吉尔伯特　Mourray，Gilbert

墨索里尼，贝尼托　Mussolini，Benito

N

拿破仑·热罗姆·波拿巴　Napoleon Jerome Bonaparte

纳伯格，安德鲁　Nurnberg, Andrew

纳博科夫　Nabokov

奈格利，卡尔·威廉·冯　Nageli, Karl Wilhelm von

瑙曼，康斯坦丁·古斯塔夫　Naumann, Constantin Gustav

尼采，弗兰齐斯卡　Nietzsche, Franziska

尼采，弗里德里希·奥古斯特　Nietzsche, Friedrich August

尼采，卡尔·路德维希　Nietzsche, Karl Ludwig

尼采，伊丽莎白　Nietzsche, Elisabeth

尼尔森，罗莎莉　Nielsen, Rosalie

尼古拉一世　Nicholas I

尼金斯基，瓦斯拉夫　Nijinsky, Vaslav

尼耶茨基　Nietzky

诺道，马克斯　Nordau, Max

诺拉　Nora

诺曼，朱迪思　Norman, Judith

O

欧多西娅　Eudocia

欧里庇得斯　Euripides

欧文，安妮　Owen, Anne

P

帕格尼尼　Paganini

帕拉斯基　Paraski

帕莱斯特里纳　Palestrina

帕伦，伊莎贝拉·冯·德　Pahlen, Isabella von der

帕内特，尤利乌斯　Paneth, Julius

庞德，埃兹拉　Pound, Ezra

佩恩，唐娜　Payne, Donna

皮兰德娄，路易吉　Pirandello, Luigi

皮平，罗伯特　Pippin, Robert

品达　Pindar

平德，威廉　Pinder, Wilhelm

坡，埃德加·爱伦　Poe, Edgar Ellan

普拉多　Prado

普勒茨，阿尔弗雷德　Ploetz, Alfred

普鲁塔克　Plutarch

Q

齐柏林，格拉夫　Zeppelin, Graf

乔伊斯，詹姆斯　Joyce, James

乔治，斯特凡　George, Stefan

R

热莱，克洛德　Gelée, Claude

荣格，卡尔·古斯塔夫　Jung, Karl Gustav

荣汉斯，H.　Junghans, H.

茹科夫斯基，保罗·冯　Joukowsky, Paul von

S

萨福　Sappho

萨利斯-马施林斯，梅塔·冯　Salis-Marschlins, Meta von

赛德利茨，赖因哈特·冯　Seydlitz, Reinhardt von

桑德森，劳拉　Sanderson, Laura

森格，胡戈·冯　Senger, Hugo von

沙夫茨伯里伯爵　Shafterbury, Count

莎乐美，露　Salomé, Lou

尚比热，亨利　Chambige, Henri

舍夫勒，路德维希·冯　Scheffler, Ludwig von

圣伯夫　Sainte-Beuve

施蒂论伯格，海因里希　Stürenberg, Heinrich

施莱尼茨，玛丽·冯　Schleinitz, Marie von

施伦，奥托·冯　Schrön, Otto von

施迈茨纳，欧内斯特　Schmeitzner, Ernest

施佩尔，阿尔伯特　Speer, Albert

施泰纳，鲁道夫　Steiner, Rudolf

施泰因，海因里希·冯　Stein, Heinrich von

施特劳斯，大卫　Strauss, David

施特劳斯，理查德　Strauss, Richard

施图茨　Stutz

施瓦策德，菲利普·梅兰希顿　Schwarzerd, Philipp Melanchton

施魏策尔，阿尔伯特　Schweitzer, Albert

叔本华　Schopenhauer

舒伯特，马克斯　Schubert, Max

舒马赫，弗里茨　Schumacher, Fritz

舒曼，罗伯特　Schumann, Robert

司汤达　Stendhal

斯宾格勒，奥斯瓦尔德　Spengler, Oswald

斯宾诺莎　Spinoza

斯皮尔，阿夫里坎　Spir, Afrikan

斯特林堡，奥古斯特　Strindberg, August

苏达斯　Suidas

索恩，雷切尔　Thorne，Rachel

索福克勒斯　Sophocles

索拉林德，西里利奥　Solalinde，Cirilio

T

塔纳托斯　Thanatos

塔西佗　Tacitus

泰纳，伊波利特　Taine，Hyppolite

泰坦尼亚　Titania

唐·何塞　Don José

忒奥格尼斯　Theognis

特兰佩达克，玛蒂尔德　Trampedach，Mathilde

滕尼斯，斐迪南　Tönnies，Ferdinand

提丰　Typhon

透纳　Turner，J. M. W.

图里纳，卡洛　Turina，Carlo

屠格涅夫　Turgenev

退尔，威廉　Tell，William

托尔斯泰　Tolstoy

托菲乌尼斯　Trophonius

托珀姆，米歇尔　Topham，Michele

托伊布纳　Teubner

陀思妥耶夫斯基　Dostoevsky

W

瓦格纳，柯西玛　Wagner，Cosima

瓦格纳，理查德　Wagner，Richard

瓦格纳，明娜　Wagner，Minna

瓦莱里，保罗　Valéry，Paul

威尔，约瑟夫　Wiel，Josef

威尔斯，H. G.　Wells，H. G.

威兰　Wieland

威廉四世，腓特烈　William Ⅳ，Frederick

维德曼，保罗　Widemann，Paul

维德曼，约瑟夫·维克多　Widmann，Joseph Victor

维多利亚女王　Queen Victoria

维尔沃克，彼得　Willwock，Peter

维吉尔　Virgil

维拉莫维茨-默伦多尔夫，埃德曼·冯　Wilamowitz-Moellendorff，Erdmann von

维勒教授　Wille，Professor

维勒，伊丽莎　Wille，Eliza

维亚尔　Vuillard

韦森东克，玛蒂尔德　Wesendonck，Mathilde

温迪施　Windisch

温克尔曼　Winckelmann

翁贝托　Umberto

翁格　Unger

沃伯顿，奈杰尔　Warburton，Nigel

沃尔措根，汉斯·冯　Wolzogen，Hans von

沃尔夫斯劳，威廉　Wolfslau，William

沃拉尔，安布鲁瓦兹　Vollard，Ambroise

沃坦　Wotan

沃韦纳格　Vauvenargues

乌鲁索夫亲王　Urussov, Prince

乌泽纳，赫尔曼·卡尔　Usener, Hermann Carl

X

西蒙斯，阿瑟　Symons, Arthur

西姆肖维茨，萨沙　Simchowitz, Sacha

希罗多德　Herodotus

希罗特拉图斯　Herostratus

希特勒　Hitler

席恩霍费尔，雷萨·冯　Schirnhofer, Resa von

席勒　Schiller

席斯教授　Schiess, Professor

萧伯纳　Shaw, George Bernard

谢林　Schelling

辛克莱-史蒂文森，克里斯托弗　Sinclair-Stevenson, Christopher

休斯-哈利特，露西　Hughes-Hallett, Lucy

修昔底德　Thucydides

Y

雅恩，奥托　Jahn, Otto

雅恩，弗里德里希·路德维希　Jahn, Friedrich Ludwig

雅里，阿尔弗雷德　Jarry, Alfred

耶内，哈拉尔德　Hjärne, Harald

叶芝，威廉·巴特勒　Yeats, William Butler

伊壁鸠鲁　Epicurus

伊卡洛斯　Icarus

459

易卜生，亨里克　Ibsen，Henrik
易卜生，苏珊娜　Ibsen，Suzannah
雨果，维克多　Hugo，Victor

Z

左拉　Zola

I am